国家哲学社会科学成果文库
NATIONAL ACHIEVEMENTS LIBRARY
OF PHILOSOPHY AND SOCIAL SCIENCES

共享经济下道德风险控制
与信任机制构建研究

石岿然　著

科学出版社

内 容 简 介

以爱彼迎（Airbnb）和优步（Uber）为代表的商业模式在全球范围内的成功，宣告了共享经济的崛起。共享经济平台具有主体多元化、交易跨地域超时空等特点，引发了道德风险频发等乱象并造成严重的信任危机。因此，必须有效控制道德风险并合理构建信任机制。本书从共享经济下道德风险治理视角出发，紧紧把握信息不对称、信用脆弱性等关键要素，在系统梳理"共享经济"的内涵外延、发展动因、存在问题及相关政策的基础上，重点研究了共享经济的市场准入、服务定位、资金管理、声誉评价与监督惩戒问题，并进一步通过案例研究和实证分析方法研究共享经济下提供者、共享经济平台、消费者之间信任机制的构建，最后探讨了共享经济治理的逻辑转换、特征演变和实现机制。

本书适合从事经济学和管理学专业的研究人员阅读与参考。

图书在版编目（CIP）数据

共享经济下道德风险控制与信任机制构建研究 / 石岿然著. —北京：科学出版社，2023.4

（国家哲学社会科学成果文库）

ISBN 978-7-03-074975-8

Ⅰ．①共⋯ Ⅱ．①石⋯ Ⅲ．①商业模式-道德建设-研究 Ⅳ．①F71

中国国家版本馆 CIP 数据核字（2023）第 033868 号

责任编辑：金 蓉 方小丽 / 责任校对：贾娜娜
责任印制：霍 兵 / 封面设计：有道设计

科学出版社 出版
北京东黄城根北街 16 号
邮政编码：100717
http://www.sciencep.com
北京中科印刷有限公司 印刷
科学出版社发行 各地新华书店经销

*

2023 年 4 月第 一 版 开本：720×1000 1/16
2023 年 4 月第一次印刷 印张：28 1/2 插页：2
字数：410 000
定价：198.00 元
（如有印装质量问题，我社负责调换）

《国家哲学社会科学成果文库》
出版说明

为充分发挥哲学社会科学优秀成果和优秀人才的示范引领作用，促进我国哲学社会科学繁荣发展，自 2010 年始设立《国家哲学社会科学成果文库》。入选成果经同行专家严格评审，反映新时代中国特色社会主义理论和实践创新，代表当前相关学科领域前沿水平。按照"统一标识、统一风格、统一版式、统一标准"的总体要求组织出版。

全国哲学社会科学工作办公室

2023 年 3 月

前　言

以爱彼迎（Airbnb）和优步（Uber）为代表的商业模式在全球范围内的成功，宣告了共享经济的崛起。国家信息中心分享经济研究中心预测，近几年我国共享经济将保持年均40%左右的高速增长。党和政府高度重视共享经济发展，指出要在共享经济等领域"培育新增长点、形成新动能"。由于共享经济平台具有主体多元化、交易跨地域超时空等特点，其衍生的网络社群呈现高度复杂的结构，从而引发了道德风险（moral hazard）频发等乱象。例如，用户违规停放共享单车增加社会管理成本，大量共享经济平台利用押金进行资本套利，各类"伪共享真租赁"泛滥。这些"败德行为"扰乱了市场秩序，造成了严重的信任危机，共享经济陷入"其兴也勃焉，其亡也忽焉"的怪圈。因此，有效控制道德风险并合理构建信任机制，对于我国共享经济的健康有序发展具有重大意义。

"共享经济"的源起可以追溯到 Felson 和 Spaeth（1978）提出的"协同消费"（collaborative consumption）概念，但其模式直到近年来随着互联网（Internet）信息技术的发展才兴起。关于共享经济，目前尚无统一定义，研究者认为协同消费的核心是共享。现有关于共享经济的研究主要集中在驱动因素、商业模式、影响作用、制度变革等方面，对于共享经济下道德风险的研究寥寥无几，有关中国情境下共享经济的信任机制研究较为缺乏，且大多数文献为政策上的宏观论述，实证分析及经验数据相对不足。对于这一现象，有学者认为共享经济领域过去一直在研究"冰山露出水面"的部分，而忽略了"水下"更丰富而有意义的道德风险及信任机制问题。

由于道德风险的存在，共享经济中各参与方都倾向于过度使用共享资源，从而破坏了资源的合理配置，且极易引发各参与主体之间的不信任。共享经济的本质是信用经济，共享的核心和基础是信任。基于此，本书从共享经济下道德风险治理视角出发，紧紧把握信息不对称、信用脆弱性等关键要素，对参与者动机、参与者道德风险对信任的影响及其控制、初始信任与持续信任机制的构建、社会共治的多元管理模式展开研究，在一定程度上丰富了共享经济理论并深化了相关政策分析，弥补了现有研究的不足。

本书旨在通过新的研究视角，较为系统地探讨模型化方法在共享经济信任研究中的应用，为共享经济参与者之间的互动关系提供一个理论框架。同时考虑到基于因果关系的传统及量化实证分析在研究共享经济时是可行的和有效的，本书着眼于中国共享经济企业实践，从更广阔的视阈，将经验、案例、计量和模拟等不同的研究方法有机结合，既体现了理论体系的严整性，又尽可能地还原了道德风险的危害以及信任在共享经济中真实客观的作用，以期研究结论更具有借鉴和启发意义。

本书分为 15 章，各章的内容安排如下。

第 1 章导论阐述选题的背景及意义，界定研究对象和主要概念，提出本书的研究结构、主要内容和技术路线。第 2 章是国内外研究动态和理论基础，系统梳理"共享经济"的内涵外延、发展动因、存在问题及相关政策等方面的文献，论述共享经济研究面临的挑战并提出未来的研究方向。

第 3 章从共享经济平台与提供者、消费者之间的行为互动关系出发，综合运用博弈论和委托 - 代理理论构建模型，对共享经济下参与主体道德风险的产生与信任关系的构建进行分析，初步建立起研究框架。第 4 章建立平台准入定价及其质量控制模型以讨论共享经济平台在面对质量隐忧时的策略，通过引入质量水平这一变量，研究共享经济平台的服务质量定位与价格结构，并就竞争平台定位低端服务和高端服务两种情形具体分析买方多归属的影响。第5章研究共享经济平台的资金管理和风险控制问题，探讨共享经济平台与消费者之间的委托代理关系，研究共享经济中备受关注的押金问题，分析如何对欺诈性财务披露采取严厉制裁，探讨共享经济平台如何进行安全投资决策，以缓解和降低消费者面临的风险。第6章从信任博弈和声誉机制两个视角研究了道德风险的缓解机制，通过构建一系列模型分析提供者、消费者、共享经济平台之间的行为博弈，旨在揭示共享经济环境下道德风险行为存在的普遍性，并研究通过构建声誉机制、激励机制及信任机制来控制道德风险。第7章分析共享经济平台如何对商家进行信任评价，以及对于失信问题频繁出现的共享经济平台而言，采用何种声誉机制更为有效，重点分析了非同步声誉机制的作用机理以及同步声誉机制的有效性，并研究了声誉评价的具体过程以及如何识别不同的提供者类别。第8章将研究从个体参与者拓展至群体参与者。在共享单车平台和政府的博弈模型中，将第三方监督引入博弈矩阵，并考虑政府监管的局限性，分析在有限理性的情况下，共享单车平台和政府的动态策略选择。

第9章通过对道德风险这一概念的缘起与演变进行梳理，构建了"目标—行为"概念下的研究框架，以小鸣单车为例，在全面考察其创立、发展过程的基础上，对出现的各类道德风险进行剖析并探讨了如何破解经营管理之困。第10章针对共享出行领域的道德风险问题展开案例研究，以某出行软件平台为研究对象，探讨了共享出行中存在哪些类型的道德风险，深入分析了共享出行平台的运作过程并透视道德风险的形成机理。第11章基于提供者视角，应用偏最小二乘－结构方程模型（PLS-SEM）方法构建模型，对其行为动机及内在机理进行实证分析，为理解提供者参与共享经济的行为动机和影响因素提供了参考依据。第12章以消费者为研究对象，基于动态演化的视角对消费者建立初始信任和形成持续信任的因素进行了实证分析，检验平台有用性、财务实力、资本运作、安全保障和社会声誉等因素对初始信任、持续信任建立的影响，探讨社会声誉在信任形成中的作用机制。第 13 章从共享经济平台的角度出发，针对初始信任和持续信任两种情形分别构建了概念模型，分析了共享经济中消费者信任的动态变化，探讨了影响消费者信任的主要因素，在此基础上对共享经济平台如何建立与各类参与者之间的信任关系提出了管理建议。

第 14 章首先系统回顾了我国共享经济治理的政策目标与各主要领域的共享经济政策，分析了共享经济治理中存在的偏差。结合共享经济模式的新特征，强调共享经济的道德风险控制与信任机制构建问题应从多个维度进行综合考察和逻辑转换。第 15 章为全文总结与展望。在全书行将结束的时候，对主要的工作进行回顾和总结，强调研究的意义、创新之处以及今后可以进行扩展的工作。

总体而言，本书在一定程度上延伸和创新了共享经济治理研究。已有对共享经济的研究倾向于将传统治理范式进行移植、选择或重新组合，缺乏依据共享经济情境的复杂性与特殊性构造的合意的治理新范式。本书较好地弥补了这些研究的不足，全面分析了共享经济不同运行阶段的道德风险控制及信任机制构建，系统探讨了不同共享经济模式的治理机理、治理方式和适用情境，建立了共享经济治理范式的架构与机制。同时，本书也丰富和完善了共享经济治理研究。共享经济治理属于平台治理的一个子集，目前对其深度的专门研究较为缺乏。本书通过对共享经济平台情境下参与者行为规律的深入研究，创新性地构建了系统的道德风险控制与信任机制构建范式，从而为整体性的共享经济治理提供新思路和新借鉴，一定程度上丰富、扩展、深化和完善了共享经济治理研究。

共享经济下道德风险控制与信任机制构建问题的研究是一个相当宽泛的领域，受时间、能力与水平的限制，书中难免存在疏漏之处，敬请读者不吝指正。

石岿然

南京审计大学金融学院

2022 年 12 月 29 日

目 录

CONTENTS

第 1 章
导　　论

共享经济带来了一场改变人类生活方式的资源革命，它带来了经济生活的全新组织方式，将会超越传统的市场模式。

——杰里米·里夫金（Rifkin，2014）

1.1　共享经济的快速兴起

当前，新一轮信息革命带来了产业技术和商业模式的突破性创新。以 Airbnb 和 Uber 为代表的商业模式在全球范围内的成功，宣告了共享经济的崛起。各类共享经济平台雨后春笋般蓬勃发展，极大地提升了社会资源的配置效率，成为我国未来经济增长和社会发展的重要力量。党和政府高度重视共享经济的发展，党的十九大报告中提出：要把共享经济作为"培育新增长点、形成新动能"的领域之一。2018 年《政府工作报告》中强调"发展平台经济、共享经济，形成线上线下结合、产学研用协同、大中小企业融合的创新创业格局"。2020 年 10 月召开的党的十九届五中全会进一步提出，促进平台经济、共享经济健康发展。党的二十大报告指出："加快发展数字经济，促进数字经济和实体经济深度融合。"

根据普华永道会计师事务所（Price Waterhouse Coopers，PWC）的预测，全球在日常出行、产品共享、金融、劳动力服务等共享产业的收入将从 2015

年的 150 亿美元增长至 2025 年的 3350 亿美元。《中国共享经济发展年度报告（2022）》显示，2021 年我国共享经济继续呈现出巨大的发展韧性和潜力，全年共享经济市场交易规模约 36 881 亿元，同比增长约 9.2%；直接融资规模约 2137 亿元，同比增长约 80.3%。在整体经济下行压力较大的情况下，共享经济仍然保持了一定的增长[①]。以共享经济为代表的新业态、新模式表现出的强大的韧性和潜力，为新型冠状病毒疫情下我国推动复工复产、保障民生供给、扩大消费、提振内需发挥了积极的作用。

早在 1978 年，美国得克萨斯州立大学马科斯·费尔逊（Marcus Felson）教授和伊利诺伊大学琼·斯潘思（Joe L. Spaeth）教授就提出了协同消费的概念。Weitzman（1986）在《共享经济：克服滞胀》一文中提出了共享经济的概念，即"与一个或多个人共同消费经济产品或服务"，试图解决西方经济发展过程中出现的通货膨胀与停滞膨胀并存的问题。共享经济近年来的快速发展与经济全球性的增长困境密切相关。面对全球经济增长持续乏力的困境，如何更好地权衡资源的有效配置与公众福利的提升，是新时代社会变革的焦点，而共享经济的创新实践则成为经济转型升级的重要突破口。此外，在自然资源日益减少的情况下，无节制的生产与消费促使人们反思如何选择更加可持续化的生活方式，而共享经济则被认为是实现可持续发展的一种经济形态。就社会因素而言，共享经济在一定程度上满足了人们的社会需要，从购买某一物品的所有权转向购买该物品所提供的服务，此类体验多样性和独特性的需求渐成主流。

共享经济是通过现代科技手段将闲散资源加以充分利用的经济形态，一度被视为典型的"破坏性"创新，其重要特征如下。一是发展迅速，涉及面

---

① 这是国家信息中心 2016 年首次发布报告以来的第 7 份年度报告。报告认为，未来 5 年，我国共享经济年均增速将保持在 10%以上。

宽。共享经济涵盖出行、住宿、物流、餐饮、金融、物品、医疗等多个领域，共享产品或服务的提供者包括企业和个体，形成了产品或服务供给的行业新生态①。二是从模式创新转变为产业组织创新。不同于传统租赁模式，共享经济开拓了物品所有权和使用权相分离的新模式，借助新技术赋予了使用权便捷、灵活和智能化的特点，共享经济平台正成为新的组织形态，并将逐步改变原有的产业架构与企业边界。三是共享经济正在形成新的增长动能。共享经济体现的是一种"存量改革"的经济增长方式，不仅促进了整个社会的闲置资源的充分利用，也有利于加快形成激发经济增长的新动力，对推动经济高质量发展具有重要意义。

此外，共享经济还具备三个制度特征。其一，共享经济带来了巨大的产权变革，由于交易成本的下降，使用权变得更为重要，共享经济交易的主要模式是接入所有权；其二，共享经济实现了租赁合约对于买卖合约的取代；其三，共享经济为陌生人之间的交换提供了可能（卢现祥，2016）。概括起来，虽然共享经济的范畴和边界并未完全厘清，但其"新"特征主要体现在以下几个方面：一是新的资源配置模式；二是新的技术内生动力；三是新的产业发展模式；四是新的消费与就业模式；五是新的制度探索。

事实上，共享经济由来已久，有学者认为只要满足三个基本条件即可称为共享经济：物品具有耐用性、边际使用成本低、可以实现按需使用。也就是说，家庭成员共用的耐用品、一些公共物品在某种意义上都属于共享经济范畴。但是，当前的共享经济业态应称为经营共享经济的商业经济，它既有充分发挥物品使用价值的社会共享性，又有以市场交换为原则的资本营利性（金碚，2017）。要将原先私有物品在更大的社会范围转化为共享物品，就会引发一系列复杂问题。例如，消费者是否爱惜物品？是否会将物品据为己有？

---

① 随着行业的进一步规范，共享经济多个细分领域的渗透速度还将进一步加快。

能否顾及他人使用的方便？能否考虑公共环境和他人生活？同时，考虑到共享经济的资本营利性，具有营利动机的投资人和经营者应遵循何种行为规则、承担什么社会责任？对参与共享经济的行为主体怎样加以规范与监督？这些问题给社会治理带来了诸多新挑战。从一定意义上来说，共享经济不仅是在构建一种新的商业模式，而且也是在根本性地重构人与人之间的关系。

1.2　共享经济发展存在的隐忧

1.2.1　共享出行存在的问题

虽然共享经济方兴未艾，但其快速发展也暴露出一些问题。一方面，市场秩序不规范、信息不对称等导致市场失灵、道德风险问题频频发生，严重阻碍了共享经济的发展；另一方面，资本无序扩张、垄断及恶性竞争等问题时有发生，相关法律法规和监管体系相对滞后。数据显示，2017 年以来，全国工商和市场监管部门受理的租赁类投诉一直居高不下，64.6%的投诉均指向共享单车。《2018 电商行业消费数据报告》显示，共享汽车投诉量占比21.8%，仅次于共享单车投诉量[①]。

以共享单车为例，其发展中存在的主要问题有以下几点。一是准入门槛低，一些共享单车平台缺乏统筹规划，进行盲目扩张，只顾投放不管回收，造成资源的极大浪费，也给环境带来了危害。二是道德缺失产生无序行为。如共享单车消费者随意停放、违规骑行、私自加锁、损毁单车等，严重影响市民生活、交通运行安全及生态环境。三是押金问题，仅在 2018 年，酷骑单车、悟空单车、町町单车、小蓝单车等先后爆出挪用押金，甚至倒闭等问题，

---

① 共享单车投诉中，问题最多的是"退押金难"；共享汽车投诉中，问题最多的是"人身安全""多收费乱收费"。

造成用户押金损失预计超过 10 亿元，缺乏监管的押金成为饱受诟病的问题，消费者的合法权益受到严重侵害。四是信息风险，共享经济的核心是"信息共享"，为了给用户画像，一些共享经济企业越权、强制索取用户信息。目前已证实多款共享单车云端存在逻辑漏洞，用户财产及其信息安全均存在受损风险。但因技术条件的限制，监管部门难以判断和确定信息泄露的风险点。

同样地，经过几年的快速扩张，网约车行业已经发展到相当规模，伴生出一系列制约发展的突出问题。一是准入不严，行业秩序混乱。网约车行业准入门槛较低，拥有一辆私家车、一部智能手机即具备运营基本条件，使得许多私家车混入，这在一定程度上为"黑车"提供了避难所。二是共享经济平台诚信严重缺失。一方面，共享经济平台对网约车司机资质审核不严，未向用户依法公开这些资质的标准，致使司机素质良莠不齐；另一方面，共享经济平台对虚构交易、刷单刷信等行为视而不见。有的共享经济平台在用户不知情的情况下，将其个人信息商业化利用，甚至进行交易。三是声誉机制的作用明显削弱。据统计，95% 的提供者评分均在 4.5 星以上（总分为 5 星），但在现实中，网约车司机单方面要求用户给较高评分、企业在盈利目标的驱动下操纵评分、用户错误判断而给出差评等情况比比皆是，致使声誉机制未能发挥应有的作用。四是权责不清，消费者权益难以保障。共享经济作为一种新兴业态，在消费方式、消费内容、消费法律关系等方面产生诸多变化。然而，无论是平台责任还是消费者权益保护，均缺乏明确的法律法规。

由此可见，无论是共享单车还是网约车，所暴露出的问题都充分表明共享经济发展亟须治理创新。

1.2.2　共享住宿中的道德风险

除共享出行外，共享住宿是共享经济中占比较大的一类模式，本节将在分析共享住宿现状的基础上，重点剖析该模式运行过程中所存在的道德风险问题。

《中国共享住宿发展报告 2020》的数据表明，2019 年我国共享住宿市场交易规模约为 225 亿元，同比增长 36.4%；参与人数达到 2 亿人，同比增长 53.8%[①]。我国主要共享住宿平台房源量约 350 万个，覆盖国内 500 多座城市，除 Airbnb 外，途家网、小猪短租、蚂蚁短租等在行业内占有较高的市场份额。从参与者来看，共享住宿的消费者具有年轻化、高学历等特点，包括学生、上班族、自由职业者，18—30 岁的消费者占比超过 70%。与传统酒店相比，共享住宿的供给主体更加多元化、服务内容更加多样化、用户体验更加社交化。2020 年 7 月，鼓励发展"共享住宿"首次写入政府文件，行业发展的政策环境更加有利。

共享住宿快速发展的主要原因在于：一是我国房屋空置率高为共享住宿的发展提供了有力的资源支撑；二是我国旅游业的快速发展刺激人们对出行住宿的需求；三是大量人群尤其是城市群体对具有浓厚居家体验式度假方式强烈向往。

共享住宿主要包括用户对用户（customer-to-customer，C2C）模式及企业对消费者（business-to-customer，B2C）模式，二者分别占国内市场的 80% 和 20% 的份额。C2C 模式是指共享住宿平台为房东与房客提供对接平台，共享住宿平台并不介入运营管理，只从中收取一定比例的服务费。该模式下房源类型多样、特色鲜明，但房源质量、服务品质的保障程度不高。B2C 模式是指共享住宿平台对房源进行统一配置并进行经营管理，从中收取一定比例的佣金。该模式下的房源质量与服务品质可靠性较高，但过于强调标准化而

---

① 受新型冠状病毒疫情影响，2020 年中国共享住宿市场规模开始大幅下滑，2021 年中国共享住宿市场规模为 152 亿元，较 2020 年减少了 6 亿元，同比减少 3.80%，但长期来看，中国共享住宿行业将恢复增长。

缺乏个性化特色。换言之，C2C 模式的优势在于：轻资产运营，成本较低，利于扩张；房源丰富，个性服务程度高。其劣势是：服务、房源质量参差不齐，信用体系不完善。B2C 模式的优势在于：保障房源的品质，保证服务的质量。其劣势是：重资产运营，成本较高，房源缺乏特色。两类模式的比较如图 1.1 所示。

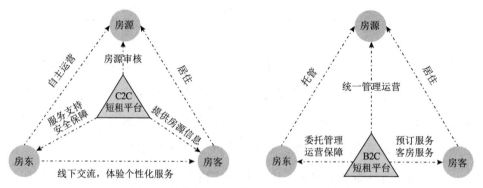

图 1.1 共享住宿 C2C 模式和 B2C 模式的比较

从共享住宿的发展来看，一个明显的特征是实践走在了规范、监管的前面，因而存在许多亟待解决的问题。

一是共享住宿平台审核不严。平台应加强对房屋出租情况的审查与核实，如核实房屋的地址、结构、环境等，审查房屋的消防、安全等信息，做好登记备案，以确保短租房经营的有序和安全。实践中，平台并未对房源进行实地考察，在房东上传房源信息后，只需通过线上审核即可。此外，部分准入门槛较低的平台只需几个简单步骤后便可成功发布房源，并未对信息的真实性进行审核。近年来，共享住宿平台不断发生房源图片与实际不符、房源设施陈旧、房源安有针孔摄像头、房东房源被毁等事件，仍然存在大量信息鸿沟。当前，大部分共享住宿平台已实现通过手机号、身份证、银行支付、芝麻信用等方式实名验证用户信息，但仍有平台对用户审核及监管不重视，致使用户的人身、财产安全问题频发，如表 1.1 所示。

表 1.1　共享住宿平台频发用户人身安全与财产安全问题

时间	事故类型	受害方	平台责任	事件详情
2016 年 5 月	安全问题	房东	房客身份审核不到位	房客在房源内吸食毒品
2016 年 6 月	安全问题	房东	房客身份审核不到位	房客在房源内进行非法活动
2017 年 10 月	财产问题	房东	房客身份审核不到位	房客损坏房源并且窃取物品
2018 年 4 月	隐私管理	房客	平台监管存在漏洞	房东在房源内安装针孔摄像头
2018 年 8 月	安全问题	房客	房源审核不足	房客女儿坠楼身亡，与房源纱窗破损有关

二是共享住宿服务水平参差不齐。共享住宿属于非标准化住宿产品，其房源主要由房东个人提供并进行运营管理，为房客带来多样化、个性化的住宿体验，但大多数房东未曾接受过专业的服务培训，从而导致房源的配套设施质量不一，房东服务水平参差不齐，同时一些共享住宿的卫生问题令人担心，有损用户身体健康。根据《中国共享住宿发展报告 2020》，影响用户住宿体验的因素以房源配套设施不完善、房东服务态度不佳、卫生状况不好为主，这说明共享住宿服务质量、配套设施仍缺乏保障。国内虽已正式发布《共享住宿服务规范》，但这是我国共享住宿领域的标准性文件，并非强制执行标准。

三是主体责任缺失现象严重。主要表现在房东一味追求入住数量和效益，却忽略了对住房环境、安全及服务的优化。在短租民宿中，频繁更换住客会打乱周围常住居民的生活习惯，容易引发物业管理、治安防控、小区卫生、噪声扰民等问题。此外，共享住宿平台在行业中具有举足轻重的作用，但平台角色无法按照传统的框架准确定位。尽管 Airbnb 和途家采用各种方式避免房主和房客私下交易，但私下交易现象依然存在，这就意味着交易避开了平台的监管，将导致民宿一旦出事，会无法落实责任主体。如何采取有效措施落实平台企业主体责任，对共享住宿行业的健康快速发展至关重要。

四是信任机制不完善、不健全。共享住宿的发展建立在陌生人之间相互信任以及保障机制完善的基础上，这就要求共享住宿平台积极保障交易安全、信息安全、财产安全和隐私安全，在信息查验、在线交易、入住保障、安全保险、信用记录和双向评价等方面能够提供充分条件，可覆盖选房、交易、入住、退租、评价的全过程。然而，许多共享住宿平台的征信系统不完善，缺乏征信档案和评价系统，未能根据用户信用设计奖惩机制，致使用户恶意刷单、不诚信用户流转于各大平台等情况时有发生；平台对房客可能遇到的虚假房源、无法入住、乱收费等情况没有应急预案；在隐私保护方面，平台对个人信息披露缺乏严格的政策，这些都导致共享住宿中产生大量的信任缺失问题。

五是存在监管"灰色地带"。我国住宿行业需取得经营许可证才可依法营业，但相当多的民宿受房屋规模、建筑结构等限制，难以达到住宿行业相关法律要求。尤其是城市短租民宿，其是由住房改造而成的，实际上改变了房屋的用途，其自身并不具备商业经营的资质。同时，一些民宿既无营业执照，也没有进行纳税，更为严重的是存在一定的消防隐患。在日本，长期处于"灰色地带"的民宿业被终结，2018 年 6 月 15 日，日本开始实施《民宿新法》，新法规定经营者必须正式通过申请，领取民宿营业执照，制作住房名册，如房东没有同住，则必须由第三方公司管理，同时，一年中营业时间不得超过 180 天。

对于上述共享出行和共享住宿中存在的主要问题，概括起来，其本质是共享经济服务消费过程中的事前信息不对称、事中利益冲突和事后不可验证，使共享经济参与者面临信息传递失真、道德风险和机会主义等风险。因此，如何有效地规避道德风险并构建信任机制，是学术界和实务界面临的一个十分重要而紧迫的课题。

1.3　核心概念的界定

1.3.1　共享经济

尽管国内外学者已经对共享经济开展了广泛研究，但由于不同的学者考察这一问题的视角不尽相同，对于共享经济的内涵和边界，并没有形成统一、明确的界定。当前，关于共享经济的概念概括起来主要有以下几类：协同消费、点对点经济（peer-to-peer economy）、零工经济（gig economy）、基于使用权消费（access-based consumption）、网格经济（mesh economy）、按需经济（on-demand economy）等。综观各种概念可以发现，共享经济迥异于传统商业模式，它以互联网及移动技术为支撑，通过参与主体的协调来重塑有形或无形资源的连接关系。

前面已述及，"共享经济"的源起可以追溯到 Felson 和 Spaeth（1978）提出的"协同消费"概念，但其模式直到近年来随着互联网信息技术的发展才兴起。研究者认为协同消费的核心就是共享（Botsman and Rogers，2010；Rifkin，2014；Chase，2015；Edelman et al.，2017）。Eckhardt 和 Bardhi（2016）指出，共享经济也可称为"接入经济"，因为"接入经济"是指通过付费或免费提供暂时访问消费资源的机会，并且无须转让所有权。Acquier 等（2017）认为共享经济应包含三个核心要素：接入经济、平台经济和社区经济。他们试图将三个要素结合起来，以弥合不同定义的分歧，如图 1.2 所示。涂科和杨学成（2020）基于个体与组织的整合视角分析了共享经济的内涵。Frenken 和 Schor（2017）指出，就学术研究而言，可以选择不定义共享经济，而是要试图理解为什么从不同的研究视角出发具有不同的含义。

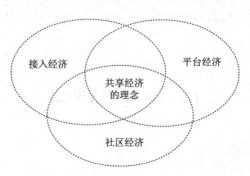

图 1.2　共享经济三个核心要素之间的关系

表 1.2 列出了国内外学者对共享经济的不同定义，主要分为狭义共享经济和广义共享经济（孙凯等，2019）。从狭义上来看，共享经济是提供者（企业或个人）通过互联网将闲置资源提供或转让给消费者（企业或个人）使用的一种资源配置方式，其核心在于闲置资源的再利用（Belk，2010；Cockayne，2016；Kumar et al.，2018；何超等，2018）。就广义而言，广义的共享经济并不局限于闲置资源的再利用，而是泛指使用而不占有，强调所有权与使用权的相对分离，基本理念是使用所有权（Botsman，2013；Sundararajan，2016；Munoz and Cohen，2017；张玉明和管航，2017；李立威和何勤，2018）。

表 1.2 有关共享经济的不同定义

类别及代表企业	作者	共享经济定义
狭义共享经济（Airbnb、Uber 等）	Belk（2010）	将自己的物品分配给他人使用，或从他人手中获取物品或服务为自己所用的行为和过程
	Cockayne（2016）	"共享经济"这一术语描述了通过使用移动应用程序或网站将消费者与服务或产品联系起来的数字平台
	Kumar 等（2018）	通过短时租赁将提供者拥有的闲置资源进行货币化
	何超等（2018）	以闲置资源为基础，以互联网平台为支撑，以短时让渡使用权为方式，以获取利益为目的的一种经济模式
广义共享经济（摩拜单车、首约汽车）	Botsman（2013）	一种基于共享未充分利用的资产的经济模型，从空间到技能再到物质，以获得货币或非货币利益
	Sundararajan（2016）	共享经济是一种以人群为基础的资本主义，并且能够按需使用，商品的物主在不断发生改变
	Munoz 和 Cohen（2017）	一种社会经济系统，使个人和组织之间的产品和服务交换成为一套中介，目的是促进社会资源的优化配置，提高社会资源的利用效率
	张玉明和管航（2017）	通过现代互联网技术，使创新产品、服务、知识、技能、思维等资源得以复制，并且扩散速度快、搜寻成本低、获取效率高，从而实现优化资源配置，交易成本降至极低甚至为零

不难看出，共享经济的最显著特征是：在供给侧，利用既有闲置资源来提供产品或服务；在需求侧，用户使用产品或服务是基于使用权而非所有权。

同时，共享经济是典型的双边市场，属于平台经济范畴，共享经济平台连接双边对等的平台用户，承担市场创造型功能，并开展数字支撑的平台运作（许荻迪，2019）。上述特征明显区别于一些热点业态（可称为泛共享经济），如实物广告和在线二手交易等。

Teubner 和 Hawlitschek（2018）充分考虑了商业化程度和资源的类型，提出按照四个特征来研究共享经济问题：①提供者的专业程度（专业或私人提供者）；②经济补偿的作用（共享模式的商业化程度）；③交易程度和性质（可能的所有权转让或长期租赁）；④资源的类型（产品或服务）。具体分类如图 1.3 所示。

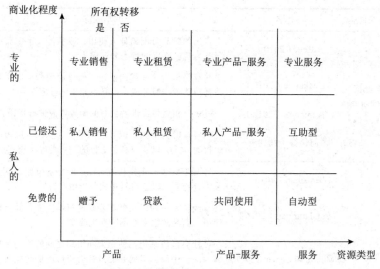

图 1.3 共享经济的分类（Teubner and Hawlitschek，2018）

沿着上述文献脉络，本书将共享经济的概念界定为：拥有闲置资源（有形资源和无形资源）的提供者（企业或个人）依托互联网平台，有偿向消费者（企业或个人）让渡资源的短暂使用价值并增进社会福利的经济活动。这一概念体现了四个主要特征：第一，不同于传统交易市场，共享经济交易对象是闲置资产的临时使用权而不是永久所有权；第二，共享经济的交易活动依托共享经济平台，即共享经济平台通过其技术和信息将提供者和消费者有机连接起来；第三，共享经济的参与主体不仅是个人，还包含企业、共享经济平台及外部监管机构；第四，共享经济的目标不应局限于经济性，而应通过提高资源利用效率来提升整个社会福利。简言之，共享经济是以技术为支撑、以共享经济平台为中心、以信息为连接来完成供需匹配的。

准确把握共享经济的概念，还须厘清共享经济的边界。首先，共享经济存在产品边界。作为共享产品，应具备闲置性、公共性和市场性，体现共享经济的资源特征，能够为公众共享，具有广泛的市场需求。其次，共享经济存在道德边界。互惠是共享经济的价值特征，共享经济各参与主体之间需要高度的信任关系和契约精神予以维系。再次，共享经济存在责任边界。共享经济平台不能单纯聚焦企业利润，而应积极主动地承担起社会责任，营造和谐共生、利益共享的环境。最后，共享经济存在法律边界。共享经济要想行稳致远，应当清晰界定其法律边界。在具体监管上，既要注重源头管理，严把市场准入关，又要采用声誉或评价反馈机制来保证服务质量。

1.3.2　道德风险

何谓"道德风险"？《新帕尔格雷夫经济学大辞典》将其解释为"从事经济活动的人，在最大限度地增进自身利益时做出不利于他人的行动"。"道德风险"一词最初是在 150 多年前的保险业文献中提出的，用来描述拥有保险和发生保险事故之间的正相关关系。随着保险业在中世纪的发展，人们对道德风险的认识发生了变化——将道德风险的发展理解为个人影响未来事件的能力，并将其纳入对风险的理解范畴。尽管中世纪保险业有所发展，但很少有证据表明保险公司进行了数据收集或评估。直到 1660 年，才出现对航运损失进行的首次实证分析（Franklin, 2001）。Pearson（2002）认为，19 世纪以后，保险公司才开始将精算方法完全纳入其商业实践。道德风险的区分要求精算师有足够的敏锐性来区分投保和未投保的不利事件的概率。

在 19 世纪，道德风险开始被理解为对激励的一种反应。当道德风险被应用于人时，其反映了道德风险的另一种含义，即事实上的逆向选择过程。值得注意的是，道德风险和逆向选择导致保险和索赔之间存在相关性，但两者之间的区别在于：道德风险假定购买保险将导致个人为投资收益而努力，而逆向选择假定高风险个人（包括具有欺诈意图的个人）将购买更多保险。一些经济定义侧重于事前行为，道德风险被认为是"保险对减少风险的激励的影响"。保险事件的预期损失被定义为 $E(L) = \rho L$，其中，ρ 为事件发生的概率，L 为损失，上述定义将道德风险限制于保险对 ρ 的影响（Varian，2010）。当被保险人的行为影响到 L 时，道德风险也会表现出来，即事后道德风险（ex-post moral hazard）涉及激励措施对索赔实际损失的影响。

经济学文献侧重于研究道德风险，并将其作为激励的结果。Haynes（1895）较早研究了事后道德风险，强调了激励的作用，表明在保险来源诚实的情况下，仍然存在过高估计损失的道德风险。Knight（1921）探讨了商业损失保险的可行性，指出在保险公司不能提供经理努力的情况下，道德风险将排除商业损失的保险。Arrow（1963）发现，在医疗保险市场上，当医生和患者进行不完全由疾病决定的医疗护理时，就可能发生道德风险。据此，他提出公共干预有助于控制最严重的事后道德风险。相反，Pauly（1968）指出，事后道德风险将导致精算公平保费的增加，因此一些个人可能宁愿选择自我保险而非参与公共保险计划。Arrow（1968）进一步的研究表明，在医疗保健市场中谴责道德风险并不能达到社会最优。之后，经济学家普遍认为，道德风险是信息不对称的一种表现，当委托人（保险人）的行为不能被观测到，或委托人发现代理人（被保险人）为避免索赔而付出的努力成本太高时，就会发生这种情况（Arrow and Frank，1971；Holmstrom，1979；Cohen and

Siegelman，2010）。

当前，道德风险概念被用来分析和讨论一系列日益多样化的公众感兴趣的问题，包括股票市场、家庭行为、工资补偿、社会福利、失业、自然资源政策等。一个颇有意思的现象是，有的经济学家把道德风险当作一个与道德几乎毫无关系的概念（Dembe and Boden，2000），也有部分经济学家认为通过分配私人和公共资源来控制道德风险不应仅仅基于经济因素（Pearson，2002）。可以看出，道德风险源于对保险领域的研究，保险是一种社会制度，它规定了政治文化中的规范和价值观，并最终塑造了公民对成员资格、社区、责任和道德义务的看法，而法学、哲学研究者则试图解决"道德风险"一词可能隐含的伦理争论（Hale，2009）[①]。

通过回顾"道德风险"的起源和发展不难看出，这一概念是基于防范人的自利本性危害他人和社会利益而提出的，当个人的利益与社会的利益产生冲突时，如果缺乏一定的监督，就容易产生道德风险。前述共享经济中出现的问题，集中体现为信息不对称、监督不到位或不完全承担风险后果时的欺诈、违约、投机等行为，这些行为不仅是经济行为，还涉及和关联道德问题。此外，道德风险还包括因道德原则和规范滞后或脱离社会实际而导致的风险，也就是说，道德风险具有潜在性和危险性（覃青必和叶文俊，2017）。在我国的道德哲学体系中，"凡以利为先、以义为后的行为可以归为道德风险行为"。

因此本书对共享经济下"道德风险"概念的使用，有意识地结合了经济、伦理、法律等不同学科的界定，既坚持其思辨性内涵，同时又兼顾多个视角。从经济学的视角看，道德风险是不同参与主体之间信息不对称的结果。共享经济下道德风险的生成基础在于信用基础薄弱，使得部分机会主义者利用其

---

① 这些跨学科的差异无疑造成在更广泛的研究领域中使用这一概念的模糊性。

信息优势扭曲了其行为选择，甚至造成非理性的虚假繁荣。从伦理学的角度而言，道德具有内在的脆弱性，道德内在的不稳定性、敏感性等导致当面对外界的冲击或干扰时，组织或个人已经形成的道德可能会产生波动，从而产生道德风险（车亮亮，2017）。从法学的视角来看，共享经济下道德风险的发生在于参与主体之间的权益结构失衡，法律等外在制度安排的失灵使部分参与主体选择道德风险行为，并从中获取经济利益。因此，当共享经济被资本竞相追捧时，我们应该深刻反思共享经济发展的基石是否牢固，社会秩序与伦理规则是否运行有序，如果缺乏良法善治，何来共享经济？

1.3.3　信任机制

通常，信任可以降低经济诱惑带来的机会主义行为[①]。学术界对"信任"的研究由来已久，但不同领域对信任的含义和内在规定性并未形成统一的界定。心理学家采用实验和量表等实证分析方法，从人格、态度、动机、认知、人际关系着手，解释信任的发生机制。经济学强调参与者的有限理性，通过建立不对称信息下的重复博弈模型，从降低交易成本的角度分析信任的形成过程。从社会学来看，信任是社会关系的一个重要维度，与社会结构、文化规范紧密相关（石岿然和马胡杰，2018）。本书认为，信任是共享经济参与者之间为实现一个共同目标而进行合作的关键要素，可以有效降低共享经济中的不确定性和易变性。

信任机制是社会经济活动的参与者之间建立信任的一种制度化、规范化的方法。Zucker（1986）将信任产生的模式分为源于过程的信任、源于特征的信任及源于制度的信任。Mayer 等（1995）指出，信任是基于组织内部成员间彼此的认知和了解的，一方期望另一方会执行对自身有重要意义的某种

---

① 当机会主义行为的经济诱惑很大时，仅靠信任的支持是不够的，信任是合作的必要但非充分条件。

行动，其影响因素包括能力、善意和正直。Lewicki 和 Bunker（1995）认为，不同类型的信任在连续的重复过程中是相连的，一个层面上信任的达成，可以促进下一个层面信任的产生，并根据信任的不同层面将信任划分为计算型信任、了解型信任和认同型信任（图 1.4）。Doney 和 Cannon（1997）将信任的形成划分为计算过程、预测过程、能力过程、动机过程和传递过程。Das 和 Teng（1998）将风险承担、权益保障、企业间的沟通与适应视为信任建立的机制。本书认为，共享经济下的信任机制主要是解释共享经济下信任的产生方式、运作过程及其影响，并能用来反映信任发生时的道德风险情境。

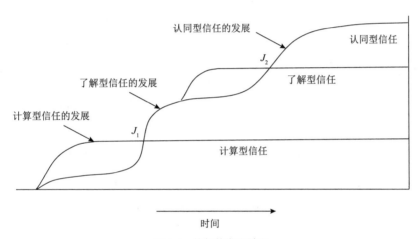

图 1.4　信任的发展阶段

注：J_1 点处计算型信任转化为了解型信任；J_2 点处了解型信任转化为认同型信任。

McKnight 等（1998）考察了信任的内涵及其影响因素和产生过程，明确了信任发展的阶段。进一步地，McKnight 等（2002）构建了一个信任建立模型（trust building model，TBM），将初始信任分为信任动机和信任信念。从生命周期的观点看，初始信任是持续信任必须经历的一个前期过程，而持续信任是初始信任演进以后的一个必然结果。初始信任向持续信任的演进反映了信任从低级向高级发展的一个动态过程。本书的一个主要研究目标就是全面比较初始信任和持续信任在形成机制和作用机制方面的差异，进而揭示共享经济信任机制的演化规律。Pavlou（2002）探讨了感知监控、感知验证、感知法律合约、感知反馈及合作规则五种基于制度的信任机制对跨组织信任的作用。金玉芳和董大海（2004）按照过程机制，对消费者与企业之间信任的产生进行研究，将信任产生的过程机制分为四类：心理过程机制、判断过程机制、交往过程机制和其他外部机制。

Daignault 等（2002）根据信息来源的不同对信任机制进行了划分，具体分为三种类型。第一种指买方通过与卖方直接接触而获得关于卖方的信息，对于机会主义行为的惩罚由受害者本人实施。第二种指买方从其他交易者处获得卖方的信息，对于机会主义行为的惩罚由其他交易者来实施。第三种指买方所获得的卖方信息来自可信赖的第三方机构，对于机会主义行为的惩罚由第三方机构来实施。本书将在随后的章节中更加深入地讨论这几类信任机制。

本书认为，对于未参与过共享经济及曾参与过共享经济的消费者而言，初始信任的形成机制与持续信任的形成机制二者存在较大的差异。为此，本书分别建立了两类消费者信任机制形成的概念模型并进行实证分析。

1.4　研究方法与研究设计

1.4.1　研究方法

1.4.1.1　博弈建模

共享经济的参与主体主要包括：共享经济平台、提供者、消费者和政府。当前，大量文献研究的是共享经济平台和提供者、消费者之间的博弈，集中于探讨定价策略（Taylor，2018；王春英和陈宏民，2021）、匹配策略

（Belleflamme and Peitz，2015；李玲芳等，2022）、进入与退出策略以及蕴藏的道德风险等问题（刘征驰等，2020）。共享经济的实现过程，也是每一个参与主体在利益驱动下，以最大化自身偏好为目标的行动选择和行为调整的过程（田帆，2018）。特定情境下，参与主体可能具有双重身份，如共享单车的产权所有人建立了自己的服务平台。共享产品的所有人也可能通过委托代理关系让渡管理权和收益权。Benjaafar 等（2019）指出，当产品成本较高时，产品所有权和使用权的价值会更高。在这里，可以将政府视为委托人，将其他角色看作代理人。由于政府与其他利益相关角色之间存在着广泛的信息不对称，而且各方也是在相互作用中调整策略，因此，共享经济的实现过程也是一个演化博弈的过程。例如，在叫车平台上，司机和乘客对市场状况（如供应或需求短缺）的了解通常有限，然而，随着时间的推移，司机和乘客会调整其特定行为的预期支付，并导致两个群体行为逐渐演变。

对于共享经济平台而言，定位提供者和用户的搜索成本较低。然而，匹配成本可能很高，尤其是当交易涉及彼此不熟悉的两个主体时更是如此。例如，当 Airbnb 收取佣金时，价格（即租金）是由提供者（业主）设定的。提供者拥有关于产品质量的信息（房间或公寓），便于其评估产品或服务价值。为降低信息不对称，许多共享经济平台通过使用双向评级系统来培养信任，以提升用户群体的忠诚度，也有一些在线平台正在应用区块链技术（Chen et al.，2020）。在这里，有三个问题值得探讨。第一，共享经济平台把定价权力交给用户，能否创造更多价值？第二，由于资源共享经济平台通常服务于公共利益部门（如交通和住房），共享经济平台如何减少供需失衡和监管不确定性？第三，共享经济平台并不拥有或直接控制资源，因此独立的提供者可以有多个，那么，共享经济平台如何通过提高用户忠诚度来减轻多归属的影响？这些问题的研究，均需要深入分析参与者之间的行为博弈，寻求合理的均衡状态。例如，通过考察由消费者、出租车司机、平台司机等组成的生态系统，

Sun 等（2023）发现，精心设计的监管政策可以在与消费者相关的竞争性目标之间取得平衡。

通常，信任的建立并非通过简单的一次性博弈而达到，而是通过重复博弈才能实现。在重复博弈中，经济学研究表明，参与者可能会使用可信的威胁和奖励来诱导对方采取在一次性博弈中无法接受的策略。这就要求相同的参与者保持相互博弈，或者这些长期参与者的过去行为要么是公开已知的，要么是足够可辨别的。事实上，让每个交易者的全部历史都公之于众过于严格，尤其是考虑到在线交易中的各方彼此都是陌生人时更是如此（Einav et al.，2016）。与 Uber 和 Airbnb 的现实情况更接近的是声誉反馈系统，其中只有共享经济参与者的历史行为的集合可用。许多研究工作集中在如何更准确地描述参与者的特征，并通过评分/评级系统影响参与者的行为。

本书将根据实际问题的情境，通过构建一次性博弈、重复博弈、演化博弈等模型来刻画参与者之间的行为互动，探求控制道德风险并提升各方信任机制的策略和路径。

1.4.1.2　实证分析

理论模型得到的结果能否得到经验数据的支持？这是学术界普遍关注的问题，尤其是对于共享经济中的道德风险这样一类有着很强现实性的问题，不仅需要理论建模，也需要实证分析检验。二者应相互补充，相互印证①。

通过对共享经济相关实证分析的回顾，不难发现大量研究是以西方文化为背景的，而经验研究也都以国外企业作为样本。由于中国文化是以儒家文化为代表的东方文化，重视人情，基于西方文化背景的共享经济研究未必适

---

① 理论建模能清晰地刻画参与人的行为，但对于多个决策变量的描述存在局限性，实证分析和案例研究则在一定程度上弥补了这一不足。因此本书试图应用这几种方法，避免将其割裂开来。

合中国企业。因此，在已有文献研究的基础上，通过实地访谈，以中国企业为样本进行实证分析极为必要，这有助于探寻共享经济企业在管理理念、决策机制和竞争思路方面实现创新的途径。

共享经济作为一个由第三方搭建市场平台，产品需求方与供给方在此平台上完成交易的新型商业模式，在国内市场上表现出越来越强大的生命力。在共享经济的体系内部，共享经济平台、提供者、消费者三者之间的信任关系是维持共享机制正常运作的关键纽带，信任机制的建立是共享经济得以不断运转的"润滑剂"（杰米里·里夫金，2014）。因而对共享经济体系下信任机制的实证分析得到了众多学者的关注。

目前，学术界在关于消费者信任、感知风险、持续共享意愿等方面的研究成果颇丰。由于共享经济背景下的交易通常发生于多方参与、关系复杂的环境（Möhlmann，2016），消费者往往会对交易的风险进行感知，如隐私风险、财务风险等，这类风险感知能够显著影响信任，成为信任的前置因素，从而信任又进一步对消费者的消费意愿产生影响，并影响消费行为（贺明华和梁晓蓓，2018；Chang et al.，2019）。消费者的持续共享意愿对企业的可持续发展至关重要，消费者对共享经济平台的信任度越高，其进行持续消费的主观能动性就越强，因此消费者的信任与持续共享意愿之间存在显著正向关系，可见信任是影响共享经济背景下交易行为的最重要的前置因素之一（Hawlitschek et al.，2016；贺明华和陈文北，2019）。

毋庸讳言，消费者、共享经济平台、提供者三者间的信任机制是共享经济研究的重要内容。共享经济体系中的信任机制建设的关键是提升消费者、共享经济平台以及提供者之间的信任关系（李立威和何勤，2018），而影响信任机制的主要因素为信息不对称问题及其带来的影响，因而三者之间的信息共享越是全面和完善，信任就越容易建立，共享经济模式就越容易获得蓬勃发展。与线上交易普遍以消费者为核心构建信任体系不同，共享经济中的信任机制更为复杂，其中包含了消费者、共享经济平台以及提供者之间的多重信任关系（Möhlmann，2016）。

1）消费者与共享经济平台之间的信任机制

消费者与共享经济平台彼此间的信任关系是共享经济信任机制中最重要的一环，通过共享经济平台的中介服务功能，消费者对共享经济平台的信任间接包含了消费者对提供者的信任，因而确保双方之间的信息透明化显得格外重要。对于消费者而言，参与共享经济模式的第一步就是选择一个合适的共享经济平台（Hong and Cho，2011）。具体而言，消费者对于共享经济平台的信任属于制度信任范畴，是通过共享经济平台提供的一系列结构性保障因素来建立的，主要包括背景调查、消费者隐私保护、支付安全保险、意外责任保险、第三方授信认证等。消费者对于共享经济平台的信任程度受到平台质量和设计的影响，共享经济平台在信息披露方面越完善，就越容易赢得消费者的信任。张劲松等（2020）的研究表明，消费者对共享经济平台方的信任受到平台质量和制度保障的影响，消费者的使用意愿主要取决于对共享经济平台的信任程度。

2）消费者与提供者之间的信任机制

除了消费者对共享经济平台的信任，交易的最终实现还离不开消费者与提供者之间的相互信任。共享经济模式能够健康发展的根本原因在于服务供求双方之间的良好信用关系。不同于电子商务交易中消费者对商家的单向评价机制，共享经济模式中供需双方在共享经济平台上搭建的是双向评价机制，更能够促进彼此间的信息交流，基于双向评价的声誉机制是消费者与提供者之间的主要沟通渠道（Ji et al.，2023）。目前国内共享经济中供需双方之间的信用体系建设还不够完善，消费者与提供者之间的信用评级主要是由共享经济平台方代为负责的，而共享经济平台方作为中介所建立的信用认证机制主要是以双方的身份信息审核、信息展示沟通、社交评价分享以及第三方信用认证保障等手段进行的（张新红等，2017）。基于制度的信任是共享经济下信任机制建设的第一步，消费者与提供者之间信任的建立还应基于共享经济平台的制度保障因素，包括双方的声誉、交流互动等因素（谢雪梅和石娇娇，2016）。

3）共享经济平台与提供者之间的信任机制

共享经济点对点的交易特征导致不仅消费者面临着信任风险，提供者也同样需要应对信任风险。在消费者与提供者都处于信任风险之中时，共享经济平台通过向提供者提供最优保险、向消费者提供最优激励，以消除交易中道德风险的存在（Weber，2014）。与此同时，共享经济平台的质量以及制度保障因素也是影响提供者对共享经济平台信任程度的主要因素（简兆权等，2020）。有关共享住宿领域的研究发现，提供者对共享经济平台的信任能部分转化为对消费者的信任，共享经济平台与提供者之间的信任对共享经济的发展起到了显著的促进作用。相对于从消费者角度出发的信任机制研究，目前国内对提供者的研究相对较少，还具有较大的研究空间。

作为共享机制下的信任机制部分，要构建完善的信任机制，必须处理好共享经济平台、消费者以及提供者之间的关系，尤其是发挥好共享经济平台的中介传递作用，引导交易双方间的信任机制的构建，促进共享经济的健康发展。

当前，机会主义倾向和道德缺失对共享经济的健康发展带来了严峻考验。由于道德风险的存在，共享经济中各参与方都倾向于过度使用共享资源，从而破坏资源的合理配置并极易引发各参与主体之间的不信任（金碚，2017）。共享经济的本质是信用经济，共享的核心和基础是信任。有效控制道德风险并合理构建信任机制，对于共享经济的健康发展具有重大意义。本书从共享经济下道德风险治理的视角出发，紧紧把握信息不对称、信用脆弱性等关键要素，对共享经济运行及参与者动机、参与者道德风险的类型与成因、道德风险的演化规律及其对信任的影响、初始信任与持续信任机制的构建、社会共治的多元管理模式等问题展开研究，在一定程度上丰富了共享经济理论并深化了相关政策分析，弥补现有研究的不足。因此，无论是从理论还是现实角度而言，本书的研究主题都具有较强的理论意义和实践价值。

1.4.1.3　案例研究

与大样本定量研究不同，案例研究由研究者通过访谈、观察和文档资料等方式，以在理论抽样为主的原则下获取的情境、人物、事件及其关系为研究素材，获取对案例实践的认知，并在此基础上对现有理论进行深化拓展或生成新的理论。案例研究强调既有"好故事"，又有"好理论"，能够将复杂性、综合性的决策因素和过程具体而细致地呈现出来。从这个意义上来说，案例研究有助于解决现有研究存在的"两多两少"的问题，即理论研究成果多而理论创新少、理论研究多而实践价值少。

本书研究的共享经济在现有理论中缺乏具体的机制描述，同时研究所选择的情境也属于一种较新的现象，需要从总体上完整地理解相关研究问题，深入观察共享经济发展的实践，形成本土化的"问题意识"，进一步探索和催生具有现实性和有效性的规范性理论。基于此，本书第9章和第10章将选择案例研究方法，分别以小鸣单车和某出行软件平台为典型案例，探讨共享经济下道德风险的形成机理。具体方法如下。

首先，对共享经济常用的理论进行系统梳理，包括协同消费理论、交易费用理论、企业运营理论与委托-代理理论，提炼出理论分析框架。

其次，在经济学和伦理学等多重分析框架下，通过现象观察、特征描述、类型建立、过程展示和影响分析，对共享出行平台道德风险问题进行界定，并深度剖析和挖掘共享出行平台的运行机制，构建研究模型。

最后，在资料搜集与整理的基础上，不断对研究模型和研究发现进行修正和完善，得到新的研究发现。

根据研究的问题和目标，本书选择以共享出行为典型代表的共享经济模式作为研究对象，原因在于：近年来共享出行受到的诟病颇多，同时案例企业的曝光度高，相关资料翔实，可以满足案例研究的需要（苏敬勤和单国栋，2017）。本书案例研究的资料与数据来源主要为：一是政府近年来出台的相关政策文件；二是专业研究机构发布的共享出行平台发展状况调查报告；三是各类媒体对企业报道的文字资料；四是企业官网已发布的公开数据。

1.4.2 技术路线

本书的研究综合采用了模型构建、实证分析、案例研究和计算机仿真方法，拟采用的技术路线如图 1.5 所示。

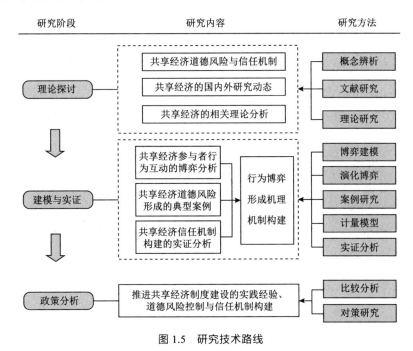

图 1.5 研究技术路线

本书首先进行了现实问题观察和文献分析。在此基础上，建立研究的概念性理论框架，为模型构建、实证分析以及计算机仿真奠定基础。一方面，根据研究目的，构建了不同情形关于共享经济下道德风险的博弈模型，研究了信任机制的形成、发展及演变过程；另一方面，通过共享出行中的两个典型案例研究深入剖析道德风险的形成机理和控制措施。同时，为了验证、解释和补充理论分析中所得出的结论，通过实证分析对共享经济参与者的动机、提供者与消费者信任机制的形成进行了多层次、多角度、多属性的分析。

1.5　本书的结构安排

1.5.1　研究结构

本书根据我国特定的社会经济环境，在定性分析和综合案例研究的基础上，对共享经济参与者的行为特征、作用机理、有效性条件和文化的相容性展开研究，借助案例研究和实证分析方法对中国情境下共享经济参与者的动机，提供者、消费者和共享经济平台之间信任机制的形成进行探讨，最后将理论研究与实践应用相结合，提出管理意义上的理论指导。

本书旨在通过新的观察视角，较为系统地探讨模型化方法在共享经济信任研究中的应用，为共享经济参与者之间的互动关系研究提供一个理论框架。同时考虑到基于因果关系的传统及量化实证分析在研究共享经济时是可行的和有效的，本书着眼于中国共享经济企业实践，从更广阔的视域，将经验、案例、计量和模拟等不同的研究方法有机结合，既体现理论体系的严整性，又尽可能还原道德风险的危害以及信任在共享经济中真实客观的作用，以期研究结论更具有借鉴和启发意义。本书的研究内容和关系结构如图1.6所示。

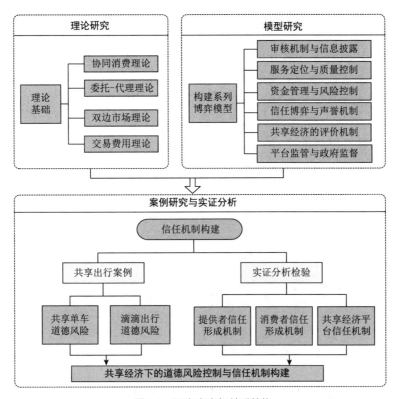

图 1.6　研究内容与关系结构

1.5.2　主要内容

按照上述研究结构,本书分为 4 部分,共 15 章,各章的内容安排如下。

第一部分为导论和文献综述。第 1 章导论阐述了本书的研究背景、研究意义、研究视角、研究思路、研究框架以及研究方法,同时就本书涉及的研究对象和主要概念进行了清晰地界定。在完成这些准备工作的基础上,导论中也简要描述了后续各章的具体内容安排。

第 2 章是理论基础与研究动态,归纳总结了共享经济研究的理论基础,包括:协同消费理论、交易费用理论、双边市场理论、企业运营理论和委托-代理理论。同时,应用文献计量方法系统梳理了近十年来国内外关于共享经济的主要研究成果，分别从共享经济的参与动机、共享经济的影响、共享经济的困境及其治理等方面分析了共享经济领域的研究进展和主要启示，并进一步提出了未来研究的重点方向。

第二部分（图 1.7）从时间维度将共享经济运行划分为几个紧密衔接的阶段，着重研究市场准入、服务定位、资金管理、声誉评价与监督惩戒问题，共包括 6 章（第 3 章至第 8 章）。

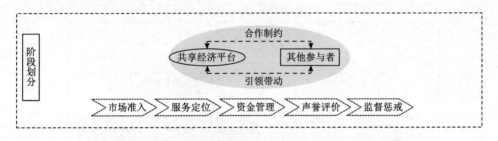

图 1.7　第二部分研究结构

从第 3 章开始主要采用模型构建的方法分析图 1.7 中的各个研究主题。考虑到现实中由于共享经济平台的审核不严产生了大量道德风险，第 3 章探讨了共享经济平台的审核机制与信息披露问题，从共享经济平台与提供者、消费者之间的行为互动关系出发，沿着"信息不对称—道德风险—信任关系—治理措施"的逻辑思路，对共享经济下参与主体道德风险的产生与信任关系的构建进行分析。具体来说，第 3 章构建了两类模型：一是分别构建一次性博弈和重复博弈模型，考察共享经济平台对提供者的审核策略；二是考虑共享经济平台和消费者之间进行的博弈，分析共享经济平台的信息披露问题。第 3 章通过初步建立研究框架，为破解共享经济下不同参与主体道德风险泛滥或行为异化难题探寻了治理之道。

第 4 章重点研究共享经济平台的质量控制与服务定位问题，首先对共享经济平台与卖方的合作进行经济学分析，指出共享经济平台采用质量控制等非价格规制手段的重要性。然后，应用双边市场理论建立平台准入定价及其质量控制模型以讨论共享经济平台在面对质量隐忧时的策略，包括两种具体情形：利润最大化和社会福利最大化动机下的共享经济平台质量控制策略。进一步地，在垄断共享经济平台同时提供高低两种质量水平服务的基础上，考虑新进入的共享经济平台与之竞争，通过引入质量水平这一变量，研究共享经济平台的服务质量定位与价格结构，并就竞争平台定位低端服务和高端服务两种情形具体分析买方多归属的影响，阐明共享经济平台如何动态地调整定价策略与服务质量定位。

第 5 章研究共享经济平台的资金管理和风险控制问题，探讨共享经济平台与消费者之间的委托代理关系，研究共享经济中备受关注的资金管理问题。第 5 章首先在委托-代理理论的框架下考察了共享经济平台和消费者之间的博弈，并指出共享经济平台收取押金并非一种有效的激励机制。其次，针对共享经济平台虚假财务披露问题，分析了在消费者对共享经济平台类型只有不完全信息的情况下，对欺诈性财务资金披露采取严厉制裁的效果。最后，通过综合比较共享经济平台不考虑安全投资以及考虑安全投资两种情形，探讨共享经济平台如何进行安全投资决策，以缓解和降低消费者面临的风险。总体而言，第 5 章通过考虑共享经济平台有关资金管理的几类重要问题，深入分析如何防范和化解共享经济平台的机会主义行为。

第 6 章从信任博弈和声誉机制两个角度研究了道德风险的缓解机制，通过构建一系列模型分析提供者、消费者、共享经济平台之间的行为博弈，旨在揭示共享经济环境下道德风险行为存在的普遍性。具体来说，第 6 章构建了三个模型。第一个模型为提供者和消费者之间的信任博弈，揭示了由于参与主体的失信行为而引发的共享经济发展困局。第二个模型刻画了提供者和消费者之间的三阶段动态博弈，通过引入利他型提供者产生的声誉效应，阐明提高参与主体的交易意愿。进一步地，第三个模型分析了提供者声誉的长期演变过程，强调了提供者建立初始声誉的重要性以及共享经济平台加强跟踪评估的迫切性。

第 7 章延续了第 6 章的分析，探讨共享经济平台如何对提供者进行信任评估，以及对于失信问题频繁出现的共享经济平台而言，采用何种声誉机制更为有效。首先通过几个共享出行平台具体实例的综合比较，阐述了双向声誉评价系统的应用。其次，在此基础上，深入探讨两类双向声誉评价系统，即非同步声誉机制的作用机理以及同步声誉机制的有效性，解释了现实中大多数共享经济平台采用同步声誉机制的内在原因。最后，研究了声誉评价的具体过程以及如何识别不同的提供者类别，从路径上明确了提供者如何通过投入更多的努力来获得长期的声誉提升。

第 8 章将研究从个体参与者拓展至群体参与者，应用演化博弈论考察了共享经济不同参与群体之间的行为互动。第 8 章主要包括两类演化博弈模型：其一，在共享单车平台和消费者的博弈模型中，构建非对称的演化博弈模型，求解了演化稳定策略（evolutionary stable strategy，ESS）并讨论了共享单车平台监管奖励、监管成本、共享单车平台对消费者的奖惩力度的关键作用；其二，分析在有限理性的情况下共享单车平台和政府的动态策略选择，并通过演化模拟研究第三方监督对共享单车平台管理和政府监管的策略选择，以及最终博弈结果的影响机理。第 8 章的两类模型描述了共享经济不同参与群体策略的模仿和学习过程，在一定程度上为构建多元主体良性互动的共享经济治理模式提供了理论依据。

第三部分（图 1.8）通过案例研究和实证分析方法研究共享经济下提供者、共享经济平台、消费者之间信任机制的构建，共包括 5 章（第 9 章至第 13 章）。

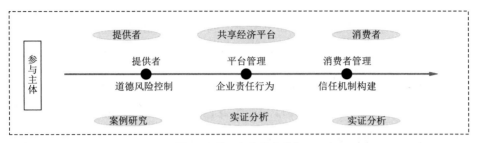

图 1.8　第三部分研究结构

第 9 章采用案例研究方法探讨"目标—行为"框架下共享单车平台的道德风险问题。通过对道德风险这一概念的缘起与演变进行梳理，主要从经济学的角度出发，并结合计划行为理论和信息-解释-响应模型，构建了"目标—行为"概念下的研究框架，将共享经济平台的经营管理行为分为目标设定、目标权衡、目标修订、目标实施和目标达成五个阶段。在"目标—行为"分析框架下，以小鸣单车为例，在全面考察其创立、发展过程的基础上，发现小鸣单车的道德风险行为主要发生在目标实施阶段的四类契约之中，进一步将共享单车平台的道德风险归结为关联交易、单车质量和盲目扩张三个方面，并从落实监管举措、加强管理创新以及探索盈利模式等方面提出了共享经济平台道德风险控制的对策建议。

第 10 章进一步拓展了第 9 章的研究，基于经济学和伦理学双重视角，探索共享出行的治理范式转型与理论研究创新。针对共享出行领域的道德风险问题展开案例研究，遵循"情境变化—行为变化—风险变化—治理变化"的逻辑，主要探索以下两个问题：其一，共享出行中存在哪些道德风险？其二，这些道德风险的形成机理是什么？第 10 章从道德风险相关理论出发构建研究框架，以某出行软件平台为研究对象阐述整体研究思路，基于平台的连接和匹配作用，将共享出行分为平台搭桥、平台指路和平台收付三个阶段，深入分析共享出行平台的运作过程，透视道德风险的形成机理，并探寻减少共享经济参与主体之间道德风险和机会主义行为的治理措施。

第 11 章开始对共享经济不同主体的参与动机与信任机制进行实证分析，为基于 PLS-SEM 的提供者参与动机研究，从提供者的视角出发，应用 PLS-SEM 方法构建模型，对其行为动机及内在机理进行实证分析。首先，在文献回顾和理论分析的基础上，从提供者感知收益、感知可持续性、信任、感知声誉、感知有趣性对其态度与参与意愿的影响方面提出研究假设；其次，阐明研究设计和研究结果，包括数据收集、指标检验、假设验证等部分，研究证实了经济动机、环境驱动和社会驱动的作用；最后，进行讨论和分析，得出研究结论并提出相关对策建议。

第 12 章实证分析共享经济下消费者信任的形成机制，以消费者为研究对象，基于信任动态演化的视角对消费者建立初始信任和形成持续信任的因素进行实证分析，检验平台有用性、财务实力、资本运作、安全保障和社会声誉等因素对初始信任、持续信任建立是否产生显著影响，探讨社会声誉在信任形成过程中的作用机制。第 12 章的研究发现，无论建立初始信任还是形成持续信任，社会声誉始终发挥关键的作用。在建立初始信任阶段，消费者非常关注共享经济平台的安全保障问题；而在形成持续信任阶段，消费者更加重视体验感知。这就为共享经济平台在不同阶段加强管理的针对性和精准性提供了有益启示。

第 13 章对共享经济平台信任机制的形成进行实证分析，从共享经济平台的角度出发，充分考虑到信任的建立具有反复、持续和动态变化的特点，以被调查者是否有过共享经济参与经历为依据，设计两组调查问卷，分别对初始信任和持续信任两种模型进行研究。具体而言，第 13 章基于直觉、诚实和能力三个维度，深入探讨了不同阶段信任的形成和作用机制，探寻消费者信任的动态变化规律，分析影响消费者信任的前置因素，研究发现两种信任机制无论在前置因素还是作用机制上，都存在着明显的差异。这一研究为消费者决策以及共享经济平台发展建设提供了理论参考。

第四部分通过政策研究探讨共享经济治理的逻辑转换、特征演变和实现机制，并对全书进行系统性总结，共包括两章（第 14 章和第 15 章）。

第 14 章探讨共享经济治理的三重面向与政策转型。首先，系统梳理了我国共享经济治理的政策目标与主要领域的相关政策，结合共享经济的不同发展阶段，剖析了共享经济政策的效果，阐明了共享经济治理中存在的偏差。其次，由于共享经济出现了与以往传统经济模式治理不同的新特征，共享经济的道德风险控制与信任机制构建问题应从多个维度进行综合考察，即正视微观、中观和宏观的三重面向，强调加强微观、中观和宏观层面的理论研究对话，综合各方的观点审视问题。再次，分析了共享经济治理的特征演变，强调了需要在核心理念、信息治理、治理主体和治理模式上进行相应的转变。最后，构建了整体性、可持续的共享经济全过程治理实现机制。

第 15 章为全文总结与展望。在全书行将结束的时候，对各章主要的工作进行回顾和总结，从理念革新、顶层设计、协同治理、机制优化、数据增能、法律完善、权益保障和信用重构等八个方面阐述了本书提出的对策建议，就学术思想、学术观点和研究方法等方面强调了研究的意义及创新之处，也客观分析了研究存在的局限性，并对今后可以进行扩展的工作进行了展望。

第 2 章
理论基础与研究动态

虽然大多数社会秩序似乎都是逐渐演变的结果，而非某个突然的发明创造，但政治和经济制度常常出于有目的的设计。

——戴维·韦默（Weimer，1995）

随着 Airbnb 和 Uber 的巨大成功，共享经济开始进入公众视野。共享经济是近年来在全球范围内快速发展的具有"共时性"的重要社会实践。2010年，雷切尔·博茨曼（Rachel Botsman）和鲁·罗杰斯（Roo Rogers）在《我的就是你的：协同消费的兴起》（*What's Mine is Yours：The Rise of Collaborative Consumption*）一书中对共享经济进行了定义和解释，指出这是一种以资源共享和协同消费为基础的新经济模式。2011 年，美国《时代》杂志将"共享经济"列为未来影响世界的十大理念之一，"共享经济"也成为炙手可热的学术话题。大量的文献从不同的角度对共享经济进行了探讨，如消费实践、生活方式、流动性、社会运动、颠覆性创新、共享模式、旅行模式、信任和动机等（Cheng，2016b；Mauri et al.，2018）。近年来，学术界对共享经济的研究呈现出快速上升的趋势，显示出多学科、多领域的特点。

由于共享经济的模式多样化，涉及的产品或服务差异较大，需要学术界进行深入细致的理论分析和实践探索，目前共享经济尚缺乏统一的分析框架。对于共享经济下的道德风险与信任机制问题,许多理论研究都难以提供令人信服的答案,这与共享经济的蓬勃发展形成了鲜明的反差(Acquier et al., 2017;余航等,2018)。传统经济学理论正面临巨大的挑战,迫切需要理论研究和创新来解释共享经济这一新的经济现象(裴长洪等,2018)。本章采用文献计量研究方法,通过系统梳理共享经济的发展动因、存在的问题及对策主张等方面的文献,分析共享经济研究面临的困境与挑战,并阐明今后研究的重点方向。

2.1　文献搜集及统计分析

本章所综述的文献以正式发表的期刊论文为主,兼顾少数学术专著与研究报告,整个研究过程分为文献搜集、文献补充、文献筛选、文献统计、文献分析等五个步骤。

国内关于共享经济的研究中,出现了多种不同的术语,基于此,作者对中国知网进行检索时采用检索式"主题词=(共享经济)或含(协同消费)或含(分享经济)"。为了保证所选取文献的时效性和权威性,选取文献发表时间为"2014—2023 年",并以"中文社会科学引文索引(Chinese Social Sciences Citation Index,CSSCI)来源"与"经济与管理科学分类"为限制条件,共得到 1014 篇文献。为使分析更加全面,本章通过两个途径补充文献:一是检索初始资料的参考文献,选取相关性及引用率较高的文献作为补充;二是补充共享经济研究报告。其后,对文献进行了严格筛选,最后得到 355 篇文献,期刊包括《管理世界》《南开管理评论》《中国软科学》等重点期刊,见表 2.1。对这些文献进行统计分析后可见,《人民论坛》《管理现代化》《中国流通经济》《现代经济探讨》等 CSSCI 期刊发表共享经济主题的论文数量位居前列(图 2.1),同时 2015 年后有关共享经济的文献数量明显增加,表明共享经济已成为学术研究的热点领域(图 2.2)。

表 2.1　共享经济文献综述的主要来源

文献来源	文献数量/篇	年份
《管理世界》	4	2016、2017、2018、2023
《南开管理评论》	5	2018、2019、2021、2022
《中国软科学》	6	2015、2017、2018、2020、2021
《管理评论》	14	2016、2018、2019、2020、2022
《科技进步与对策》	10	2017、2018、2019、2020
《中国科技论坛》	7	2017、2018、2019、2020
《中国软科学》	6	2015、2017、2018、2020、2021
《南开管理评论》	5	2018、2019、2021、2022
《中国管理科学》	3	2019、2020
《经济体制改革》	5	2017、2018、2019、2020
《改革》	11	2015、2017、2019、2020、2021
《经济学动态》	7	2015、2016、2017、2019、2020
《经济学家》	4	2017、2018、2020
《经济问题》	9	2018、2019、2020、2021、2022、2023
《经济问题探索》	6	2016、2017、2018、2019、2021
《现代经济探讨》	17	2017、2018、2019、2020、2021、2022
《商业研究》	3	2017、2018、2020
《宏观经济管理》	9	2017、2019、2020、2022
《人民论坛》	42	2015、2017、2019、2020
《电子政务》	35	2016、2017、2018、2019、2020
《管理现代化》	20	2016、2017、2018、2019、2020
《社会科学战线》	3	2016、2019、2021
《上海经济研究》	5	2017、2018、2019
《广东财经大学学报》	3	2016、2017、2020
《技术经济》	9	2016、2019、2021
《浙江学刊》	2	2016、2018
《江西社会科学》	7	2017、2018
《兰州学刊》	6	2017、2019、2020、2021、2022
《价格理论与实践》	2	2017、2019
《河北学刊》	3	2017、2018

续表

文献来源	文献数量/篇	年份
《贵州社会科学》	4	2017、2019、2020、2021
《经济纵横》	4	2016、2017、2019、2021
《理论探讨》	5	2017、2018、2019
《企业经济》	7	2017、2018
《城市发展研究》	8	2017、2018、2020、2021
《管理案例研究与评论》	7	2017、2019、2020、2022
《新视野》	3	2018、2019
《经济管理》	5	2018、2020、2021
《西南交通大学学报》	2	2017、2018
《外国经济与管理》	4	2018、2019、2021
《社会科学研究》	3	2018、2019、2020
《中国流通经济》	17	2016、2017、2018、2019、2020、2021
《信息资源管理学报》	2	2020、2021
《北京行政学院学报》	3	2017、2020、2021
《学习与探索》	4	2018、2019、2020
《财经论丛》	6	2018、2019、2020
《北京交通大学学报》	3	2019、2022

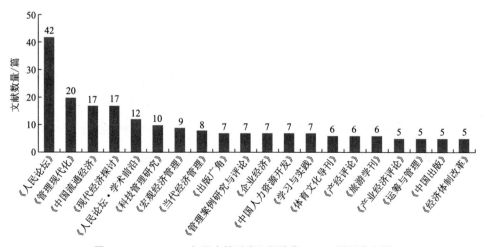

图 2.1　2014—2023 年国内管理类和经济类 CSSCI 期刊发文量

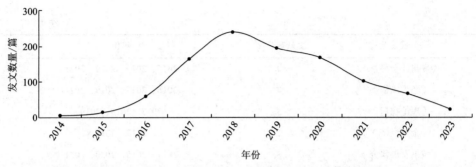

图 2.2　2014—2023 年国内关于共享经济研究发文量统计

对于国外文献，主要以"共享经济""协同消费"为关键词在科学网（Web of science）、爱思唯尔科学指南（Elsevier Science Direct）、埃尔顿 B. 斯蒂芬斯公司（EBSCO）、施普林格（SpringerLink）、全文索引（FullText）、美国科学信息门户网站（Science.gov）、马普学会（Max Planck Society）、爱墨瑞得（Emerald）、美国运筹学和管理学研究协会期刊（INFORMS Online Journals）等数据库查找相关文献。通过限制标题、摘要、关键词、类别、来源[社会科学引文索引（Social Sciences Citation Index，SSCI）]、发表年份（2013—2023年），得到 1995 篇文献[①]。进一步通过各种组合，将主题减少到更合理的数量，以获得对共享经济的全面理解，在手动删除重复项及认真研读每一篇文献的内容后，最终选择了 318 篇具有一定代表性的文献进行分析。

表 2.2 显示了发表有关共享经济文献的主要国际学术期刊（截至 2023 年 1 月 31 日，选取发表文献均在 15 篇以上的国际期刊），这些期刊涵盖了旅游、交通、生态、环境、能源、电子商务、营销、运营、可持续发展等不同的领域，涉及经济学、管理学、法学、伦理学、社会学等多门学科。表 2.3 进一步列出了被引用次数最多的文献及期刊信息，从研究方法来看，以综述性研究与实证分析为主。

---

① 相关优秀的综述可参见 Cheng（2016b）、Ter huurne 等（2017）、Hossain（2018）、Mont 等（2020）。

表 2.2　2013—2023 年发表共享经济主题的主要国际期刊及发文数量　（单位：篇）

期刊名称	文献数量
Journal of Cleaner Production	246
Energy Policy	101
Journal of Business Research	88
Technological Forecasting and Social Change	82
Resources，Conservation & Recycling	68
Energy	67
Applied Energy	60
International Journal of Hospitality Management	58
Economic Modelling	54
Ecological Economics	38
International Journal of Production Economics	35
Energy Economics	31
Journal of International Money and Finance	29
International Journal of Contemporary Hospitality Management	28
Journal of Business Ethics	28
Electronic Commerce Research and Applications	24
Psychology & Marketing	22
International Journal of Information Management	21
Journal of Travel & Tourism Marketing	20
Journal of Travel Research	20
Journal of Consumer Behaviour	18
Journal of Marketing	18
Journal of Marketing Channels	15

表 2.3　国际期刊发表共享经济研究被引用次数最多的论文

文献来源	发表年份	发表期刊	论文题目
Belk	2014	*Journal of Business Research*	"You are What You can Access: Sharing and Collaborative Consumption Online"
Hamari 等	2016	*Journal of the Association for Information Science and Technology*	"The Sharing Economy: Why People Participate in collaborative Consumption"
Cohen 和 Kietzmann	2014	*Organization & Environment*	"Ride on! Mobility Business Models for the Sharing Economy"

续表

文献来源	发表年份	发表期刊	论文题目
Möhlmann	2015	*Journal of Consumer Behaviour*	"Collaborative Consumption: Determinants of Satisfaction and the Likelihood of Using a Sharing Economy Option Again"
Ert 等	2016	*Tourism Management*	"Trust and Reputation in the Sharing Economy: The Role of Personal Photos in Airbnb"
Martin	2016	*Ecological Economics*	"The Sharing Economy: A Pathway to Sustainability or a Nightmarish Form of Neoliberal Capitalism?"
Richardson	2015	*Geoforum*	"Performing the Sharing Economy"
Cheng	2016	*International Journal of Hospitality Management*	"Sharing Economy: A Review and Agenda for Future Research"
Tussyadiah 和 Pesonen	2016	*Journal of Travel Research*	"Impacts of Peer-to-Peer Accommodation Use on Travel Patterns"
Schor 等	2016	*Poetics*	"Paradoxes of Openness and Distinction in the Sharing Economy"
Edelman 等	2017	*American Economic Journal: Applied Economics*	"Racial Discrimination in the Sharing Economy: Evidence from a Field Experiment"
Wang 和 Nicolau	2017	*International Journal of Hospitality Management*	"Price Determinants of Sharing Economy Based Accommodation Rental: A Study of Listings from 33 Cities on Airbnb.com"

　　通过仔细阅读代表性文献，发现共享经济的研究可分为两大类：一类文献侧重对共享经济的理论基础进行研究，主要聚焦于共享经济的相关概念、价值创造和信任机制；另一类文献对共享经济的驱动因素、商业模式、影响作用和发展困境等方面进行重点分析。基于此，本章的主要内容包括：梳理共享经济的理论基础，探讨共享经济各参与主体及其参与动机，阐述共享经济模式及相关问题，分析共享经济产生的经济、社会和环境影响，以及共享

经济面临的困境和挑战。最后，简要总结研究意义，并阐明未来的研究方向。本章通过系统回顾国内外相关文献，以期能较为全面地把握共享经济的研究动态。

在对现有共享经济文献梳理的基础上，可以构建一个初步的文献分析框架（图 2.3）。这个框架显示了共享经济的主要组成部分及其相互关系（Hossain，2020）。从参与动机来看，共享经济参与者既存在外在动机，也具有内在动机，外在动机是提供者和消费者的关键动机。尽管许多其他动机因素与社会经济地位有关，但经济动机仍是一个关键因素。大多数共享经济模式中的两个主要参与者是提供者（例如，Uber 司机和 Airbnb 的房东）和消费者（例如，Uber 的乘客和 Airbnb 的房客）。此外，共享经济平台在提供者与消费者之间发挥重要的连接作用。学术界从多个理论角度对共享经济进行了探索，研究集中于出行和住宿领域。共享经济不同于传统的经济模式，其新颖的业务模式以及独特的运营方式，使得其发展也面临巨大的挑战，亟须采用各种规制进行有效的治理。幸运的是，人们普遍认为共享经济具有重大的经济、社会和环境影响，有助于实现经济社会的可持续发展。

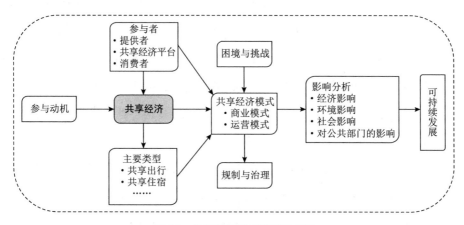

图 2.3　共享经济的主要研究内容

2.2 共享经济的理论基础

本书主要从经济学和管理学的角度研究共享经济问题，与此相关的理论主要有协同消费理论、交易费用理论、双边市场理论、企业运营理论与委托-代理理论。以下对这些理论进行简要叙述。

2.2.1 协同消费理论

协同消费理论从消费者视角出发对共享经济进行探讨。协同消费本质上是消费者从消费所有权向消费使用权的一种重心转移，消费行为的发生并不必然伴随所有权的转移（Weber，2016）。协同消费打破了传统价值链传递，跳出中间媒介，吸引越来越多的消费者参与进来（Fitzmaurice et al.，2020）。参与动机可分为以下四类。一是经济动机。消费者出于使用预期（Lamberton and Rose，2012）、经济利益（Milanova and Maas，2017）和成本衡量（Möhlmann，2021），加入产品或服务的共享。二是环保动机。由于共享经济低成本、可持续的特性，消费者在环保效益（阳镇和许英杰，2019；Govindan et al.，2020）和道德感（Bucher et al.，2016）的驱动下选择协同消费。三是心理动机。出于好奇心和新鲜感，消费者在享受动机的驱动下进行协同消费满足情感诉求（Zhu et al.，2017）。四是社会动机。由于共享经济包含多个参与主体，消费者在进行协同消费的过程中更加能够获得社会认同感（唐毅青等，2017；Davlembayeva et al.，2020）。

目前，协同消费理论的研究主要集中于分析共享经济所产生的影响，如共享出行、共享住宿等共享服务对市场的影响（Zhang et al.，2018a），以及对参与主体的影响（Jiang and Tian，2018）等，该理论是研究共享经济的理论根源（Hamari et al.，2016）。

2.2.2　交易费用理论

许多学者运用交易费用理论对共享经济进行阐释，通过引入边际成本、边际效用等概念来分析共享经济模式（Hellwig et al., 2015; Richardson, 2015; 卢现祥，2016）。随着共享经济平台不断扩大，提供者的边际成本越来越低，相较于传统经济其价格更有优势。同时，对于消费者而言，其搜寻成本和信息成本以及执行成本大幅降低。也就是说，从共享经济的运行特征来看，其能够有效利用闲置资源，直接匹配供需双方，有效降低交易成本。通过共享，共享经济平台极大降低了交易成本，实现了资源的高效匹配（郑志来，2016）；服务消费者能够大幅降低搜寻成本和沟通成本，而提供者也能在共享经济模式下实现交易成本最小化、交易频率最大化的目标，闲置资源相较传统市场，在共享经济市场上得到了更优的配置（史玉琳和陈富，2019）。因此，传统经济模式与共享经济模式下交易成本的差异，是研究者在交易费用理论框架下理解共享经济的重要因素。

2.2.3　双边市场理论

由于共享经济企业大多采用平台模式，从而诞生了越来越多的大型平台。依托于互联网技术，共享经济平台连接着供给方和需求方的双边市场，并搭建起价值链之间的链接桥梁（Mair and Reischauer, 2017）。共享经济平台在共享经济模式中的重要性引起学者的关注，双边市场理论被广泛应用于共享经济研究，共享经济平台被视为同时协调市场供需资源分享的一种特定的双边平台（许荻迪，2019）。

共享经济平台具有典型的双边特征，因此如何利用双边市场的交叉网络外部性，通过差异化的策略行为来聚合更多的资源拥有者和资源消费者，是共享经济平台能否成功运营的关键（王一粟和陈宏民，2017；王念和赵立昌，2018）。

围绕共享经济平台展开的研究主要集中于以下几个方面。一是定价机制。由于商业模式的特殊性，共享经济平台的定价问题成为学术界讨论的热点，例如，应用双边市场理论分析不同的定价机制（Cachon et al.，2017；谷炜等，2021），一些共享经济平台（如 Uber）采用动态定价方法，而另一些共享经济平台（如 Airbnb）则将定价决策权留给提供者（Gibbs et al.，2018a；朱晗，2021）。二是匹配机制。共享经济平台通过互联网技术，将供需双方快速进行精准匹配（Ranjbari，2018）。关于匹配机制，有学者分析了市场波动情形下如何实现匹配（Allon et al.，2017），也有学者构建线性规划模型对匹配策略进行优化（Özkan and Ward，2020）。三是声誉机制。由于共享经济参与主体多元化，声誉成为共享经济平台至关重要的隐性资产。双边或多边的评价机制有助于推动信任机制的形成（张玉明，2017），许多学者运用多种方法对评价机制进行研究，如采用竞争博弈模型（Bernstein et al.，2021）、实验设计（Hofmann et al.，2022）等。

2.2.4　企业运营理论

共享经济模式下，消费者的消费方式从购买更多地转为租赁，这对企业的传统运营模式产生了冲击。企业经营环境的变化、企业遇到的各种挑战推动了共享经济模式下的企业运营理论不断发展。围绕相关问题，学者们从微观层面上进行了深入研究。例如，制造业转型是企业运营管理的重要内容，一些学者对制造企业如何应对共享经济的挑战，制定合理的运营策略展开了探讨（Jiang and Tian，2018；Abhishek et al.，2021；陈靖等，2022）。

企业在数字经济环境下能否科学合理地进行运营管理与服务创新，已成为增强企业核心竞争力的关键所在（陈晓红等，2019），企业运营理论在市场需求的推动下不断完善，以更好地引导企业在共享经济背景下进行新的探索。

2.2.5　委托-代理理论

经济学研究表明，交易成本的下降诱使人们更有意愿交换那些不需要的商品。共享经济中，委托-代理理论主要揭示代理人（提供者）和委托人（政府）之间的关系以实现共同目标（Cohen and Kietzmann，2014），或者探讨委托人（企业）和消费者之间的契约关系（Benjaafar and Hu，2020）。例如，对于共享单车而言，企业作为委托人提供单车给消费者（代理人）使用，并向消费者收取一定的租赁费。相对于步行或其他出行方式，消费者使用共享单车后节约了时间成本和资金成本，但其成本体现为对单车使用和维护的努力程度。如何使消费者行为不与企业的收益目标发生冲突，必须在二者之间签订激励契约。类似地，共享经济平台向消费者收取一定的押金，如何促使共享经济平台更加合理地进行资金管理和风险控制，也可以在委托-代理理论的研究框架下进行研究。

2.3　共享经济的参与动机

共享经济主要涉及共享经济平台、提供者和消费者三类行为主体，此外还有地方政府、社区团体和非政府组织（Non-Governmental Organizations，NGO）等其他利益相关者（Geiger et al.，2018）。共享经济参与动机的理论基础主要包括社会交换理论、自我决定理论和互惠利他理论（Kumar et al.，2017）。支持共享经济的学者大多认为利他主义和个人主义是参与协同消费的主要动机（Billows and Mcneill，2018）。

参与动机是共享经济研究的重要内容，具体可分为外在动机和内在动机（Möhlmann，2015；Hamari et al.，2016；Zamani et al.，2017）。事实上，共享经济参与者的动机具有多样性（刘蕾和鄢章华，2017；Davidson et al.，

2018），包括便利性、灵活性、互动性、利他性和经济效益（Tussyadiah，2016；Guttentag and Smith，2017）。实证分析发现，功利动机、享乐动机和感知信任会对消费者参与共享经济的倾向产生积极影响（Amirkiaee and Evangelopoulos，2018）。用户参与共享经济的动机因素主要有经济动机、社会动机、享乐价值和环境效益（Benoit et al.，2017），而 Zhu 等（2018）则认为用户的动机因素包括可持续性、享受、声誉和经济利益。其中，可持续性和享受是内在动机，而声誉和经济利益则是外在动机。Barnes 和 Mattsson（2016）认为，经济、环境、政治、社会和技术因素是共享经济背后的主要驱动因素。提供者的动机包括盈利、享受生活、帮助他人和为可持续发展做出贡献等方面（Mao and Lyu，2017；Wilhelms et al.，2017）。研究者发现，在某些特定情况下，经济动机并非人们参与共享经济的主要原因（Bucher et al.，2016；Guttentag and Smith，2017）。例如，享受、社会归属感和感知有用性是人们参与共享住宿的常见动机（Barnes and Mattsson，2017）。

与此同时，个人可以通过一种简单的方式将自己的技能和资产分享给愿意为其服务付费的人（郑志来，2016；Benoit et al.，2017；Hjorteset and Böcker，2020）。共享经济还使人们能够通过结识新朋友来体验乐趣和兴奋（Bucher et al.，2016）。对于 Airbnb 的房东来说，主要动机是盈利，而沙发客（Couch Surfing）平台上的房东则更多地受到内在动机的驱动（Camilleri and Neuhofer，2017）。社交能力是共享经济的一个关键驱动因素（Bucher et al.，2016），因为除了财务收益，人们还经营租赁业务，以获得乐趣并结识新朋友（Molz，2013）。总之，由于共享经济的模式多种多样，不同类型的共享经济参与者动机也截然不同。

以下分别从经济、技术、环境和社会等四个方面分析近年来共享经济迅速扩张和增长的驱动因素。

2.3.1　经济驱动

从宏观经济的角度来看，2008 年之后全球经济下行，工人失业，贫富差距扩大，消费者消费能力的下降使得其购买行为更加谨慎，但是这种购买的不确定性也为共享经济这种新商业模式的发展带来了机会（吴晓隽和沈嘉斌，2015；卢现祥，2016；Kumar et al.，2017），消费者可以在不获得产品或所有权的基础上获得产品或服务的使用权，进而满足自身的需求。大量的调查研究发现，"以更少的钱得到更多""成本意识""需要更便宜的替代品"，成为消费者参与这些平台的主要动机（Parente et al.，2018）。事实上，无论是消费者、共享经济平台还是提供者，他们参与共享经济的一个主要动机就是经济动机（Benoit et al.，2017；Milanova and Maas，2017），因此学者们认为共享经济当前发展的最大驱动力仍然是经济因素。

2.3.2　技术驱动

互联网技术的发展既为新型数字商业活动和电子商务活动提供了渠道，也为通过社交网络服务（social network services，SNS）进行数字化社交互动提供了新平台。这使得共享经济型企业可以使用互联网平台跨时间和空间在人与组织之间建立联系，并且该平台为交换、交互、通信和参与网络提供了技术基础设施（李晓华，2017；Ganapati and Reddick，2018）。

智能手机则为随时随地的点对点联网创造了新的机会，消费者可以在任何地点实时地获得服务。共享经济的服务提供商和平台提供商可以在捕获移动用户的实时位置信息的基础上，为用户提供定制化服务（Ganapati and Reddick，2018），因此智能手机的广泛覆盖有力地扩大了共享经济平台的服务范围。同时技术创新所带来的共享经济平台在线匹配技术，一方面为消费者搜索带来了极大的便利，降低了交易成本；另一方面增加了提供者的灵活性，提供者也不必像传统经济一样依赖分销商而形成规模经济，这种技术创新使得每个人可以自由地成为买方和卖方，有利于使共享经济容纳比离线市场规模更大的市场（Hou，2018）。

2.3.3　环境驱动

刘根荣（2017）、Parente 等（2018）认为共享经济的发展受到可持续性驱动力的影响，包括经济紧缩、社会发展需求、对消费主义浪费本质的认识以及全球变暖和环境污染等问题。例如，对于环境问题，城市就是一个主要因素，虽然城市仅占世界总土地面积的 1%，但却代表了全球所有能源消耗和温室气体排放量的 70%以上。因此全球经济必须过渡到更具可持续性的消费和生产系统，而城市将成为解决方案的一部分。基于这一认识，"共享城市"这个词汇在过去几年频繁出现，如首尔共享城市计划，就旨在应对日益增长的资源限制和环境挑战（Cohen and Munoz，2016）。

2.3.4　社会驱动

在最近几十年中，社区联系的破裂导致人们的孤独感和孤立感逐步提升。共享经济被视为解决这些问题的积极措施，有部分原因是它为不同层次的人们提供了他们需求的产品和服务，使他们可以积极地参与交流讨论，进一步增加与社会的联系。Bofylatos 和 Telalbasic（2019）指出，社区的归属性是人们参与共享活动的主要驱动力，它不仅影响了共享活动的满意度，在一定程度上也影响了再次选择共享活动的可能性。人们可以通过利用聚会来共享知识和物品，以此来加强社区成员内部的联系。

前面述及的共享经济涉及多个参与者，构成共享经济的动机的理论基础主要是社会交换、自我决定和互惠利他主义理论（Kumar et al.，2017；石岿然，2019）。支持共享经济的学者大多认为利他主义和个人主义是参与共享经济的主要动机（Billows and Mcneill，2018）。但从上文可以知道共享经济的参与者主要是共享经济平台、提供者和消费者，而这三者的参与者动机是各有侧重的。

2.4 共享经济的影响

共享经济具有经济、环境和社会影响，同时，对公共部门也有影响。共享经济鼓励提高资源效率、减少浪费和降低消耗（Toni et al.，2018），例如，共享出行减少了交通拥堵和环境影响（Barann et al.，2017），经济和社会因素也决定了消费者的购买意愿（Pappas，2017），具体分析如下。

一是经济影响。共享经济被普遍认为是改变市场经济的破坏性创新，有助于促进创业、创造就业和经济增长（Mauri et al.，2018），经济利益是作为提供者和消费者参与的中小企业的主要驱动力（王水莲等，2019）。共享经济对传统劳动力市场也具有相当大的影响（Cheng，2016a），它增加了国内生产总值（GDP）（Harvey et al.，2017）和其他经济效益（如降低成本），消费者积极参与无疑发挥了重要的作用（杨学成和涂科，2018；周文辉等，2018）。共享经济已成为利用未利用资源的一种有效手段（Benoit et al.，2017）。从积极的一面来看，共享经济减少了过度消费的习惯（Hüttel et al.，2018），并在改变消费习惯的同时创造了新的收入来源（Matzler et al.，2015）。共享经济通过利用未充分使用的资源和平台的匹配机制，极大地降低了交易成本，减少了进入壁垒，因此任何提供者都可以通过简单地利用平台服务来提供其资源（Akter et al.，2022）。交易成本的降低便利了人们的参与，提高了资源的利用效率，有利于经济的可持续发展。

二是环境影响。Ganapati 和 Reddick（2018）、谢康等（2018）认为共享经济在充分利用现有资产的同时，也产生了环境效益。共享经济通过在线平台将闲置的资产灵活地出租给有需求的消费者，有利于减少浪费并提高利用效率，进一步减轻对自然资源的压力。特别是具有可持续商业模式的中小企业在可持续发展中发挥着重要作用（Parguel et al.，2017；Piscicelli et al.，2018）。相反，有学者认为环境因素对于消费者来说并非很重要（Barnes and Mattsson，2016；Tussyadiah，2016）。Tussyadiah 和 Pesonen（2016）认为，由于更经济实惠的住宿和交通而增加的旅行频次，可能会导致更多的环境压力和资源开发。

三是社会影响。共享经济为人们实现了与当地社区建立社会关系的愿望（Tussyadiah and Pesonen，2016）。对于已经具有生态意识的消费者来说，可持续性极为重要，而共享经济被认为是一种具有积极环境影响的可持续商业模式（Piscicelli et al.，2018）。此外，共享经济还促进了服务的可得性和便捷性，并引发互惠行为，如赠送礼物等。因此，共享经济具有在参与者之间建立社会联系的潜力（Benkler，2017）。然而，一些学者认为社会动机在社会参与中的作用有限（Hüttel et al.，2018），也就是说，共享经济的消费者是机会主义者，他们通常不关心其活动的影响（Barnes and Mattsson，2017）。

四是对公共部门的影响。共享经济给公共部门既带来了机遇也带来了挑战，就积极的方面而言，共享经济具有协同作用，借助智慧城市概念，利用信息技术的力量可以随时随地按需提供公共服务。公共部门可以利用共享经济来提高传统的公共服务水平，同时也可以发挥催化作用以实现其公共价值（刘征驰等，2020）。例如，公共机构通常拥有大量的闲置车辆。通过与其他共享经济平台建立合作伙伴关系来减少车辆库存，从而可以降低购买和维护车辆的需求（Ganapati and Reddick，2018）。从不利的方面来看，共享经济作为一类日益增长的商业模式，不仅对受监管的企业构成竞争，给消费者带来了风险，同时也给政府公共部门的治理和监管带来了困难（Martin，2016）。

2.5　共享经济的困境

共享经济虽然快速发展，但是也面临着内部和外部压力（Kumar et al.，2017；李牧南和黄槿，2020；Nadeem et al.，2020）。共享经济在实际运营层面也频频发生许多突出的社会问题，如用户信息安全问题、消费者健康问题、环境问题以及市场竞争秩序问题（周雪梅，2017；Ganapati and Reddick，2018；范晓明和王晓玉，2020）。Parente 等（2018）通过对共享经济抑制因素进行排名发现，其抑制因素主要有消费者缺乏认识、建立信任困难、服务质量不高、法律法规不健全、缺乏公共部门支持等因素。

就共享经济发展来说，其理念和价值取向应当是利益共享、机会共享、发展成果人人共享；发展目标应当是习近平总书记在十九大报告中所指出的"培育新增长点、形成新动能"；而发展效果则应当体现为全民性、全面性和共建性（刘晋祎，2018）。然而，共享经济从原本应有的创新、创业导向偏移至逐利、套利导向（徐文，2020）。因此，共享经济在迅速发展过程中面临着很多内部和外部挑战（Kumar et al.，2017；Ertz and Boily，2019）。

为探索共享经济发展偏差中存在的具体问题，国内外众多学者开展了大量研究（Kumar et al.，2017；徐文，2020）。Kumar 等（2017）的研究表明，共享经济不同于传统市场经济，共享经济更注重在整个过程中给用户提供一种共享服务。用户一直生活在传统市场经济范围内，可能会因为对共享经济缺乏认识，而在参与共享经济时遇到一些问题。例如，用户在参与共享经济时，由于信息不对称等因素可能会出现一些不当行为，包括损坏或过度使用获得的商品等。这种不当行为在带来直接损害的同时可能会继续蔓延而产生其他负面影响，特别是在共享传递过程中，如果物品无法返回提供者，则会导致不当行为的下一轮传播（Wang et al.，2019）。通过调研访谈，Ganapati

和 Reddick（2018）发现，超过 60%的受访者认为共享经济存在公共安全和信任问题。此外，李立威和何勤（2018）的分析表明信任缺失会阻碍用户更广泛地参与共享实践，并阻碍新业务模式的发展。

目前共享经济存在的法律法规不完善问题主要表现在无法保障消费者权益（程絮森等，2015）、共享企业存在的"合法性"问题（张红彬和李孟刚，2019）、引发新型劳务纠纷（吴光菊，2016）等方面。首先，法律法规的不完善会使消费者的合法权益无法得到保障。程絮森等（2015）认为，网约车会对乘客产生一定的法律风险，无法保障乘客的合法权益。董成惠（2017）强调，网约车司机的法律地位不明确使其游离于监管之外，也没有相应的组织机构连带担保，消费者权益难以得到保障。其次，很多共享服务缺乏准入机制，存在"合法性"危机。张红彬和李孟刚（2019）指出，房屋的短租业务不需要获得相关主管部门的许可证，只要通过在线注册通过平台审核即可运营，公共安全、纠纷处置等问题均缺乏保障。又如，在线短租的房东并非都是房源的所有者，转租行为存在很大的法律风险（蒋大兴和王首杰，2017）。最后，共享经济下的新型劳资关系也会引发新的劳动纠纷。以网约车为例，传统劳资关系的从属性标准难以解决司机与共享出行平台之间的劳资关系争议与责任分担等问题。对于这类新型劳资纠纷，应在把握互联网和共享经济新特质的基础上，对提供者与共享经济平台之间的法律关系进行新的判断和认定。

2.6　共享经济的治理

当前，许多学者和企业家主张对于平台经济、共享经济，应当由"监管"向"治理"转变（马化腾，2016；汪旭晖和张其林，2017；肖红军和李平，2019）。张红彬和李孟刚（2019）认为，对于共享经济发展过程中呈现的新问

题以及新现象，需要探索政府、企业、共享经济平台共同参与的合作性治理
模式。

从政府角度来看，一方面，在支持共享经济创新方面，政府可通过补贴
共享经济平台来鼓励共享经济的发展，也可以与共享经济平台签约以补充公
共服务（苏丽芳，2017）；另一方面，在共享经济监管问题上，Hou（2018）
认为，那些传统的离线提供商承担着业务授权、许可义务、最低质量标准要
求和税收或管理费用，而共享经济的用户通常不需要满足那些要求。因此，
要根据互联网经济的特点来调整监管框架，以更好地规范共享经济的运行，
并协调好共享经济与传统经济的发展。吴晓隽和方越（2016）则提出构建政
府规制的外生秩序和平台自我监管的内生秩序。张效羽（2016）从合作规制
的角度出发，分析了如何建立企业与政府激励相容的规制体制。蔡朝林（2017）
认为，共享经济治理要坚持包容审慎的原则，妥善处理好创新和监管之间的
关系。

从企业角度来看，Hofmann 等（2019）认为，共享经济企业一方面应建
立完善的制度体系，以保护消费者免受企业不良行为的侵害，另一方面要积
极创建其和消费者可以交流的活动。具体来说，可通过定期的活动使消费者
对企业产生内在的信任。这样，企业可以从此类隐性信任中受益，因为企业
与消费者之间建立了信任的氛围，这将助力企业和消费者的合作，同时减少
昂贵的监督成本。对于卖方如何建立信任的问题，Ter Huurne 等（2017）基
于文献研究，指出卖方的声誉、买卖双方的互动体验、感知信息的质量（特
别是所提供信息的准确性和完整性）等都对买卖双方的信任的建立具有重
要影响。

从共享经济平台角度来看，除传统的政府垄断的公共许可系统外，共享
经济平台还能够构建民主的私人信任机制（杨学成和涂科，2017；Hou，2018）。
Ter Huurne 等（2017）通过分析发现，共享经济平台具有四个信任维度，即

安全措施、担保、网站质量、平台信誉，因此共享经济平台可以通过提供安全保证或可靠的第三方托管服务，以及提高第三方对共享经济平台的认可和共享经济平台网站的质量来推动共享经济平台的信任发展。同时，共享经济平台还可以加大对共享经济平台业务的检查力度和惩罚力度，例如，共享出行平台来福车（Lyft）禁止在过去三年中发生事故或获得两张以上的交通罚单的驾驶员进入平台，并且 Lyft 还对驱动程序执行后台检查（Kathan et al.，2016）。这些措施不仅有利于提高共享经济平台业务的透明度和安全性，也可以提高用户对共享经济平台的信任感和参与度。

从协同共治的角度来看，唐清利（2015）针对"专车"类共享经济，提出了具体的规制方法。他认为应采取"合作监管"+"自律监管"的混合型规制路径。赵景华等（2017）认为，对于不同的共享经济类型（如营利性共享和非营利性共享），要实行差异化的监管策略。

通过文献回顾发现，关于共享经济治理机制方面的研究，学者们更加关注城市治理（Bernardi and Diamantini，2018）。由于共享经济组织在城市最为突出，那里的人口和资源集中，为共享经济的发展提供了有利条件，学术界因此提出了城市共享组织（urban sharing organisation，USOs）的概念。Zvolska 等（2019）通过对三个欧洲城市（柏林、伦敦和马尔默）的 USOs 代表、市政府、市政组织、第三方组织和网络的访谈收集了经验数据。研究发现，营利性和非营利性 USOs 根据不同情况采取不同的制度化路径。营利性组织有更多的资源通过游说（如英国的共享经济 SEUK、柏林的汽车共享协会）或诉讼（如 Uber）来开展宣传活动，它们经常模仿现有对手的做法，以获得经营的合法性。此外，非营利性组织往往因为与主流企业明显不同而获得合法性，但它们也往往缺乏从事相关工作的权力或资源。

Pawlicz（2019）评述了共享经济规制的理论基础，并探讨了支持和反对共享经济公共规制的各自论点，研究发现共享经济的治理没有统一的解决方案，并且必须在信息不完全时对共享经济进行规制。对于具体行业，如共享单车治理方面，Mateo-Babiano 等（2017）通过考察激励因素、制约因素和机遇，以及它们对实现城市交通可持续的贡献，发现治理增进了人们对单车共享计划的理解。Barbara 和 Emberge（2020）发现不同城市的不同文化背景影响了单车共享方案的使用和接受。针对这一问题，当地政府应与共享单车运营商合作制定法规，构建一个合适的法律框架来应对这些新型服务。目前全球大多数城市都将共享单车视为一种更具可持续性的交通模式，为了让共享单车系统更好发展，城市在进行治理、制定相关规则时必须考虑到所有的利益相关者，即运营商、公众、媒体和政府。

2.7　研 究 述 评

本章通过对共享经济领域的文献进行回顾，重点对共享经济的理论研究、参与动机、影响作用、发展困境以及共享经济的治理模式进行了梳理，主要启示如下。

第一，共享经济的概念并未达成共识，研究者认为协同消费的核心是共享。建立在互联网基础上的共享经济改变了传统意义上的市场运行方式，将进一步推动政府、市场和社会关系的重构。综合国内外关于共享经济的已有研究，常用的理论分析框架主要有：协同消费理论、交易费用理论、双边市场理论、企业运营理论和委托-代理理论。

第二，共享经济的驱动因素主要包括经济驱动、技术驱动、环境驱动和社会驱动。大多数学者认为经济驱动和技术驱动是共享经济发展的主要驱动因素，对于参与者的动机分析也证实了这一点，而环境驱动和社会驱动对共享经济的发展也存在积极影响。

第三，对于共享经济的影响作用分析主要从经济、环境、社会、公共部门四个角度进行展开，通过对相关文献的梳理，不难看出共享经济既具有积极的一面，也存在负面影响。虽然当前共享经济处于快速发展中，但是它的负面影响依然不容忽视，因此如何在促进共享经济发展的同时消除其弊端，成为今后的重要研究问题。

第四，共享经济的发展困境主要有消费者缺乏认识、建立信任困难、服务质量不高、法律法规不健全等问题。消费者在参与的过程中可能会因为缺乏认识而产生信息不对称，这将进一步增加共享经济的安全与信任问题，同时提供者的产品或服务质量不高将阻碍共享经济的增长。此外，法律法规的不完善会使消费者的合法权益无法得到保障，法规的滞后性和监管框架的不一致性将会给共享经济带来更多的挑战。

第五，面对共享经济所面临的困境，一些学者认为应整合政府、企业、共享经济平台和社区的力量，以形成多元共治的模式。政府在支持共享经济的同时要处理好共享经济产生的弊端，更好地在适应性治理的基础上规范共享经济的运行。共享经济平台一方面要通过反馈机制和信任机制提高声誉，另一方面对于自身内部要加强审查和惩罚力度，减少机会主义行为。社区可以通过社会经营许可证等方法参与到共享经济的治理中。

通过文献梳理，可见目前国内对共享经济研究仍处于起步阶段，理论基础框架尚未成熟，理论研究主要集中在共享经济的驱动因素、商业模式、影响作用及其发展困境等方面，并且选取的案例也都集中在共享单车、共享汽车和在线短租等领域，较少从系统层面对共享经济治理的实现机制进行研究，缺乏"理念—技术—制度"的设计，未形成系统的全过程治理体系，无法实现对促进共享经济健康发展的有效支撑。

共享经济发轫于互联网平台，随着技术的进一步发展，共享经济涉及的要素越来越多、活动内部的关联越来越多元化，是一个典型的复杂系统。这就需要深入分析参与主体在利益、偏好、价值观等方面的异质性，需要深刻把握共享经济体系各要素之间的复杂关联，以及外部环境的不确定性、演化等动态性，需要全面考察共享经济治理过程中的信息不对称性。基于此，未来对共享经济的研究可以从以下三个方面展开。

首先，共享经济属于双边平台市场，平台与用户、提供者与消费者之间会存在信息不对称，可能导致道德风险和逆向选择的产生，会影响共享经济发挥效用，但是国内对于共享经济背景下的道德风险研究寥寥无几，未来需要更多地从道德风险角度对共享经济进行研究。

其次，共享经济发展中的信用问题日益突出，增加了共享经济的交易成本，同时引发金融风险、消费者参与意愿降低等其他问题。在制定相应信用管理政策时需要更深入地了解我国共享经济的信任机制，而国内对于共享经济信任机制的研究并不多，因此对信任机制的基础理论研究和政策应用研究值得关注。

最后，共享经济的发展起源于西方国家，国内不少共享经济商业模式是对国外企业的生搬硬套。需要指出的是，由于中国在经济制度、权力差异、社会关系、传统文化等方面与西方国家存在着明显差异，因此有关共享经济发展的实现机制迫切需要以中国情境为背景的系统性分析。共享经济企业如何在我国宏观经济和政策环境下构建成本低、收益大、效率高的商业模式也是一个值得探讨的话题。

本书将针对共享经济的多主体、多场域和复杂性特征，通过理论研究、系统分析、模型构建、典型案例与实证分析，对共享经济的演化过程和驱动机理进行深入研究，为优化共享经济治理模式与实现机制提供理论指导，推动共享经济健康有序发展。

第 3 章
共享经济平台的审核机制与信息披露

传统交易模式下，交易信息和信用评价一般仅限于交易当事人获悉，共享经济模式则实现了信息和信用的外溢，使获悉交易信息和信用信息的主体不再限于当事人。

——希瑟·库尔普和阿曼达·库尔（Kulp and Kool，2015）

3.1 引　　言

信息不对称是商业经济活动中普遍存在的现象，由此引发的道德风险也是导致市场失灵的重要原因之一。根据信息不对称发生的时间来划分，道德风险可分为"事前道德风险"（ex-ante moral hazard）或"逆向选择"和"事后道德风险"。这两类问题一直是制约经济活动高效率的主要因素。

共享经济作为一种新业态、新模式，已经成为推动服务业结构优化、快速增长和消费方式转型的新动能。正如亚马逊公司总裁杰夫·贝佐斯（Jeff Bezos）所说，最终而言，我们是一个信息经纪人（information broker）。平台企业作为连接买卖双方的信息经纪人，旨在让交易变得简单而高效（胥莉等，2009）。但不可忽视的是，共享经济在实际运营中却引发了各类严重的道德风险问题（戚聿东和李颖，2018）。以共享单车为例，由于信息不对称，一方面，汽车企业通常无法监督事后用车人的行为，从而可能造成用车人故意损害车辆，导致车辆损坏率增加及企业成本上升；另一方面，共享单车运营商对用户的不恰当用车行为缺乏规制，在企业亏损的情形下，企业提供共享单车等产品的意愿不断下降。类似地，网约车服务消费过程中，网约车平台信息更新滞后，平台实行的注册审核机制无法对服务过程进行监管，服务质量也难以被有效制约，从而诱发承运司机的道德风险行为和投机动机，使得消费者面临信息传递失真、道德风险和机会主义等风险（卓越和王玉喜，2019）。较之共享出行，共享住宿中的一些问题还未引起足够的重视。在线短租市场中，存在一些无证经营的房源。有的共享住宿平台对用户的审核不严，出现卫生状况与图文介绍不符等现象。一些房源缺乏安全保障措施，管理混乱，致使客户住宿体验较差。事实上，共享住宿中存在的自住时间限制、安全标准、健康标准、强制保险、隐私安全、信用评价、平台责任等问题引发了公众对共享经济的争议和质疑（蒋大兴和王首杰，2017）。透过这些现象不难看出，道德风险成为制约共享经济发展的瓶颈。

共享经济平台作为典型的双边平台，拥有强大的搜索、匹配、评价及定价系统（余航等，2018）。在共享经济交易过程中，共享经济平台首先会获取提供者与消费者的信息，经过筛选后通过平台将供需双方进行匹配，进而实现交易，其信息匹配过程如图 3.1 所示。通常，提供者和消费者的历史信息都由共享经济平台提供，双方的可信度被作为交易的常规选择标准（王璟珉等，2018）。因此，共享经济得以正常运转的一个重要保证在于信任机制的建立，通过制度设计来降低交易成本和风险。

现实中，共享经济是一个典型的信息不对称模式，提供者、共享经济平台、消费者之间都存在着信息不对称。信息不对称具体包括信息分布不均衡、信息数量不充分和信息质量不准确三种情形（车亮亮，2014）。就共享经济而言，各参与主体之间存在信息分布不均衡现象，某一参与方利用其信息优势损害其他参与方的利益,如共享出行平台与乘客之间存在"信息鸿沟"。同时,用于达成双方交易的信息数量较少,不能满足共享经济活动的现实需求,例如,共享经济平台控制产品或服务的可见性,间接限制选择范围。此外,共享经济中存在误导性信息或虚假信息的情形,不能充分反映各共享经济参与主体的真实情况,例如,有的共享住宿平台提供虚假房源信息。由于共享经济中的信息不对称,信息劣势主体面临严重的道德风险问题,导致出现各种乱象,损害了公众的信任,干扰了正常的市场秩序。

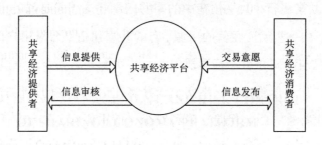

图 3.1　共享经济平台的信息匹配过程

　　本章从共享经济平台与提供者、消费者之间的行为互动关系出发,沿着"信息不对称—道德风险—治理措施"的逻辑思路,应用博弈论对共享经济下参与主体道德风险的产生与信任关系的构建进行分析,以期初步建立研究框架,为破解共享经济下不同参与主体道德风险泛滥或行为异化难题探寻治理之道。本章余下部分的结构安排如下:3.2 节研究共享经济平台与提供者之间的博弈,具体考察平台的审核机制;3.3 节探讨共享经济平台与消费者之间的动态博弈,分析共享经济平台如何通过加强信息披露以防范机会主义行为,进一步透视共享经济下参与主体之间互信关系的动态实现机制;3.4 节归纳总结本章研究结论与理论贡献,并对未来的研究方向进行展望。

3.2　共享经济平台对提供者的审核策略

在经济交易活动中，参与者常常会隐藏其私有信息，即使有监管者或监督者也是如此。尤其是当监管者具有较高的监督成本时，参与者更具有道德风险动机。前文已经述及，在共享出行或共享住宿中，共享经济平台审核不严导致大量道德风险的产生，本节的目的是分析私人信息是如何被提供者操纵的，共享经济平台采用怎样的审核策略予以应对，在某些情况下共享经济平台又是如何被虚假信息误导的。

具体来说，本节考虑如下的情况：在共享经济平台和提供者进行的博弈中，首先提供者会提供有关产品或服务的相关信息，这一信息在两者之间是不对称的，提供者具有一定的机会主义行为动机，可能会通过有关虚假信息以欺骗共享经济平台。共享经济平台的目标就是通过严格审核来甄别提供者信息的真实性，这需要一定的成本支出。当然，提供者说谎成本的大小取决于共享经济平台的审核策略。现实中，如果共享经济平台认可提供者会给出真实准确的信息，则会选择不进行严格审核（因为审核成本较高）。有的共享经济平台对提供者一律采用严格的审核策略，也存在相当多的共享经济平台以最大化期望收益为目标，这就导致了提供者的良莠不齐而最终将损害消费者的利益。当提供者的私人信息是不完美的，而共享经济平台随机地进行审核时，双方应如何通过调整各自的策略以了解对方的真实类型？本节试图对这一问题进行分析。

本节的模型框架借鉴了空谈博弈（cheap talk，又称廉价磋商）的思想。在博弈双方都是完全理性人的条件下，假定他们发送信号的成本为零，如果他们的利益在较大程度上互相依存，那么没有任何成本的空谈信号也能有信息传递的作用，但是反之则不然（Crawford and Sobel，1982）。在此基础上，后续的研究通过划分参与者的类型，分析有限理性的信号发送者和接收者之间的博弈（Crawford，2003）。Kartik（2009）和 Chen（2011）分别研究了参与者具有谎言成本情形下的空谈博弈均衡。Guillaume 等（2019）在空谈博弈框架下进一步考虑了可验证信息的披露，研究表明：信息的发送者和接收者都会对承诺做出反应，尽管如此，在可验证信息的情境下，很多发送者难以使用承诺去降低信息量而形成自身优势，对于接收者而言，规则具有重要的作用。田森等（2017）从空谈博弈和专家的社会偏好角度来分析价格外生给定的专家服务市场的低效率现象。与上述文献不同的是，本节研究共享经济中提供者的道德风险行为，当共享经济平台不完全了解提供者的类型，且提供者的行动无法被观测到时，博弈均衡是否具有新的特征。

3.2.1　一次性博弈

考虑共享经济平台和提供者之间进行的博弈，从委托代理机制来看，共享经济平台作为委托方，提供者作为代理方为消费者提供产品或服务，二者之间必然存在信息上的不对称。通常，提供者相对于共享经济平台来说拥有更多的关于自身产品或服务质量的信息，例如，共享汽车服务中车主比出行平台更清楚车辆的运行情况，共享住宿的房东对房源的了解程度明显高于短租平台。假定提供者的产品或服务分为两种类型：高质量类型"H"和低质量类型"L"。由于共享经济平台和提供者之间的信息是不对称的，提供者的决策为其私有信息，这样导致提供者存在道德风险问题，即提供者具有一定的动机欺骗共享经济平台和消费者，于是假定提供者的策略集为$\{T（提供真实信息），F（不提供真实信息）\}$。一旦他们提供虚假信息，则可能被共享经济平台识别，由此带来处罚成本 c（可视为共享经济平台的审核成本），严重者可能退出共享经济平台或受到法律法规惩处。共享经济平台对提供者类型的判断存在两种情形：部分共享经济平台能够借助一定的方式和途径识别提供者的产品或服务，而有的共享经济平台则因自身能力不足（技术或资金）或者虽具备一定识别能力但疏于审核而使提供者进入共享经济平台，故假设共享经济平台的策略集为 $\{I（严格审核），N（不严格审核）\}$。

若提供者和共享经济平台的基本支付分别为 $a（a>0）$ 和 $b（b>0）$，这对应提供者和共享经济平台分别选择"提供真实信息"和"不严格审核"的情形。当提供者和共享经济平台分别选择"提供真实信息"和"严格审核"策略时，提供者需要应对共享经济平台的审核而承担成本 t_1，而共享经济平台的审核成本为 c，此时提供者和共享经济平台的支付分别为 $a-t_1$ 和 $b-c$。当提供者和共享经济平台分别选择"不提供真实信息"和"不严格审核"策略时，提供者因对方不审核而获益（机会成本增加），其支付为 $a+s$（s 为提供者的机会成本），而共享经济平台的支付为 d，这里 d 不同于 b。当提供者和共享经济平台分别选择"不提供真实信息"和"严格审核"策略时，提供者需要支付一定的应对审核的成本 t_2，而共享经济平台除付出审核成本 c 之外，也能得到一定的补偿 $e（e>c）$，可以理解为共享经济平台履行了其职责而得到消费者认同并能吸引更多诚实的提供者，故此时提供者的支付为 $a-t_2$，而共享经济平台的支付为 $d-c+e$。需要指出的是，提供者"不提供真实信息"时应对审核的成本高于其"提供真实信息"时应对审核的成本，即 $t_2>t_1$，t_2-t_1 可视为提供者在两种不同情形下应对审核的成本差。

基于上述假设以及对四种情况的分析，可得到提供者与共享经济平台博弈的支付矩阵，如表 3.1 所示。

表 3.1　提供者与共享经济平台博弈的支付矩阵

项目		共享经济平台	
		严格审核（I）	不严格审核（N）
提供者	提供真实信息（T）	$a-t_1$，$b-c$	a，b
	不提供真实信息（F）	$a-t_2$，$d-c+e$	$a+s$，d

在完全信息静态博弈中，易知上述博弈不存在纯策略纳什均衡，但可以求出博弈的混合策略纳什均衡，即提供者选择"提供真实信息"策略的概率为 $\dfrac{c-e}{e}$，选择"不提供真实信息"策略的概率为 $\dfrac{c}{e}$；对于共享经济平台来说，选择"严格审核"策略的概率为 $\dfrac{s}{s+t_2-t_1}$，选择"不严格审核"策略的概率为 $\dfrac{t_2-t_1}{s+t_2-t_1}$。显然，上述博弈的纳什均衡与共享经济平台的审核成本 c、获得的补偿 e 以及提供者的机会成本 s、应对审核的成本 t_1 与 t_2 有关。

具体地，共享经济平台的审核成本越高，则提供者提供真实信息的可能性就越低；共享经济平台获得的补偿越大，则提供者提供真实信息的可能性就越高；提供者的机会成本越大，则共享经济平台进行审核的可能性就越高；提供者在两种不同情形下应对审核的成本差越大，则共享经济平台进行审核的可能性就越低。

以下主要考虑双方信息不对称的情形，也就是说共享经济平台对提供者类型的信息并不能完全掌握（分别用 λ 和 $1-\lambda$ 表示共享经济平台对提供者提供真实信息和不提供真实信息的推断概率），且提供者不确定共享经济平台对其产品或服务究竟是否会进行严格的审核（共享经济平台以 α_2 的概率选择"严格审核"，$1-\alpha_2$ 的概率选择"不严格审核"），双方的目标都是期望支付最大化。下面将分几类情况讨论，首先考虑提供者和共享经济平台双方的反应函数，提供者选择策略 T 的期望支付为

$$E_1(T,\alpha_2)=\lambda(a-t_1)+(1-\lambda)[\alpha_2(a-t_1)+(1-\alpha_2)a]$$

类似地，提供者选择策略 F 的期望支付为

$$E_1(F,\alpha_2)=\lambda(a-t_2)+(1-\lambda)[\alpha_2(a-t_2)+(1-\alpha_2)(a+s)]$$

由 $E_1(T,\alpha_2)=E_1(F,\alpha_2)$，可得 $\hat{\alpha}_2=\dfrac{t_2-t_1}{(1-\lambda)(s+t_2-t_1)}$。也就是说，此时提供者选

择策略 T 和选择策略 F 是无差异的。进一步可推出，当 $\hat{\alpha}_2 = 0$ 时，有 $\lambda = \dfrac{s}{s + t_2 - t_1}$。由以上分析，可得到提供者的最优反应函数如下：

$$R(\alpha_2) = \begin{cases} 0, & \alpha_2 < \hat{\alpha}_2 \\ (0,1), & \alpha_2 = \hat{\alpha}_2 \\ 1, & \alpha_2 > \hat{\alpha}_2 \end{cases} \quad (3.1)$$

同理，若设提供者以 α_1 的概率选择"提供真实信息"，$1 - \alpha_1$ 的概率选择"不提供真实信息"，分别用 μ 和 $1 - \mu$ 表示提供者对共享经济平台选择严格审核策略和不严格审核策略的推断概率，则可以得到共享经济平台选择策略 I 和策略 N 的期望支付分别为

$$E_2(I, \alpha_1) = \mu(b - c) + (1 - \mu)[\alpha_1(b - c) + (1 - \alpha_1)(d - c + e)]$$

$$E_2(N, \alpha_1) = \mu b + (1 - \mu)[\alpha_1 b + (1 - \alpha_1)d]$$

由 $E_2(I, \alpha_1) = E_2(N, \alpha_1)$，可得出 $\hat{\alpha}_1 = 1 - \dfrac{c}{(1 - \mu)e}$，此时共享经济平台选择策略 I 和策略 N 是无差异的。进一步可推出，当 $\hat{\alpha}_1 = 0$ 时，有 $\mu = \dfrac{e - c}{e}$。根据以上讨论，可得出共享经济平台的最优反应函数如下：

$$R(\alpha_1) = \begin{cases} 0, & \alpha_1 > \hat{\alpha}_1 \\ (0,1), & \alpha_1 = \hat{\alpha}_1 \\ 1, & \alpha_1 < \hat{\alpha}_1 \end{cases} \quad (3.2)$$

综合上面对提供者和共享经济平台的策略选择分析，可得到以下结论。

命题 3.1 如果 $\lambda > \dfrac{s}{s + t_2 - t_1}$ 且 $\mu \in [0,1]$，则提供者选择策略 T 的概率为 1，共享经济平台选择策略 I 的概率为 0。

上述结果是直观的，当共享经济平台进行严格审核的先验概率 λ 大于某

个阈值（足够高）时，提供者会选择提供真实信息，一旦共享经济市场中存在大量的诚实提供者，这样又会造成共享经济平台降低严格审核的概率。接下来进一步讨论另外两种情形。

命题 3.2 如果 $\lambda < \dfrac{s}{s+t_2-t_1}$，则有以下结论。

（1）若 $\mu > \dfrac{e-c}{e}$，则提供者选择策略 T 的概率为 0，共享经济平台选择策略 I 的概率为 0。

（2）若 $\mu = \dfrac{e-c}{e}$，则提供者选择策略 T 的概率为 0，共享经济平台选择策略 I 的概率区间为 $[0, \hat{\alpha}_2]$。

（3）若 $\mu < \dfrac{e-c}{e}$，则提供者选择策略 T 的概率为 $\hat{\alpha}_1$，共享经济平台选择策略 I 的概率为 $\hat{\alpha}_2$。

证明 （1）共享经济平台的最优反应函数由式（3.2）给出，当 $\mu > \dfrac{e-c}{e}$ 时，对于任意 α_1 而言，都有 $R(\alpha_1) = 0$。既然共享经济平台选择"不严格审核"，那么具有机会主义动机的提供者会选择非诚实行为，也就是说此时唯一均衡的是 $\alpha_1 = 0$、$\alpha_2 = 0$，可以求出提供者的均衡支付为 $a+s-\lambda(s+t_2)$，共享经济平台的均衡支付为 $\mu b + (1-\mu)d$。

（2）当 $\mu = \dfrac{e-c}{e}$ 时，若 $\alpha_1 = 0$，则共享经济平台选择策略 I 和策略 N 是无差异的，否则反应函数 $R(\alpha_1) = 0$，此时容易得到均衡为 $\alpha_1 = 0$ 及 $\alpha_2 \in [0, \hat{\alpha}_2]$；相应地，可得提供者的均衡支付区间为 $\left[a - \dfrac{st_1}{s+t_2-t_1}, a+s-\lambda(s+t_2) \right]$，共享经济平台的均衡支付为 $b - \dfrac{c(b-d)}{e}$。

（3）当 $\mu < \dfrac{e-c}{e}$ 时，和前面的分析相类似，根据式（3.2），可以得出博弈的唯一均衡是 $\alpha_1 = \hat{\alpha}_1$，$\alpha_2 = \hat{\alpha}_2$。进一步可得到提供者的均衡支付为

$a - \dfrac{st_1}{s + t_2 - t_1}$，共享经济平台的均衡支付为 $b - \dfrac{c(b-d)}{e}$。

命题 3.2 的主要结果可用图 3.2 和图 3.3 反映。横轴为提供者对共享经济平台类型的推断概率，图 3.2 反映的是提供者选择"提供真实信息"的概率 $\alpha_1(T)$ 随 μ 的变化情形，图 3.3 反映的是共享经济平台选择"严格审核"的概率 $\alpha_2(I)$ 随 μ 的变化情形。同样地，可以描述 $\alpha_1(T)$ 和 $\alpha_2(I)$ 随 λ 的变化情况。

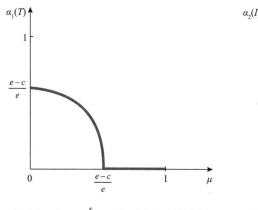 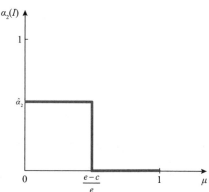

图 3.2　$\lambda < \dfrac{s}{s + t_2 - t_1}$ 时 $\alpha_1(T)$ 随 μ 的变化　　图 3.3　$\lambda < \dfrac{s}{s + t_2 - t_1}$ 时 $\alpha_2(I)$ 随 μ 的变化

采用类似的方法进行分析，可以得到如下结果，具体过程不再赘述。

命题 3.3　如果 $\lambda = \dfrac{s}{s + t_2 - t_1}$，则有以下结论。

（1）若 $\mu \geqslant \dfrac{e-c}{e}$，则提供者选择策略 T 的概率为区间 $[0,1]$，共享经济平台选择策略 I 的概率为 0。

（2）若 $\mu < \dfrac{e-c}{e}$，则提供者选择策略 T 的概率为区间 $[\hat{\alpha}_1, 1]$，共享经济平台选择策略 I 的概率为 0。

命题 3.3 的主要结果可用图 3.4 和图 3.5 反映。图 3.4 反映的是提供者选择"提供真实信息"的概率 $\alpha_1(T)$ 随 μ 的变化情形，图 3.5 反映的是共享经济平台选择"严格审核"的概率 $\alpha_2(I)$ 随 μ 的变化情形。

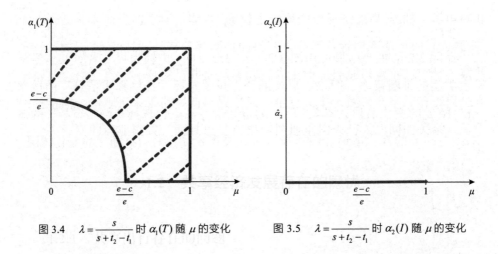

图 3.4 $\lambda = \dfrac{s}{s+t_2-t_1}$ 时 $\alpha_1(T)$ 随 μ 的变化　　图 3.5 $\lambda = \dfrac{s}{s+t_2-t_1}$ 时 $\alpha_2(I)$ 随 μ 的变化

综合上面的分析可知，在一次性博弈中，如果共享经济平台进行严格审核的先验概率超过某个阈值，即如果共享经济平台采用严格审核的概率较大，那么提供者会真实地报告其产品或服务信息。预期到这一点，共享经济平台进行严格审核的积极性就会降低。如果共享经济平台进行严格审核的先验概率低于这个阈值，那么提供者报告真实信息的先验概率就会决定均衡策略。当提供真实信息的先验概率较高时，即共享经济平台更有可能相信提供者是诚实类型的，那么共享经济平台会选择不严格审核，这反过来又会导致提供者倾向于不诚实。

在另一些情况下，参与人在均衡中使用混合策略，这些策略依赖于确定期望支付的参数，即共享经济平台的审核成本 c、获得的补偿 e 以及提供者的机会成本 s、提供者应对审核的成本差 t_2-t_1 等。概括起来，共享经济平台对提供者的产品或服务进行严格审核至关重要，即影响提供者关于共享经济平台类型的推断，消除其对共享经济平台懈怠不担责的误判，最终形成共享经济平台的良好声誉，并使提供者的道德风险得以控制。以上考察的是一次性博弈情形，如果博弈是多期进行的，那么双方应如何建立起各自的声誉呢？

3.2.2　重复博弈

一次性博弈有助于直观地理解提供者和共享经济平台的策略互动，但简化了一些双方之间的实际行为选择。为了更好地理解声誉的建立过程，以下考虑提供者和共享经济平台之间进行的重复博弈[①]。

不妨用 λ_0 表示共享经济平台选择"严格审核"的先验概率，用 λ_1 表示共享经济平台第一期博弈信息更新的后验概率；用 μ_0 表示提供者选择"提供真实信息"的先验概率，用 μ_1 表示提供者第一期博弈信息更新的后验概率。分别用 $p_0(T)$ 和 $q_0(I)$ 表示提供者和共享经济平台第一期的行动，用 $p_1(T)$ 和 $q_1(I)$ 表示提供者和共享经济平台第二期的行动。注意到第二期的均衡策略已由 3.2.1 节的几个结论给出，其中第二期均衡的阈值是 $\lambda_1 = \dfrac{s}{s + t_2 - t_1}$ 以及 $\mu_1 = \dfrac{e - c}{e}$，下面通过分析来确定第一期的先验概率 λ_0 和 μ_0 的阈值，记 λ_0 的下界和上界分别为 λ_0' 和 λ_0''，μ_0 的下界和上界分别为 μ_0' 和 μ_0''。

为叙述方便起见，将提供者划分为两种类型：诚实型和不诚实型。同时将共享经济平台划分为两种类型：严格型和非严格型。严格型共享经济平台进行审核的概率为 β_I，非严格型共享经济平台进行审核的概率为 β_N。不失一般性，$\beta_I > \beta_N$。此外，设提供者和共享经济平台显示的信号与其类型一致的概率为 α（$\alpha > \dfrac{1}{2}$）。共享经济平台可能在最初属于非严格型，当其观察到提供者的产品或服务信息不实后而调整其策略，从而在下一期成为严格型，也就是说其后验概率升至 $\dfrac{s}{s + t_2 - t_1}$。共享经济平台也可能开始属于非严格型，并且在下一期仍没有变化，这样其后验概率低于 $\dfrac{s}{s + t_2 - t_1}$，于是有

---

① 这里主要分析提供者和共享经济平台之间进行的两期重复博弈。当重复博弈的期数更大时，可以按照类似的方法研究。

$0<\lambda_0'<\dfrac{s}{s+t_2-t_1}<\lambda_0''<1$。据此，可以确定 λ_0' 和 λ_0''。由贝叶斯公式，有

$\dfrac{\lambda_0'\beta_I}{\lambda_0'\beta_I+(1-\lambda_0')\beta_N}=\dfrac{s}{s+t_2-t_1}$，由此可得 $\lambda_0'=\dfrac{s}{s+\frac{\beta_I}{\beta_N}(t_2-t_1)}<\dfrac{s}{s+t_2-t_1}$。类似地，

可以进一步求得 $\lambda_0''=\dfrac{s}{s+\frac{1-\beta_I}{1-\beta_N}(t_2-t_1)}>\dfrac{s}{s+t_2-t_1}$。对提供者两个时期的策略进

行同样分析，可以求得 $\mu_0'=\dfrac{e-c}{e+\frac{(2\alpha-1)c}{1-\alpha}}$，$\mu_0''=\dfrac{e-c}{e-\frac{(2\alpha-1)c}{1-\alpha}}$。

注意到当 $\lambda_0''<\lambda_0$ 时，共享经济平台的均衡选择为 $q_0(I)=0$，此时提供者对此的最优反应是 $p_0(T)=1$。因此，第一期共享经济平台和提供者的均衡策略分别是 $p_0(T)=1$ 及 $q_0(I)=0$，而第二期的策略对应于一次性博弈均衡结果，故可推知第二期的均衡策略是 $p_1(T)=1$ 及 $q_1(I)=0$。于是，可以得到如下结论。

命题 3.4 如果共享经济平台为严格型的先验概率满足 $\lambda_0''<\lambda_0$，那么第一期的均衡是 $p_0(T)=1$ 及 $q_0(I)=0$，第二期的均衡为 $p_1(T)=1$ 及 $q_1(I)=0$。

进一步分析 λ_0 和 λ_0'' 的关系以及 μ_0 和 μ_0' 的关系，可以得到如下结论。

命题 3.5 （1）如果共享经济平台为严格型的先验概率满足 $\lambda_0'<\lambda_0<\dfrac{s}{s+t_2-t_1}$，且提供者为诚实型的先验概率满足 $\mu_0''<\mu_0$，那么第一期的均衡策略为 $p_0(T)=0$ 及 $q_0(I)=0$。

（2）如果共享经济平台为严格型的先验概率满足 $\dfrac{s}{s+t_2-t_1}<\lambda_0<\lambda_0''$，且提供者为诚实型的先验概率满足 $\mu_0<\mu_0'$，那么第一期的均衡策略为 $p_0(T)=1$ 及 $q_0(I)=1$。

上述结论说明，当共享经济平台为严格型的先验概率不高，但提供者为诚实型的先验概率足够大时，共享经济平台有动机通过第一期选择 $q_0(I)=0$ 而在第二期提升其声誉，而提供者预期到这一点，故第一期会选择 $p_0(T)=0$。当共享经济平台为严格型的先验概率介于 $\dfrac{s}{s+t_2-t_1}$ 和 λ_0''，且提供者为诚实型

的先验概率小于 μ_0' 时，如果共享经济平台进行严格审核时，共享经济平台为严格型的声誉将在第二期保持不变或者有所上升，这会导致提供者在第一期讲真话。这进一步说明了共享经济平台一开始就采取严格审核策略的重要性。

以上通过两期重复博弈分析了提供者和共享经济平台如何通过策略互动来显示其声誉，提供者会根据对共享经济平台的行动（信号）进行观测后进行策略性选择，只有当共享经济平台建立起"严格型"的声誉时，才能够规避提供者的道德风险。根据显示原理（Myerson，1979），从长远来看，提供者和共享经济平台接收者的真实类型最终都会被揭示。这一研究可以拓展到 n 期的情形，关于多期重复博弈情形，将在本书后面几章中进行讨论。

3.3　共享经济平台的信息披露

信息的重要功能在于其传递过程中的真实和迅速（蒋大兴，2014；洪志娟和王筱纶，2021）。一方面，如果信息不真实，则必然增加接收方的信息识别成本，过高的信息识别成本会导致交易成本迅速增大，从而使参与者不能获利；另一方面，共享经济的出现，有效降低了提供者和消费者双方的成本（包括资金成本和时间成本）。如果真实信息的传递效率太低，也会使交易机会丧失或者价值受损。

考虑共享经济平台和消费者之间进行的博弈。共享经济平台提供耐用品，其质量有优劣之分，分别用 G 和 B 表示高质量产品和低质量产品。进入共享经济平台的产品都要接受审核，分别用 $\rho=1$ 和 $\rho=0$ 表示产品通过审核以及未通过审核，用 $\Pr(\rho=1|G)$ 表示高质量产品 G 通过审核的概率，用 $\Pr(\rho=0|B)$ 表示低质量产品 B 未通过审核的概率。需要说明的是，受到审核技术能力不足或审核成本过高等因素的影响，共享经济平台中的产品质量参差不齐，一些高质量的产品未能进入共享经济平台，而部分低质量产品则存

在于共享经济平台之中。也就是说，$\Pr(\rho=1|G)$ 和 $\Pr(\rho=0|B)$ 在一定程度上代表了共享经济平台审核的准确程度。

由于在进入共享经济平台之前，消费者无法观测到产品的质量，只能根据已有的经验或知识对产品形成相应的预期 φ，进而决定是否使用这些产品，φ 实际上表示消费者对共享经济平台审核能力的一种预期。进一步地，假定消费预期是理性的，即消费者预期 e 与均衡状态下共享经济平台通过审核并选择优质产品 G 的概率 e^* 相等（龚强等，2013）。根据上述假定，对于通过审核进入共享经济平台的产品，消费者推断其为高质量类型的概率为

$$\Pr(G|\rho=1) = \frac{\varphi \cdot \Pr(\rho=1|G)}{\varphi \cdot \Pr(\rho=1|G) + (1-\varphi) \cdot \Pr(\rho=0|B)} \qquad (3.3)$$

显然，由式（3.3）可知，概率 $\Pr(G|\rho=1)$ 随着 $\Pr(\rho=1|G)$ 的增加而递增，表明随着共享经济平台审核能力的提升，消费者更有可能选择到满意的共享产品。此外，概率 $\Pr(G|\rho=1)$ 也随着 e 的增加而增大，说明消费者的预期对于其最终选择高质量共享产品具有正向作用。下面进一步分析消费者预期对其决策的影响。如果记消费者使用共享产品的效用为 u，选择高质量产品和低质量产品的效用分别为 u_G 和 u_B（$u_G > u_B$），则消费者通过使用共享产品得到的期望效用应为

$$E(u) = u_G \Pr(G|\rho=1) + u_B \Pr(B|\rho=1) \qquad (3.4)$$

如消费者确定使用（共享）单位产品，则支付一定的价格 p。只有当消费者使用共享产品得到的期望效用不低于支付价格时（$E(u) \geqslant p$），消费者才会选择该共享产品。

设共享经济平台提供高质量产品和低质量产品的成本（包括审核、管理和运营等）分别为 c_G 和 c_B（$c_G > c_B$），这一成本是共享经济平台的私有信息，

对于消费者来说无法确切知道，二者存在信息不对称，但消费者知道共享经济平台提供产品成本的概率分布，这里假设 c_B 服从区间 $[0, c_G]$ 的均匀分布。考虑共享经济平台为垄断平台的情形，不失一般性，借鉴 Daughety 和 Reinganum（2005）、Polinsky 和 Shavell（2012）等文献的假设，共享经济平台以最大化利润为目标，在达到市场均衡时，其定价恰好等于消费者的期望效用，即 $p(\varphi) = E(u)$。这样，综合考虑共享经济平台的审核能力及成本等因素，共享经济平台的利润函数在提供高质量产品和低质量产品的情况下分别为

$$\pi_G = p(\varphi)\Pr(\rho = 1 \mid G) - c_G$$

$$\pi_B = p(\varphi)\Pr(\rho = 1 \mid B) - c_B$$

实际上，共享经济平台是否会提供高质量产品取决于上述两式的大小比较，两式相减得

$$\pi_G - \pi_B = p(\varphi)[\Pr(\rho = 1 \mid G) - \Pr(\rho = 1 \mid B)] - (c_G - c_B) \qquad （3.5）$$

只有当 $\pi_G > \pi_B$ 时，共享经济平台才会提供高质量产品，而当 $\pi_G < \pi_B$ 时，共享经济平台会提供低质量产品。

下面重点讨论均衡问题。如前所述，共享经济平台由于受到自身资源的约束以及主观因素的影响，有的产品质量本身无问题但不能通过共享经济平台的技术审核，有的低质量产品因审核成本低反而进入共享经济平台中。

分别记 $\rho_1 = \Pr(\rho = 1 \mid G)$，$\rho_2 = \Pr(\rho = 0 \mid B)$，根据前述内容，$\rho_1$ 和 ρ_2 可理解为共享经济平台审核的准确程度，换言之，$1 - \rho_1$ 和 $1 - \rho_2$ 分别代表共享经济平台存在一定的偏差。考虑到现实情况，大多数共享经济平台具备基本的审核技术和甄别能力，因此不妨设 $\rho_1 > \rho_2 > 1/2$。为讨论方便，不失一般性，设共享经济平台提供高质量产品时的效用 $u_G = 1$ 和 $u_B = 0$，由式（3.3）可得

$$\frac{\partial p}{\partial e} = \frac{\rho_1(1-\rho_2)}{[\varphi \cdot \rho_1 + (1-\varphi) \cdot (1-\rho_2)]^2} > 0$$

这一结果是很直观的,即消费者给共享经济平台的支付随着其预期的增强而增加。事实上,当消费者知道共享经济平台具有更强的动机提供高质量产品时,显然消费者也具有支付更高价格的意愿,共享经济平台也就能够获得由于质量和服务等方面改进的回报。由支付价格分别对 ρ_1 和 ρ_2 求一阶偏导数,可得 $\dfrac{\partial p}{\partial \rho_1} = \dfrac{e(\rho_1-1)(\rho_2-1)}{[e \cdot \rho_1 + (1-e) \cdot (1-\rho_2)]^2} > 0$, $\dfrac{\partial p}{\partial \rho_2} = \dfrac{e(e-1)\rho_1}{[e \cdot \rho_1 + (1-e) \cdot \rho_2]^2} < 0$,即消费者的支付意愿随着高质量产品检验精确度的提高而增加,同时消费者的支付意愿随着低质量产品混入共享经济平台可能性的提高而降低,其原因在于更为准确的审核能够降低消费者面临的不确定性,而不准确或主观原因造成的审核能力低则会增加消费者面临的不确定性。

对于给定的 ρ_1 和 ρ_2 ,考虑均衡状态下的情形。存在某个 c_B^* 使得 $\pi_G = \pi_B$,此时共享经济平台提供高质量产品的概率是

$$\varphi^* = \Pr(c_B^* < c_B \leqslant c_G) = \frac{c_G - c_B^*}{c_G}$$

结合式(3.5),可进一步得到

$$\varphi^* = \frac{c_G(\rho_2-1) + \rho_1(\rho_1+\rho_2-1)}{c_G(\rho_1+\rho_2-1)} = \frac{\rho_1}{c_G} - \frac{1-\rho_2}{\rho_1+\rho_2-1} \tag{3.6}$$

根据式(3.6),由 φ^* 分别对 ρ_1 、 ρ_2 和 c_G 求一阶偏导数,可得

$$\frac{\partial \varphi^*}{\partial \rho_1} = \frac{1}{c_G} + \frac{1-\rho_2}{(\rho_1+\rho_2-1)^2} > 0$$

$$\frac{\partial \varphi^*}{\partial \rho_2} = \frac{\rho_1}{(\rho_1+\rho_2-1)^2} > 0$$

$$\frac{\partial \varphi^*}{\partial c_G} = -\frac{\rho_1}{c_G^2} < 0$$

命题 3.6 当共享经济平台的审核能力越高（外部监督成本越高），或者当共享经济平台提供高质量产品的成本越低时，共享经济平台的服务水平（消费者信任度）就越高。

注意到式（3.5）表示共享经济平台提供高质量产品和低质量产品时的利润之差。其中，右侧的 $p(\varphi)[\Pr(\rho=1|G) - \Pr(\rho=1|B)] = p(\varphi)(\rho_1 + \rho_2 - 1)$，由于 $\rho_1 > \rho_2 > 1/2$，因而 $\rho_1 + \rho_2 - 1 > 0$，等式右侧为正。前面已经指出 $\frac{\partial p}{\partial \rho_1} > 0$，$\frac{\partial p}{\partial \rho_2} < 0$，即随着共享经济平台对产品质量审核的准确程度的降低，消费者对共享产品的支付意愿也降低，这就会导致共享经济平台从提供产品或服务中所得到的利润减少，因而共享经济平台会采用提供低质量产品的策略来节约成本，即共享经济平台提供高质量产品的意愿会不断降低。此外，式（3.5）右侧中的另一部分 $c_G - c_B$ 为共享经济平台提供高质量产品和低质量产品的成本之差，显然扩大高质量产品的数量会增加共享经济平台提供产品的成本负担，共享经济平台更倾向于向消费者提供低质量产品。

命题 3.6 反映了高质量产品的成本对共享经济平台是否提供高质量产品的影响机制，实际上也表明共享经济平台和消费者信息的不对称性将导致道德风险的产生。进一步分析不难发现，当 $c_G \leqslant \rho_1 + \rho_2 - 1$ 时，$\varphi^* = 1$，说明当共享经济平台提供高质量产品的成本较低时，共享经济平台提供高质量产品仍然能够获取一定的利润。当 $c_G \geqslant \frac{\rho_1(\rho_1 + \rho_2 - 1)}{1 - \rho_2}$ 时，$\varphi^* = 0$，这意味着共享经济平台提供高质量产品的成本较高时，共享经济平台转而都提供低质量产品。只有当满足条件 $\rho_1 + \rho_2 - 1 < c_G < \frac{\rho_1(\rho_1 + \rho_2 - 1)}{1 - \rho_2}$ 时，才有 $0 < \varphi^* < 1$，下面讨论这一情形。

近年来共享经济平台发生的道德风险问题部分归因于监督缺失，其中有很多是通过外部监督披露的，如何让共享经济平台更真实、客观地披露产品信息极为重要，即共享经济平台应按照关联、必要、准确、完整等标准细化披露范围及方式。在行政监管不能完全覆盖的情况下，利用社会监督力量显得非常必要。前面讨论的共享经济平台的成本主要是运营成本，事实上，共享经济平台在进行信息披露时也存在一定的成本，如资料搜集、数据分析、信息核对等，对于提供低质量产品的共享经济平台还包括产品造假、虚构信息以及可能面对的社会惩罚成本。也就是说，提供低质量产品的共享经济平台具有更高的信息披露成本。设共享经济平台对于高质量产品和低质量产品的信息披露成本（包括审核、管理和运营成本等）分别为 l_G 和 l_B（$l_B > l_G$），记 $\Delta l = l_B - l_G$，Δl 越大，则共享经济平台提供低质量产品的信息披露成本就越高，因而 Δl 在一定程度上体现了信息披露的强度。这样，共享经济平台提供高质量产品和低质量产品时的利润函数分别为 $\pi_G = p(\varphi)\Pr(\rho = 1 \mid G) - c_G - l_G$ 和 $\pi_B = p(\varphi)\Pr(\rho = 1 \mid B) - c_B - l_B$，从而有

$$\pi_G - \pi_B = p(\varphi)[\Pr(\rho = 1 \mid G) - \Pr(\rho = 1 \mid B)] - (c_G - c_B) + \Delta l \qquad （3.7）$$

由式（3.7）易见，随着 Δl 的增大，$\pi_G - \pi_B$ 也增加，这说明信息披露强度的增大有利于激励共享经济平台提供高质量产品。设满足式（3.7）中 $\pi_G = \pi_B$ 的产品质量均衡为 φ_l^*，以下考察 Δl 的变化对 φ_l^* 的影响，由于直接求解 φ_l^* 的表达式较为困难，应用隐函数定理进行分析。由式（3.7）和式（3.3），根据隐函数定理可以得到

$$\frac{\partial \varphi_l^*}{\partial \Delta l} = -\frac{1}{\dfrac{\rho_1(1-\rho_2)(\rho_1+\rho_2-1)}{[\varphi \cdot \rho_1 + (1-\varphi) \cdot (1-\rho_2)]^2} - c_G} \qquad （3.8）$$

对式（3.8）的分母进行计算，有

$$\varphi_l^* \cdot \left\{ \frac{\rho_1(1-\rho_2)(\rho_1+\rho_2-1)}{[\varphi \cdot \rho_1 + (1-\varphi) \cdot (1-\rho_2)]^2} - c_G \right\}$$

$$= \frac{1-\rho_2}{\varphi \cdot \rho_1 + (1-\varphi) \cdot (1-\rho_2)} \cdot (c_G \varphi_l^* - \Delta l) - c_G \varphi_l^*$$

$$= -\frac{c_G \varphi_l^{*2}(\rho_1+\rho_2-1) + (1-\rho_2)\Delta l}{\varphi \cdot \rho_1 + (1-\varphi) \cdot (1-\rho_2)} < 0$$

于是，可得 $\dfrac{\partial \varphi_l^*}{\partial \Delta l} > 0$，该结论进一步说明了产品均衡质量随着信息披露强度的增加而递增。

命题 3.7　共享经济平台提供的产品质量水平随着信息披露强度的增加而提高。

上述结论充分表明，发挥社会监督的作用，促进共享经济平台加强产品信息披露，提高了低质量产品的进入成本，抑制了共享经济平台提供低质量产品的动机，降低了共享经济平台和消费者之间的信息不对称，从而有助于提高消费者对共享经济平台的信任程度[①]。因此，本部分的研究揭示了加强信息披露对于共享经济中道德风险控制的重要作用。

与传统经济模式相比，共享经济平台的信息披露更为复杂。前面已经述及 $\Delta\pi$（即 $\pi_G - \pi_B$）随着 Δl 的增大而增加，这对于那些提供低质量产品的共享经济平台在信息披露上无疑具有较强的促进作用。那么，对于提供高质量产品的共享经济平台而言，其信息披露的数量是否越多越好？答案并非如此。由于 $\pi_G^* = p(\varphi_l^*)\rho_1 - c_G - l_G$，根据复合函数求导法则，于是有

$$\frac{\partial \pi_G^*}{\partial l_G} = \rho_1 \frac{\partial p(\varphi_l^*)}{\partial \varphi_l}\bigg|_{\varphi_l=\varphi_l^*} \cdot \frac{\partial \varphi_l^*}{\partial l_G} - 1 \tag{3.9}$$

---

① 2021 年 1 月，中共中央办公厅、国务院办公厅印发了《建设高标准市场体系行动方案》。该方案明确提出引导平台企业健康发展，有效发挥平台企业在要素配置中的优化集成作用；依法规范发展平台经济，强化对平台企业监管；尤其是强化要素市场交易监管，规范各类交易平台规则，完善要素交易信息披露制度。

　　由前面的分析可知式（3.9）等号右端第一项为正，但并不能保证该值严格大于 1，即 $\dfrac{\partial \pi_G^*}{\partial l_G}$ 的符号是不确定的。这就是说，适量而必要的信息披露有利于共享经济平台的利润增长，而过多的信息披露数量则会对共享经济平台的利润增长带来不利影响，这与已有文献的结果一致。Kultti 和 Miettinen（2006）、淮建军等（2010）发现信息成本在信息获取激励中发挥着决定性作用，披露区间、披露概率、披露策略和竞争程度是激励企业进行信息披露的主要因素。

　　综合以上分析，在当前共享经济平台自身的技术水平以及外部监督资源均存在一定局限性的情况下，共享经济平台应适当加强信息披露，回归"信息中介"本质，以减少其因过度维系自身利益而产生的信息扭曲，降低产生道德风险的动机，提振消费者对共享经济平台服务能力的信心，为共享经济发展营造良好的环境。

3.4　本章小结

　　道德风险及其引发的信息控制问题是理解共享经济治理的主线。从信息控制的角度来透视共享经济，有助于清晰地展现道德风险的产生过程，为道德风险的控制及信任机制的构建提供一条有益的研究路径。

　　作为一个信息高度聚集的环境，共享经济平台运营的效能受到其信息采集、传递和使用质量的影响。信息的聚集可以用于为共享经济平台创造利润，但共享经济平台对信息的一些应用已经有明确背离消费者利益的趋势。因此，控制道德风险，就需要克服信息不对称。本章针对道德风险产生的源头——信息不对称，通过构建理论模型分析共享经济平台、提供者和消费者之间的行为博弈，旨在揭示共享经济环境下道德风险行为存在的普遍性，并探讨共享经济平台如何通过严格审核和信息披露来控制道德风险，得到了以下研究发现和管理启示。

一是着重考察了提供者和共享经济平台之间的博弈，研究提供者存在道德风险行为时，共享经济平台如何通过建立严格的审核机制以防控道德风险。由于审核成本较高，提供者有动机从事道德风险行为。通过构建共享经济平台的审核博弈模型，分析虚假信息是如何被策略性的提供者操纵的，并研究双方对对方类型的不确定性和对（虚假）声誉的担忧对双方的影响，并给出了一次性博弈和两期博弈的均衡并探讨了不同参数对均衡策略的影响。这些均衡显示了在两阶段博弈中建立或维持声誉的动机。当博弈重复进行时，提供者的真正类型最终会被揭示。

二是探讨了共享经济平台的信息披露问题。通过研究共享经济平台和消费者之间的行为互动，结果表明，共享经济平台关于产品质量审核的准确程度对消费者的支付意愿产生很大影响，在审核能力及外部监督等因素的作用下，共享经济平台会采用提供低质量产品的策略来节约成本，倾向于向消费者提供低质量产品。因此，提高共享经济平台的审核能力，是克服信息不对称的重要路径。共享经济平台应尽可能利用一切技术手段提升信息的准确度，实现信息的及时、充分和有针对性地披露。事实上，技术越先进，共享经济平台采集、挖掘、分析和运用信息的能力就越强，所得到的信息质量也就越好，审核效能也就越高。研究还发现，信息披露是提高共享经济平台服务水平的重要方式。尽管信息披露会增加共享经济平台的成本，但却有助于抑制低质量产品进入共享经济平台，提升消费者对共享经济平台的信任，从而激励共享经济平台提供高质量产品。信息披露强度是决定信息披露能否发挥作用的关键因素。提高信息披露强度，共享经济平台提供的产品质量水平也随之提升，但是过于频繁的信息披露不利于共享经济平台的质量改进。

本章的研究揭示了加强信息披露、提升检测技术及转变监管模式的重要意义，使我们认识到充分激励市场机制、企业自我规制、社会规范的引导作用，是共享经济治理的重要方向，但这并不意味着政府规制和法律地位的弱化。事实上，共享经济平台的信息利用效率的提升是一个长期过程，与相关技术的成熟度和问题场景的复杂性密切相关。例如，在网约车领域，平台的信息机制相对健全，不宜采用严格的行政许可等机制，民宿领域的卫生和服务质量监管也是如此。但是，对于某些实物产品而言，消费者在购买使用后也不能准确判断其质量，此时传统政府规制就是不可替代的。本书后续章节将深入探讨相关政府规制问题。

第 4 章
共享经济平台的质量控制与服务定位

为了拥有更多有价值的核心交互，平台应发挥三个关键功能：吸引、促进和匹配，归根结底，平台必须提高服务质量。

——安德烈·哈吉犹和朱利安·赖特（Hagiu and Wright，2015）

4.1 问题的提出

在共享经济模式之下，共享经济平台事实上与合作卖方形成了一个"联盟"，二者之间采取合作策略共同努力将产品或者服务提供给另一边的消费者。这时就会产生两个问题：其一，共享经济平台和合作卖方为何能够达成这样的"联盟"？其二，由于双边市场中存在很强的网络外部性，因而也很容易受到口碑效应的影响，一旦合作卖方或者共享经济平台提供的产品或者服务质量出现问题，往往会造成巨大的影响，甚至影响到"联盟"的生存，那么，共享经济平台作为这个"联盟"的主导者应该采取什么措施以保障"联盟"的稳定存在？

在共享经济平台的运作中，"质量"不仅包括产品本身的质量，也包括共享经济平台提供的匹配服务质量。现有双边市场的研究中，一般假设双边市场中只有一类产品或服务。但现实中，却广泛存在着共享经济平台提供不同质量的服务的情形。如网约车平台向乘客和司机提供信息匹配以及其他增值服务，并收取相应费用。共享住宿平台既有针对特定用户的高端共享住宿，也有面向大众的低端共享住宿。由于用户黏性的存在和用户偏好的不同，相对高质量的收费服务是有其生存空间的。伴随着平台经济的日益壮大，不同服务质量定位的共享经济平台也层出不穷。那么，对于这些面临激烈市场竞争的共享经济平台而言，怎样进行质量定位？其服务定价及利润情况如何？当买方选择在多平台同时接入时，又会对买卖双方产生什么影响？

针对上述问题，本章首先在垄断情形下，对共享经济平台与卖方（提供者）的合作从经济学的角度进行分析；然后，建立平台准入定价及其质量控制模型以讨论共享经济平台在面对质量隐忧时的策略；进一步地，在垄断平台同时提供高低两种质量水平服务的基础上，考虑新进入的共享经济平台与之竞争，必须对自身定位做出选择，而不同质量偏好的买方（消费者）则面临着是否决定多平台接入的难题。通过引入质量水平这一变量，基于交叉网络外部性构建竞争情形下的双边市场模型，研究共享经济平台的服务质量定位与价格结构，并就竞争平台定位低端服务和高端服务两种情形具体分析买方多归属的影响。

4.2 概念分析与文献回顾

4.2.1 共享经济平台与卖方合作的经济学分析

与单边市场不同，双边市场通常采用"不对称定价"方式。例如，对某一方收费，而另一方则免费；或者对双边市场中的某一方收费较高（往往对与共享经济平台合作的卖方收费较高），而另一方收费较低。其中的原因何在？通过双边市场销售的商品往往比直接销售更为便宜，那么卖方为何愿意如此？这样做又是否会导致线下的消费者流失？

4.2.1.1　平台企业的不对称定价

共享经济平台面对两边的用户，如果都收取较高的费用，而且其两边的用户数量都比较少，双边用户达成交易的可能性低，双方从中获取的剩余也较少，故用户往往会认为不值得为此支付高额费用，由此陷入"鸡蛋相生"的困境。为了打破僵局，共享经济平台往往在一边制定较低的价格来吸引另一边的用户，同时在另外一边制定较高的收费，以此来弥补平台运营成本并盈利。

4.2.1.2　合作卖方固定成本与可变成本

一般来说，卖方的总成本是由固定成本和可变成本构成的。固定成本是指总额在业务量的一定范围内相对固定，不随产量和产品流转量变动的成本，而可变成本的数额在一定范围内伴随业务量变动而发生比例变动。因此，总成本＝固定成本总额＋可变成本总额＝固定成本总额＋单位可变成本×业务量。例如，共享单车提供商就可以依据这一公式来计算其成本，尽管通过共享经济模式进行产品或者服务销售有可能需要降低售价，但却可以为卖方弥补固定成本并增强自身的影响，倘若不参与共享经济，就有可能无法弥补任何成本。

4.2.1.3　价格歧视

按照上述分析，如果可以通过共享经济平台以很低的价格进行线上支付以获取线下服务，那么会产生一个悖论：为什么有用户愿意付出高价直接去购买线下服务？为解释这个现象，需要引入另一个经济学概念——价格歧视（price discrimination）。

西方经济学将价格歧视定义为：当两个单位的同种商品对同一消费者或不同消费者售价不同时，就可以说卖方实行了价格歧视（泰勒尔，1997）。实行价格歧视须具备三个条件：第一，对于卖方而言，必须存在一条向下倾斜的需求曲线；第二，各个市场对同种商品的需求弹性不同并且为卖方所知；

第三，能够有效地把不同市场之间或市场的各部分之间分开，且卖方为之付出的成本不超过区分它们所带来的收入。

当前，一些共享经济平台供需匹配规则不透明，基于用户的个人信息、地理位置、消费记录、搜索习惯等行为数据，为特定用户提供精准的个性化服务。针对新老用户或具有不同消费习惯的用户，这些共享经济平台的产品或服务方面存在较严重的价格歧视现象，如共享单车的一些服务提供商针对学生群体与非学生群体制定了不同价格策略，又如网约车平台对乘客实施价格歧视。另外一些共享经济平台的卖方则对买方进行较为严格的限制，如时间限制、人数限制、使用范围限制等，从而构成其对买方的进入门槛。为了能够跨越这道门槛，买方不仅需要耗费更多的时间成本，而且需要为享受线下服务提前计划并在特定的时间段内消费。这样，共享经济平台通过对买方用户实行价格歧视，以便吸引那些本不可能参与消费的买方，从而赢得更多的消费者剩余。

通过进一步分析，容易得出结论：部分共享经济平台的价格歧视会引发平台间的不正当竞争，这也给共享经济模式埋下了隐忧——服务质量堪忧。事实上，近年来买方对平台中卖方的质疑已然屡见不鲜——卖方提供的产品或者服务质量往往大打折扣，从而引发买方的不满。一种常见的措施是大幅提高入驻标准，即设置高额的门槛费，并认为这样的收费措施能够达到自身目标（平台利润最大化或者社会福利最大化），但是似乎效果并不明显。同时反过来，部分买方出于某种目的也会采取一些不诚信的手段扰乱市场秩序，例如，共享经济平台中经常出现的恶意差评、故意退货等现象——体现出部分买方的"质量"也值得担忧。倘若长期如此，则有可能引发卖方离场，从而不利于共享经济平台的发展，更不利于商业价值与社会价值的良性互动。

基于这样的现状，正如 Boudreau 和 Hagiu（2009）所指出的那样，在现实世界中，许多平台企业会对接入平台以及在平台上交易的行为进行非价格规制。其中一种最为常见的非价格规制手段便是平台企业对接入平台的用户进行质量控制,对于那些不符合最低质量要求的用户,即使他们愿意支付注册费以接入平台,平台企业出于保证平台质量的动机也不会同意。但我们也应该看到,不同的平台企业对平台上产品或者服务质量的控制程度是不同的,那么究竟有哪些因素会影响平台企业的质量控制决策? 这些因素又是如何产生影响的?

为此,本章 4.3 节将构建利润最大化和社会福利最大化动机下的共享经济平台质量控制策略的数理模型,分析共享经济平台如何通过控制质量标准达到自身目的。

4.2.2　文献回顾

与本章相关的文献可以归结为以下三类。

(1)买卖双方本身具有质量差异,包括卖方提供的产品或服务具有质量差异性或者买方特性上的差异性。尽管平台企业面临着著名的“鸡蛋相生”问题,即平台企业需要在一边吸引大量用户进而吸引另一边的用户(Caillaud and Jullien,2003)。但是,正如 Weyl(2010)指出的那样,除去数量,平台两边的用户在交易时同样对质量和种类高度敏感。卖方商品质量差异问题研究始于 Akerlof(1970)的柠檬市场模型,此后,许多学者对该模型进行了扩展。Damiano 和 Li(2007)、Rysman(2009)讨论了产品真实质量无法为平台所知的情况下,平台企业如何运用价格手段来控制卖方质量的问题。Armstrong 和 Wright(2007)建立了一个允许平台两边存在质量差异的双边市场模型,研究表明,在均衡状态下,平台企业会通过补贴买方的方式来扩大市场而不是直接争取卖方的接入。在买方特性差异的研究方面,Moorthy 和 Png(1992)考虑了在买方需求特性具有差异的情况下,卖方应该采取的产品发布策略。

(2)双边用户存在多归属倾向,即买方存在多归属倾向或者卖方存在多归属倾向。Hagiu 和 Wright(2015)的研究表明,在平台竞争中一般不会出现双边用户同时接入多个平台的现象。Doganoglu 和 Wright(2006)认为,多归属能够增强社会整体对兼容性的诉求，但却会使兼容性对企业缺乏吸引力。Armstrong（2006）、Rochet 和 Tirole（2010）探讨了平台企业一边是单归属而另一边是多归属的情形。纪汉霖（2011）的研究表明，用户部分多归属会降低平台的定价和利润，平台具有阻止用户多归属的内在激励。曹俊浩等（2010）指出，买方多归属能够改变平台企业的用户规模和价格结构，但是对平台收费水平和平台利润的影响是不确定的。董维刚等（2013）发现，多归属情形下产业间平台合作使两边用户定价、价格非对称性和用户规模上升。

（3）平台企业作为经纪人本身提供不同质量的服务。此类文献较少，纪汉霖和管锡展（2007）在平台能够提供多种质量服务的前提下，研究了垄断平台、双寡头竞争平台以及存在进位竞争平台情形下的平台定价、利润变化以及服务质量标准确定的问题。

综上所述，国内外学者集中于研究价格策略对双边市场的影响，近年来有学者开始关注非价格竞争策略，如广告策略、搭售策略等（张凯和李向阳，2010；蒋丽丽等，2014），较少探讨平台企业本身提供服务种类的差异，尚无同时考虑共享经济平台异质服务与多归属现象的文献，本章试图弥补现有研究的不足。

4.3 垄断平台的质量控制

本章模型涉及三方：卖方（提供者）、买方（消费者）以及共享经济平台。考虑到顾客通过共享经济平台购买的产品往往在本地难以获得，或者本地可以购买但是价格高昂难以承受，或者本地购买不够便利因而不愿直接购买，因此可以将共享经济平台视为一个垄断平台，买卖双方仅能通过共享经济平台进行交易行为。在模型中，共享经济平台发挥着两个关键作用：传播产品或者服务信息以及为吸引买卖双方而控制两边用户的质量。由于买方的购买是有成本的（包括直接成本与机会成本），因此只有当质量达到一定水平时买方才会进行浏览以至于购买。类似地，卖方在发现存在足够多的合适的"潜在目标"的情况下才会接入共享经济平台。由于网络外部性的作用，买卖双方的收益随对方人数的增加而增加。共享经济平台必须通过吸引双方用户（买卖双方）才能获取成功，由此共享经济平台具有鲜明的双边市场特征。与以往研究不同的是，本章认为共享经济平台不仅关注产品数量而且关注产品质量，已有文献对类似的产品（服务）质量问题关注较少，有代表性的是刘海霞等（2007）运用双边市场理论对开放存取期刊的质量问题进行的研究以及 Damiano 和 Li（2007）对利润最大化平台质量问题的研究。本章与后者研究的最大区别在于，本章中共享经济平台并不局限于通过价格控制来保证平台质量，而且试图通过平台的准入政策影响平台质量以达到自身目的。

对于卖方而言，共享经济平台根据产品（服务）在买方眼中的性价比来定义质量的概念，从而可将卖方提供的不同类型的产品或者服务质量抽象为 q。假设卖方由于自我服务偏见等因素并不清楚（或者不愿承认）自己产品或者服务的真实质量水平[①]。对于买方而言，共享经济平台则根据在卖方眼中的买方潜在价值/开发成本来定义其质量概念。如果共享经济平台愿意设立质量标准 q_{min}，那么该平台将承诺准入所有质量 $q \geqslant q_{min}$ 的用户。共享经济平台通过一定的审核程序可将所有质量 $q \geqslant q_{min}$ 的申请准入的用户遴选出来，记共享经济平台的审核成本为 c_C。共享经济平台对每个卖方的管理费有一个固定成本 c_T（包括人工费、传播成本、维护费等）。不失一般性，共享经济平台对准入的卖方收取门槛费 p_S，而对每个买方收取注册费 p_B。由于信息不对称，买方在事前无法预知自身所购产品或者服务的质量如何，只有在使用后方可知晓。假设某个特定产品或服务的质量由于被当事人所消费而不能在

[①] 该假设符合有关共享经济平台企业质量相关文献的惯例。

事后被第三方所证实,于是共享经济平台的定价不能建立在实际质量基础上。

博弈顺序如下:首先共享经济平台宣布其质量标准 $q_{\min}$ (L_i)和价格 (p_S, p_B),然后卖方决定是否投放产品或者服务信息到这个平台,紧接着共享经济平台审查所有的投放信息并决定接受或拒绝它们,最后买方决定是否购买产品或服务。

4.3.1　利润最大化平台的质量控制策略

在下文中,用 B 和 S 分别表示共享经济平台两边的用户。通常情况下,根据双边市场的特征,一边用户接入共享经济平台所获得的效用会伴随另一边接入共享经济平台用户数量的增加而增加。特别地,在本模型的假设下,一边用户接入共享经济平台所获得的效用还伴随着另一边接入共享经济平台用户的平均质量的提高而增加。

根据上面的假设,可以给出 B 边和 S 边用户的效用函数:

$$U_i(\theta_i, q_i) = V_i(q_j) + \alpha_i(q_j)N_j - p_i - \theta_i c_i(q_i) , \quad i, j \in \{B, S\} , \quad i \neq j$$

本节的符号含义如下: θ_i 表示水平差异参数,均匀分布在 $[0,1]$ 上; q_i 表示用户 j 对用户 i 质量水平的看法,其分布函数为 $F(\cdot)$,密度函数为 $f(\cdot)$,鉴于没有最好,只有更好的理念,故认为其定义域为 $[0, +\infty]$,但是用户平均质量是有限的,即 $\int_0^\infty qf(q) < \infty$; $\bar{q}_j$ 表示接入共享经济平台用户的平均质量; $\theta_i c_i(q_i)$ 表示用户 i 接入共享经济平台的机会成本; $V_i(q_j)$ 表示用户 i 接入共享经济平台所获得的固定效用; $\alpha_i(q_j)$ 表示用户 i 受到的交叉网络外部性的大小; N_j 表示接入共享经济平台的用户 j 的数量; p_i 表示用户 i 接入共享经济平台所需花费的注册费用,可以理解为一种门槛。

在满足用户参与约束的情况下[即 $U_i(\theta_i, q_i) \geqslant 0$],如果共享经济平台仅仅使用价格工具进行质量控制,那么接入共享经济平台用户的平均质量为

$$\bar{q}_i = \frac{\int_0^\infty \frac{V_i + \alpha_i N_j - p_i}{c(q)} f(q) q \mathrm{d}q}{\int_0^\infty \frac{V_i + \alpha_i N_j - p_i}{c(q)} f(q) \mathrm{d}q} = \frac{\int_0^\infty \frac{f(q)q}{c(q)} \mathrm{d}q}{\int_0^\infty \frac{f(q)}{c(q)} \mathrm{d}q}$$

由于接入共享经济平台一边的用户不仅仅关注另一边用户的数量，而且关心他们的质量，仅仅依靠价格手段可能无法达到用户对卖方（买方）提供的共享经济平台上产品或者服务质量（买方的诚信水平、忠诚度、潜在价值）的要求，导致共享经济平台有可能流失一部分重要的用户，从而不利于共享经济平台利润的最大化。在这样的背景下，共享经济平台有动机设立一个额外的质量标准 L_i（$L_i = q_{\min}^i$），这样只有当 i 边用户的质量满足 $q \geqslant L_i$ 时才会被许可接入共享经济平台。

此时，满足 $q \geqslant L_i$ 的两边用户数量为

$$N_B = \lambda_B(L_B)[V_B(\bar{q}_S(L_S)) + \alpha_B(\bar{q}_S(L_S))N_S - p_B] \tag{4.1}$$

$$N_S = \lambda_S(L_S)[V_S(\bar{q}_B(L_B)) + \alpha_S(\bar{q}_B(L_B))N_B - p_S] \tag{4.2}$$

其中，$\lambda_i(L_i) = \int_{L_i}^\infty \frac{f_i(q_i)}{c_i(q_i)} \mathrm{d}q_i$，表示在质量标准 L_i 下共享经济平台准入的 i 边用户数量；而 $\bar{q}_i(L_i) = \dfrac{\int_{L_i}^\infty \frac{f_i(q_i)q_i}{c_i(q_i)} \mathrm{d}q_i}{\lambda_i(L_i)}$ 则表示在这种情况下 i 边用户的平均质量。

显然 $\lambda_i(L_i)$ 是关于 L_i 的递减函数，而 $\bar{q}_i(L_i)$ 则是关于 L_i 的递增函数。

共享经济平台的利润函数为 $\pi^P = p_B N_B + p_S N_S$，这里的关键问题便在于找出能够使 π^P 达到最大化的最优质量控制标准 L_i^*。

将式（4.1）和式（4.2）代入共享经济平台利润函数表达式，可得

$$\max_{N_S, N_B, L_S, L_B} \{ N_B(V_B(\bar{q}_S(L_S)) + \alpha_B(\bar{q}_S(L_S))N_S - \frac{N_B}{\lambda_B(L_B)}) + N_S(V_S(\bar{q}_B(L_B))) \\ + \alpha_S(\bar{q}_B(L_B))N_B - \frac{N_S}{\lambda_S(L_S)} \} \tag{4.3}$$

式（4.3）分别对 N_B 和 N_S 求一阶条件，则有

$$V_B = -(\alpha_S + \alpha_B)N_S + \frac{2}{\lambda_B}N_B \qquad （4.4）$$

$$V_S = \frac{2}{\lambda_S}N_S - (\alpha_S + \alpha_B)N_B \qquad （4.5）$$

求解式（4.4）和式（4.5）两式，可得

$$N_S = \frac{\lambda_S V_S + \lambda_B \lambda_S \bar{\alpha} V_B}{2(1 - \lambda_S \lambda_B \bar{\alpha}^2)}$$

$$N_B = \frac{\lambda_B V_B + \lambda_B \lambda_S \bar{\alpha} V_S}{2(1 - \lambda_S \lambda_B \bar{\alpha}^2)}$$

其中，$\bar{\alpha} = \dfrac{\alpha_B + \alpha_S}{2}$。

将 N_S 和 N_B 代入共享经济平台利润函数，进一步可得

$$p_B = \frac{V_B(1 - \lambda_S \lambda_B \bar{\alpha} \alpha_S) + V_S \lambda_S (\alpha_B - \bar{\alpha})}{2(1 - \lambda_S \lambda_B \bar{\alpha}^2)}$$

$$p_S = \frac{V_S(1 - \lambda_S \lambda_B \bar{\alpha} \alpha_B) + V_B \lambda_B (\alpha_S - \bar{\alpha})}{2(1 - \lambda_S \lambda_B \bar{\alpha}^2)}$$

从价格的表达式可以看出，当 $\alpha_i > \alpha_j$ 时，有 $p_i > p_j$，说明当某边的用户对另一边的用户更为看重时，那么该边用户愿意付出的注册费用也更高。这意味着共享经济平台可以利用两边用户交叉网络外部性大小的不同，采用低价策略优先吸引更有"价值"的一边，再利用该边用户的吸引力吸引另一边用户接入共享经济平台。

根据 p_B 和 p_S 的表达式，共享经济平台的利润函数可写为

$$\pi^P(L_B, L_S) = \frac{V_B^2 \lambda_B + V_S^2 \lambda_S + 2\lambda_B \lambda_S \bar{\alpha} V_B V_S}{4(1 - \lambda_S \lambda_B \bar{\alpha}^2)} \qquad （4.6）$$

其中，$\lambda_i = \lambda_i(L_i)$，$V_i = V_i(\bar{q}_j(L_j))$，$\bar{\alpha} = \frac{1}{2}[\alpha_i(\bar{q}_j(L_j)) + \alpha_j(\bar{q}_i(L_i))]$，$i, j \in \{B, S\}$，$i \neq j$。据此，可以得出如下命题。

命题 4.1　根据数据包络定理可以求解利润表达式（4.6）在满足共享经济平台利润最大化条件下的最低质量标准 L_B 和 L_S 的大小，这一过程事实上是共享经济平台对两方面的因素进行权衡的过程：一方面对某一边用户提升质量标准可能会损失该边的某些用户，但另一方面这样做又能够提升该边用户的平均质量水平，从而吸引另一边更多用户的参与。

4.3.2　社会福利最大化平台的质量控制策略

借鉴 Benjaafar 等（2019）关于共享经济平台的研究范式，先讨论利润最大化平台，后讨论福利最大化平台，这里沿用这一做法。共享经济平台两边是买方 B 和卖方 S。将卖方数量标准化为 1，每个卖方仅提供一种产品或者服务，产品或者服务总数也为 1[①]。当一件质量为 q 的产品出租时，卖方所获得的总收益（金钱的或非金钱的）为 $V + \alpha_B q N_B$，其中 V 是一个固定部分，它反映了产品或者服务的利润，这取决于产品价格与成本的差额，由于双方信息不对称，因此利润往往与质量无关。与之相比较，$\alpha_B q N_B$ 是一个变动部分，它取决于产品或服务质量的高低以及买方人数的多少。这里将 $q N_B$ 解释为产品或者服务的口碑效应，它与产品或服务的性价比以及买方的人数成正比。$\alpha_B > 0$ 则可以衡量产品或服务的积极作用与卖方所获口碑效应间关系的

---

① 本部分出于计算简洁的需要，未考虑共享经济平台控制买方质量标准的情形，而仅考虑了共享经济平台控制卖方最低质量标准的情况，这并不会影响本章的相关结论。而且由于本章中考虑了买方成本的制约，事实上也起到了控制买方质量的作用。

密切程度。

$\alpha_s q N_B > 0$（$\alpha_s > 0$）表示该产品或者服务的出售对社会福利所产生的正外部性[①]。不妨用 $\alpha = \alpha_B + \alpha_S$ 表示总的交叉网络外部性，将潜在买方的数量也标准化为 1，所有买方购买一种质量为 q 的产品或者服务后所获得的期望效用相同，都为 q，但他们的购买成本 γ（因包括搜索成本、时间成本、机会成本等而付出金钱或者非金钱代价的差异）不同，γ 服从 $[0,\infty)$ 上的独立同分布。买方的收益包括直接效用的增加（主要指物质上的满足感）和间接收益（主要指心理上的满足感，包括由此获得的某种归属感）。总之，当一种产品或服务成交，卖方获得固定效用 V 而共享经济平台则会产生 c_T 的成本（$c_T > V$）。当一个购买成本为 γ 的买方购买质量为 q 的产品或服务时，买方获得净效用 $q - \gamma$，其他人（包括卖方）获得期望效用 αq。

假设产品或者服务的质量分布是从高到低降序排列的共同知识，由此可以推算出质量 $q \geqslant q_{\min}$ 的产品或者服务数 N_S，进一步地，产品平均质量 $\bar{q}$ 也可以由共享经济平台宣布的最小质量标准 $q_{\min}$ 推导出。于是可以用 $q(n)$ 来表示产品质量分布中第 n 件产品的质量[以质量递减的顺序排列，即 $q(\cdot)$ 是递减的]。若定义 $\Pr(q \geqslant q(N_s)) = N_s$，令 $q_{\min} = q(N_s)$，则产品平均质量可表示为

$$\bar{q} = \frac{\int_0^{N_s} q(x)\mathrm{d}x}{N_S}。$$

假定卖方只知道投放产品信息的总数为 1，会以 N_S 的概率被接受。故当且仅当 $N_S(V + \alpha_B \bar{q} N_B) \geqslant p_S$ 时，卖方会投放产品信息，否则卖方不投放。在 $c_C + N_S c_T > N_S V$ 的假设条件之下，由于共享经济平台的总成本 $c_C + N_S c_T$ 大于卖方固定收益 $N_S V$，因此共享经济平台接受最低质量的产品（即 $q = 0$）无法达到社会福利最大化。这一假设反映了共享经济平台的质量控制功能：

---

① 可以理解为一种溢出效应，例如促进了社会经济的发展。

通过拒绝低质量的产品和服务，共享经济平台使买方集中到质量较高的卖方处以避免低质量产品或服务的泛滥。每个潜在的买方基于对产品或服务质量的期望及其单位购买成本 γ 来决定是否接受共享经济平台上提供的产品或服务。

当单位购买成本为 γ 的买方通过共享经济平台购买产品或者服务时，其获得的净效用为 $U_B = q - \gamma - p_B$。类似地，假设购买成本的分布也是共同知识，买方的数目 N_B 也能被卖方完全预料到。令 $\gamma(N_B)$ 表示成本分布中第 N_B 个人的成本[以成本递增的顺序排列，即 $\gamma(\cdot)$ 是递增的]。定义 $\Pr(\gamma \leqslant \gamma(N_B)) = p_B$，由于边际买方的效用为 0，从而有

$$q - \gamma(N_B) = p_B \tag{4.7}$$

只要知道 $q_{\min}$、p_B 以及购买成本和产品质量的分布[即 $\gamma(\cdot)$ 与 $q(\cdot)$ 的函数形式已知]，每个卖方都能推导出平台投放的产品或者服务数 N_S、产品或者服务的平均质量 $\bar{q}$ 和买方的数目 N_B。图 4.1 描述了共享经济平台作为一座桥梁是如何促成买卖双方之间的信息交流的。

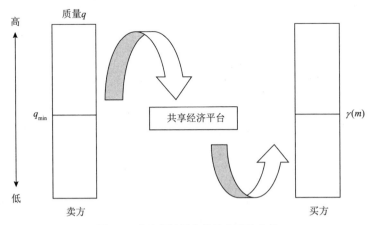

图 4.1　共享经济平台连接的双边市场

4.3.2.1　存在买方补贴的情形

以下继续分析追求社会福利最大化的共享经济平台如何进行价格以及质量控制决策。社会福利可由式（4.8）给出：

$$W(N_B, N_S) = (1+\alpha)N_B \int_0^{N_S} q(x)\mathrm{d}x - (c_S + N_S c_T - N_S V) - N_S \int_0^{N_B} \gamma(y)\mathrm{d}y \quad （4.8）$$

其中，式（4.8）等号右端的第一项表示当产品或者服务信息上线并被 N_B 个买方购买时的社会收益（买方+卖方+社会其余人的收益），第二项表示共享经济平台的总成本减去卖方的总固定收益，最后一项表示买方搜寻以及购买产品或者服务的累计总成本。

对式（4.8）关于 N_S 求一阶条件，可得

$$(1+\alpha)N_B q(N_S) = (c_T - V) + \int_0^{N_B} \gamma(y)\mathrm{d}y$$

两边同除以 N_B 可得

$$(1+\alpha)q(N_S) = \frac{(c_T - V)}{N_B} + \gamma(N_B) \quad （4.9）$$

类似地，对式（4.9）关于 N_B 求一阶条件，有

$$(1+\alpha)\int_0^{N_S} q(x)\mathrm{d}x = N_S \gamma(N_B)$$

两边同除以 N_S 可得

$$(1+\alpha)q(N_S) = \gamma(N_B) \quad （4.10）$$

由于 $\alpha > 0$，因此必有 $\gamma(N_B) > q(N_S)$，这意味着对于边际买方而言，其从产品（服务）中获得的平均效用低于其花费的平均成本，又鉴于其购买行为产生的正外部性，边际买方应该得到补贴。

此时参与共享经济平台交易的买卖双方人数 (N_B^1, N_S^1) 是由式（4.9）、式（4.10）两式共同决定的，而此时的最低产品（服务）的质量标准 $q_{\min}^1 = q(N_S^1)$。

在给定 N_B 的情况下，用符号 $U_S(N_S : N_B)$ 表示第 N_S 个卖方从销售其产品（服务）中所获得的效用，于是 $U_S(N_S : N_B) = \alpha_S q(N_S) N_B + V - p_S$，由于 $U_S(N_S : N_B)$ 必须满足非负性条件，即不等式 $U_S(N_S^1 : N_B^1) = \alpha_S q(N_S^1) N_B^1 + V - p_S \geqslant 0$ 成立，故可得 $p_S \leqslant \alpha_S q(N_S^1) N_B^1 + V = p_S^{\max}$。

类似地，当给定 N_S 时，用 $U_B(N_B : N_S)$ 表示第 N_B 个买方从参与共享平台交易中所得效用：$U_B(N_B : N_S) = [q^s(N_S) - \gamma(N_B)] N_S - p_B$；对于边际买方而言，$U_B(N_B^1 : N_S^1) = [q^s(N_S^1) - \gamma(N_B^1)] N_S^1 - p_B^1 = 0$，即 $p_B^1 = [q^s(N_S^1) - \gamma(N_B^1)] N_S^1$。由式（4.9）可知，$(1+\alpha) q(N_S^1) = \gamma(N_B^1)$，故 $p_B^1 = -\alpha q^s(N_S^1) N_S^1 < 0$。

命题 4.2　共享经济平台以社会福利最大化为目标，能够有效地对买方补贴时，首先，共享经济平台中买卖双方的数量 (N_B^1, N_S^1) 可由式（4.9）、式（4.10）得出；其次，为达到最优情况下的买卖双方数量 (N_B^1, N_S^1)，共享经济平台需要制定的产品（或服务）的最低质量标准为 $q_{\min}^1 = q(N_S^1)$，同时对买卖双方收取的注册费分别满足：

$$p_S \leqslant \alpha_S q(N_S^1) N_B^1 + V = p_S^{\max}, \quad p_B^1 = -\alpha q^s(N_S^1) N_S^1 < 0。$$

4.3.2.2　不存在买方补贴的情形

上一部分的讨论假定共享经济平台能够对买方注册平台实施补贴，但是该假定存在如下问题：第一，这需要耗费大量成本，实施困难；第二，可能出现买方仅仅为了获取补贴而注册，但并不参与平台交易的现象，因而在事实上损害了社会福利。为此，本节给定一个约束条件 $p_B \geqslant 0$，因为 $p_B \geqslant 0$，由式（4.7）可得到 $q \geqslant \gamma(N_B)$。共享经济平台要使社会福利最大化，必须使 $q = \gamma(N_B)$，这时买方和卖方数量在满足约束条件的情况下是最大的。

令 $L_1 = W(N_B, N_S) - \lambda_1[N_S\gamma(N_B) - \int_0^{N_S} q(x)\mathrm{d}x]$，求解该拉格朗日函数的一阶条件，并利用 $q = \gamma(N_B)$ 计算，可以得到

$$(1+\alpha)N_B q(N_S) = (c_T - V) + \int_0^{N_B} \gamma(y)\mathrm{d}y + \frac{\alpha\gamma(N_B)}{\gamma'(N_B)}[\gamma(N_B) - q(N_S)] \quad （4.11）$$

这时，以社会福利最大化为目标的共享经济平台两边用户的最优人数 (N_B^*, N_S^*) 由式（4.11）和 $q = \gamma(N_B)$ 共同决定。当 N_B 个购买成本 $\gamma \leqslant \gamma(N_B)$ 的买方购买产品或者服务时，可以看出 N_S 与 c_C 无关，当满足 $N_S(V + \alpha_B q N_B) \geqslant p_S$ 时，每个卖方必会申请在共享经济平台上投放产品或者服务信息，故审核成本对于共享经济平台来说可以视为沉淀成本。注意到，表达式 $q = \gamma(N_B)$ 意味着边际买方的购买成本等于共享经济平台上产品或者服务的平均质量。

不妨令 (p_S^*, p_B^*) 表示满足社会福利最大化条件下的价格向量，共享经济平台确定相应的质量控制标准 $q_{\min} = q(N_S^*)$。又由于 $q = \gamma(N_B)$，从而有 $p_B^* = 0$。因此，不向买方收取注册费用是最优决策；p_S^* 必须满足边际卖方的参与约束，即 $N_S(V + \alpha_B q N_B) \geqslant p_S$。

命题 4.3 对于以社会福利最大化为目标的共享经济平台，当不存在对买方的补贴政策时：①买方免费注册是社会最优，价格 (p_S^*, p_B^*) 满足 $N_S(V + \alpha_B q N_B) \geqslant p_S$ 和 $p_B^* = 0$；②在这种情况下，最优分配 (N_B^*, N_S^*) 由式（4.11）和 $q = \gamma(N_B)$ 共同决定，共享经济平台选择质量标准 $q_{\min} = q(N_S^*)$。

由命题 4.2 和命题 4.3 可以看出，只要对卖方收取的注册费在一定的范围内，共享经济平台收取的门槛费用就不会对产品或者服务质量有任何影响，但若超过了一定的范围，又会导致没有卖方接入平台，这说明共享经济平台对卖方收取高额门槛费用并不足以从根本上影响产品或者服务的质量。共享经济平台要有足够高的平均质量才能吸引大量买方，所以共享经济平台企业必须控制质量。总之，共享经济平台为了同时吸引买卖双方，就要承担起产

品质量认证的责任，将质量低劣的产品或者服务剔除，确保买方购买的是较高质量水平的产品或者服务。

4.3.3 声誉评价机制的影响

以上讨论了共享经济平台应该扮演的角色，即作为一个共享经济平台如何通过控制产品或者服务的质量以最大限度地吸引买方购买，同时间接吸引更多卖方。但 4.3.2 节的分析表明，许多共享经济平台并未表现出这一特性，下面具体分析其中的原因。

根据式（4.11）以及隐函数定理，可知

$$\frac{\partial N_S}{\partial V} = \frac{-1}{(1+\alpha)N_B q'(N_S) + \dfrac{\alpha \gamma(N_B)}{\gamma'(N_B)} q'(N_S)}$$

由于 $q'(N_S) < 0$ ，$\gamma'(N_B) > 0$ ，可得 $\dfrac{\partial N_S}{\partial V} > 0$ 。即 V 越大，卖方的预期固定收益也越大，而共享经济平台的产品或服务平均质量不断降低，使得买方数量趋于减少。

目前共享经济平台上的产品或者服务售价虽仍然低于市面价格，但却存在着抬高的趋势，即 V 值正不断提高，已然远远超过了投放产品信息所发生的成本。探究其中的原因，这与我国共享经济平台对卖方的声誉评价机制有着直接的关系[①]。第一，目前共享经济平台对卖方最重要的声誉评价机制是基于卖方的销量的，由于共享经济平台对销量的重视，处于销售排行榜前列的卖方更加受到买方的青睐，而很少有人考虑卖方是通过何种途径取得这样的销量的。在这样的背景下，卖方一个可能的策略便是短期内压低售价，促进销量提升，反过来，销量提升又促进了买方购买。受到这种循环机制的影

---

① 关于共享经济平台的声誉评价机制，将在本书第 7 章更进一步深入地进行分析，包括非同步声誉机制和同步声誉机制的综合比较。

响，卖方的固定收益总额不断增加，即 V 增加。第二，受到"便宜无好货"等传统观念的影响，在缺乏官方有效的声誉评价机制的情况下，部分买方并不信任价格较低的产品或者服务，而认为"一分钱一分货"，尽管这在大多数情况下是正确的，却无法避免一些卖方投机取巧，故意提高售价，不明就里的买方可能会因此受到欺骗，客观上也导致了一些卖方的固定收益 V 增加。

容易看出，在 $c_C + N_S c_T < N_S V$ 的条件下，如果共享经济平台将价格定在高于自身成本而低于卖方预期固定收益 $N_S V$ 的水平上，那么即使眼下尚无产品或者服务售出，共享经济平台也可以获得足够多的收入以弥补成本并且获利。随着 V 值的增大，共享经济平台接受的产品或者服务数会增多，由式（4.11）可知，当 $V \geqslant c_T + \int_0^{N_B} \gamma(y)\mathrm{d}y + \dfrac{\alpha[\gamma(N_B)]^2}{\gamma'(N_B)}$ 时，共享经济平台会接受所有卖方[此时 $q(N_S) = 0$]。共享经济平台定价只要满足 $p_S \leqslant N_S(V + \alpha_B q N_B)$，所有卖方就都会投放产品或者服务信息。此时，共享经济平台会放弃审核，其所接受的产品或者服务数量最多，平均质量最低，同时买方数量最少，此时共享经济平台完全失去了质量控制的功能。据此，可将以上结果归纳为命题 4.4。

命题 4.4 在不同条件下，下述结论成立。

（1）当卖方预期固定效用 $V \geqslant c_T + \int_0^{N_B} \gamma(y)\mathrm{d}y + \dfrac{\alpha[\gamma(N_B)]^2}{\gamma'(N_B)}$ 时，共享经济平台会接受所有卖方，从而丧失质量控制功能。

（2）倘若与此同时共享经济平台对卖方收取的门槛费满足 $p_S \leqslant N_S(V + \alpha_B q N_B)$，则所有卖方会选择投放产品或服务信息，由此形成柠檬市场，损害消费者福利。

4.4 竞争平台的质量定位

4.3 节研究了垄断平台的质量控制问题，现实中平台竞争情况更为普遍。

以共享住宿为例，即使在投资趋冷的背景下，小猪短租等共享住宿平台仍获得了资本的持续支持。此外，梁建章挂帅"有家民宿"、携程系途家收购"大鱼"，这些均说明共享住宿市场中的竞争十分激烈。本节将探讨共享经济平台在竞争情形下的质量定位问题。

假设市场存在一个在位垄断共享经济平台，该共享经济平台可提供高质量服务与低质量服务。新进入的共享经济平台无法直接与之全面竞争，其合理的策略是根据自身优势进行选择。例如选择进入高端市场，并提供高质量服务；或选择进入低端市场，提供低质量服务。分别用 $i=1,2$ 表示平台 1 和平台 2，用 n_S^i 和 n_B^i 表示平台 i 上卖方和买方的数量。买卖双方根据自身的偏好和效用来确定通过哪个平台来进行交易，共享经济平台向买卖双方分别收取交易费用 p_B^i 和 p_S^i。双边用户单归属表明消费者和厂商都只会选择接入某一个共享经济平台，如图 4.2 所示。对于同种质量水平的服务而言，假设两个共享经济平台对同一个边的用户确定的价格是相同的，即有 $p_1^1=p_1^2=p_1$，$p_2^1=p_2^2=p_2$，其中，上标表示共享经济平台，下标表示边的序号。这样，用户选择共享经济平台 i 获得的净剩余分别为 $U_B^i=\lambda\alpha n_S^i-p_B^i$ 和 $U_S^i=\lambda\beta n_B^i-p_S^i$，$\alpha$ 和 β 分别为买方和卖方的交叉网络外部性系数。

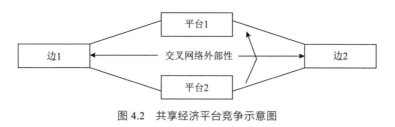

图 4.2　共享经济平台竞争示意图

4.4.1　竞争平台选择定位低端

假设两边的用户总数均为 1，两边用户中偏好高端服务和低端服务的所占比例分别为 s 和 $1-s$。由于两个共享经济平台在低端服务上竞争，对于平台 1，偏好低端服务的用户越多，对高端服务的需求就越小。设用户对高端服务的需求为 $D_1(p_H)=1-n-\varphi_H p_H$ ，n 表示选择低端服务的用户数。

对于边 1 消费者而言，有 $\lambda_L \alpha N_S^1 - p_B^1 - tx = \lambda_L \alpha n_S^2 - p_B^2 - t(1-s-x)$ ；类似地，对于边 2 卖方而言，有 $\lambda_L \beta N_B^1 - p_S^1 - tx = \lambda_L \beta n_B^2 - p_S^2 - t(1-s-x)$ 。求解两个方程可得

$$x_B = n_B^1 = \frac{1-s}{2} + \frac{\alpha \lambda_L (N_S^1 - n_S^2) - (p_B^1 - p_B^2)}{2t}$$

$$x_S = n_S^1 = \frac{1-s}{2} + \frac{\beta \lambda_L (N_B^1 - n_B^2) - (p_S^1 - p_S^2)}{2t}$$

又由于 $N_B^1 + N_B^2 = 1$ ， $N_S^1 + N_S^2 = 1$ ，故 $n_B^1 + n_B^2 = 1-s$ ， $n_S^1 + n_S^2 = 1-s$ ，于是有

$$n_B^1 = \frac{t^2(1-s) - t(p_B^1 - p_B^2) - \alpha \lambda_L (p_S^1 - p_S^2) - \alpha \beta \lambda_L^2(1-2s) + st\alpha \lambda_L}{2(t^2 - \alpha \beta \lambda_L^2)} \quad (4.12)$$

$$n_B^2 = \frac{t^2(1-s) + t(p_B^1 - p_B^2) + \alpha \lambda_L (p_S^1 - p_S^2) - \alpha \beta \lambda_L^2 - st\alpha \lambda_L}{2(t^2 - \alpha \beta \lambda_L^2)} \quad (4.13)$$

$$n_S^1 = \frac{t^2(1-s) - t(p_S^1 - p_S^2) - \beta \lambda_L (p_B^1 - p_B^2) - \alpha \beta \lambda_L^2(1-2s) + st\beta \lambda_L}{2(t^2 - \alpha \beta \lambda_L^2)} \quad (4.14)$$

$$n_S^2 = \frac{t^2(1-s) + t(p_S^1 - p_S^2) + \beta \lambda_L (p_B^1 - p_B^2) - \alpha \beta \lambda_L^2 - st\beta \lambda_L}{2(t^2 - \alpha \beta \lambda_L^2)} \quad (4.15)$$

平台 2 的利润为 $\pi_2 = p_1 n_B^2 + p_2 n_S^2$ ，由 π_2 分别对买方（消费者）和卖方（提供者）的价格求一阶条件，联立求解可得平台 2 的最优定价为

$$p_B = \frac{t^3(1-s) + st^2 \lambda_L(\alpha - \beta) - t^2 \beta \lambda_L - t\alpha \beta \lambda_L^2 + st\beta^2 \lambda_L^2 + \alpha \beta^2 \lambda_L^3}{t^2 - \alpha \beta \lambda_L^2} \quad (4.16)$$

$$p_S = \frac{t^3(1-s) + st^2\lambda_L(\alpha-\beta) - t^2\alpha\lambda_L - t\alpha\beta\lambda_L^2 + st\alpha^2\lambda_L^2 + \alpha^2\beta\lambda_L^3}{t^2 - \alpha\beta\lambda_L^2} \qquad (4.17)$$

平台 1 的利润为 $\pi_1 = p_1 n_B^1 + p_2 n_S^1 + p_H(1 - n_B^1 - \varphi_H p_H) + p_H(1 - n_S^1 - \varphi_H p_H)$，故可得

$$p_H = \frac{2 - n_B^1 - n_S^1}{4\varphi_H} \qquad (4.18)$$

4.4.2　竞争平台选择定位高端

这种情形下假设需求函数为 $D_1(p_L) = 1 - n - \varphi_L p_L$，分别对两边进行分析可得 $x_B = \dfrac{s}{2} + \dfrac{\alpha\lambda_H(N_S^1 - n_S^2) - (p_B^1 - p_B^2)}{2t}$，$x_S = \dfrac{s}{2} + \dfrac{\beta\lambda_H(N_B^1 - n_B^2) + \gamma(n_S^2 - N_S^1) - (p_S^1 - p_S^2)}{2t}$。
进一步地，又因为 $N_B^1 + n_B^2 = 1$，$N_S^1 + n_S^2 = 1$，故 $n_B^1 + n_B^2 = s$，$n_S^1 + n_S^2 = s$，于是有

$$n_B^1 = \frac{st^2 - t(p_B^1 - p_B^2) - \alpha\lambda_H(p_S^1 - p_S^2) + \alpha\beta\lambda_H^2(1-2s) + t\alpha\lambda_H(1-s)}{2(t^2 - \alpha\beta\lambda_H^2)} \qquad (4.19)$$

$$n_B^2 = \frac{st^2 + t(p_B^1 - p_B^2) + \alpha\lambda_H(p_S^1 - p_S^2) - \alpha\beta\lambda_H^2 - t\alpha\lambda_H(1-s)}{2(t^2 - \alpha\beta\lambda_H^2)} \qquad (4.20)$$

$$n_S^1 = \frac{st^2 - t(p_S^1 - p_S^2) - \beta\lambda_H(p_B^1 - p_B^2) + \alpha\beta\lambda_H^2(1-2s) + t\beta\lambda_H(1-s)}{2(t^2 - \alpha\beta\lambda_H^2)} \qquad (4.21)$$

$$n_S^2 = \frac{st^2 + t(p_S^1 - p_S^2) + \beta\lambda_H(p_B^1 - p_B^2) - \alpha\beta\lambda_H^2 - t\beta\lambda_H(1-s)}{2(t^2 - \alpha\beta\lambda_H^2)} \qquad (4.22)$$

平台企业 2 的利润为 $\pi_2 = p_1 n_B^2 + p_2 n_S^2$，不难得出平台 2 的定价为

$$p_B = p_B^1 = p_B^2 = \frac{st^3 - \alpha t^2\lambda_H(1-s) - t\beta\lambda_H^2(\alpha-\beta) + \alpha\beta^2\lambda_H^3 - st\beta^2\lambda_H^2 - st^2\beta\lambda_H}{t^2 - \alpha\beta\lambda_H^2}$$

$$p_S = p_S^1 = p_S^2 = \frac{st^3 - \beta t^2 \lambda_H (1-s) - t\alpha\lambda_H^2(\alpha-\beta) + \alpha^2\beta\lambda_H^3 - st\alpha^2\lambda_H^2 - st^2\alpha\lambda_H}{t^2 - \alpha\beta\lambda_H^2}$$

由平台企业 1 的利润表达式，易得

$$p_L = \frac{2 - n_B^1 - n_S^1}{4\varphi_L} \tag{4.23}$$

命题 4.5 由式（4.12）—式（4.15）和式（4.19）—式（4.22）可知，接入共享经济平台的消费者或卖家的数量随着共享经济平台注册费的增加而降低。当平台 2 进入低端市场时，$\frac{\partial n_B^1}{\partial \alpha} > 0$，$\frac{\partial n_B^1}{\partial \beta} > 0$；$\frac{\partial n_B^2}{\partial \alpha} < 0$，$\frac{\partial n_B^2}{\partial \beta} < 0$；$\frac{\partial n_S^1}{\partial \alpha} > 0$，$\frac{\partial n_S^1}{\partial \beta} > 0$；$\frac{\partial n_S^2}{\partial \alpha} < 0$，$\frac{\partial n_S^2}{\partial \beta} < 0$。当平台 2 进入高端市场时，$\frac{\partial n_B^1}{\partial \alpha} > 0$，$\frac{\partial n_B^1}{\partial \beta} > 0$；$\frac{\partial n_B^2}{\partial \alpha} < 0$，$\frac{\partial n_B^2}{\partial \beta} < 0$；$\frac{\partial n_S^1}{\partial \alpha} > 0$，$\frac{\partial n_S^1}{\partial \beta} > 0$；$\frac{\partial n_S^2}{\partial \alpha} < 0$，$\frac{\partial n_S^2}{\partial \beta} < 0$。

命题 4.5 表明：对于在位共享经济平台而言，交叉网络外部性越强，买方和卖方在该平台上注册人数均增加；对于竞争平台而言，交叉网络外部性越强，买方和卖方在该平台上注册人数反而减小。这意味着，存在强势在位共享经济平台的情况下，交叉网络外部性越强，无论是买方还是卖方对在位共享经济平台的依赖就越强，转向竞争平台的成本越高，可能性也就越低。

以下考察共享经济平台的定价及利润，为分析方便，令 $\alpha = \beta$。

命题 4.6 （1）当竞争平台定位低端时，$p_b = p_s = t(1-s) - \beta\lambda_L$。当偏好高端服务的用户人数越多，提供低质量服务的价格就越低；当交叉网络外部性变大时，共享经济平台会对另一边用户降低准入价格。

（2）当竞争平台定位高端时，$p_b = p_s = ts - \beta\lambda_H$。当偏好高质量服务的用户比例增加时，竞争平台定价提高，关于交叉网络外部性的性质与竞争平台定位低端情形类似。

当竞争平台定位低端时，可求得平台 1 高端服务部分的定价为 $p_H = \dfrac{t(1+s) - \beta\lambda_L(2s+1)}{4\phi_H(t - \beta\lambda_L)}$，$\dfrac{\partial p_H}{\partial \beta} = -\dfrac{st\lambda_L}{4\varphi_H(t - \beta\lambda_L)^2} < 0$，$\dfrac{\partial p_H}{\partial \lambda_L} = -\dfrac{st\beta}{4\varphi_H(t - \beta\lambda_L)^2} < 0$，表明随着交叉网络外部性的增强及低端服务性价比的提高，高端服务定价会降低。

当竞争平台定位高端时，平台 1 低端服务部分的定价为 $p_L = \dfrac{t(1+s) - \beta\lambda_H(2s+1)}{4\varphi_L(t - \beta\lambda_H)}$，由于 $\dfrac{\partial p_L}{\partial \beta} < 0$，$\dfrac{\partial p_L}{\partial \lambda_H} < 0$，故随着交叉网络外部性的增强和高质量服务水平的提升，低端定价会降低。

命题 4.7（1）当竞争平台定位低端时，$\pi_1 = 2[p_1 n_B^1 + p_H(1 - n_B^1 - \varphi_H p_H)]$，同时有 $\pi_2 = \dfrac{[t(1-s) - \beta\lambda_L]^2}{t - \beta\lambda_L}$，其中 $\beta < \dfrac{t}{\lambda_L}$。当 $\dfrac{t(1-s)}{\lambda_L} < \beta < \dfrac{t}{\lambda_L}$ 时，$\dfrac{\partial \pi_2}{\partial \beta} > 0$，$\dfrac{\partial \pi_2}{\partial \lambda_L} > 0$，$\dfrac{\partial \pi_2}{\partial s} > 0$；当 $0 < \beta < \dfrac{t(1-s)}{\lambda_L}$ 时，$\dfrac{\partial \pi_2}{\partial \beta} < 0$，$\dfrac{\partial \pi_2}{\partial \lambda_L} < 0$，$\dfrac{\partial \pi_2}{\partial s} < 0$。

（2）当竞争平台定位高端时，$\pi_1 = 2[p_1 n_B^1 + p_L(1 - n_B^1 - \varphi_L p_L)]$ 和 $\pi_2 = \dfrac{(ts - \beta\lambda_H)^2}{t - \beta\lambda_H}$，其中 $\beta < \dfrac{t}{\lambda_H}$。当 $\dfrac{ts}{\lambda_H} < \beta < \dfrac{t}{\lambda_H}$ 时，$\dfrac{\partial \pi_2}{\partial \beta} > 0$，$\dfrac{\partial \pi_2}{\partial \lambda_H} > 0$，$\dfrac{\partial \pi_2}{\partial s} < 0$；当 $0 < \beta < \dfrac{ts}{\lambda_H}$ 时，$\dfrac{\partial \pi_2}{\partial \beta} < 0$，$\dfrac{\partial \pi_2}{\partial \lambda_H} < 0$，$\dfrac{\partial \pi_2}{\partial s} > 0$。

由上述结果可知，无论竞争平台选择何种质量定位进入市场，交叉网络外部性、不同水平的服务质量以及高服务质量偏好用户比例均对竞争平台利润具有重要影响。只有当这三者满足一定条件时，这些变量增大才会带来竞争平台利润的增长。究其原因，由于在位共享经济平台是优势企业，上述三个"利好"因素首先被优势的在位共享经济平台所吸收，造成对进位的弱势共享经济平台的不利。但是，当影响因素足够大时，"利好"因素带来的收益（包括吸引更多用户参与平台交易、服务质量水平提高带来的声誉提升、高服务质量偏好用户比例增加带来的交易价格增加等）因溢出效应开始更多地为竞争平台所分享。

命题 4.8　当竞争平台定位低端时，$\pi_2 = \dfrac{[t(1-s) - \beta\lambda_L]^2}{t - \beta\lambda_L}$，当竞争平台定位高端时，$\pi_2 = \dfrac{(ts - \beta\lambda_H)^2}{t - \beta\lambda_H}$，其中 $\beta < \dfrac{t}{\lambda_H}$。当高服务质量偏好的用户比例 s 越大，竞争平台选择定位高端的可能性就越大，反之就越低。

4.5　模 型 扩 展

现实中，买方多归属的情形极为常见，消费者常常在多个共享经济平台同时注册，尽管固定费用会有所增加，却可能提高购买的成功率并获得更大的效用。在这样的背景下，消费者需要做出选择，即选择单归属或者多归属。本节进一步考虑共享经济平台服务质量的差异及买方多归属的因素，就竞争平台定位低端服务和竞争平台定位高端服务两种情形进行分析。

4.5.1　竞争平台定位低端服务

此时只有平台 1 提供高质量服务，故偏好高质量服务的用户只会选择平台 1，而偏好低质量服务的用户会在两个平台中选择进行注册，两平台接入情况的空间分布如图 4.3 所示。处在 $[0, z_1)$ 区间的消费者只在优势平台 1 上注册，处于 $(z_2, 1]$ 区间上的消费者只在竞争平台 2 上注册，而处于 $[z_1, z_2]$ 区间上的消费者将同时在平台 1 和平台 2 上注册。

图 4.3　买方多重注册的情形

根据豪泰林（Hotelling）模型，对于边 1 低质量服务偏好的消费者而言，存在如下效用的无差异点：$\lambda_L \alpha n_S^1 - p_B^1 - tz_1 = \lambda_L \alpha(1-s) - p_B^1 - p_B^2 - t$，

$\lambda_L \alpha n_S^2 - p_B^2 - t(1-z_2) = \lambda_L \alpha(1-s) - p_B^1 - p_B^2 - t$。

解得 $z_1 = 1 + \dfrac{p_B^2 - \lambda_L \alpha n_S^2}{t}$，$z_2 = \dfrac{\lambda_L \alpha n_S^1 - p_B^1}{t}$，故 $n_B^1 = z_2 = \dfrac{\lambda_L \alpha n_S^1 - p_B^1}{t}$，

$n_B^2 = 1 - z_1 = \dfrac{\lambda_L \alpha n_S^2 - p_B^2}{t}$。结合式（4.13）、式（4.14）以及 $\pi_2 = p_B^2 n_B^2 + p_S^2 n_S^2$，

由一阶条件可得共享经济平台的最优定价为

$$p_B = \frac{\lambda_L(\alpha - \beta)\left[t^2(1-s) - \left(st\beta\lambda_L + \alpha\beta\lambda_L^2\right)\right]}{4\left(t^2 - \alpha\beta\lambda_L^2\right)}$$

$$p_S = \frac{\left[t^2(1-s) - \left(st\beta\lambda_L + \alpha\beta\lambda_L^2\right)\right]\left[4t^2 - \alpha\lambda_L^2(\alpha + 3\beta)\right]}{4t\left(t^2 - \alpha\beta\lambda_L^2\right)}$$

当 $\alpha = \beta$ 时，$p_B = 0$，即当两边的交叉网络外部性相等时，若存在买方多归属，则共享经济平台对买方不收取任何注册费用。此时竞争平台的利润为

$$\pi_2 = \frac{[t^2(1-s) - (st\beta\lambda_L + \beta^2\lambda_L^2)]^2}{2t(t^2 - \beta^2\lambda_L^2)^2} \tag{4.24}$$

而不存在买方多归属时竞争平台的利润为

$$\pi_2 = \frac{[t(1-s) - \beta\lambda_L]^2}{t - \beta\lambda_L} \tag{4.25}$$

在式（4.24）和式（4.25）中，$\beta < \dfrac{t}{\lambda_L}$。为考察买方多归属对竞争平台定价

及其利润的影响，下面与不存在买方多归属的情形进行比较，可得

$$\Delta n_B^1 = \frac{t(s-1) + \beta\lambda_L(1-2s)}{2t} \tag{4.26}$$

$$\Delta n_B^2 = \frac{t(s-1) + \beta\lambda_L}{2t} \qquad (4.27)$$

$$\Delta p_B = t(1-s) - \beta\lambda_L \qquad (4.28)$$

$$\Delta p_S = \frac{\beta\lambda_L \left[t(1-s) - \beta\lambda_L \right]}{t} \qquad (4.29)$$

$$\Delta \pi_2 = \frac{\left[t(-1+s) + \beta\lambda_L \right]^2 \left(1 - 2t^2 + 2t\beta\lambda_L \right)}{2t(t-\beta\lambda_L)^2} \qquad (4.30)$$

通过求解式（4.26）—式（4.30），可得如下结论。

命题 4.9　（1）当 $\frac{t(1-s)}{\lambda_L(1-2s)} < \beta < \frac{t}{\lambda_L}$ 且 $0 < s < \frac{1}{2}$ 时，$\Delta n_B^1 > 0$，买方多归属会扩大在位共享经济平台用户群。当 $\frac{1}{2} < s < 1$ 时，则 $\Delta n_B^1 > 0$，买方多归属对在位优势共享经济平台扩大用户群有利。

（2）当 $\frac{t(1-s)}{\lambda_L} < \beta < \frac{t}{\lambda_L}$ 时，$\Delta n_B^2 > 0$，$\Delta p_s < 0$，意味着买方多归属对于竞争平台而言有利于扩大用户群，同时能够减少共享经济平台对卖方收取的注册费用。

（3）当 $\beta < \frac{2t^2-1}{2t\lambda_L}$ 时，$\Delta\pi_2 < 0$，此时买方多归属未能为共享经济平台带来利润的增加。

4.5.2　竞争平台定位高端服务

由于此时只有平台 1 提供低质量服务，因此偏好低质量服务的用户只会选择平台 1，而偏好高质量服务的用户会在平台 1 和平台 2 中选择注册。

类似地，由 Hotelling 模型，对于边 1 高质量服务偏好的消费者而言，存在效用无差异点为：$\lambda_H \alpha n_S^1 - p_B^1 - tz_1 = \lambda_H \alpha s - p_B^1 - p_B^2 - t$，$\lambda_H \alpha n_S^2 - p_B^2 - t(1-z_2) =$

$\lambda_H \alpha s - p_B^1 - p_B^2 - t$。解得 $n_B^1 = \dfrac{\alpha \lambda_H \left(s - n_S^2\right) - p_B^1}{t}$，$n_B^2 = \dfrac{\alpha \lambda_H \left(s - n_S^1\right) - p_B^2}{t}$。由式

（4.21）—式（4.22）及 $\pi_2 = p_B^2 n_B^2 + p_S^2 n_S^2$，可得平台的最优定价为

$$p_B = \frac{\lambda_H \left[st^2 (\beta - \alpha) + t\beta \lambda_H (1-s)(\alpha - \beta) + \alpha\beta\lambda_H^2 \left[\alpha - \beta(1-2s) \right] \right]}{4\left(\alpha\beta\lambda_H^2 - t^2 \right)}$$

$$p_S = \frac{4st^4 - 4t^3\beta\lambda_H(1-s) - t^2\alpha\lambda_H^2 \left[s(\alpha - 5\beta) + 4\beta \right] + t\alpha\beta\lambda_H^3(1-s)(\alpha + 3\beta) + \alpha^2\beta\lambda_H^4(\alpha + 3\beta - 6s\beta)}{4t\left(t^2 - \alpha\beta\lambda_H^2 \right)}$$

值得注意的是，与竞争平台定位低端的情况不同，当 $\alpha = \beta$ 时，由于 $t > \beta\lambda_H$，故 $p_W < 0$，这意味着共享经济平台将对买方进行补贴。其原因在于，当竞争平台定位高端时，高服务质量的卖方对高端用户更为看重，共享经济平台通过对高端买方进行补贴，吸引他们接入共享经济平台，并借助交叉网络外部性牵引更多的卖方接入，从而保证共享经济平台长期盈利。

与竞争平台定位低端情况类似，下面与不存在买方多归属的情况进行比较，则有

$$\Delta n_B^1 = \frac{-st^3 - t^2\beta\lambda_H(1-2s) + st\beta^2\lambda_H^2 + \beta^3\lambda_H^3(1-3s)}{2t\left(t^2 - \beta^2\lambda_H^2 \right)} \tag{4.31}$$

$$\Delta n_B^2 = \frac{-st^3 + t^2\beta\lambda_H + st\beta^2\lambda_H^2 + \beta^3\lambda_H^3(-1+s)}{2t\left(t^2 - \beta^2\lambda_H^2 \right)} \tag{4.32}$$

$$\Delta p_B = \frac{-2st^3 + 2t^2\beta\lambda_H + 2st\beta^2\lambda_H^2 - \beta^3\lambda_H^3(2+s)}{2\left(t^2 - \beta^2\lambda_H^2 \right)} \tag{4.33}$$

$$\Delta p_S = \frac{2st^3(-1+t) + 2\beta\lambda_H\left(t^2 - 2\beta^2\lambda_H^2 \right)\left[1 + t(-1+s) \right] + 2t\beta^2\lambda_H^2(s - t - st) + \beta^4\lambda_H^4(2-3s)}{2\left(t^2 - \beta^2\lambda_H^2 \right)} \tag{4.34}$$

由于 $\Delta\pi_2$ 的表达式极为复杂，不再进行解析。显然，当存在买方多归属

且竞争平台定位高端时，平台的市场份额、定价、利润的变化均受多个因素的影响，以下借助数值例子分析。

（1）分析随着交叉网络外部性的变化，共享经济平台接入人数、接入价格以及竞争平台利润的变化情况。令 $s=0.3$，$t=15$，$\lambda_H=0.8$，结合 $t>\beta\lambda_H$ 的条件，令 $\beta\in(0,15)$。如图 4.4—图 4.6 所示，从市场份额的变化来看，定位高端的竞争平台趋向于吸引越来越多的用户群，同时在位共享经济平台高端服务的市场份额却持续降低；从接入高质量服务平台所需的注册费用来看，开始时买方所需交纳的注册费用较低，但是逐渐需要付出越来越多的注册费用，而卖方所需付出的注册费开始时较高，而后则逐渐降低；从竞争平台所获利润来看，其获利情况经历了从降低到增加最后又快速下降的过程。

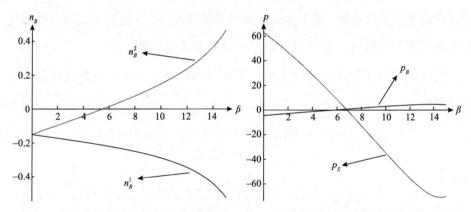

图 4.4 两平台接入买方人数随 β 的变化　　图 4.5 两边用户接入高质量平台价格随 β 的变化

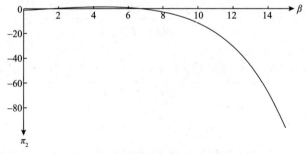

图 4.6 竞争平台利润随 β 的变化

（2）探讨高质量偏好用户比例对共享经济平台市场份额、买卖双方注册费用收取以及竞争利润的影响。令 $t=15$、$\beta=10$、$\lambda_H=0.8$、$s\in(0,1)$，如图 4.7—图 4.9 所示，随着 s 的提高，定位高端的竞争平台市场份额较不存在买方多归属的情形开始时有所提升，但幅度逐渐减少，最后低于不存在买方多归属情形下的市场份额，而对于在位共享经济平台而言，其市场份额将持续减少，且幅度不断增加；从共享经济平台定价来看，共享经济平台对买方收取的注册费用相较于不存在买方多归属情形而言，先升高但幅度不断减小并最终低于不存在买方多归属的情形。共享经济平台向卖方收取的注册费开始时大幅减少，随后幅度不断减小，最终高于不存在买方多归属的情形；从竞争平台利润来看，相较于不存在买方多归属的情形，其利润先大幅降低，但随着偏好高质量服务的用户比例不断增加，其利润开始回升，逐渐高于不存在买方多归属的情形。

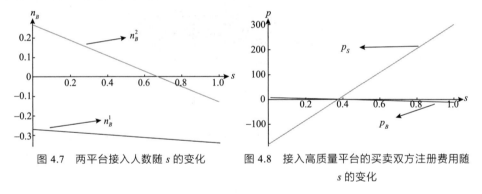

图 4.7　两平台接入人数随 s 的变化　　图 4.8　接入高质量平台的买卖双方注册费用随 s 的变化

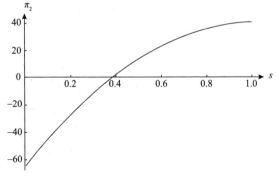

图 4.9　竞争平台利润随 s 的变化

（3）考察交叉网络外部性 β 和高端服务性价比 λ_H 共同作用下，Δn_B^1、Δn_B^2、Δp_B、Δp_S 及 $\Delta \pi_2$ 的变化。令 $s = 0.3$，$t = 15$，$\beta \in (0,15)$，$\lambda_H \in (0,1)$，如图 4.10—图 4.12 所示，与不存在买方多归属的情形相比，在竞争平台定位高端的情况下，买方多归属唯一的确定作用是能够帮助竞争平台扩大市场份额，同时缩小在位共享经济平台高质量服务的市场份额，这意味着在位共享经济平台会逐渐缩减其高端服务，而将主要精力投放在低端服务。这在一定程度上揭示了共享经济平台在竞争环境下服务质量定位的演化方向，但买方多归属对共享经济平台向两边用户收取注册费的多少以及竞争平台利润的作用效果仍是不确定的。

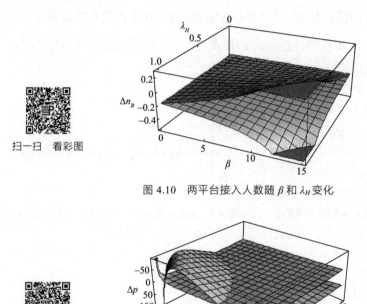

图 4.10　两平台接入人数随 β 和 λ_H 变化

图 4.11　接入高质量平台的买卖双方注册费用随 β 和 λ_H 的变化

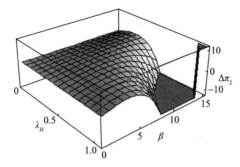

扫一扫　看彩图

图 4.12　竞争平台利润随 β 和 λ_H 的变化

4.6　本　章　小　结

激发网络效应,开拓盈利渠道,是共享经济平台运营策略的重要组成部分。为此,共享经济平台需要对两边用户的质量需求进行有效分析并合理决策。

本章在对共享经济平台进行经济分析的基础上,分别研究了利润最大化平台、社会福利最大化平台的质量控制决策问题以及卖方声誉评价机制的影响。分析表明,当共享经济平台以利润最大化为自身目标时,仅仅向买卖双方收取门槛费用并不一定能够帮助共享经济平台实现利润最大化;而对于以社会福利最大化为目标的共享经济平台而言,依靠对买卖双方收取注册费完全无法起到控制买卖双方质量的功能。特别地,当卖方得到的固定收益在一定的范围之内时,共享经济平台会愿意担当起控制卖方产品或者服务质量的责任;但是当固定收益超过一定程度时,共享经济平台会放弃质量控制的功能。综合来看,对卖方收取门槛费并不能从根本上解决共享经济平台产品或者服务质量鱼龙混杂的问题,共享经济平台应通过有效的审核机制来切实提升平台质量。

对于以社会福利最大化为目标的共享经济平台而言,当卖方通过提供产品或服务得到的固定收益小于其成本时,共享经济平台会较好地进行质量控制,共享经济平台中的产品或者服务质量越高,买家就越多。要做到控制卖方的固定收益，可以通过两种途径：第一，合理控制产品或者服务的价格；第二，通过加强宣传推广与信息交流努力增加网络外部性的作用强度。值得重视的是，要解决目前共享经济平台遭遇的质量危机，必须对现有评价机制进行完善，评价卖方时不仅要考虑其提供产品或服务的数量，更应注重其产品或服务的质量。

进一步地，本章从双边市场的角度研究了共享经济平台的服务质量定位问题，构建了在位-进位模型，分析了竞争平台参与平台竞争的定价策略以及交叉网络外部性、服务质量、高质量偏好用户比例等因素对竞争平台利润及市场份额的影响。在此基础上，研究了买方多归属对竞争平台的作用。研究表明：当竞争平台定位低端时，买方多归属对于买卖双方而言均有利于降低向平台交纳的注册费，而其对在位共享经济平台及竞争平台的影响则受多个因素的共同作用。当竞争平台定位高端时，买方多归属会使竞争平台扩大高端市场的市场份额，但对买卖双方交纳注册费及竞争平台利润的影响是不确定的。

上述结论对共享经济平台发展的启示是：共享经济平台在制定自身的定价策略时，应当做好市场调研，准确评估网络外部性的大小和用户质量偏好以辅助决策。处于劣势的竞争平台为了在激烈的市场竞争中生存，可以通过鼓励用户多归属以增加用户规模，同时努力通过更加个性化的服务手段（如信息推送、安全服务、客户经理制度等）提升服务质量进而增加利润，并及时根据竞争对手策略以及用户偏好的改变灵活调整定价策略与服务质量定位。

无论是在理论还是在实践中，共享经济平台之间的动态竞争很大程度上取决于各边参与者之间的差异以及某方参与者影响共享经济平台对另一方参与者选择的能力大小。这就意味着，如果是在成熟的共享经济行业，后进者面临很大的挑战。进一步的研究可以考虑多归属与自网络效应的问题，或采用动态分析方法探讨竞争性共享经济平台质量定位决策的变化。

第 5 章
共享经济平台的资金管理与风险控制

两人划船，不是靠相互承诺，而是凭着双方的默契或惯例。只有符合彼此的共同利益，才会使我们对他人的未来行为更具信心。

——大卫·休谟（Hume，1739）

5.1 问题的提出

在过去的十年，我国共享经济成长之快、渗透之广、影响之大几乎超出了人们的预期。共享经济的发展经历了探索期和爆发期，现在正处于增长期。随着共享经济产业进入整合期，一方面亮点纷呈，另一方面问题挑战不断，甚至在消费者人身安全方面频频拉响警报，引发了广泛关注和讨论。共享经济平台的资金问题以及市场策略的失误导致一些共享经济平台最终的失败，而随着资本热潮退去，共享经济平台的发展迎来了巨大的挑战。

我国共享经济行业大多采用收取使用押金的运营模式，押金问题一直饱受诟病，押金的所有权属于消费者，不是企业资产，交通运输部等十部委出台的共享单车政策中明确规定，押金应该"即租即押，即退即还"。从已经曝光出来的单车平台押金情况来看，累计押金总额就超过百亿元，资金管理不透明、缺乏相应监管、押金"退还难、退还慢"、押金被挪作他用等现象时有发生。数据显示，近年来，多个共享单车平台倒闭，数十亿元的用户押金退还出现困难。押金和预付款的资金安全是共享经济发展的关键，上述问题引发了公众对共享经济的担忧，必须采取有效措施使消费者权益得到充分保障。

共享经济的发展离不开资金的支持，庞大的押金存量使得形成资金池成为可能。押金沉淀资金量巨大、退回渠道拖沓、消费者权益难以保障等问题，反映了共享经济面临的"窘境"。一方面是消费者押金退款难，另一方面是共享经济平台不间断地融资、盲目扩张导致资金链断裂。部分共享经济平台缺乏完备的风险控制体系，对资金未能很好地进行管控，一旦出现问题，就会使消费者遭受损失。从近年来一系列共享经济平台倒闭的连锁反应看，供应链欠款和押金被挪用这两大问题是主要原因。可见，对于共享经济平台来说，沉淀资金量巨大，涉及消费者端，波及范围更广，不仅存在着共享经济平台和消费者因信息不对称而形成的道德风险问题，甚至存在演化为金融风险的可能。因此，共享经济平台如何加强资金管理，有效防控风险，是亟须解决的问题。

由于共享经济平台基于在线交易，感知风险也存在于共享经济中。感知风险是指消费者在追求期望的交易结果时所产生的遭受损失的主观信念（Pavlou，2003）。共享经济平台不仅能够提供快速高效的信息匹配服务，也能够提供安全可靠的保障机制。例如，对于共享出行平台而言，信息匹配前的审核是其首要责任，此外，平台还应在出行过程中提供安全管理和保障。在共享经济模式下，消费者期望租用的房屋可以满足入住需求和体验，要求乘坐的汽车安全方便。产品（尤其是体验型产品）的功能和质量在共享经济模式下具有特殊作用，决定了交易是否能够进行。这就需要共享经济平台在安全方面进行大量资金的投入，同时这种投入并非短期过程，而是一个长期、持续的过程。

共享经济平台在资金管理（押金、预付金管理及安全投入）方面与消费者之间显然存在着信息不对称,由此引发道德风险问题(田林和余航,2020)。在实际中,道德风险会以不同方式显现。一是履约风险,即由于预期价值与实际价值之间的差异而产生的买方后悔的可能性。在共享经济中,这种风险可能源于专业精神的缺失,共享经济平台提供的产品或服务通常专业性和标准化程度不高。因此,由于产品不稳定或服务质量差,消费者可能会经常遇到不方便的情况。二是人身安全风险,即产品或服务对个人身心健康有害的可能性。在共享经济中,与陌生人交易必然伴随着一种不安全感,陌生人可能会伤害消费者,共享经济平台的用户仍处于不可控的风险中,这可能会导致灾难性的后果(Hong et al.,2019)。需要注意的一点是,一些平台的条款规定,此类风险由用户承担。

从委托代理机制来看,共享经济平台和提供者分别是委托人和代理人,二者之间存在不对称信息,容易产生道德风险问题。Weber(2014)研究发现,保证金制度是解决共享经济参与者之间信息不对称的有效途径。Thierer等(2016)应用柠檬市场理论,研究了共享经济平台如何通过实时声誉机制消除道德风险。但总体来说,这方面的文献尚不多见。

共享经济平台应当如何进行资金管理?如何有效控制风险?如何保障消费者安全?政府应当如何对共享经济平台进行恰当的激励?学术界关于这些问题的研究甚少。本章主要研究共享经济平台的资金管理以及风险控制问题(包括道德风险和安全风险等),内容结构安排如下:5.2 节探讨共享经济平台与消费者之间的委托代理关系,研究共享经济中备受关注的押金管理问题;5.3 节分析在一个消费者对共享经济平台类型只有不完全信息的环境下,对欺诈性财务资金披露采取严厉制裁的效果;5.4 节分析共享经济平台如何进行安全投资决策,以缓解和降低消费者面临的风险;5.5 节归纳总结本章研究结论与主要贡献。

5.2 共享经济平台的押金管理问题

收取押金作为风险保障是带有租赁性质产品的通常做法。奥利佛·威廉姆森（2008）分析了作为抵押品的固定资产的信息功能和交易功能，强调要特别关注事后契约履行的情况。例如，共享单车平台和用户签订协议后，出现了单车无序停放、人为损失严重、押金退还困难、监管无法到位等问题，本节以共享经济平台和消费者之间的博弈为研究重点。

共享经济中采用的收取押金的方式，在一定程度上体现了参与者的信用成本。共享单车押金"退费难"现象，表明相关共享单车平台出现了信用危机。表 5.1 列出了共享单车市场中的一些负面事件，可以看出大多涉及资金问题，尤其是押金问题受到社会和公众的关注。一般地，共享单车收取押金对于约束用户、提高违法门槛、抑制"薅羊毛"行为等方面具有一定作用（王林和戴学锋，2019）。但是，面对庞大押金形成的资金池，监管部门必须严格进行管控，否则极易被挪用。

表 5.1　共享单车市场中的部分负面事件

单车项目	成立时间	倒闭时间	负面事件
摩拜单车	2015 年 1 月 2 日	2018 年 4 月 3 日被美团收购	债务总额超过 10 亿美元，盈利模式不清晰
3Vbike	2015 年 12 月 10 日	2017 年 6 月 21 日	大量单车被盗
小鸣单车	2016 年 7 月 29 日	2017 年 10 月	押金无法退还导致资金链断裂，公司裁员 99%，管理瘫痪
悟空单车	2016 年 9 月 30 日	2017 年 6 月 13 日	盈利模式不清晰，对外发声因战略调整，退出共享单车市场
小蓝单车	2016 年 10 月 27 日	2017 年 11 月 20 日	押金及供应商货款导致资金链断裂，2018 年 1 月 9 日由滴滴出行进行托管
町町单车	2016 年 11 月 3 日	2017 年 8 月 2 日	非法集资，资金链断裂
酷奇单车	2016 年 11 月 18 日	2017 年 9 月	数亿元押金未退还

　　下文将在委托-代理理论框架下研究共享经济平台和消费者之间进行的多阶段博弈，假定共享经济平台和消费者均为风险中性，本节重点研究饱受公众诟病的共享经济平台收取押金问题和消费者的道德风险行为。传统的观点认为，"坏"的消费者比"好"的消费者具有更高的风险，因此共享经济平台要求消费者支付押金以控制风险。以下模型的结果将表明，收取押金并非一种非常有效的管控手段。

　　如图 5.1 所示，博弈的时序如下：第一阶段，共享经济平台提供产品并收取押金 D，消费者选择"接受"或"拒绝"；第二阶段，如果消费者选择"接受"，那么，他会在使用产品时采取相应的行为"爱护"（遵守时间、不随意停放、爱惜零部件等）或"不爱护"（随意丢弃、乱停放、上私锁等），将这一行为记为 a，由此也将消费者分为两种类型，即"高质量类型" θ_H 和"低质量类型" θ_L，消费者的收益为 $K\theta_i$（$K>0$），可以理解为消费者通过骑乘共享单车而更方便、省时、高效甚至带来愉悦；第三阶段，如果消费者较好地使用产品，则只需要支付押金的利息 χ，押金则按合同到期退还，但如果消费者破坏了产品，则共享经济平台得到的是贬值的押金 αD（$0\leqslant\alpha<1$）。

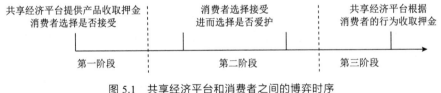

图 5.1　共享经济平台和消费者之间的博弈时序

　　在使用产品期间，消费者会选择自己的努力程度 e（$e\in[\underline{e},\bar{e}]$）来进行防损，也可以理解成为了保护产品付出一定的代价。假设消费者的努力成本系数为 k，则消费者的努力成本为 ke。当消费者使用产品时，除共享经济平台的监督和自我约束外，没有其他机制监督并鼓励消费者采取合规行为，因此导致消费者的防损意愿较低，这意味着其努力的动机会变得较小，此时消费者付出一单位努力的成本也相对较高。假定消费者安全合规地使用产品的概率为 $a_i\theta_i$（ $i=H,L$ ），共享经济平台的运营成本为 C。

根据上面的假定，委托人（共享经济平台）和代理人（消费者）的利润函数和效用函数分别可以表示为

$$\pi(D,\chi;e,\theta)=e\theta\chi+(1-e\theta)\alpha D-C$$

$$V(D,\chi;e,\theta)=K\theta-e\theta\chi-(1-e\theta)D-ke$$

首先考虑最简单的情形，即完全竞争市场结构下，如果所有消费者都是同一种类型，且其行为是可观测的，那么共享经济平台将面对如下的问题：

$$\max_{D,\chi} e\theta\chi+(1-e\theta)\alpha D-C$$

$$\text{s.t.} \ K\theta-e\theta\chi-(1-e\theta)D-ke\geqslant 0$$

对于上述问题，容易求得押金 $D^*=0$ ， $\chi^*=\dfrac{C}{e\theta}$ ，同时消费者的效用为 $K\theta-ke-C$ 。也就是说，此时共享经济平台不收取押金是最优的。这说明，在没有收取押金的情况下，消费者只需要付出最低程度的努力水平即可。这一结论和现实情形是一致的，例如，许多共享单车平台、共享汽车平台纷纷取消了押金，但也带来了问题，缺乏约束的部分消费者产生了许多道德风险行为。

如果消费者不是同一个类型，而是分为两种类型，即"高质量类型" θ_H 和"低质量类型" θ_L ，且共享经济平台并不拥有消费者类型的充分信息。不妨假定低质量类型和高质量类型的消费者比例分别为 β 和 $1-\beta$ ，即消费者的平均水平为 $\bar{\theta}=\beta\theta_L+(1-\beta)\theta_H$ 。这样，在满足委托人利润最大化的前提下，需要满足如下的激励相容条件：

$$V(D_H,\chi_H;\theta_H,e_H^*)\geqslant V(D_H,\chi_H;\theta_H,e_H)$$

$$V(D_L, \chi_L; \theta_L, e_L^*) \geqslant V(D_L, \chi_L; \theta_L, e_L)$$

在这种情况下，是否存在混同均衡或分离均衡呢？下面讨论垄断共享经济平台情形。委托人（共享经济平台）的优化问题如下：

$$\max_{D, \chi} \beta[e_H \theta_H \chi_H + (1 - e_H \theta_H)\alpha D_G] + (1 - \beta)[e_L \theta_L \chi_L + (1 - e_L \theta_L)\alpha D_L] - C$$

$$\text{s.t.} \begin{cases} K\theta - e\theta\chi - (1 - e\theta)D - ke \geqslant 0 \\ e \in \arg\max_e K\theta - e\theta\chi - (1 - e\theta)D - ke \\ V(D_H, \chi_H; \theta_H, e_H^*) \geqslant V(D_H, \chi_H; \theta_H, e_H) \\ V(D_L, \chi_L; \theta_L, e_L^*) \geqslant V(D_L, \chi_L; \theta_L, e_L) \end{cases}$$

注意到上述优化问题的目标函数是共享经济平台最大化其期望利润，第一个约束条件表示消费者（代理人）的参与约束，第二个约束条件表示消费者会选择努力水平 e 以最大化其效用，第三个约束条件和第四个约束条件表示激励相容约束。求解以上委托代理模型，可以得到如下结论。

命题 5.1　对于垄断共享经济平台且存在非对称信息和道德风险的情形，存在唯一的混同均衡，其中共享经济平台向消费者收取的押金为 0，对于高质量和低质量两类不同的消费者而言都有 $\chi^* = \dfrac{K}{\underline{e}} - \dfrac{k\underline{e}}{2[\beta\theta_H + (1-\beta)\theta_L]}$，这时消费者的最优策略是 $e^* = \underline{e}$。

为了证明上述结论，可计算混同契约下的利润 π_p 以及高质量类型契约下的利润 π_H，即

$$\pi_p = [\beta\theta_L + (1-\beta)\theta_H]\underline{e}\chi_i - C$$

$$\pi_H = (1-\beta)(\underline{e}\theta_H\chi_H - 1), \quad \text{其中，} \quad \chi_H = \dfrac{K}{\underline{e}} - \dfrac{k\underline{e}}{2\theta_H}$$

由于 $\pi_p - \pi_H = (1-\beta)(K\theta_L - k\underline{e} - C) \geqslant 0$，故对于委托人（共享经济平台）而言，均衡处混同契约的选择是占优的。

　　本节的研究充分说明，由于押金成本高，押金不是一种有效的激励机制，这一结论与 Jiang 和 Tian（2018）的研究结果是一致的。此外，共享经济平台使用押金来区分消费者类型（即"好"的类型和"坏"的类型），在垄断情况下，零押金对两类消费者都是最优的，因为在这种情况下押金并非一个有效的信号。换句话说，用押金来控制风险对于整个社会来说并不一定是有益的，更不用说押金本身可能是昂贵的。上述结论与现实相符，交通运输部、人民银行、国家发展和改革委员会、公安部、市场监督管理总局、中国银行保险监督管理委员会于 2019 年联合印发了《交通运输新业态用户资金管理办法（试行）》，并于 2019 年 6 月 1 日起施行。该管理办法规定，网络预约出租汽车、汽车分时租赁和互联网租赁自行车等运营企业原则上不收取用户押金。

　　模型的另一个结论是：消费者的努力水平是最低的，这与实际情况一致。正是由于这个原因，才造成了不文明骑行与随意停放、私占、破坏等行为频发。因此，在不向消费者收取押金的同时，如何提高消费者的文明骑行，加强对道德风险行为的惩戒，这是实现共享单车行业健康发展的重要问题，本书将在后续章节从加强信用管理的角度来探讨这一问题。

5.3　共享经济平台虚假财务披露的治理

　　考虑单周期情形，市场存在高类型共享经济平台（H）和低类型共享经济平台（L），高类型共享经济平台指平台具有良好的声誉及财务状况，诚实守信，能正常履约；低类型共享经济平台则财务状况欠佳，发生失信行为，如违约等。为讨论问题方便，将共享经济平台群体数量标准化为 1（Weber，2016），H 类型和 L 类型共享经济平台的比例分别为 η 和 $1-\eta$。共享经济平台的收益为随机变量 z，服从区间 $[0,\bar{z}]$ 的累积分布函数 $F(z)$。对于 $i \in \{H, L\}$，记共享经济平台的期望收入为 $E(z^i) = \int_0^{\bar{z}^i} z \mathrm{d}F^i(z)$，显然 $E(z^H) > E(z^L)$。特别地，如果随机变量 z 服从区间 $[0, \bar{z}]$ 的均匀分布，则有 $z^H > z^L$。

为了提供相应的产品和服务，共享经济平台需要一定的运营资金，如消费者的押金等。考虑到消费者和共享经济平台之间的信息是不对称的，消费者不知道共享经济平台的财务状况（收益水平），因而不能确定共享经济平台的具体类型，但知道其类型的分布概率。关于共享经济平台的财务报告（或声明）的信息记为 $a \in \{h, l\}$，平台类型为 H 的声明记为 h，平台类型为 L 的声明记为 l。假定类型为 H 的共享经济平台一定会如实报告，而类型为 L 的共享经济平台有可能会承认自己的类型为 l，也可能会谎称自己的类型为 h。为叙述方便，记 $p(h|H) = 1$，$p(l|L) = \lambda$，其中 $\lambda \in [0,1]$。也就是说，当 $\lambda = 0$ 时，消费者推断共享经济平台是不诚实的；当 $\lambda = 1$ 时，消费者推断共享经济平台是诚实的；当 $\lambda \in (0,1)$ 时，消费者以一定的概率推断共享经济平台是诚实的。

博弈的时序如下：给定信念和观测到的信号，消费者决定是否接受共享经济平台的产品或服务，其单位成本为 c^a，$a \in \{h, l\}$；其后，交易发生，共享经济平台利用这些资金实现了其收益。共享经济平台不一定遵从所有约定，可能违反契约。如果共享经济平台获得正利润，则有动机提供优质产品或服务，此时消费者获得正效用；如果共享经济平台利润为负，则无力运营，导致消费者的效用为零。若共享经济平台披露虚假信息，则必然受到惩罚，假定罚金为 f，如图 5.2 所示。首先自然选择企业的类型，共享经济平台披露其财务等信息；给定这些信号，消费者更新其关于共享经济平台类型的推断，其中的虚线表示当消费者观测到信号为 h 时不能确定其交易的对象为 H 类型共享经济平台还是 L 类型共享经济平台。其后，根据共享经济平台履约或违约情况确定相应的收益。

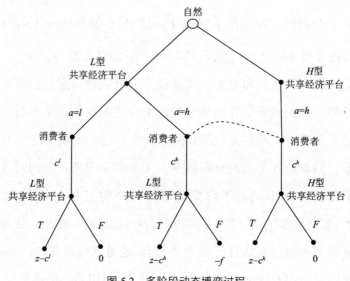

图 5.2 多阶段动态博弈过程

以下分析该博弈可能存在的贝叶斯纳什均衡，共分为三类：第一类是分离均衡，第二类是混同均衡，第三类是杂合均衡。这里的杂合均衡指部分共享经济平台是诚实的，而另一些共享经济平台不诚实，诚实的 L 类型共享经济平台的概率是 λ ，$\lambda \in (0,1)$ 。事实上，分离均衡和混同均衡是杂合均衡的特殊情况，即当 $\lambda = 0$ 时为分离均衡，当 $\lambda = 1$ 时为混同均衡。

首先考虑消费者观测到共享经济平台所发出的信号，有两种情况，根据前述分析可以得到 $p\{L|l\} = 1$ ，此外， $p\{H|h\} = \dfrac{p\{h|H\} \cdot p(H)}{p\{h|H\} \cdot p(H) + p\{h|L\} \cdot p(L)} = \dfrac{\eta}{\eta + (1-\lambda)(1-\eta)}$ 。注意到 c^a 是消费者的成本，当共享经济平台的收益足够大时（ $z > c^a$ ），消费者能收回其投资成本（如能及时收回押金）；当共享经济平台的收益较低时（ $z < c^a$ ），消费者可能无法收回成本。设消费者参与共享经济时，接受共享经济平台提供的产品或服务支付的成本为 c ，以共享单车为例，除押金（可视为消费者的投资成本）外，消费者骑乘还需要支付一定的成本，这些成本是消费者和企业的共同知识。

第一种情形：当消费者观测到信号 l 时，他可以推断出是与 L 类型共享经济平台交易，在零利润条件下，消费者的成本 c 可以表达为

$$c = \int_0^{c^l} z \mathrm{d} F^L(z) + \int_{c^l}^{\overline{z}} c^l \mathrm{d} F^L(z)$$

若 L 类型共享经济平台的收益服从均匀分布，则可以得到

$$c = c^l - \frac{(c^l)^2}{2\overline{z}} \tag{5.1}$$

其中 $c^l > c$，由式（5.1）可以得出当 $\overline{z} > 2c$ 时，c^l 是存在的，且 c^l 和 f 是相互独立的。

第二种情形：当消费者观测到信号 h 时，则推断共享经济平台可能是 H 类型的，也可能是 L 类型的，在零利润条件下，其成本 c 可以表达为

$$\begin{aligned}c = {} & p(H \mid h) \cdot (\int_0^{c^h} z \mathrm{d} F^H(z) + \int_{c^H}^{\overline{z}^H} c^h \mathrm{d} F^H(z)) \\ & + p(L \mid h) \cdot (\int_0^{c^h} z \mathrm{d} F^L(z) + \int_{c^H}^{\overline{z}^L} c^h \mathrm{d} F^L(z))\end{aligned} \tag{5.2}$$

在共享经济平台的收益服从均匀分布条件下，可以将式（5.2）化简为

$$c = p(H \mid h) \cdot (c^h - \frac{(c^h)^2}{2\overline{z}^H}) + (1 - p(H \mid h)) \cdot (c^h - \frac{(c^h)^2}{2\overline{z}^L}) \tag{5.3}$$

观察式（5.1）和式（5.3）后可见，直接求解 c^h 和 c^l 具有一定的难度。将两式相减后，可以得到

$$c^l - c^h = \frac{(c^h)^2 \, p(H \mid h)(1 - \frac{z^L}{z^H})}{2z^L - (c^l + c^h)} > 0 \tag{5.4}$$

为了使分析有意义，这里假定 $z^L > c^l$，也就是说，如果这一条件不满足时，意味着当共享经济平台是 L 类型时没有消费者愿意接受该共享经济平台提供

的产品或服务。

定义共享经济平台发送信号 a 后，L 类型共享经济平台的期望支付为 $\pi(a|L)$，显然这一支付应等于其收入减去其罚金。具体而言，当 L 类型共享经济平台发送的信号为 l 时，期望支付为

$$\pi(l|L) = \int_{c^l}^{z^L} (z - c^l) \mathrm{d}F^L(z) = \frac{1}{2}(z^L - c^l) + \frac{1}{2}\frac{(c^l)^2}{z^L}$$

类似地，当 L 类型共享经济平台发送的信号为 h 时，期望支付为

$$\pi(h|L) = \int_{c^h}^{z^L} (z - c^h) \mathrm{d}F^L(z) - z\int_0^{c^h} \mathrm{d}F^L(z) = \frac{1}{2}(z^L - c^h) + (\frac{1}{2}c^h - f)\frac{c^h}{z^L}$$

这里的杂合均衡指 L 类型共享经济平台发送的两类信号 h 和 l 是无差异的（ $\pi(l|L) = \pi(h|L)$），即

$$\int_{c^l}^{z^L} (z - c^l) \mathrm{d}F^L(z) = \int_{c^h}^{z^L} (z - c^h) \mathrm{d}F^L(z) - z\int_0^{c^h} \mathrm{d}F^L(z) \tag{5.5}$$

在均匀分布的假定下，式（5.5）可简化为

$$(c^l - c^h)(2z^L - (c^l + c^h)) = 2fc^h \tag{5.6}$$

将式（5.4）代入式（5.6）进行计算，可得 $p(H|h) = \dfrac{2fz^H}{(z^H - z^L)c^h}$，注意到 $p\{H|h\} = \dfrac{\eta}{\eta + (1-\lambda)(1-\eta)}$，结合 $p(H|h)$ 的两个表达式可以得到

$$\lambda = \frac{2fz^H - \eta(z^h - z^l)c^h}{2fz^H(1-\eta)} = G(f) \tag{5.7}$$

事实上，当 $\lambda \in (0,1)$，$f \in (f_1, f_2)$ 时，杂合均衡才能存在，两个端点 f_1 和 f_2 分别满足 $G(f_1) = 0$ 及 $G(f_2) = 1$，确定这两个端点至关重要。当 $f \in (0, f_1)$ 时，

L 类型共享经济平台不可能选择诚实的策略。也就是说，只有当 $f > f_1$ 时，即制裁（惩罚力度）超过某一临界点 f_1 时，反欺诈的政策才是有效的。此外，当 $f > f_2$ 时，会出现分离均衡，即此时共享经济平台会选择诚实的策略，公布其真正的类型。所以，在下面的讨论中，重点分析杂合均衡的情形，分离均衡和混同均衡都是其特殊情况。

以下主要讨论 f 随着不同变量变化的变化，以阐明共享经济中对不诚实行为进行严厉惩罚的影响。

命题 5.2　在杂合均衡下，共享经济平台宣布自己为 H 类型后，消费者的投入价格（投资）随着惩罚力度的提高而降低。

证明　将 $p(H|h) = \dfrac{2fz^H}{(z^H - z^L)c^h}$ 代入式（5.3），化简后可得

$$c^h = c - \frac{fc^h}{z^L} + \frac{(c^h)^2}{2z^L} \tag{5.8}$$

由式（5.8）进一步可得 $\dfrac{\mathrm{d}c^h}{\mathrm{d}f} = -\dfrac{c^h}{z^L - c^h + f}$，注意到 $z^L > c^h$，故有 $\dfrac{\mathrm{d}c^h}{\mathrm{d}f} < 0$。

命题 5.3　在杂合均衡下，L 类型共享经济平台中诚实的比例随着惩罚力度的提高而增加。

证明　将 λ 对 f 求一阶导数，可得

$$\frac{\mathrm{d}\lambda}{\mathrm{d}f} = \frac{\eta}{1-\eta} \cdot \frac{z^H - z^L}{2z^H} \cdot \frac{c^h}{f^2} \cdot \frac{z^L - c^h + 2f}{z^L - c^h + f} > 0$$

命题 5.2 和命题 5.3 的结论与实际情况是相符的，表明严厉惩罚有助于降低 L 类型共享经济平台中不诚实企业的比例。同时，随着 H 类型共享经济平台质量信号的提升，消费者与宣告自己为 H 类型共享经济平台进行交易的风险降低，其权益得以保障。

命题 5.4　在杂合均衡下，总的违约金随惩罚力度的提高而增加。

证明 用 $F-c$ 表示总的违约金，则有

$$F-c = \eta c^h + (1-\eta)[\lambda c^l + (1-\lambda)c^h] - c \qquad (5.9)$$

式（5.9）关于 f 求导数，可得

$$\frac{\mathrm{d}(F-c)}{\mathrm{d}f} = [\eta + (1-\eta)(1-\lambda)]\frac{\mathrm{d}c^h}{\mathrm{d}f} + (1-\lambda)(c^l-c^h)\frac{\mathrm{d}\lambda}{\mathrm{d}f}$$

注意到 $\dfrac{\mathrm{d}c^h}{\mathrm{d}f} = -\dfrac{c^h}{z^L-c^h+f}$，$\dfrac{\mathrm{d}\lambda}{\mathrm{d}f} = \dfrac{\eta}{1-\eta} \cdot \dfrac{z^H-z^L}{2z^H} \cdot \dfrac{c^h}{f^2} \cdot \dfrac{z^L-c^h+2f}{z^L-c^h+f}$，从而有

$$\frac{\mathrm{d}(F-c)}{\mathrm{d}f} = \frac{\eta c^h(z^H-z^L)}{2z^H f^2(z^L-c^h+f)}[(c^l-c^h)(z^L-c^h+2f) - fc^h] \qquad (5.10)$$

对于式（5.10）等号右侧中的因子，容易证明 $(c^l-c^h)(z^L-c^h+2f) > fc^h$，故 $\dfrac{\mathrm{d}(F-c)}{\mathrm{d}f} > 0$。当 $f = 0$ 时，该结论仍然成立。

命题 5.4 所蕴含的管理意义是：随着对不诚实行为惩罚力度的提高，共享经济平台群体中诚实类型共享经济平台的数量越来越多，信号 h 的增加导致 c^h 更低。同时，共享经济平台群体中需要支付更多 c^l 的平台数量也越来越多，因而共享经济平台平均支付随着惩罚力度的提高而增加。

本节通过建模分析了共享经济平台的财务披露及欺诈惩罚问题。消费者面对高类型共享经济平台和低类型共享经济平台，当共享经济平台资金运营状况具有不完全信息时，共享经济平台可能诚实地声明其真实类型，也可能采用欺诈行为。上述分析集中于讨论混合贝叶斯均衡，结果发现至少有一些低期望收益共享经济平台选择披露虚假信息。当对欺诈性披露的处罚提高时，更多的低类型共享经济平台会如实地披露其财务信息。由此可见，惩罚成本在其中发挥着至关重要的作用[①]。

---

① 本书第 3 章 3.3 节研究了共享经济平台的信息披露问题，揭示了信息披露强度对共享经济平台提供的产品或服务水平的影响。本章主要考察的财务信息披露问题，强调了对欺诈行为实施严厉惩罚的作用。

5.4　共享经济平台的安全投资问题

5.4.1　不考虑安全投资的情形

考虑一个共享经济平台，该平台向消费者提供共享产品（如共享单车、共享充电宝等），每单位产品的价格和成本分别为 p 和 c。参考 Choi 和 He（2019）、Wen 和 Tana（2020）的假设，对于异质性的消费者而言，其对产品的评价 v 服从区间 $[0,1]$ 上的均匀分布。分别用 $f(v)$ 和 $F(v)$ 表示消费者评价的密度函数和分布函数。如果共享经济平台没有在降低消费者使用产品风险方面采取行动，那么必然会影响消费者的效用。用 r 表示上述风险因素，用 ϕ 表示消费者对产品质量的敏感系数，那么消费者的效用函数可表示为 $u = v + \phi q - p - r$。面对共享产品质量 q 的不确定性，消费者仅当其效用为正时，即当 $v > p + r - \phi q$ 时才会考虑接受共享产品，将市场标准化为 1。这样，市场需求可以表示为

$$D(q) = \int_{p+r-\phi q}^{1} f(v)\mathrm{d}v = 1 + \phi q - p - r$$

设共享经济平台在降低风险和提升产品质量方面的成本为 $\frac{1}{2}kq^2$，k（$k > 0$）为质量改进系数，那么共享经济平台的利润函数为

$$\pi = (p - c)(1 + \phi q - p - r) - \frac{1}{2}kq^2 \tag{5.11}$$

由式（5.11）对 p 和 q 分别求一阶条件，并联立求解可以得到产品均衡质量和均衡价格分别为 $q^* = \dfrac{\phi(1 - c - r)}{2k - \phi^2}$，$p^* = \dfrac{k(1 - c - r)}{2k - \phi^2} + c$，且可以求得均衡需求为 $D^* = \dfrac{k(1 - c - r)}{2k - \phi^2}$，均衡利润为 $\pi^* = \dfrac{k(1 - c - r)^2}{4k - 2\phi^2}$，为使表达式有意义，

假定 $1-c-r>0$，$2k>\phi^2$。可以看出，当质量改进系数和消费者质量敏感系数之间满足一定条件时，模型存在均衡解。

考察不同参数对均衡结果的影响，相关结果如表 5.2 所示，其中，"↑"和"↓"分别表示变量增加或减少。

表 5.2　不同参数对均衡结果的影响

符号	质量改进系数 k	消费者质量敏感系数 ϕ	平台运营成本 c
p^*	↓	↑	不确定
q^*	↓	↑	↓
π^*	↓	↑	↓

当提供者提高产品质量的成本变得越来越昂贵时，共享经济平台倾向于少做改进工作以降低成本，这也会带来道德风险问题。此时提供者应降低价格，以弥补因产品质量下降而造成的需求损失。随着 k 值的增加，共享经济平台会受到产品质量较差的负面影响，均衡预期利润下降。因此，如何提升产品质量极为重要，可以通过鼓励消费者向共享经济平台报告共享产品使用后的状况来实现。当提高产品质量的难度较低时，共享经济平台能够以较高的价格向消费者提供较高的平均产品质量水平，这有助于期望利润的增长。因此，当面对产品质量不确定时，如果消费者愿意如实报告产品状况，则无疑对共享经济平台是有益的。当消费者越来越关心产品质量时，共享经济平台提供的产品平均质量水平也会提升。那么，提供者可以因质量水平的提高而制定更高的价格，并获得更高的均衡预期利润。

单位成本对最优定价决策的影响取决于 k 与 ϕ 的关系。具体而言，如果提高产品质量相对困难（即 $k>\phi^2$），共享经济平台的策略是随着单位成本的上升而提高产品的价格以保持盈利。相反，如果改进相对容易（即 $k<\phi^2$），则共享经济平台即使受到单位成本增加的挑战，也可以通过降低价格来吸引

更多的消费者。

进一步分析可知，随着 r 的增加，均衡需求和均衡利润都会降低。这就意味着，在共享经济交易中，消费者对风险的感知是共享经济平台成长的一个障碍，当然这也对共享经济平台提供者提出了挑战，即如何努力降低风险？这些反过来也提出了有意义的研究问题，如哪些因素能减少风险？这些因素是否能为共享经济平台带来更高的利润？

由前面几章的研究可知，共享经济中的道德风险是由参与方的信息不对称而导致的。共享经济平台或提供者均有可能拥有信息优势，尤其是共享经济平台作为双边交易的中介时更是如此。如果共享经济平台能通过技术等途径降低消费者使用产品时所面临的风险（包括人身安全和质量安全等方面），那么势必会提升共享经济平台的声誉，进而增加消费者效用。下面考虑共享经济平台在提升产品质量和性能安全方面进行投资后能带来何种变化。

5.4.2　考虑安全投资的情形

本节考虑共享经济中一个共享经济平台只运营一个周期的情形（Hong et al.，2019）。假定共享经济平台做出额外的努力以提高消费者的人身安全保证水平，例如建立准确的身份识别系统。在这一情形下，共享经济平台的需求函数表示如下

$$D(q) = 1 + \phi q - p - r(1-s) \qquad (5.12)$$

其中，$s(s<1)$ 表示共享经济平台提升安全的投资量，安全方面的投资可以降低人身风险，但并不能完全消除风险。由式（5.12）可知，随着 s 的增加，需求 D 也是增加的。从现实来看，Airbnb 平台通过增加安全方面的投资，并反馈消费者关于房屋安全的积极评价，既提升了消费者对房屋的感知质量，又增加了对房屋的租用需求。考虑到减少人身风险的投资需要一定的成本，

定义 $\frac{1}{2}ms^2$ 为安全投资改进的成本函数，$m(m>0)$ 表示安全投资改进系数。因此，共享经济平台的利润函数为

$$\pi = (p-c)[1+\phi q - p - r(1-s)] - \frac{1}{2}kq^2 - \frac{1}{2}ms^2 \qquad （5.13）$$

当然，现实中也有一些例子表明共享经济平台（如出行平台）由于没有检查司机的身份等而造成了恶性事件，尤其是出行平台前期的推广需要连接庞大的司机群体，出行平台对司机和车辆背景的审核不严，使许多黑车进入了平台，给乘客的安全埋下了隐患（王勇和戎珂，2018）。这说明共享经济平台作为落实安全责任的主体，必须在改善安全方面付诸行动。那么，共享经济平台在保障安全方面的投入是否能带来需求和利润的提升？下面将具体分析这一问题。

如果将 s 视为外生变量，那么当 $2k>\phi^2$ 时，可以得出均衡结果：$q^* = \dfrac{\theta[1-c-r(1-s)]}{2k-\phi^2}$，$p^* = \dfrac{k[1-c-r(1-s)]}{2k-\phi^2}+c$。显然，均衡价格 p^* 以及均衡质量 q^* 随着 s 的增加而增大，这说明当对安全改进进行投资时，共享经济平台能够提高产品质量，更具有保障消费者安全的能力，因而也可以设定更高的价格。价格越高，表明共享经济平台越值得在安全性方面进行投资。此外，还可求出均衡需求和均衡利润分别为

$$D^* = \frac{k[1-c-r(1-s)]}{2k-\phi^2} \qquad （5.14）$$

$$\pi^* = \frac{k[1-c-r(1-s)]^2}{4k-2\phi^2} - \frac{1}{2}ms^2 \qquad （5.15）$$

由式（5.14）和式（5.15）联立求解，可得 $\dfrac{\partial D^*}{\partial r} = \dfrac{-k(1-s)}{2k-\phi^2} < 0$，$\dfrac{\partial \pi^*}{\partial r} = -\dfrac{2k(1-s)[1-c-r(1-s)]}{4k-2\phi^2} < 0$，从而命题 5.5 成立。

命题 5.5　当 $2k > \phi^2$ 时，共享经济平台的需求和利润随着安全风险的增加而减少。

命题 5.5 也表明，共享经济平台需要在降低消费者安全风险方面付出更多的努力。当提升消费者安全的额外努力成本不是很高时，共享经济平台应尽可能建立完备、可靠的人身风险防范系统。原因在于，给定低成本和高收益，共享经济平台可通过提供完备的安全性保证最大化其利润。但实际中，由于共享经济平台并不能很好地控制人身伤害的事件发生率，完备可靠的安全风险防范系统较难实现，同时共享经济平台在加强消费者安全的额外努力成本并不低。

注意到均衡利润 π^* 是 s 的凹函数（$\dfrac{\mathrm{d}^2\pi^*}{\mathrm{d}s^2} < 0$），这样，可以得出共享经济平台利润最大化的最优投资为 $s^* = \dfrac{kr(1-c-r)}{2km - kr^2 - m\phi^2}$，为使表达式有意义，假定 $2km - kr^2 - m\phi^2 > 0$。

进一步的分析可以得到命题 5.6。

命题 5.6　当共享经济平台的安全性投资 $s^* < 1$ 时，共享经济平台的产品或服务需求随着其安全性方面的投资的增加而递增。

由于 $\dfrac{\mathrm{d}D^*}{\mathrm{d}s} = \dfrac{kr}{2k - \phi^2} > 0$，故可得出命题 5.6。事实上，共享经济平台在安全性方面增加更多的投入，会提升其声誉。当良好的声誉不断传播时，共享经济平台将更愿意在安全方面进行投资。

为了探究安全投资的影响，下面将比较有无投资情况下的最优价格和需求。假定一旦共享经济平台决定投资，利润最大化条件下的投资量等于 s^*。因此，在考虑安全投资下的最优价格和最优需求分别为

$$p^*(s^*) = c + \frac{km(1-c-r)}{2km - kr^2 - m\phi^2}$$

$$D^*(s^*) = \frac{km(1-c-r)}{2km - kr^2 - m\phi^2}$$

用 $p^*(0)$ 和 $D^*(0)$ 分别表示无投资情况下的最优价格和需求，则 $p^*(0) = \frac{k(1-c-r)}{2k-\phi^2} + c$，$D^*(0) = \frac{k(1-c-r)}{2k-\phi^2}$。下面结合数值例子进行说明，取 $k=2$、$\phi=1$、$c=0.2$、$m=0.5$，图 5.3 描述了 $p^*(s^*)$ 和 $p^*(0)$ 随 r 变化的趋势，其中上方曲线为 $p^*(s^*)$，下方曲线为 $p^*(0)$，不难看出，无论是否投资，随着风险的增加，最优价格是不断降低的，但有投资时的价格始终高于无投资时的价格。

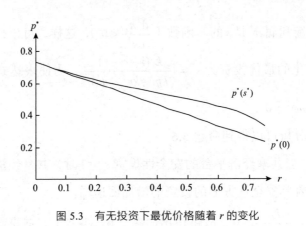

图 5.3　有无投资下最优价格随着 r 的变化

一般来说，根据需求定律，价格与需求之间存在反向变化关系。然而，当共享经济平台在消费者安全方面进行更多的投资时，随着服务价格的提高，其需求也可能增加，这是因为风险降低导致的需求增加超过了价格上涨所导致的需求减少。因此，即使没有安全投资，共享经济平台也可以降低性能风险，在保持服务价格不变的情况下使其口碑效应变得更强，从而创造出更多的需求。

随着提升安全方面的投资的增加，共享经济平台会借助声誉等综合效应制定较高的价格。因此，共享经济平台得到由投资安全带来的更高的利润。这意味着，为减轻用户对身体伤害可能性的担忧而付出的额外努力不仅是一项短期投资，更是一项提高共享经济平台利润的长远战略。

5.4.3　两种政策分析比较

共享经济的快速发展引发了诸多争议。其中一个冲突源于非专业或不受监管的提供者的大量增加（林玮和于永达，2019）。共享经济平台提供的服务不专业，以及对安全的担忧，均会引起消费者的不满。例如，Airbnb 的房东不需要满足酒店消防标准，Uber 或 Lyft 司机不需要获得出租车认证，一直备受争议。共享经济出现以来，政府一直致力于保护消费者的权益。尽管政府对消费者保护问题日益关注，但因为缺乏必要的规制，共享经济平台的安全问题未得到有效的解决。基于这一情况，本节将探讨政府如何积极干预，并比较相关政策的运行及其成效。

事实上，政府可以设计不同的政策工具以加强治理。其中一项直接的措施是政府提供固定的支持，通过政府的这一支持来降低共享经济平台的安全风险，且政府的固定支持力度不依赖于共享经济平台的努力，这里将该固定支持政策称为政策 1。例如，政府建立的相应的平台提供者背景审核系统就属于此类方式，这样可以提前防范恶性事件的发生。共享汽车平台单纯的指纹测试可能是不充分的，需要对司机是否有犯罪前科进行核查，如果在审核系统中能包含这样的内容，无疑将降低事故的发生率。

政府也可以通过另一种方式，即与共享经济平台进行合作来降低相关的安全风险，这意味着政策支持力度是共享经济平台努力水平的函数。政策制定者可以成立相应的专家组或工作组，开发运行更为可靠的平台系统，或为该平台提供专门从事消费者保护的专业队伍。政策制定者会根据共享经济平台的努力程度决定专家队伍的规模或专业人员的数量，以激励共享经济平台在改善安全方面进行更多的投资，这是更为灵活的支持政策，称为政策 2。

5.4.3.1 关于政策 1 的分析

在其他假设不变的前提下，设常数 $\delta(0<\delta<1)$ 表示政府在安全改进方面的支持力度，δ 和共享经济平台的投资 s 是相互独立的，通过该支持政策可将人身安全风险降至 $(1-\delta)r(1-s)$。因此，共享经济平台的需求函数如下：

$$D(q) = 1 + \phi q - p - (1-\delta)r(1-s) \tag{5.16}$$

此时，共享经济平台的最大化利润问题可表示为

$$\max_{p,q} [1 + \phi q - p - (1-\delta)r(1-s)](p-c) - \frac{1}{2}kq^2 - \frac{1}{2}ms^2$$

通过求解最优价格和需求，可以得出最优利润为

$$\pi_1^* = \frac{k[1-c-(1-\delta)r(1-s)]^2}{4k-2\phi^2} - \frac{1}{2}ms^2 \tag{5.17}$$

在满足 $2k>\phi^2$ 的条件下，共享经济平台的最优安全投资水平为

$$s_1^* = \frac{k(1-\delta)r[1-c-(1-\delta)r]}{2km-k(1-\delta)^2 r^2 - m\phi^2} \tag{5.18}$$

以下采用数值例子予以说明，取 $k=2$，$\phi=1$，$r=0.6$，$c=0.2$，$m=0.5$，由图 5.4 可见，共享经济平台的最优安全投资水平随着政府支持力度的增加而不断减小。这表明，根据政策 1，随着支持力度的提高，共享经济平台减少了投资金额，因为共享经济平台没有动力进一步努力降低人身安全风险。可以看出，在一定条件下，对于政策制定者而言，固定支持政策对共享经济平台的激励未必是一种有效的政策。

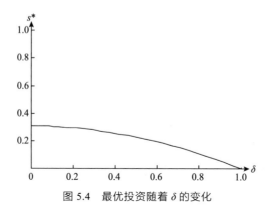

图 5.4　最优投资随着 δ 的变化

5.4.3.2　关于政策 2 的分析

与政策 1 类似，需要得出共享经济平台改进安全努力而增加的政府支持力度。假设 ws 表示政府在降低人身安全风险方面的支持力度，其中 w（$w > 0$）是政府支持力度参数。在政策 2 的作用下，如果共享经济平台不进行在减少人身安全风险方面的任何投资，那么不存在政府支持；随着共享经济平台在减少人身安全风险方面投资的增加，政府支持的力度也加大。此时，共享经济平台的需求函数如下：

$$D(q) = 1 + \phi q - p - (1 - ms)r(1 - s) \tag{5.19}$$

这一情形下，共享经济平台的最大化利润问题可表示为

$$\max_{p,q} [1 + \phi q - p - (1 - ms)r(1 - s)](p - c) - \frac{1}{2}kq^2 - \frac{1}{2}ms^2$$

通过求解最优价格和需求，可以得出共享经济平台最优利润为

$$\pi_2^* = \frac{k[1 - c - (1 - ws)r(1 - s)]^2}{4k - 2\phi^2} - \frac{1}{2}ms^2 \tag{5.20}$$

这种情形下，尽管不能和政策 1 情形一样求出最优投资水平的表达式，但仍然可以借助数值例子来进行说明。仍取 $k = 2$，$\phi = 1$，$r = 0.6$，$c = 0.2$，$m = 0.5$，

图 5.5 描述了在不同政府支持力度下共享经济平台的最优利润随投资水平变化的情况。三条曲线从下至上分别对应 $w=0.3$、$w=0.5$、$w=0.7$ 三种情况，同时也可以找出最优投资水平。此外，尽管政府的支持似乎减弱了共享经济平台提高消费者安全的努力，但减少的程度是微不足道的。也就是说，政策 2 在一定条件下是有效的，应鼓励共享经济平台做出足够的努力来降低风险，而不是使共享经济平台一味地寻求政府的支持。

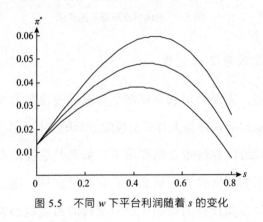

图 5.5　不同 w 下平台利润随着 s 的变化

通过两种政策分析，相比无政策干预时，共享经济平台的利润均有所增加，共享经济平台更愿意得到政府的支持。但是，除了共享经济平台自身的成长之外，政策制定者还需要考虑政策对消费者保护的影响。下面借助数值例子说明成本对政策效果的影响。为了同时比较两类政策，相关参数假定如下：$k=2$，$\phi=1$，$r=0.6$，$c=0.2$，$m=0.5$。为了便于比较不同政策作用下共享经济平台的利润，分别取两组参数值，政策力度较低（$\delta=0.2$，$w=0.3$）以及政策力度较高（$\delta=0.4$，$w=0.5$），在图 5.6 和图 5.7 中，上面的曲线对应政策 1，下面的曲线对应政策 2，且这些曲线分别是最优投资水平对应的利润。

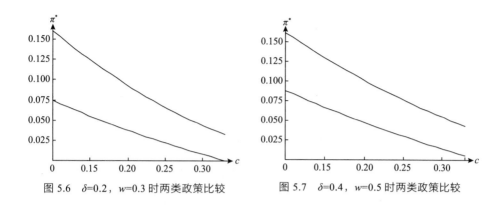

图 5.6　$\delta=0.2$，$w=0.3$ 时两类政策比较　　　图 5.7　$\delta=0.4$，$w=0.5$ 时两类政策比较

可以看出，随着成本的增加，共享经济平台的利润在下降。具体来看，随着成本的增加，对于共享经济平台而言，政策 1 比政策 2 更有利可图，因为共享经济平台可以将增加的成本负担转移到政府支持上。换言之，随着降低安全风险的成本变得更加昂贵，共享经济平台更加依赖于政府支持，从而减少投资，这反过来又会降低政府支持的力度。也就是说，在共享经济平台减少投资的同时，政府也降低了对消费者安全的考虑，从而形成不良循环。可以看出，与政策 1 相比，政策 2 会更大幅度地降低共享经济平台的利润，其原因在于政策 2 是一种更为灵活的相机抉择机制，受市场的影响更为显著。总的来看，当共享经济平台在降低安全风险方面的成本较低时，政策 1 更为有效；当共享经济平台在降低安全风险方面的成本适中或较高的情况下，政府可以根据实际情况在两种政策之间进行选择。类似地，还可以考虑政府对共享经济平台直接进行补贴。

5.5　本章小结

共享经济重塑了传统的商业模式，为人们提供了个性化的产品和便捷的服务。然而，大量共享经济平台的资金管理和风险控制存在弊端，极大地影响了消费体验，限制了该行业的发展。尽管这些问题的重要性已被认识到，但在共享经济平台和消费者之间信息不对称的情况下，共享经济平台的押金管理、资金信息披露、安全投资水平仍未得到充分探索。因此，本章旨在探讨共享经济平台的资金管理和风险控制问题。通过考察关键因素的影响，表明了加强共享经济平台资金管理的重要性。

首先，以共享单车为研究背景，应用委托-代理理论分析了为什么共享经济平台不向消费者收取押金。共享单车是一个道德风险频发的行业，面对道德风险，必须进行风险化解。事实上，共享经济平台试图利用押金来约束消费者的行为。然而，理论分析表明押金很可能不能将"好"的消费者和"坏"的消费者区分开来。同时，模型也得出了消费者未能表现出较高努力水平的结论。这也充分说明，共享经济平台更应该在消费者操作期间加强监督，让消费者明确在享受权利的同时应该履行的义务和承担的责任，进而降低道德风险的发生。通过引入信任机制，降低了共享门槛，从而在一定程度上减少了共享经济平台企业利用押金进行无序扩张的趋势。

其次，研究了共享经济平台的资金管理信息披露问题。消费者只有关于共享经济平台的不完全信息，他们根据共享经济平台显示的信号来更新关于共享经济平台类型的推断。诚实型共享经济平台会表明其类型，而欺诈型共享经济平台则采取不诚实的披露方式谋利，以此应对其财务困境。研究发现，在混同均衡中，增加对欺诈型共享经济平台的惩罚会导致总体违约成本的较大变化。如果共享经济平台因欺诈性披露而受到更严厉的惩罚，其成本会上升。随着惩罚力度的加大，企业违约行为的发生频率也在增加，从而导致欺诈型共享经济平台不断减少。当更多财务状况不佳的共享经济平台诚实地宣布其类型时，这些共享经济平台企业将面临额外的财务压力，这反过来又会加剧原有的困境。因此，呼吁规范共享经济平台财务信息披露的政策制定者高度重视这一现象。

再次，考察了共享经济平台在安全改善方面的投资问题以及风险管理机制的有效性。研究表明，共享经济平台对安全的投资可能会带来更多的需求和更高的利润。当共享经济平台为提高消费者安全而投资时，不仅会制定更高的价格，而且会比不投资的情况创造更多的需求。因此，在安全方面的投资可以是增加需求的另一种方式，而不只是产生成本的短期战略。因此，为了实现可持续增长，共享经济平台需要积极关注参与者的安全并付诸行动，不应充当纯粹的中介。

最后，探讨了共享经济中的政策作用并比较了两种政策，就何种情况下采用相应的政策在降低安全风险方面更为有效给出了具体的建议。这一研究说明政府设计有效的政策以激励共享经济平台，在保护共享经济中消费者安全方面发挥着重要作用。

本章的研究表明，共享经济平台需要加强资金管理，合理区分风险，并采取相应的风险管理措施，因为现实中并不存在单一的解决方案能够降低各类风险，这些研究发现扩展了关于共享经济平台资金管理及风险控制的理解，为共享经济发展提供了理论参考。

第 6 章
共享经济参与者的信任博弈与声誉机制

在经济交易中，"行为"不确定性的根源就在于机会主义。

——奥利弗·威廉姆森（Williamson，1985）

6.1 引　言

共享经济下的道德风险问题根植于共享产品或服务的高度信息不对称性。通常，产品和服务作为信任品，具有消费前乃至消费后都难以确认其真实质量的特性。共享经济中存在的严重信息不对称问题导致处于信息优势的一方往往在利益驱使下，为了降低成本而提供虚假产品或服务，引发种种道德风险问题（蒋大兴，2014）。处于信息劣势的一方出于对共享经济总体的不信任而降低支付意愿，造成共享产品或服务的供需出现明显的逆向选择问题，由质量等信息不对称产生的巨大交易成本极大地降低了市场效率。近年来有关共享经济负面事件发生机制的研究认为，信息不对称和公众对监管制度的不信任是共享经济行业危机产生的重要原因（莫林，2019）。

信任是建立良好社会关系的基石，作为一种重要的社会信号机制，信任有助于降低交易成本，强化合作行为。研究者认为，信任是利益相关者对交易方具有较强的专业能力、友善的经营态度的一种期望和信念，这将积极影响其对交易方的整体评价（汪旭晖和王东明，2018）。声誉是指在重复博弈中，参与方考虑长远利益而避免选择机会主义行为。一般来说，声誉的功能主要是信息功能和交易功能（Kreps et al.，1982）。已有研究发现，在重复交易中，声誉信息在各参与者之间互换、传播，进而减少信息不对称。同时，声誉也是一种无形资产，一旦交易者出现机会主义行为，则会导致其声誉资本的损失（张雷和陈东平，2018）。

相对于道德机制和法律机制而言，声誉机制被认为是一种具有比较优势的治理机制。

由于契约的不完全性，参与主体经常产生道德风险和逆向选择行为，而声誉机制可以有效解决这一问题（Williamson，2002）。一方面，声誉机制可以直接改变参与主体的外部评价；另一方面，声誉机制也能间接影响参与主体的行为互动。失信人的声誉一旦受损，那么现时或潜在的交易对象必然会提高心理戒备成本。从契约实施的意义来看，声誉效应是指通过私人惩罚（终止未来交易），来降低违约者未来收益的贴现值（即声誉资本），以此来引导参与者的践诺（Klein and Murphy，1997）。

共享经济交易是一个重复博弈的过程，声誉问题贯穿于交易过程始终。一方面，声誉反映了参与者的历史行为记录；另一方面，声誉也是参与者的一种无形资产。那么共享经济参与者产生的声誉是否能够有效抑制道德风险？本章将对此问题进行深入探讨。本章余下部分的结构安排如下：6.2 节回顾相关文献；6.3 节构建提供者和消费者之间的信任博弈模型；6.4 节探讨提供者的声誉机制；6.5 节分析提供者声誉的演变及共享经济平台的激励措施；6.6 节对本章研究进行总结。

6.2 相 关 文 献

6.2.1 信任博弈研究

诺贝尔经济学奖得主肯尼斯·阿罗（Kenneth Arrow）认为，几乎所有商业交易都有着信任的成分（Arrow，1972）。信任博弈（trust game）是研究人类信任行为的一个经典博弈范式，最早出现于 Camerer 和 Weigelt（1988）的研究。按照新古典范式的理论预测，作为理性经济人的委托人将不会向代理人投资，而代理人也不会返还任何的数额给委托人。但是，Berg 等（1995）通过引入信任博弈实验否定了这一理论预测。其后，大量实验表明信任博弈中存在着较普遍的合作行为，委托人一般会将 50%左右的初始筹码投资给代理人，而代理人的平均回报额为投资额的 95%，仅有一半的代理人不向委托人返还任何投资额或象征性地返还少数投资额（Camerer，2003；陈叶烽等，2010；Tzieropoulos，2013）。闫佳等（2017）的实验研究发现，个体的信任水平与其利他偏好及规则偏好无关，却显著依赖于公平认知。

近二十年来，信任博弈因其更贴近真实的信任决策行为得到了广泛应用（周业安等，2017）。信任博弈范式不仅描述一次性博弈，而且刻画信任的发展过程。其中，初始信任非常重要，会形成个体的认知经验，进而影响信任发展历程（李常洪等，2014）。有关实证分析表明，第三方契约服务积极地影响消费者对网上商店的初始信任（王全胜等，2009）。为降低交易成本，参与者行为互动过程中要求彼此建立信任机制，缔约前一方甄别具有高信任度的另一方，缔约后双方维持信任并彼此互惠诱发完美履约行为。李彬等（2015）在经典的信任博弈实验基础上，通过引入参与者待投资资金的风险特征来表示社会的外部风险，对外部风险与社会信任之间的关系进行了系统分析。研究结果表明，当决策者面对外部风险时，决策者对他人的信任水平会显著降低。梁平汉和孟涓涓（2013）发现，如果投资过程中参与者能通过善意行为建立起关于自身品质的声誉，那么这种声誉将促使他人采取合作行动。

上述文献是对早期信任博弈研究的丰富和扩展，但仍然存在一些局限：一是许多研究致力于还原影响信任合作的人类理性，然而研究设计过于复杂，未能保证模型的简洁性；二是实验室环境不能全面反映真实社会交往过程，有待于将一次性博弈扩展到重复博弈，或者在信任博弈中加入外部以及内部的激励措施。

6.2.2　声誉机制研究

早在 20 世纪 80 年代，学术界就开始了对声誉机制的研究。Kreps 等（1982）较早将无名氏定理拓展至重复博弈。经过多年的发展，已经形成了标准声誉理论（Fudenberg and Levine.，1992）、声誉交易理论（Mailath and Samuelson，2001；Tadelis，2002）、声誉信息理论（Milgrom and Roberts，1982）。此外，研究者对声誉的动态变化、激励机制等问题进行了广泛而深入的探讨（Diamond，1989；Holmstrom，1999）。

Diamond（1989）研究了声誉的形成、演化、在减弱借贷双方利益冲突时所起的激励作用以及声誉与监督如何相互作用以影响借贷市场上的信贷行为。Tirole（1996）的研究表明，只有当代理人的声誉达到一定程度时，委托人才会将重要的任务交给代理人。杜创和蔡洪滨（2009）在一个重复道德风险的框架内，研究了体验品市场中企业声誉和消费者信念之间的相互作用，揭示了声誉的动态变化。学术界普遍认为，完善的声誉机制对于约束管理者行为、促进市场监督、降低代理成本与抑制道德风险至关重要（Grossman and Hart，1983；Francis et al.，2008）。

与道德机制、法律机制类似，声誉机制在道德失范治理中发挥了重要作用。但三者的适用范围存在一定差异：道德机制完全是自主式的，声誉机制依赖于他人的评价，而法律机制需要更为复杂的前提条件（雷宇，2016）。在法律制度和信用体系等公共秩序缺失的背景下，声誉机制作为一种自发的私人契约，在一定条件下保证了卖方承诺以及买方集体惩罚可置信（张维迎，2002；张新香和胡立君，2010；吴元元，2012）。

在共享经济交易的信息流动过程中，参与者互动实际上受到市场机制、信号甄别机制以及声誉机制的约束。这三种机制既有一定的联系，也存在明显的差异。特别是，声誉机制作用的发挥很大程度上依赖于用户的反馈，共享经济中一些卖家会利用平台机制的漏洞操纵声誉[①]。当虚假交易（刷单）与虚假评价（刷评）充斥整个平台的时候，声誉机制也就形同虚设了（王勇和冯骅，2017）。

综合来看，声誉作为一个重要概念，已有大量的论述和相关研究。但是，关于声誉机制研究的文献存在两个问题：第一，在不同的情境之下，声誉机制是否会发生显著的变化？共享经济环境下，如果信任动机形成机理发生改变，那么这些关于声誉机制的结论是否稳健？第二，信任使得交易双方的行为可以预期并得以形成共识，以往的研究较少研究声誉的信任基础，没有从个体真实的价值判断来理解声誉的形成，更未特别涉及共享经济领域。

6.3　提供者和消费者的信任博弈

考虑共享经济市场中存在多个提供者和消费者，提供者可以选择提供高质量或低质量的产品或服务。由于共享经济市场普遍存在信息不对称，消费

---

① 因此，需要利用大数据技术并结合价格结构与支付机制，强化声誉机制的作用。例如，在共享出行市场中，声誉较好的司机可以优先享受高质量的订单，可以享有优先提款权以及免除保证金等。

者难以准确判断产品或服务的真实质量。首先，消费者决定是否信任共享经济平台，如果选择"不信任"，则不会发生任何交易，此时提供者和消费者的支付均为 0；如果消费者采用"信任"策略，则支付一定的费用。当产品或服务为高质量时，消费者获得的效用为 u_H；当产品或服务为低质量时，消费者获得的效用为 u_L，$u_H > u_L$。消费者不能确定提供者的真实类型，只能以一定的概率 θ（先验概率）推断提供者是可信的。假定产品或服务的价格为 p，这样消费者在使用高质量的产品或服务时的支付为 $u_H - p > 0$，在使用低质量的产品或服务时的支付为 $u_L - p < 0$。

提供者（卖方）可以提供两种努力水平。假设当共享经济平台提供较高的努力水平 H 时，其努力成本为 $e \in (0,1)$；当共享经济平台提供较低的努力水平 L 时，其努力成本为 0。当提供者选择较高的努力水平时，产品或服务为高质量的概率为 1，此时称提供者是"守信"的；当提供者选择较低的努力水平时，产品或服务为低质量的概率为 φ，其中 $\varphi \in (0,1)$，此时称提供者为"失信"的。由上述假设可知，提供者为"守信型"时其支付为 $p - e$，提供者为"失信型"时其支付为 p。于是，信任博弈的决策过程如图 6.1 所示。

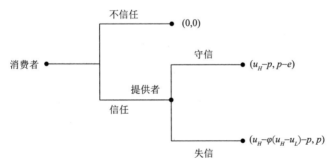

图 6.1　共享经济消费者和提供者的博弈过程

为了简化模型，只考虑一期博弈的情形。由图 6.1 可知，以利益最大化为目标的提供者会选择"失信"而非"守信"（选择"失信"时其支付为 p，

而选择"守信"时其支付为 $p-e$)。假定消费者信任提供者，则其期望支付为

$$E(\pi) = (1-\varphi)u_H + \varphi u_L - p = u_H - \varphi(u_H - u_L) - p \qquad （6.1）$$

考虑到此时消费者可能蒙受损失，当 $\varphi > \dfrac{u_H - p}{u_H - u_L}$ 时，上述期望支付为负值，而当消费者选择"不信任"时其支付为 0，显然消费者不会选择相信提供者。因此，完全信息下一次性博弈中唯一的子博弈精炼纳什均衡是消费者不相信提供者，双方不发生交易。

上述分析表明，在缺乏消费者信任的共享经济市场环境中，消费者的支付意愿严重不足，提供者选择高质量的产品或服务很可能入不敷出，提供者会有动机采取以劣充优等违法手段降低成本，进而演变为信任危机。因此，在普遍失信环境下，要使共享经济良性发展，恢复消费者信心是关键，必须借助适当的市场干预手段帮助提振消费者信心。许多研究发现，合理的责任制度能够对产业发展产生显著的促进作用（Innes，2004；龚强等，2013）。对生产商（或提供商）实施一定程度的责任处罚，不仅能够激励其提高质量，还能够保证获得质量改进的回报。

下面仍以一次性博弈为基础，讨论博弈进行 T 期的情形，探讨重复博弈是否会出现惩罚提供者"失信"行为的结果？进而是否会导致信任行为的产生？显然，当博弈参与方具有关于另一博弈参与方的理性和支付信息等共同知识时，这一答案是否定的。因为在这一假设下，采用逆向归纳法进行分析，可知重复博弈与一次性博弈结果完全相同。为了解释信任的出现，有必要放松有关完全信息的假设，即假定参与方对于对方的支付信息是不清楚的（信息是不对称的）。具体地，将提供者划分为两种类型：一类是策略型，此类提供者仅关心其自身的支付，以最大化其利益为目标，对于因其"失信"行为

将会引发何种程度的问题并不是很关心；另一类是可信型，此类提供者若在博弈中选择了"失信"行为，则将付出一定的成本 $f \in (e, p)$。因此，可信型提供者不同于策略型提供者，当可信型提供者选择了不诚信行为时，其真实的支付是 $p - f < p - e$，也就是说，提供者选择成为"可信型"时的支付大于选择成为"策略型"时的支付。

共享经济中，如果消费者判断提供者是可信的，则显然会选择信任策略，由图 6.1 易知，交易发生且双方的支付均为正值。在完全信息假定下（消费者可识别提供者的类型），会导致一个很易见的结果，即只有可信型的提供者被信任。但现实中，参与者不会有泄露秘密以表明其类型的动机，个体的类型只能通过其行为或信号而被推断。假定消费者不能识别提供者的类型，但知道提供者群体中可信型部分的比例，换言之，消费者具有关于提供者群体中可信型的比例的先验概率。对于不完全信息动态博弈，下面将分析完美贝叶斯均衡，从最后一期即第 T 期开始。

注意到如果消费者得到的是虚假产品或服务，表明提供者是策略型的。当这种情况发生时，消费者知道提供者将在第 T 期采用失信策略，因此提供者无论在第 $T-1$ 期选择何种策略都将在第 T 期得不到信任。这就表明，提供者在第 $T-1$ 期是没有任何激励成为可信型的。于是，由逆向归纳法可以得到如下结论：如果消费者遭遇欺骗性的产品或服务，则消费者在其后所有阶段均不会再信任提供者。

策略型的提供者显然在第 T 期会选择欺骗。如果以较低努力成本提供低质量产品或服务的概率 φ 足够小，不管是否因产品或服务低质量而在第 T 期失去消费者的信任，他在第 $T-1$ 期选择欺骗是最优的（注意到由于消费者不能识别提供者的类型，如果之前的记录和信息是积极正面的，他将在第 T 期信任提供者，因为部分提供者是值得信任的）。实际上，如果 φ 足够小，提供者在第 $T-2$ 期选择欺骗也是最优的。同理继续分析，当信任博弈的阶段足够大时，我们的目标是希望存在一个较早的阶段 $\bar{t}$ ，使得提供者在这一阶段之后提供低质量产品或服务的概率降低，从而延缓或阻止他选择失信策略。

由此可以构建提供者的最优策略序列是 $\{H,H,H,H,\cdots,L,L,L,L\}$ ，其中， H 和 L 分别表示较高努力水平和较低努力水平。下面以四期博弈为例，说明这样构建策略序列的理由。事实上，在四期博弈中，有三种情况会出现提供者在两期选择欺骗策略。表 6.1 中，在两个失信策略之间有两个守信策略出现。在表 6.2 中，连续两个守信策略之后出现了两个失信策略。可以看出，表 6.1 中产生较小的总支付，因为在第一阶段失信后，后面的所有阶段的期望支付都乘以因子 $1-\varphi$ 。在表 6.2 中，两个守信阶段均产生 $p-e$ 的支付，且不需乘以 $1-\varphi$ ，因为之前的阶段不存在欺骗，因而总支付较高。相比之下，表 6.3 将产生比前两个表格更低的支付，因为两个阶段失信之后紧接着是两个阶段的守信，因此在第三阶段和第四阶段的支付 $p-e$ 的基础上要乘以 $(1-\varphi)^2$ 。

表 6.1　提供者失信与守信相间的策略及支付

1	2	3	4
L	H	H	L
p	$(p-e)(1-\varphi)$	$(p-e)(1-\varphi)$	$(1-\varphi)p$

表 6.2　提供者先守信后失信策略及支付

1	2	3	4
H	H	L	L
$p-e$	$p-e$	p	$(1-\varphi)p$

表 6.3　提供者先失信后守信策略及支付

1	2	3	4
L	L	H	H
p	$(1-\varphi)p$	$(p-e)(1-\varphi)^2$	$(p-e)(1-\varphi)^2$

假定在阶段 T，提供者的记录是良好的，即没有提供过任何低质量产品或服务。与上述分析类似，策略型提供者的策略是在前面的 $\bar{t}$ 阶段选择较高努力水平而在后面的各阶段选择较低的努力水平。那么在这一策略之下，策略型提供者在第 T 期开始具有良好记录的概率为 $(1-\varphi)^{T-\bar{t}-1}$。为了简化分析，记提供者在博弈结束时选择"失信"策略的阶段数为 k，由于消费者关于提供者是可信型的先验概率为 θ，根据贝叶斯法则，消费者在第 T 期认为提供者是可信型的概率应当为 $\dfrac{\theta}{\theta+(1-\theta)(1-\varphi)^{k-1}}$。

在第 $T-k+1$ 期，尽管可信型提供者将选择"守信"，但策略型提供者必然选择"失信"。如果消费者信任共享经济平台，则其在这一阶段的期望支付是

$$E(\pi)=\theta(u_H-p)+(1-\theta)[u_H-\varphi(u_H-u_L)-p] \qquad （6.2）$$

由于消费者选择不信任的支付为零，如果上述支付非负，则消费者选择信任。因此只有当下列条件满足，即 $\theta \geqslant \theta_0=1-\dfrac{u_H-p}{\varphi(u_H-u_L)}$ 时，消费者在第 $T-k+1$ 期才会选择信任。

可以看出，θ_0 的大小和消费者得到高质量产品或服务与低质量产品或服务的效用差、消费者获得高质量产品或服务的净效用、提供者选择较低努力成本时其产品或服务为低质量的概率有关。如果 $\theta<\theta_0$，消费者在第 $T-k+1$ 期以及随后的各个阶段都不会选择信任。在这种情况下，提供者也没有动机在第 $T-k$ 期选择"守信"。由于消费者对此了解，故也不会在第 $T-k$ 期信任提供者。由逆向归纳法可知，提供者在第 $T-k+1$ 期、第 $T-k-2$ 期直到第 1 期都不会被消费者信任。

下面讨论 $\theta \geqslant \theta_0$ 的情形，此时逆向归纳法不再适用，重点探讨策略型提供者选择"失信"的阶段数 k。显然，策略型提供者在阶段 T 将选择"失信"。

那么，在第 $T-1$ 期选择"失信"是否达到最优？通过在第 $T-1$ 期选择欺骗行为，提供者节省了较高努力水平的成本 e。但是提供者在第 T 期的期望支付由 p 减少为 $(1-\varphi)p$，因此当且仅当 $e > \varphi p$ 时，提供者在第 $T-1$ 期选择失信是最优的。假定这一条件能满足，一般地，提供者在第 $T-k$ 期之后（选择守信之后）博弈结束前的连续 k 个阶段的总期望支付为

$$E\pi(k) = p - e + \sum_{i=0}^{k-1}(1-\varphi)^i p \qquad （6.3）$$

如果在第 $T-k$ 期，提供者选择失信而不是守信，那么同样的 $k+1$ 个阶段提供者总的期望支付将是 $\sum_{i=0}^{k}(1-\varphi)^i p$。因此，由于在 $k+1$ 个阶段（而非 k 个阶段）选择失信而导致的期望支付增加了 $\Delta E\pi(k) = e - p + (1-\varphi)^k p$，这一增量随着 k 的增加而单调递减。进一步地，可求得当 $\Delta E\pi(k) = 0$ 时，$\bar{k} = \dfrac{\ln[(p-e)/p]}{\ln(1-\varphi)}$。因此，最优的 k^* 应当是小于或等于 $\bar{k}$ 的最大整数，即 $k^* = [\bar{k}]$。

命题 6.1　在信任博弈中，完美贝叶斯均衡具有下列特征：当且仅当 $\theta \geqslant \theta_0$ 时，提供者被信任。在这一条件下，策略型提供者在直到（包括）第 $T-k^*$ 阶段将选择"守信"，而可信型的提供者在整个博弈的各个阶段均选择"守信"。

该结论表明，在某些条件下，通过长期交互，在信任博弈中可以提高提供者和消费者之间的互信水平。同时，前述模型中可信型提供者的比例是一个关键因素，该比例决定了重复博弈的阶段数量。事实上，在上述模型框架下，还可以进一步研究可信型提供者的占比 θ 对整个共享经济行业的影响。

尽管提供者和消费者之间存在信息不对称，但随着近年来政府监管的不断加强，消费者仍然可以通过政策发布、媒体宣传报道等各种渠道了解共享经济行业运行状况，这里假定消费者能够对市场整体共享产品或服务水平做

出理性预期。这样，当高质量产品或服务占比为 α 时，消费者支付意愿为 $p=\alpha u_H+(1-\alpha)u_L$，其中 $u_H-e>u_L$，即提供者选择高质量产品或服务会给消费者带来更高的价值，注意如前面的假定，提供者选择低质量产品或服务的成本为 0。

提供者分为可信型和策略型两种类型，且二者的比例分别为 θ 和 $1-\theta$，可信型提供者当且仅当 $p\geqslant e$ 时才提供产品或服务，当 $p<e$ 时便退出共享经济平台。策略型提供者以利益最大化为目标，会选择以劣充优来获取更多的利益。考虑到消费者的支付意愿由共享经济的整体产品或服务水平决定，容易得到如下结论：守信企业进入共享经济的充要条件是，$\theta u_H+(1-\theta)u_L\geqslant e$，即 $\theta\geqslant\bar{\theta}=\dfrac{e-u_L}{u_H-u_L}$。这一结论充分说明只有当共享经济中可信型提供者达到一定比例，消费者对共享经济产品或服务总体信任时，可信型提供者才能够在市场中稳定存在。

进一步分析可知，当共享经济中可信型提供者比例 $\theta>\bar{\theta}$ 时，消费者对共享产品或服务质量处于信任的状态，这时可信型提供者和策略型提供者均可得到正收益。当共享经济中可信型提供者比例 $\theta<\bar{\theta}$ 时，消费者由于对共享产品或服务质量缺乏信任而不愿支付价格 p，这样会造成可信型提供者入不敷出，从而逐步退出共享经济平台。随着可信型企业的退出，消费者支付意愿将进一步下降，最终共享经济中仅有策略型提供者存在。于是，由于行业诚信缺失，消费者的逆向选择行为使得共享市场最终演变为柠檬市场，这给共享经济的治理带来了极大挑战。

命题 6.2　当共享经济中可信型提供者比例满足条件 $\theta\geqslant\bar{\theta}$ 时，最终将形成可信型提供者提供高质量产品或服务、少数策略型提供者以劣充优的可信市场；而当共享经济中可信型提供者比例 $\theta<\bar{\theta}$ 时，则最终将形成可信型提供者完全退出共享经济、策略型提供者以劣充优的失信市场。

命题 6.2 概括了由于参与者的失信行为而引发的共享经济发展困局，在一定程度上揭示了共享经济中道德风险的产生机理，由于提供者仅付出低努力水平成为均衡，从而最终导致提供者不被信任。相较于上述静态纳什均衡的重复，我们更为关注的是，提供者维持声誉（选择高努力水平）是否可以作为均衡出现？

6.4　共享经济下提供者的声誉机制

6.4.1　单期博弈

考虑在一个具有道德风险的模型中，有一个提供者和一个消费者（接受方），提供者提供产品或者服务。整个博弈分为三个阶段（图 6.2）：首先，提供者决定是否提供共享经济产品或服务；其次，消费者决定是否接受产品或服务；最后，提供者决定是否提供真实的产品或优质的服务，如果提供真实的产品或优质的服务，那么提供者是诚实的，若提供虚假的产品或劣质的服务，则提供者是欺诈的。

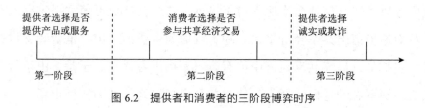

图 6.2　提供者和消费者的三阶段博弈时序

假定提供者参与共享经济的成本为 c_0，提供真实产品或优质服务的成本为 c，提供虚假产品或劣质服务的成本为 0；消费者对产品或服务的评价为 v，不考虑消费者参与共享经济的成本。假定双方成交的价格为 p（外生给定的），如果提供者提供真实产品或优质服务，那么提供者的预期收益为

$p-c_0-c$，消费者的预期收益为 $v-p$（ $v-p>0$ ）；如果提供者提供虚假产品或劣质服务，那么提供者和消费者的预期收益分别为 $p-c_0$ 和 $-p$。

由上述假定，可以给出该动态博弈的扩展式，下面讨论一次性博弈。此时，子博弈精炼纳什均衡是提供者选择不提供产品或服务，消费者选择不参与共享经济。也就是说，由于消费者担心提供者提供虚假产品或服务，最终导致无交易产生，这属于完全失败市场类型。

从理论上讲，根据 Cho 和 Kreps（1987）的"直观准则"（intuitive criterion），高类型的代理人总是可以通过以最小代价偏离的方式将自己和低类型的代理人区分开来。有关研究认为，信任是一种由内化的道德性强制规范驱动的行为，个体借此向他人的品格表示尊重，维持其关于他人值得信赖与诚信善意的推断（Dunning et al.，2014）。尊重他人的动机驱使个体选择信任以符合强制规范，进而表现出较高的信任行为。同时，社会偏好理论认为，社会中个体的偏好由自利偏好（新古典范式）和社会偏好（行为范式）共同组成。这两种偏好相互作用，各自或者共同对个体行为产生影响（周业安等，2017）。社会偏好主要包括利他偏好、互惠偏好以及不平等厌恶偏好。利他偏好是指人们在主观意愿上就乐于助人，即效用函数中他人的利益与自身的效用正相关，下面在基本模型中引入提供者的利他行为。

假定自然（nature）决定提供者的类型：利他型（比例为 θ ），机会主义型（比例为 $1-\theta$ ）。利他型提供者总是采用合作策略，他们提供真实产品或服务。机会主义型提供者则以利益最大化为目标，选择提供真实或虚假的产品或服务。消费者参与交易并得到真实的产品或服务的期望收益为 r'，得到虚假产品或服务时期望收益为 $-r'$，为了保证合作类型的提供者选择提供产品或服务，这里假定即使消费者不参与交易时提供者的期望收益为 c_0。消费者和提供者之间的动态博弈如图 6.3 所示。

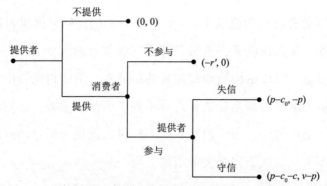

图6.3　共享经济消费者和提供者的三阶段动态博弈

如图 6.4 所示，以下应用逆向归纳法进行分析。在第三阶段，对于利他型提供者而言，其最优策略是提供真实产品或优质服务；对于机会主义型提供者而言，其策略是选择提供虚假产品或服务，这与前面的讨论相同。在第二阶段，设消费者对于机会主义型提供者的先验概率为 λ，给定提供者在第三阶段的最优策略，如果提供者选择不提供策略，那么其期望收益为 0，但如果其选择提供策略，则其期望收益为 $\lambda_1(v-p)+(1-\lambda_1)(-p)=v(\lambda_1-\dfrac{p}{v})$，令 $\bar{\lambda}=\dfrac{p}{v}$。对于第一阶段提供者的最优策略，则取决于 λ 和 $\bar{\lambda}$ 的比较，下面具体分三种情形讨论。

如果 $\lambda_1<\bar{\lambda}$，那么在这一情形下，给定第三阶段的最优选择，消费者的最优策略是参与共享经济交易；给定消费者的策略，机会主义型提供者的最优选择是不提供产品或服务（ $-c_0<0$ ）。消费者根据贝叶斯法则，对利他型提供者的后验概率修正为 1。由于 $\lambda_1<\bar{\lambda}$，故与 $\lambda_1=1$ 不相符，从而说明这一情形下不产生完美贝叶斯均衡。

如果 $\lambda_1>\bar{\lambda}$，那么给定第三阶段的最优策略，在第二阶段消费者会选择参与共享经济交易。给定消费者的策略，因为 $p-c_0>0$，机会主义型提供者的最优反应是提供虚假产品或服务。根据贝叶斯法则，此时消费者对机会主义型提供者的后验概率为 $1-\lambda_1=1-\theta$，于是可以得到以下结果。

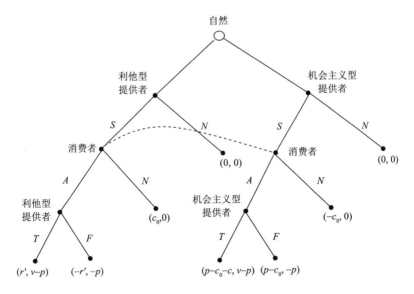

图 6.4　三阶段动态博弈的决策过程

命题 6.3　当 $\theta > \bar{\lambda}$ 时，完美贝叶斯均衡是：利他型提供者采取提供真实产品或服务的策略，机会主义型提供者选择提供虚假产品或服务的策略；在先验概率为 $\lambda_1 = \theta$ 的情形下，消费者选择参与共享经济交易。

如果 $\lambda_1 = \bar{\lambda}$，则可以得到下列结论。

命题 6.4　当 $\theta \leqslant \bar{\lambda}$ 时，完美贝叶斯均衡如下：利他型提供者选择提供真实产品或服务的策略，机会主义型提供者选择以一定的概率 $\mu = \dfrac{\theta(1-\bar{\lambda})}{\bar{\lambda}(1-\theta)}$ 提供虚假产品或服务；消费者在先验概率为 $\lambda_1 = \bar{\lambda}$ 的情形下，以一定的概率 $\dfrac{c_0}{p}$ 选择参与共享经济交易。

下面对命题 6.4 的结论进行简要证明。给定第三阶段的最优选择，利他型提供者选择提供真实产品或服务，机会主义型提供者提供虚假产品或服务。接着考虑第二阶段，根据 $\lambda_1 = \bar{\lambda}$，消费者会使用混合策略。设机会主义型提供者以概率 μ 提供产品或服务，而消费者以概率 ξ 参与交易，则由

$(1-\xi)(-c_0) + \xi(p-c_0) = 0$，可解得 $\xi = \dfrac{c_0}{p}$。

进一步地，由于消费者推测不同类型的提供者采用"提供产品或服务"策略的概率为 $\theta + \mu(1-\theta)$，因此消费者对机会主义型提供者的后验概率为 $\lambda_1 = \dfrac{\theta}{\theta + \mu(1-\theta)}$。根据 $\lambda_1 = \bar{\lambda}$ 的条件，可计算出 $\mu = \dfrac{\theta(1-\bar{\lambda})}{\bar{\lambda}(1-\theta)}$，这样就得到命题 6.4 的结论。

以上结论的管理暗示在于：尽管共享经济交易中的提供者类型为私人信息，消费者无法确定提供者的真正类型，但利他型提供者的存在使得共享经济市场具有了一定的声誉，消费者愿意接受共享经济，从而改变了原来无交易的状态。其中，利他型提供者比例 θ 的大小，成为模型的关键因素，在提供者和消费者双方策略的应用上，都可见其影响。这充分说明声誉机制可以在一定程度上降低共享经济中的道德风险，声誉效应的形成机理是：由于利他型提供者的存在，消费者在无法确定提供者类型时，参与共享经济的意愿提高，同时机会主义型提供者也提供产品或服务，从而改变无交易的状态。

当 $\theta > \bar{\lambda}$ 时，表示提供者中有较大比例是利他型的。消费者相信提供者中有相当比例是利他型的，使得消费者愿意接受共享经济产品或服务，这样一部分机会主义型提供者也因此而"搭便车"。当 $\theta \leqslant \bar{\lambda}$ 时，提供者中有较大比例是机会主义型，他们以一定的概率提供虚假产品或服务，少数利他型提供者提供真实产品或服务，这就会使得消费者难以适从，并会引发共享经济市场的低效率。

综上所述，引入利他型提供者产生的声誉效应，的确提高了双方的交易意愿。但必须指出的是，这仍未能有效降低共享经济中的道德风险。在单期博弈中，少数机会主义型提供者因为惩罚不足、无法形成有效威慑等原因，诱发其采用了欺诈等非合作行为。如果面临的是长期博弈关系，那么参与者过去的行为及其声誉对决策产生怎样的影响？对于这一问题，下面将考虑重复博弈的情形，从单期模型扩展到多期模型，进一步分析声誉能否有效降低提供者的欺骗行为，成为机会主义策略的约束机制。

6.4.2 两期博弈

下面构建两期模型，在该模型中，提供者可以交易两期，而消费者只交易一期。假定第一期和第二期提供者提供的产品或服务的价格分别为 p_1 和 p_2，其余假设与 6.4.1 节相同，如果前一期的行为不能被观察到，那么两期博弈相当于单期博弈重复两次，以下给出相应的均衡结果。

命题 6.5 记 $\overline{\lambda}_1 = \dfrac{p}{v}$，$\overline{\lambda}_2 = \dfrac{\theta}{\theta + \mu_1(1-\theta)}$，两期博弈的完美贝叶斯均衡如下。

（1）当 $\theta > \max(\overline{\lambda}_1, \overline{\lambda}_2)$ 时，利他型提供者选择提供真实产品或服务的策略，机会主义型提供者选择提供虚假产品或服务的策略；消费者在条件 $\theta > \overline{\lambda}_i$（$i=1,2$）下，若对利他型均衡推断为 $\lambda_i = \theta$，则选择参与共享经济交易。

（2）当 $\theta \leqslant \min(\overline{\lambda}_1, \overline{\lambda}_2)$ 时，提供者策略为：利他型提供者选择提供真实产品或服务的策略；而机会主义型提供者在 $\theta \leqslant \overline{\lambda}_i$（$i=1,2$）时选择以概率 $\mu_i = \dfrac{\theta(1-\overline{\lambda}_i)}{\overline{\lambda}_i(1-\theta)}$ 提供虚假产品或服务；消费者在条件 $\theta \leqslant \overline{\lambda}_i$ 下，若均衡推断为 $\lambda_i = \overline{\lambda}_i$，则以概率 $\dfrac{c_0}{p_i}$ 选择参与共享经济交易。

命题 6.5 的证明过程与命题 6.3 和命题 6.4 类似，不再赘述。该命题表明，当提供者前一期的交易行为不能被消费者观测到时，那么机会主义型提供者无须建立诚信的声誉。事实上，在每期最后阶段，机会主义型提供者均选择提供虚假产品或服务。除非消费者不参与共享经济交易，否则难以消除机会主义型提供者的不诚信行为。这说明尽管延长了交易期数，但仍未有效地降低道德风险行为。那么，如果前一期的交易可以被消费者观测到，且消费者在交易结束时能进行声誉评价，那么机会主义型提供者是否有意愿建立真实产品和服务交易的声誉？

这里引入的声誉机制在共享经济实际运行中已经被应用，具体含义是：如果消费者得到的是真实的产品和优质的服务，则对提供者给予积极评价，提供者可以继续进行后面的交易；反之，如果得到的是虚假的产品或劣质的服务，则对提供者给予负面评价，提供者将不能进行后面的交易。假定消费者会客观公正地进行评价，且消费者提供评价无须任何成本。根据这一机制，消费者根据已有的评价结果更新对提供者的推测，进而判断提供者是否值得信任及是否参与共享经济交易。值得注意的是，声誉机制只是传递提供者过去行为的结果，消费者仍无法观测提供者的真正类型。

下面以逆向归纳法分析博弈的均衡。先考虑第二期，利他型提供者的最优策略是选择真实产品及服务，而机会主义型提供者的最优策略则是选择虚假产品和服务。对于第二期提供者的最优策略，如果消费者对利他型提供者的推断为 λ_2，那么消费者参加共享经济交易获得的收益为 $\lambda_2(v-p_2)+(1-\lambda_2)(-p_2)$，而不参加共享经济交易的支付为 0。所以提供者选择是否交易，取决于 λ_2 的值的大小。这样，可通过分析得到如下均衡结果。

命题 6.6　考虑声誉评价机制，两期博弈的完美贝叶斯均衡如下。

（1）当 $\theta \geqslant \bar{\lambda}_2$ 时，利他型提供者选择提供真实产品或服务的策略，机会主义型提供者在第一期选择交易真实产品或服务，而在第二期选择提供虚假产品或服务的策略；消费者在利他型均衡推断为 $\lambda_i = \theta$（$i=1,2$）的情形下，选择参与共享经济交易。

（2）当 $\bar{\lambda}_1\bar{\lambda}_2 < \theta < \bar{\lambda}_2$ 时，利他型提供者选择提供真实产品或服务的策略；而机会主义型提供者在第一期选择以概率 $\dfrac{\theta(1-\bar{\lambda}_2)}{\bar{\lambda}_2(1-\theta)}$ 提供真实产品或服务，在第二期则提供虚假产品或服务；消费者第一期在对利他均衡推测为 $\lambda_1 = \theta$ 的

情形下，选择参与共享经济交易；在第二期，消费者在对利他均衡推测为 $\lambda_2 = \bar{\lambda}_2$ 的情形下，以概率 $\dfrac{c_0 + c}{p_2}$ 选择参与共享经济交易。

（3）当 $\theta \leqslant \bar{\lambda}_1 \bar{\lambda}_2$ 时，利他型提供者选择提供真实产品或服务的策略，而机会主义型提供者第一期选择以概率 $\dfrac{\bar{\lambda}_1 \bar{\lambda}_2 (1 - \bar{\lambda}_2)}{\bar{\lambda}_2 (1 - \bar{\lambda}_1 \bar{\lambda}_2)}$ 提供真实产品或服务，而在第二期选择提供虚假产品或服务；消费者在第一期对均衡推测为 $\lambda_1 = \bar{\lambda}_1 \bar{\lambda}_2$ 时，以概率 $\dfrac{a}{p_1}$ 选择参与共享经济交易；在第二期，消费者在均衡推测为 $\lambda_2 = \bar{\lambda}_2$ 时，以概率 $\dfrac{c_0 + c}{p_2}$ 选择参与共享经济交易。

上述结果反映了如下的事实，声誉机制在很大程度上决定了下期提供者是否有继续交易的可能性。机会主义型提供者在进行决策时，除了考虑本期通过欺诈行为得到的利益外，还需要考虑由于欺诈而失去的交易机会。一旦机会主义型提供者决定交易两期，命题 6.6 表明第一期其会模仿利他型提供者提供真实产品或服务，以换取下期交易的机会。如果受信任的提供者偏离其选择，则当期可节省一定的成本，但下期失去声誉的概率将增大。这一结论反映了声誉机制的效果，与已有文献的研究是一致的。

由命题 6.6 不难发现，如果提供者在第一期交易结果为积极评价，那么会赢得消费者第二期的信任，这当然也取决于 θ 的大小。换言之，声誉机制提升了消费者参与共享经济交易的意愿。当然，通过模型分析也可以看出，道德风险行为仍然存在，表现为机会主义型提供者在第一期以正常交易获得积极评价以积累声誉，但到了第二期仍然会采用欺诈行为。也就是说，声誉评价只能决定下期是否能够继续交易，但不能确保提供者下期采取何种策略。

作为理性经济人，参与者会根据交易方的声誉决定是否与其合作，也会综合权衡自身在交易中的成本与收益。既然提供者中利他型比例 θ 是一个重要变量,那么其究竟会对声誉产生多大影响？对于命题6.6所述三种情形分析如下：
①当 $\theta \geqslant \bar{\lambda}_2$ 时，机会主义型提供者两期的均衡总收益为 $R = (p_1 - c_0 - c) + (p_2 - c_0)$，故 R 不会受到 θ 的影响；②当 $\bar{\lambda}_1\bar{\lambda}_2 < \theta < \bar{\lambda}_2$ 时，机会主义型提供者两期的均衡总收益为 $R = \dfrac{\theta(1-\bar{\lambda}_2)}{\bar{\lambda}_2(1-\theta)} \cdot (p_1 - c_0 - c) + \dfrac{c_0 + c}{p_2} \cdot (p_2 - c_0)$，进一步可得 $\dfrac{\partial R}{\partial \theta} > 0$；③当 $\theta \leqslant \bar{\lambda}_1\bar{\lambda}_2$ 时，也可得到 $\dfrac{\partial R}{\partial \theta} > 0$。也就是说，当 $\theta < \bar{\lambda}_2$ 时，机会主义型提供者在第一期选择混合策略建立其声誉，在第二期选择欺骗，其总的均衡收益随着 θ 的增大而递增。主要原因在于，消费者判断提供者群体中利他者的比例会增加时，他们参与共享经济的意愿也越来越强烈。同时，机会主义型提供者被重新信任的机会也会越来越少,这本身已经构成了日渐增加、边际成本高昂的潜在惩罚。

不同于商业广告和社会地位，声誉具有更强的信号功能，为交易者提供了重要的决策信息。如果存在信息准确的声誉机制，消费者倾向于将其作为解决信息不对称的工具（吴元元，2012）。因此，一旦提供者在交易中产生了负面评价，消费者则会取消未来可重复的无数次潜在交易机会，从这个意义来看，声誉机制确是"弱者的武器"。

总的来看，共享经济中提供者声誉机制的作用过程是：提供者通过选择诚信行为逐步形成良好声誉，并且凭此获得一部分额外收益（声誉租金），这使得提供者形成良好声誉的报酬，它进一步又激励提供者继续守信从而维护声誉。在这一过程中，消费者信任是声誉机制有效运行的基础。如果出现失信现象或负面事件频发，则会损害声誉机制的信任基础。

对于共享经济治理问题，许多学者提出以"严格执法"和"协同治理"作为对策回应，这对于促进共享经济发展具有积极意义。由于共享经济的边界较为模糊，相关法律仍未出台，在这种情况下，如果能够充分发挥声誉机制对共享经济参与者失信行为或潜在违法行为的阻吓作用，在一定程度上缓解政府机构的监管负荷，那么它同样是一种辅助共享经济治理的可行选择，而且是一种富有效率的社会治理形式。在当下，声誉机制是对共享经济"包容审慎"原则颇有实践意义的制度呼应。

6.5　提供者声誉的长期演变

共享经济交易中，共享经济平台和提供者之间是典型的委托代理关系。6.4 节的研究表明，机会主义型提供者在共享经济交易中可以选择提供真实产品或服务（对应高努力水平），也可以选择提供虚假产品或服务（对应低努力水平），当其选择高努力水平时付出的成本高。由于不对称的事后行为难以得到约束，因此共享经济平台作为委托人面临着提供者（代理人）的道德风险。常见的管控策略较之于共享经济交易具有更大的不确定性，同时成本也更高，因此要充分把握提供者声誉的长期演变规律。

在共享经济平台和提供者进行的多期博弈中，共享经济平台利用提供者声誉作为激励手段，根据对提供者初始声誉的判断确定是否加入共享经济平台，在该周期结束时根据跟踪和评估结果对声誉进行修正：如果共享经济平台作出提供者守信的判断，则调高提供者声誉，这使得消费者获得更好的产品和服务，提供者也因此受益；否则，共享经济平台调低提供者的声誉，当提供者声誉极低时使其退出共享经济平台。例如，共享出行和共享住宿中的消费者评价就是重要依据。

假定博弈可以进行 n 期，用 r_t' 表示第 t（$1 \leqslant t \leqslant n$）期共享经济平台对提供者声誉的认定，用 D 表示共享经济平台对提供者的跟踪评估（赵晋等，2014）；用 e 表示提供者的努力水平，e_t 为第 t 期提供者的努力水平，e_T 和 e_N 分别表示提供者采用守信行为及失信行为（机会主义）对应的努力水平；用 ρ_1

表示提供者守信时被评估正确反映出来的概率，ρ_2 表示提供者出现道德风险被评估正确反映出来的概率，即 $\rho_1 = \Pr(D = e_T \mid e = e_T)$，$\rho_2 = \Pr(D = e_N \mid e = e_N)$，不失一般性，假定 $1 - \rho_1 < \rho_2$，即共享经济平台对提供者的行为表现进行正确判断的概率大于误判的概率；用 π_t 表示第 t 期提供者努力水平为 e 时为共享经济平台带来的利润，R_t 表示提供者在第 t 期当其声誉为 r_t 时的收益。

根据以上假设，首先分析共享经济平台跟踪评估对提供者声誉变化产生的影响。在第 i 期末若提供者的行为表现达到共享经济平台认定的标准，则第 $i+1$ 期提供者的声誉为

$$
\begin{aligned}
r_{t+1} &= \frac{\Pr(D = e_T \mid e = e_T) \cdot p(e = e_T)}{\Pr(D = e_T \mid e = e_T) \cdot p(e = e_T) + \Pr(D = e_T \mid e = e_N) \cdot p(e = e_N)} \\
&= \frac{\rho_1 r_i}{\rho_1 r_i + (1 - \rho_2)(1 - r_i)}
\end{aligned}
\tag{6.4}
$$

由于 $1 - \rho_1 < \rho_2$，因此 $r_{t+1} = \dfrac{\rho_1 r_t}{\rho_1 r_t + (1 - \rho_2)(1 - r_t)} > \dfrac{\rho_1 r_t}{\rho_1 r_t + \rho_1(1 - r_t)} = r_t$，这说明第 $t+1$ 期提供者的声誉较第 t 期上升了。

类似地，如果在第 t 期末提供者的行为表现未能达到共享经济平台认定的标准，则第 $t+1$ 期提供者的声誉为 $r_{t+1} = \dfrac{(1 - \rho_1)r_t}{(1 - \rho_1)r_t + \rho_2(1 - r_t)} < \dfrac{\rho_2 r_t}{\rho_2 r_t + \rho_2(1 - r_t)} = r_t$，也就是说，第 $t+1$ 期提供者的声誉较第 t 期是下降的。

考虑到共享经济平台对提供者的跟踪评估不仅受提供者努力水平的影响，还受共享经济平台自身技术及外部环境（如政策环境）的影响，结合前面的讨论，如果提供者在第 t 期诚实守信，则在第 $t+1$ 期的声誉预期为

$$
\begin{aligned}
r_{t+1,T} &= \Pr(e_{t+1} = e_T \mid D = e_T) \cdot \rho_1 + \Pr(e_{t+1} = e_T \mid D = e_N) \cdot (1 - \rho_1) \\
&= \frac{\rho_1^2 r_t}{\rho_1 r_t + (1 - \rho_2)(1 - r_t)} + \frac{(1 - \rho_1)^2 r_t}{(1 - \rho_1)r_t + \rho_2(1 - r_t)}
\end{aligned}
\tag{6.5}
$$

由假设 $1-\rho_1 < \rho_2$ 以及前述分析，不难得出 $r_{t+1,T} > r_{t,T}$，这表明提供者的声誉预期是上升的。

同样地，如果提供者在第 t 期出现道德风险，则在第 $t+1$ 期的声誉预期为

$$r_{t+1,N} = \Pr(e_{t+1} = e_N \mid D = e_N) \cdot (1-\rho_2) + \Pr(e_{t+1} = e_N \mid D = e_T) \cdot \rho_2$$

$$= \frac{\rho_1(1-\rho_2)r_t}{\rho_1 r_t + (1-\rho_2)(1-r_t)} + \frac{(1-\rho_1)\rho_2 r_t}{(1-\rho_1)r_t + \rho_2(1-r_t)} \quad (6.6)$$

由此可得 $r_{t+1,N} < r_{t,N}$，从而说明提供者的声誉预期是不断下降的。综合上述分析，可以得出下列结论。

命题 6.7　当 $1-\rho_1 < \rho_2$ 时，提供者的声誉变化符合下列规律。

（1）$r_{t+1,T} = \dfrac{\rho_1^2 r_t}{\rho_1 r_t + (1-\rho_2)(1-r_t)} + \dfrac{(1-\rho_1)^2 r_t}{(1-\rho_1)r_t + \rho_2(1-r_t)}$。

（2）$r_{t+1,N} = \dfrac{\rho_1(1-\rho_2)r_t}{\rho_1 r_t + (1-\rho_2)(1-r_t)} + \dfrac{(1-\rho_1)\rho_2 r_t}{(1-\rho_1)r_t + \rho_2(1-r_t)}$。

命题 6.7 表明，在多期博弈情形下，对远期收益的关注使提供者更加重视自身的声誉，从而有效地抑制了道德风险的发生。

根据式（6.5），由于不同时期形成的声誉数列 $\{r_{t+1,T}\}$ 是单调递增的，同时 $0 \leqslant r_{t+1,T} \leqslant 1$，因而可知该数列存在极限，且不难得出当 $t \to \infty$ 时，$\lim\limits_{t\to\infty} r_{t+1,T} = 1$。类似地，根据式（6.6），不同时期形成的声誉数列 $\{r_{t+1,N}\}$ 是单调下降的，同时 $0 \leqslant r_{t+1,N} \leqslant 1$，该数列也存在极限，且有当 $t \to \infty$ 时，$\lim\limits_{t\to\infty} r_{t+1,N} = 0$。

下面结合数值例子分析提供者声誉的演变过程。设 $\rho_1 = \rho_2 = 0.85$，分别取初始声誉值为 0.3、0.6、0.9，T_1、T_2、T_3 表示提供者是诚实守信的，N_1、N_2、N_3 表示提供者出现道德风险，可以得到声誉的演变趋势，如图 6.5 所示。此外，取 $r_1 = 0.8$，对于不同 ρ_1 和 ρ_2 组合下提供者的演变趋势，如图 6.6 所示。

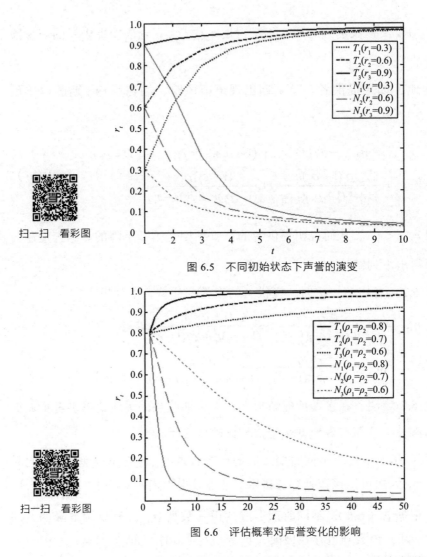

图 6.5　不同初始状态下声誉的演变

图 6.6　评估概率对声誉变化的影响

扫一扫　看彩图

扫一扫　看彩图

从图 6.5 中可见：①当提供者能够保持诚实守信时，则其声誉是不断递增的；反之，当提供者发生道德风险时，其声誉将不断下降；②提供者的初始声誉越高，那么对于后续各阶段来说其声誉也越高，这也反映了建立初始声誉的重要性；③声誉的演变在最初的几个时期变化较大，无论是声誉上升或下降都非常明显，这充分表明声誉机制具有较强的激励作用，从某个时期开始，不同的先验声誉对后期声誉的影响较小。此外，当提供者采用诚实守信策略时，即使初始声誉越低，但也会因其保持这一策略而改变共享经济平台的声誉评价，这也反映了累积声誉对于持续信任具有重要影响。

由图 6.6 中可以看出：当提供者能够保持诚实守信时，ρ_1 和 ρ_2 的值越大，声誉上升得越快；而当提供者发生道德风险时，ρ_1 和 ρ_2 的值越大，声誉下降得越快。这就说明如果共享经济平台的跟踪评估越能反映提供者的事后行为的实际情况，共享经济平台就越能更好地根据评估来判断提供者是否能够提供高质量的产品或服务。在某种意义上，ρ_1 和 ρ_2 体现了消费者对道德风险的甄别能力。尤其是当 ρ_1 和 ρ_2 较高时，消费者对提供者道德风险的甄别能力越强，显示了声誉机制能够在较短时间内发挥出积极的作用。

6.6　本　章　小　结

共享经济模式不同于传统的信息中介，虽然降低了交易成本，但面临更严重的逆向选择和道德风险问题。道德风险及其引发的信息控制问题是理解共享经济治理的主线。为了规避委托人与代理人之间的道德风险，需要通过治理设计进行信息控制，以达成治理目标。从信息控制的角度来透视共享经济，有助于清晰地展现道德风险的产生过程，为道德风险的控制及信任机制的构建提供一条有益的研究路径。

本章从信任博弈和声誉机制两个方面研究了道德风险的缓解机制，通过构建一系列模型分析提供者、消费者、共享经济平台之间的行为博弈，旨在揭示共享经济环境下道德风险行为存在的普遍性，并研究通过声誉机制、激励机制及信任机制来控制道德风险。

首先，研究了共享经济是提供者和消费者之间的信任博弈，探讨不同参与者之间的信任机制的形成。通过构建提供者和消费者的一个重复博弈模型，考虑提供者具有两种类型：策略型和可信型，这些类型都是私有信息，从而存在道德风险问题。该模型给出了完美贝叶斯均衡，并表明在一定条件下，提供者才会被信任。策略型和可信型两类提供者又具有不同的适用条件，策略型提供者会采用机会主义行为，而值得信任型的共享经济平台在整个博弈中将选择"守信"，从而从长期交互的角度充分说明了信任机制对于道德风险控制的重要性。

其次，分析了声誉在降低提供者道德风险行为的作用机制。在单期模型中，机会主义行为使得消费者缺乏参与共享经济交易的意愿。当在两期模型中引入利他型提供者时，提供者和消费者参与共享经济交易的意愿明显增强。如果提供者行为不能被观测到，则道德风险仍无法消除，如果提供者的行为可以被观测，那么声誉效应使得机会主义型提供者的欺诈行为的概率下降。提供者群体中利他型比例的大小，是声誉效应发挥作用的关键因素。一旦提供者中存在较多的机会主义型，则对声誉机制将产生极大的破坏。

最后，考虑了对长远收益的关注可能使提供者更加重视自身的声誉这一现象，进一步分析了提供者声誉的长期演变规律。共享经济平台根据对提供者声誉的判断决策是否使其加入共享经济平台中来，在交易期内对提供者的实际行为进行跟踪评估，并据此修正对提供者声誉的评价。模型分析和数值例子均显示，初始声誉、提供者的策略选择以及共享经济平台的评估能力对提供者声誉的演变具有重要的影响。这说明提供者应高度重视其初始声誉的建立，在进入共享经济平台后的交易过程中始终保持诚实守信，这也是建立初始信任和持续信任的重要环节。对于共享经济平台而言，要充分重视和利用市场信号，努力提升对提供者实际行为的评估水平和甄别能力，从而有效地控制道德风险的发生。

总之，本章通过模型构建对信任形成机理和声誉机制作用的分析，强调共享经济参与者的策略选择是内嵌于具体博弈环境的，并在与他人进行互动决策的过程中产生声誉，消费者信任是声誉机制有效运行的基础。这些研究有助于使关于信任博弈和声誉机制的探索进一步深化和发展。

第 7 章
共享经济下的信任评价机制研究

我不认为社会成员有先验的义务来遵守社会契约。相反，可以证明的是社会契约唯一有效的替代者是隐性或显性地约束他们自己的约定。

——肯·宾默尔（Binmore，1994）

7.1 引　言

共享经济的快速发展给许多企业带来了巨大的商机。但不容忽视的是，现实中仍存在诸多问题亟待解决。其中，共享经济平台对卖方的管理是影响其能否实现从粗放扩张到可持续发展的核心难题(Sundararajan，2016；阳镇，2018)。共享经济降低了非专业用户/提供者的进入壁垒，导致共享经济平台提供的服务在质量方面表现出较大的差异，从而影响用户对共享经济平台的信任。

即使在拥有品牌形象和公共监管的共享经济平台中，信任也较难维持。一方面，在用户不专业的情况下，提供者的品牌形象并不能很好地作为建立信任的手段，而旨在保护消费者的标准公共监管工具目前尚未广泛应用于共享经济（Schor and Fitzmaurice，2015；刘绍宇，2018）；另一方面，提供者在交互中的不当行为所造成的不良后果有时可能比标准在线销售中的行为更有害。例如，在极端情况下，信任不可靠的出行提供者可能会对用户造成身体伤害，而信任虚假在线卖家的后果通常带来物质损失（Ter Huurne et al.，2017；李牧南和黄槿，2020）。因此，共享经济平台积极寻求与其用户之间建立、维持和发展信任关系，而建立有效的信任评价系统在甄别提供者方面无疑发挥着重要作用（Thierer et al.，2016）。

由于合作卖方（以下简称卖方）拥有私人信息，共享经济平台要做到每次均对线上产品或者服务完全核实的成本很高，因而共享经济平台很难保证卖方的服务质量承诺能够兑现。建立对卖方和共享经济平台声誉状况的评价机制，是解决平台质量控制问题的关键所在（Bolton et al.，2013）[①]。一方面，对卖方进行声誉评价，能够有效提升产品或者服务的质量，也能够减少单纯的从众行为引发的不利结果；另一方面，对共享经济平台进行声誉评价，能够减轻平台企业的不诚信行为，避免共享经济平台"店大欺客"侵害卖方利益。正因为上述原因，有效评价双方的声誉对于共享经济商业模式的长远发展至关重要。

互联网环境下，卖方管理一直是平台企业管理的难点，声誉机制研究凸显必要性与紧迫性[②]。已有的相关研究表明，良好的声誉是买卖双方进行长期交易的重要前提（吴旭，2014）。林闯等（2011）基于多维博弈的思想构建了信任评估模型，可在具有多种属性的节点之间寻找使各方利益达到均衡的策略。甘早斌等（2012）根据节点的反馈信息、交易时间和交易次数对线上商家的声誉进行了分析。但上述模型主要针对点对点网络借款（peer-to-peer，P2P）、B2C、C2C 等商业模式，并不适用于共享经济平台中商家的声誉评价。

---

① 许多学者采用实验方法研究平台企业的声誉机制，参见 Rice（2012）、Fouliras（2013）、Li 和 Xiao（2014）。

② Grewal 等（2010）是从电子商务平台角度针对商家管理问题展开的研究，也是相关研究首次出现在市场营销顶级期刊中。

　　石岿然和马胡杰（2018）研究了平台企业的信任评估机制，充分考虑了过去的交易经验、预期合作（承诺）及声誉三个重要因素，建立了平台企业对商家的信任估值模型，并基于可信性评估方法考察了商家的产品质量、运营时间、价格水平和售后服务等因素对评估结果的影响。研究指出，信任评估是声誉管理的基础因素，为使信任估值模型发挥良好的效果，需要建立信任追踪机制，跟踪记录商家的行为，及时修正模型数据，形成动态评价机制，有效抑制商家的欺诈和投机行为的发生。

　　在互联网共享经济平台中，买卖双方之间构建信任机制主要有三种途径：事前审查、声誉机制及事后干预。共享经济环境下，即使共享经济平台事先对提供者的服务水平进行了甄别并实行了准入制度，但相关信息仍是不充分、不完备的[①]。声誉机制可以降低参与者之间的信息不对称程度，尤其是双向声誉评价机制通过交易双方在交易后互相给予对方评价，使其他交易者能够获得关于该交易方的声誉记录，从而有效地缓解逆向选择和道德风险问题（Przepiorka，2013；汪旭晖和张其林，2017）。目前国内一些有影响力的平台企业，在交易体系中均采用了双向声誉评价机制（王勇和戎珂，2018）。双向声誉评价机制一般分为同步声誉机制和非同步声誉机制两种类型（李玲芳和洪占卿，2015）。同步声誉机制是指评价结果只有当双方都完成评价之后才能被对方观测到，非同步声誉机制则是指参与方给对方的评价能很快被对方观察到。

　　声誉管理是交易参与方建立信任关系的坚实基础，但目前针对共享经济平台的声誉研究仍较为缺乏，已有的 P2P、B2C、C2C 的声誉研究难以反映共享经济的特点，共享经济平台究竟如何对商家进行信任评估？对于失信问

---

　　① 本书第 3 章就共享经济平台的准入制度进行了分析，同时探讨了声誉问题。本章更加深入地分析双向声誉评价机制在这一类平台应用中的有效性，同时也是对第 3 章内容的深化和扩展。

题频繁出现的共享经济平台而言，采用何种声誉机制更为有效？本章将对上述问题展开研究，内容结构如下：7.2 节通过几个具体实例阐述双向声誉评价系统的应用；7.3 节探讨两类双向声誉评价系统，即非同步声誉机制的作用机理以及同步声誉机制的有效性；7.4 节分析声誉评价的具体过程并研究如何识别不同的提供者类型；7.5 节简要总结本章内容。本章的研究框架见图 7.1。

图 7.1　本章研究框架

7.2　典型共享出行平台的评价系统

由于共享经济交易通常在陌生人之间进行，因此交易双方均面临一定的风险。评价机制作为市场参与者之间的协作知识共享机制，提供用户行为表现与动机，往往对市场产生积极的作用，同时将那些有悖于市场规则的企业淘汰出市场。通过梳理评价机制的相关文献，可以将其分为两类：一是反馈机制，即受到外部环境的影响，提供相关信息并与他人分享；二是声誉机制，指用户相信并尊重其评判而设立的机制。

信任机制在一定程度上能够缓解道德风险及逆向选择问题。例如，共享住宿中如果发现房屋与照片或描述不符，通过建立信任机制，可以有效降低道德风险。消费者通常会拒绝与该商家往来，或是降低支付意愿。如果欺诈者发现所受的处罚大于其欺诈的获利，就能够产生可置信的威胁并激励其进行合理的交易。此外，信息不对称是造成柠檬市场中诸多不良现象的根本原因，通常买方拥有较少的信息，难以正确评判产品或服务的价值，信任机制在一定程度上解决了这一问题，使交易更有效率。有学者认为这种效率来自共享经济平台处理信息的能力（Thierer et al.，2016）。在这方面，嵌入共享经济平台的评级/声誉系统的工作是关键。

评价系统的设计通常被认为是控制的一个重要组成部分，Tiwana 等（2010）认为，评价系统是共享经济平台治理的三个重要方面之一，是共享经济平台所有者确保提供者/消费者的行为符合共享经济平台最佳利益的手段。特别是，共享经济平台会将评价系统作为过程控制和度量的重要手段（Tiwana，2014）。当然，也有大量研究涉及评价系统是否可被视为用户/购买者的可靠质量信息来源、如何改进其设计以防止评价中出现偏差（Zervas et al.，2017），以及探讨双向或相互评价制度（即买方和卖方相互审查的评级制度，而不是只有市场一方可以对另一方进行评级的单向评级制度）中存在的问题。

一般地，评价系统可分为两类：集中评价系统和分散评价系统。集中评价系统中，评价中心会收集每一位提供者在共享经济平台中的资料，例如其他消费者曾经对该提供者的评分等，并公开这些分数。消费者在进行交易决策前，可先进入评价系统，观察之前消费者与提供者的互动与评级。同时，共享经济平台会不断更新这些评分，让消费者获取最新动态信息。这一机制能使提供者线上交易时保持诚信，同时将恶意欺骗与效率不高的提供者过滤。与集中评价系统不同的是，分散评价系统没有设置评价中心这一功能，因此也无法让消费者随时进入系统观察他人评分。消费者每完成一项交易时，可以提交本人对此次交易的评价。当其他消费者需要了解提供者之前的评价来进行消费决策时，必须通过这些已经存储评论的消费者，并向他们索取之前的消费经验。

现实中，集中式和分散式平台都使用某种形式的评价系统。例如，Iyft 等通过"推荐机制+评分系统+背景验证"来确保信任体系的建立；PP 租车

（iCarsclub）依靠"会员机制+评价机制+安全机制+保险机制+法律保障机制"来维护信任体系，Couch surfing 则建立了用户筛选、担保和付费认证机制。当前，各类评价系统的主要差异在于如何收集和公开提供者的信息（如公开信息的时间与评价信息的特征），以及共享经济平台如何使用这些信息来设计评价系统（如评价标准和范围）。在一定程度上，上述这些特征都会影响到共享经济平台的评价系统对提供者产生机会主义行为的防控能力。表 7.1 对几个典型共享出行平台进行了综合比较。

表 7.1　典型共享出行平台的评价系统比较

出行平台	评价系统的认证	评价的标准	评价系统的类型
Turo	用户的个人信息由平台认证，或通过外部引用（批准的驱动程序）进行验证 链接到脸书（Facebook）	按 1—5 级评分	公布用户平均评分的双向双盲评分系统
GetAround	该平台通过 Facebook 等验证用户个人信息 但未将认证链接到 Facebook	由平台控制评价和反馈评价，对于乘车者为 1—4 级 对于租车者划为是/否/不知道	双向评价制度，评价既不公布，也不传达给合同方
滴滴出行平台	用户的个人信息通过了该平台的验证	按 1—5 级评分	双向评价系统，将尽快发布双向评价机制
BlaBlaCar	平台认证用户信息 链接到 Facebook 和领英（LinkedIn）	对司机和乘客采用 1—5 级评分 对司机采用 1—3 级驾驶能力的附加评分	双向双盲评价系统，公布用户的平均评分和评价；在禁运 14 天后，仅交易的一方发表评价
LyftShare	平台认证用户信息 链接到 Facebook	对司机和乘客的评分，均为 1—5 分	双向评价系统，公布用户的平均评分和评价
Uber	司机的个人信息由平台验证 未对链接到 Facebook 的乘客进行验证	对司机和乘客的评分，均为 1—5 分	双向匿名评价系统，有义务只为司机向乘客提供评价
Lyft	司机的个人信息由平台验证 未对链接到 Facebook 的乘客进行验证	对司机和乘客的评分在 1—5+的范围内 对低于 4 分的乘客的评分以书面形式激励	双向匿名评价制度

7.2.1　用户信息的公开

就公布司机相关信息而言，分散式平台和集中式平台之间的区别是显而易见的。去中心化的共享经济平台会发布更多来自司机和乘客双方的信息，尽管只有在交易完成后才全面披露这些信息。大多数共享经济平台采用认证和核实用户提供的信息的程序，使用标签来识别那些已核实信息的司机。集中式平台则要求司机和乘客提供不同数量的信息，司机提供的信息相对更多（如驾驶执照、有无民事纠纷或刑事犯罪等）。司机的个人信息由共享经济平台进行验证，对乘客一般不验证，司机和乘客的信息只有在匹配后才可用。当然，司机可以在规定时间内（15 秒）拒绝提供服务。几乎所有共享出行平台都与社交媒体（Facebook、微信）链接，这既是为了简化注册程序，也是为了传递关于司机可靠性的更多信息。

7.2.2　声誉评价的本质

大多数研究集中探讨评价系统的两个主要区别，即评价系统是单向的还是双向的，是开放的、双盲的还是匿名的。在几个较大的共享出行平台中，只有两个为单向评级系统：打车应用（GetTaxi）和我的出租车（MyTaxi）。其余几个平台中，有两个是双盲系统（Turo 和 BlaBlaCar），两个是开放的（滴滴出行平台和 LyftShare），两个是匿名的（Uber 和 Lyft），另一个平台 GetAround 只在内部使用评价，不以任何方式公布。针对当前声誉评价系统中出现的种种问题，大多数平台（如 LyftShare、Uber 和 Lyft）采取了对评价和反馈进行事后控制的方式，以减少不合理评价的情况，其他两个平台 GetAround 和 BlaBlaCar 则选择了事前控制的方式。

7.2.3　声誉评价的标准

声誉评价的标准和范围也是非常重要的一个方面。大多数共享出行平台采用 1—5 级标准，表 7.1 中列出了例外情况。公布评价结果被认为是使评价发挥激励作用的一种方式，这在分散式平台中很常见。在集中式平台中，只有在交易建立之后才能获得评价，司机可以在很短的时间内拒绝交易。在后一类平台中，评价系统可通过适当的算法设计与薪酬挂钩。例如，在 MyTaxi 平台上，较高的评分意味着更高的概率被分配到更高价值的乘车项目，而在 GetTaxi 平台上，评分用于创建一个城市的所有平台司机的排名。

7.2.4 司机退出平台的规定

大多数共享出行平台会对司机或乘客设置一个评分范围，例如，搭车平台 BlaBlaCar 规定至少 3 次交易后，那些平均评分低于 3 分的司机就可以被排除在平台之外。Uber 采用了两种门槛。第一种是基于评分的，在最近 500 次乘车中，平均评分低于给定范围的司机可以被排除在平台之外。当然，需要指出的是，Uber 在不同城市的评价范围可能存在差异。第二种是基于接车率的，Uber 将司机排除在平台之外也可能是由低于 25% 的接车率触发的[①]。Lyft 也设置了明确的评价范围：平均评分低于 4 分的司机可以被排除在平台之外。但值得注意的是，不同评价系统还未能实现跨平台的共享，一旦司机的评分低于某个出行平台的规定，他常常会切换到其他出行平台继续提供服务。

7.3 双向声誉评价系统

前面通过共享出行的几个具体实例，对交易过程中有关声誉机制的几个

---

① 在抢单模式下，一些司机可能出现较高的空驶率。针对这一情况，共享出行平台将抢单模式改变为派单模式，有效降低了空驶率。

重要环节进行了探讨。7.3 节至 7.5 节将主要探讨双向声誉评价机制的作用机理，在构建模型之前，先简要分析三个具有典型代表性的案例。

7.2 节已经述及共享出行平台 Uber 采用了双向声誉评价机制，司机和乘客需相互评分。为保护供需双方当事人，不像一般平台会采取向公众公开消费者的评分，对于乘客（消费者）而言，乘客均需在选定上车地点及路线后，Uber 才会显示匹配司机的基本资料及其评分，消费者在看到相关信息后决定是否乘车，Uber 所制定的条款规定在叫车后五分钟内取消将不收取额外费用。评分方式以星级显示，可以给予满分五分的评分。系统强制规定司机必须要为乘客评分，才能进入系统服务下一位乘客，而乘客则可以自由选择是否为该司机评分，同时评分也不受时间限制。若乘客认为在出行中存在任何问题，都可以在事后以文字形式反馈给 Uber。总体来说，Uber 的评价机制注重保护隐私，Uber 不会擅自公布以往乘客对该司机的文字评价，乘客在叫车时仅能看到该司机的整体评分情况。

共享住宿平台 Airbnb 为了保证账户的安全，采用双边认证方式，房主和租客都会给予对方分数，以了解某次匹配中双方的满意程度。与 Uber 的评价机制较为注重个人隐私所不同的是，Airbnb 使一般人都能了解房主的整体服务质量，并提供相对应的项目评价，如房屋情况是否符合房主的介绍、地址是否与入住之前的沟通相符。房主为确保个人隐私，通常不会直接公开其详细地址，因此详细地址需要通过租客与房主事先充分沟通并确认才能获得。此外，租客入住后房主的招待、服务、房屋的卫生状况与性价比等都是评分项。租客以 1—5 星级进行评分，同时 Airbnb 也希望租客以 500 字为限的文字陈述建议，其他用户可以针对该评论进行反馈，让公众更清楚地了解房屋出租的真实情况。

作为全球知名的共享人力资源平台，跑腿兔（TaskRabbit）是一家使消费者能将简易工作及任务外包给其邻居的线上服务公司。在平台中，消费者告知需要完成的任务是什么，且消费者针对自己的意愿支付定价，通过平台找到合适的人员去完成任务。TaskRabbit 将信任与安全作为企业的首要目标，该平台会针对所有申请者进行背景调查及能力评估测试，通过后才能成为任务服务者。由此来看，TaskRabbit 也是通过线上审核延伸至线下真实服务。TaskRabbit 采用双向评分机制，但只公布任务服务者的评分，并不公布消费者的评分，但这样可能会造成供需双方的信息不对称。TaskRabbit 以保护消费者隐私等为理由，希望增加消费者以满足供需平衡。

有关上述三类平台的评价系统的比较如表 7.2 所示，可以看出，不论是集中式还是分散式评价系统，Uber、Airbnb 和 TaskRabbit 均采用闭环反馈方式，参与者越多，则会产生更多的附加值。从信息公开的透明度来看，Airbnb 比 Uber 和 TaskRabbit 更高。

表 7.2　三类服务共享经济平台的声誉评价系统比较

共享经济平台	所涉行业	参与主体	评价概况
Uber	共享出行	司机和乘客	双向评价、数值型评分、评价不公开
Airbnb	共享住宿	房主和租客	双向评价、数值型评分、文字评价、评价公开
TaskRabbit	共享人力资源	任务提供者和任务承担者	双向评价、数值型评分、文字评价、评价公开

由前面的几个例子可以看出，共享经济平台双向声誉评价机制通过提供者和消费者双方在交易后相互评价，使其他交易参与者获得他们的历史声誉记录，以促进提供者和消费者双方交易的达成。在双向声誉评价机制中，提供者和消费者都有权利对另一方的交易行为进行评价，买卖双方平等的评价地位使得双向声誉评价机制更加适用于共享经济模式。因此，双向声誉评价机制较好地体现了交易双方的行为互动及其影响作用，同时，这种互动在一

定程度上增加了提供者和消费者双方参与评价的积极性，有助于解决信息不对称问题，可以更好地控制道德风险的发生。

然而值得注意的是，提供者和消费者都有动机留下不真实的评价。例如，一些共享经济平台中消费者对提供者给予了相当多的好评，从而误导了其他消费者；有的消费者出于非诚实动机对服务质量较好的提供者给予差评；提供者有权评价消费者，也可能使某些消费者对不满意的交易不留差评。针对上述现状，可应用不完全信息下的逆向选择模型来分析交易双方的评价行为（Dellarocas and Wood，2008；李玲芳和洪占卿，2015）。

尽管共享经济平台对提供者设置了严格的准入机制，但进入共享经济平台的提供者依然可能选择机会主义行为。不妨假定自然决定提供者能否按照一定质量标准提供服务，提供者分别以 α 和 $1-\alpha$ 的概率提供高质量服务 q_H 和低质量服务 q_L，其中 $0 \leqslant \alpha \leqslant 1$。服务结束后，消费者对提供者的服务进行评价。假设 q_H 类型提供者实现满意结果的概率是 p_H，q_L 类型提供者实现满意结果的概率是 p_L，且 $0 \leqslant p_L < p_H \leqslant 1$。进一步地，设共享经济平台中提供者和消费者均依据自身效用最大化来选择进行评价，考虑到当服务结果为满意时，双方会互留好评，因而下文仅讨论当服务结果为不满意的情形。假设当消费者对服务结果不满意时，分别以概率 θ 和 $1-\theta$ 认为提供者是 q_H 类型和 q_L 类型。其中，α、p_H、p_L 和 θ 是交易双方的共同知识。

7.3.1　非同步声誉机制及均衡分析

在非同步声誉机制中，考虑如下的两阶段博弈：第一阶段，提供者和消费者决定评价的顺序，双方的策略集合为 $A_1 = \{R, N\}$，其中 R 表示某一方选择首先给对方评价，N 表示等对方评价后再行动；第二阶段，交易双方按顺序进行评价，双方的策略集合为 $A_2 = \{G, B\}$，G 和 B 分别表示给对方好评和差评，该博弈时序如图 7.2 所示。

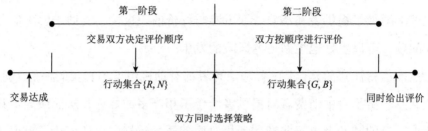

图 7.2　非同步声誉机制的博弈时序

对于这一动态博弈，提供者和消费者在第一阶段的决策分为以下几种情况：如果双方选择策略 N，那么二者放弃进行评价，无讨论意义；如果双方同时选择策略 R，即提供者选择 R（或 N）而消费者选择 N（或 R），那么假设双方等概率地实现两种情形下的子博弈纳什均衡的支付。当第一阶段双方选择 R 和 N 的支付相同时，假定双方均选择策略 R。

分别用 H 和 C 表示提供者和消费者，用 $s_i^j = k$ 表示参与者 i（$i = H, C$）在第 j 阶段（$j = 1, 2$）采用了策略 k（$k = R, N, G, B$），如第一阶段提供者选择策略 R 时记为 $s_H^1 = R$，第二阶段消费者选择策略 G 时记为 $s_C^2 = G$，其余情况依此类推。

根据逆向归纳法的思路，先对第二阶段进行分析，由于提供者可能是 q_H 类型或 q_L 类型两种情形，不妨考虑提供者为 q_H 类型时双方的支付矩阵。当消费者给予好评时，提供者会在共享经济平台上得到更多的机会，其支付为基本收益 u_H（$u_H > 0$）与额外收益 w_H（$w_H > 0$）之和，此时若提供者也给予消费者好评，则消费者的支付为 u_C（$u_C > 0$）；当消费者给予好评而提供者给予差评时，则提供者的支付为 u_H 而消费者的支付为 $-f_C$（$f_C > 0$），此时消费者因难以得到服务受到损失，而提供者也因非诚实评价不能获得额外收益；当消费者给予差评而提供者给予好评时，提供者会遭受到 f_H（$f_H > 0$）的损失，消费者的支付仍为 u_C；而当消费者和提供者都给予对方差评时，分别遭受损失 f_C 和 f_H，考虑到双方都会因收到差评而显著增加给予对方差评的倾向，此时提供者和消费者的支付分别为 $w-f_H$ （ $w-f_H<0$ ）和 $w-f_C$ （ $w-f_C<0$ ），其中，w 反映了报复对方的支付（意愿）①。根据上述分析，提供者为 q_H 类型时双方的支付矩阵如表 7.3 所示。类似地，可以给出提供者为 q_L 类型时双方的支付矩阵，这里不再赘述。

表 7.3　提供者为 q_H 类型时第二阶段的支付矩阵

项目		消费者	
		G	B
提供者	G	u_H+w_H ， u_C	$-f_H$ ， u_C
	B	u_H ， $-f_C$	$w-f_H$ ， $w-f_C$

根据表 7.3 的支付矩阵，当第一阶段消费者首先行动时，提供者的最优反应为：当 $s_C^2=G$ 时，$s_H^2=G$；当 $s_C^2=B$ 时，$s_H^2=B$。给定提供者的最优反应，消费者的最优反应为选择策略 G。也就是说，此时均衡路径为消费者先行动并给出好评，其后提供者跟随行动也给予好评，q_H 类型提供者及消费者的均衡支付分别为 u_H+w_H 和 u_C，于是有以下结论。

命题 7.1　当 $\theta=1$ 且第一阶段消费者首先行动时，两阶段动态博弈的均衡路径为消费者先行动并给予好评，提供者跟随行动并给予好评。

按照同样的方法，可分析当第一阶段提供者首先行动时的均衡路径。

命题 7.2　当 $\theta=1$ 且第一阶段提供者首先行动时，用 β 表示消费者给予好评的概率，以下结论成立。

（1）若 $0\leqslant\beta\leqslant\dfrac{w}{w_H+u_H+f_H}$，则提供者等对方评价后再行动，两阶段动态博弈的均衡路径为消费者行动并给予好评，提供者跟随行动。

（2）若 $\dfrac{w}{w_H+u_H+f_H}<\beta\leqslant1$，则两阶段动态博弈的均衡路径是提供者先

---

① 为分析方便起见，这里不考虑报复程度的差异。

行动并给予好评，消费者跟随行动并分别以概率 β 和 $1-\beta$ 给予好评和差评。

当 $\theta=1$ 且第一阶段提供者首先行动时，与命题 7.1 类似，首先给出第二阶段双方的支付矩阵，通过均衡分析可知：给定消费者的最优反应，当 $0 \leqslant \beta \leqslant \dfrac{w}{w_H + u_H + f_H}$ 时，提供者的最优反应是 $s_H^2 = B$；当 $\dfrac{w}{w_H + u_H + f_H} < \beta \leqslant 1$ 时，提供者的最优反应是 $s_H^2 = G$。下面主要对命题 7.2 中的结论（1）给出证明。提供者为 q_H 类型时双方在第一阶段的支付矩阵如表 7.4 所示。

由表 7.4 不难得出，由于 $w - f_C < 0$ 而 $u_C > 0$，故 $\dfrac{w - f_C + u_C}{2} > w - f_C$，表明消费者的占优策略是 R。又因为 $w - f_H < 0$ 而 $u_H + w_H > 0$，所以 $\dfrac{u_H + w_H + w - f_H}{2} < u_H + w_H$，即 q_H 类型提供者的占优策略是 N，因此结论（1）成立，结论（2）可类似进行证明。

表 7.4　提供者为 q_H 类型时第一阶段的支付矩阵

项目		消费者	
		R	N
提供者	R	$\dfrac{u_H + w_H + w - f_H}{2}$，$\dfrac{w - f_C + u_C}{2}$	$w - f_H$，$w - f_C$
	N	$u_H + w_H$，u_C	0，0

注意到当 $\theta=1$ 时，共享经济平台上只有 q_H 类型提供者，因此直观地看，消费者先行动并给予好评总是较优的选择，即使提供者选择先行动时也是消费者给予好评。但这样的结果不能反映交易结果不满意的事实。因此，有必要讨论 $0 \leqslant \theta < 1$ 时的情形。

当 $0 \leqslant \theta < 1$ 时，共享经济平台上除 q_H 类型提供者外，还会出现 q_L 类型的提供者。与命题 7.2 的分析方法类似，当 $0 \leqslant \theta < 1$ 时，可得到第一阶段时的双方支付矩阵与表 7.4 相同。因此，此时无论共享经济平台上的提供者是 q_H 类型还是 q_L 类型，消费者的占优策略均为 R，而两种类型的提供者均选择跟随行动。

命题 7.3　当 $0 \leqslant \theta < 1$ 时，均衡路径是消费者首先行动给予好评，两种类型的提供者跟随行动也给予好评。

命题 7.3 充分说明了非同步声誉机制在实现诚实评价上的局限性，当消费者具有惩罚 q_L 类型提供者的动机时，非同步声誉机制并不能产生真实的评价。下面转向对同步声誉机制的分析，同样讨论交易结果不满意时的情形。

7.3.2　同步声誉机制及均衡分析

与非同步声誉机制不同，在同步声誉机制下，交易双方只有公布了自己的评价后才能看到对方的评价。也就是说，提供者与消费者双方的评价结果在交易过程结束后才会被对方观测到，因而该机制的评价过程只有一个阶段，双方的评价策略记为 $\{G, B, A\}$，其中 G 和 B 仍分别表示给对方好评和差评，A（abandon）代表放弃评价。显然，当提供者为 q_H 类型时，提供者与消费者选择策略 G 和 B 的支付与表 7.3 完全相同。下面主要考虑至少有一方放弃评价的情形。当前，一些服务共享经济平台的评价规则是：若一方给出好评而另一方没有评价，则评价时限结束后双方均获好评；若一方给出差评而另一方未评价，则评价时限结束后，被评价方获差评而评价方不获得评价；若双方在评价时限内都未给出评价，则最终双方均不获得评价。

参考上述规则，考虑消费者放弃评价的情形：如果提供者给予消费者好评，那么双方都获得好评，故提供者和消费者的支付分别为 $u_H + w_H$ 和 u_C；如果提供者给予消费者差评，那么消费者会遭受 f_C 的损失，而提供者由于没有获得评价其支付为 0；如果提供者也放弃评价，那么双方都未获得评价故支付均为 0。类似地，考虑提供者放弃评价的情形：若消费者给予提供者好评，则提供者和消费者的支付分别为 u_H 和 u_C，注意到此时提供者的好评并非自己主动给出的，因而没有额外收益 w_H。若消费者给予提供者差评，则提供者遭受损失 f_H，同时消费者未获得评价故其支付为 0。综合以上分析，可以得出当提供者为q_H类型时双方的支付矩阵，见表 7.5。同样地，可以给出提供者为q_L类型的双方的支付矩阵。

表 7.5 提供者为q_H类型的支付矩阵

项目		消费者		
		G	B	A
提供者	G	$u_H + w_H$ ， u_C	$-f_H$ ， u_C	$u_H + w_H$ ， u_C
	B	u_H ， $-f_C$	$w - f_H$ ， $w - f_C$	0 ， $-f_C$
	A	u_H ， u_C	$-f_H$ ， 0	0 ， 0

考察上述支付矩阵，可以得到以下结论。

命题 7.4 （1）当$\theta = 1$时，博弈存在三个纳什均衡，分别是q_H类型提供者和消费者都给予好评、q_H类型提供者和消费者都给予差评，以及q_H类型提供者给予好评而消费者放弃评价。

（2）当$0 \leqslant \theta < 1$时，博弈存在的唯一贝叶斯纳什均衡是两种类型的提供者和消费者都给予差评。

当$\theta = 1$时，按照完全信息静态博弈的分析方法，容易得出三个纳什均衡(G, G)、(B, B)和(G, A)。当$0 \leqslant \theta < 1$时，可以通过分类讨论来找到贝叶斯纳什均衡。如果消费者给予好评，那么两种类型的提供者的最优反应均为给予好评，给定提供者的最优反应，考虑到共享经济平台可能出现q_L类型提供者，因此消费者给予差评的支付大于给予好评的支付；如果消费者给予差评，那么两类提供者的最优反应都是给差评，给定提供者的最优反应，消费者的最优反应同样是给予差评。如果消费者放弃评价，那么两类提供者的最优反应都是给予差评，此时消费者最优反应也是给予差评。因此，当$0 \leqslant \theta < 1$时，双方都给予对方差评是该博弈唯一的贝叶斯纳什均衡。

命题 7.4 表明，在同步声誉机制下，提供者和消费者互予差评构成唯一的均衡，这反映了双方诚实评价的结果。另外两个均衡（相互给予好评和消费者放弃评价）只有当共享经济平台仅存在 q_H 类型提供者时才能成立。换言之，在同步声誉机制中，诚实评价是唯一均衡评价结果，这一结果在一定程度上解释了当前国内一些共享经济平台的声誉评价体系中采用同步声誉机制的原因。当然，共享经济平台究竟采用同步声誉机制还是非同步声誉机制，需要综合考虑多种因素，尤其是市场的诚信水平。

7.4　共享经济的动态声誉评价

7.4.1　声誉更新过程

共享经济的声誉评价过程中，声誉究竟是怎样动态更新的？以下通过一个多期模型进行说明。在某个特定的时期 t，提供者的声誉 r_t 是其过去声誉及其市场表现的函数。具体而言，第 $t+1$ 期 r_{t+1} 由 $R(q_t, r_t)$ 给出，其中 q_t 是在时期 t 内的提供者的产品或质量水平。这里将 $R(q_t, r_t)$ 称为声誉更新映射，它将下一时期的声誉作为当前产品（服务）质量和声誉的函数。

设在时期 t，提供者的产品或质量水平 q_t 是其努力水平 e_t 的函数，即 $q_t \sim F(\cdot | e_t)$，$F(\cdot)$ 是给定 e_t 时 q_t 的累积分布函数。为了简单起见，假定声誉和努力与质量是用相同的单位衡量的。换言之，r_t 是消费者期望的提供者的产品或质量水平，而 e_t 是提供者通过努力达到的质量水平，$E(q_t) = e_t$。这样，消费者对提供者的产品或服务质量的期望值等于提供者的努力水平。

在每个时期，提供者的收益与其声誉正相关，在没有额外损失的情况下，提供者收益由表达式 $r_t - C(e_t)$ 给出，$C(e)$ 表示努力成本函数。假设 $C(e)$ 满足条件 $C(0) = 0$，且对于 $x > 0$ 而言，都有 $C'(x) > 0$，$C''(x) > 0$。

在多期模型中，提供者的目标是最大化其贴现值，即由下式给出

$$\sum_{t=0}^{\infty} \delta^t (r_t - C(e_t))$$

其中，$\delta \in (0,1)$ 是折扣因子。此外，假定对提供者声誉造成负面影响的惩罚，要比其声誉良好得到的收益更大。

假设　提供者声誉更新由下式给出

$$R(q,r) = \begin{cases} \lambda_L r + (1-\lambda_L)q, & q < r \\ \lambda_H r + (1-\lambda_H)q, & q \geq r \end{cases} \quad (7.1)$$

其中，λ_H 表示高质量产品或服务的声誉系数，λ_L 表示低质量产品或服务的声誉系数，$\lambda_L < \lambda_H$。

图 7.3 描述了声誉更新过程。假定在第 t 期提供者的声誉为 r_t，如果提供者在该时期的产品或服务质量恰好是 $q_t = r_t$（提供者不负消费者的期望），那么提供者在下一期的声誉维持同一水平 $r_{t+1} = r_t$；如果提供者的产品或服务质量未能达到预期，那么下一期的声誉将下降，即 $r_{t+1} < r_t$，例如，如果 $q_t = q'$，那么 $r_{t+1} = r' = R(q',r_t) < r_t$；如果提供者的产品或服务质量超过预期，那么提供者在下一期的声誉将上升，即 $r_{t+1} > r_t$。注意到，$R(q,r)$ 的斜率在 $q < r$ 时比 $q > r$ 时更大。

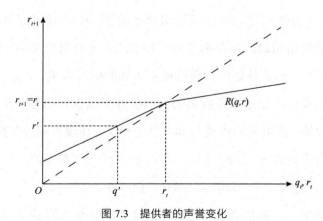

图 7.3　提供者的声誉变化

上述假设源自参考点对消费者行为的重要作用。前景理论（Kahneman and Tversky，1979）假设消费者对损失比对收益更敏感，这一假说已被行为实验反复证实。有学者认为，消费者对价格上涨的反应比对价格下跌的反应更消极（Maskin and Tirole，1988）。上述观点都具有一个共同的特点，即消费者对坏消息（亏损、涨价、低质量）比对好消息（盈利、降价、高质量）更敏感。

上述假设的含义与一系列关于声誉的经济理论是一致的。广义上讲，有两类声誉模型：一种是由 Klein 和 Leffler（1981）提出的，基于机构和消费者之间的重复博弈；另一种是由 Kreps 等（1982）开创的，基于一个私下知情的参与者和一个贝叶斯更新的受众（如消费者）之间的博弈[①]。现实中，消费者很可能会根据一个简单而稳健的规则来更新对提供者的期望。

设 $e(r)$ 为最优策略函数，即在给定声誉水平 r 的情况下，提供者的最优努力水平。假设努力以确定的方式转化为质量，$q=e$，且在每个时期都有 $r=q$。这样，就将问题转化为静态问题，可以确定提供者在完全信息状态下的努力水平。根据这一思路，提供者最优努力水平由式（7.2）给出

$$\arg\max_{e}(e-C(e)) \tag{7.2}$$

根据成本函数凸性的假定，可知上述问题存在唯一的最优解 e^*。

7.4.2　分离均衡的存在性

上面的分析给出了提供者最优努力水平的分析方法。一般来说，委托人的支付意愿仅取决于代理人过去的业绩（以声誉衡量），交易结果是不可签约的（Cho and Kreps，1987；Fudenberg and Levine，1992）。因为如果结果是

---

① 还有许多其他类似的模型，它们通常结合了重复博弈和不完全信息博弈。

可签约的，委托人和代理人之间只需通过合同来解决任何问题。然而，事实并非如此。例如，前面第 3 章中已经研究了共享经济平台对提供者的产品及服务的审核问题。当成本过高或审核过程不完善时，仍然存在道德风险和逆向选择问题。如何通过声誉水平识别不同类型的提供者？更确切地说，是否能找到分离均衡？本节将继续探讨这一问题。

考虑博弈中有三个参与主体，即提供者、消费者和监管部门。为讨论方便，不妨将提供者群体标准化为 1，且提供者分为两种类型：高质量产品或提供者（记为 H）以及低质量产品或提供者（记为 L）。设提供者群体中 H 类型和 L 类型的比例分别为 α 和 $1-\alpha$。提供者的产品或服务对于消费者而言有一定的满意概率，为简单起见，假定提供者在监管部门揭露问题之前的声誉是连续保持的且为 r，声誉可以不断更新，每个时期的博弈描述如下。

首先，提供者的声誉 r（$r=1,2,\cdots$）的评价值是 V_r，初始声誉的评价值为 $V_0=0$，提供者可以继续维持这一声誉，也可以通过市场表现创造新的声誉。其次，设提供者的努力成本 $C(e)=\dfrac{1}{2}k_i e^2$，其中，$e\in[0,1]$ 表示努力水平，k_i 为努力成本系数，$i=H,L$，且 $k_H>k_L>0$，在每一阶段，提供者的产品或服务数量为 m，产品或服务质量对于消费者而言是不可观测的，但对于监管部门是可以观测的。最后，监管部门随机抽取产品或服务进行审查，若通过审查则提供者的声誉可延续至 $r+1$；对于消费者而言满意的产品或服务的价值为 1，而不满意的产品或服务的价值为 0。这里假定消费者是风险中性的且没有讨价还价的能力，他们只为自己选择的产品或服务的预期价值进行支付。因此，若设 $\tilde{e}$ 是消费者对产品或服务满意的信念，那么支付给该产品或服务的价格为 $\tilde{e}$。

假定提供者创造新的声誉或其声誉的变化是消费者不可观测的，这一点和现实相符，因为对于消费者个体而言，观测提供者的相关变化通常要付出较高的成本。下面主要考察分离均衡的存在性，即是否可以将 H 类型的提供者和 L 类型的提供者区分开来。

分离均衡由一系列的 $\{a_r, V_r\}$（$r=1,2,\cdots$）组成，存在一个阈值 h，当 $r<h$ 时，对应 L 类型的提供者选择的声誉；当 $r>h$ 时，对应 H 类型的提供者选择的声誉。这样可以将提供者提供产品或服务数量为 m 后所得的期望支付表示为 $me\tilde{e} - \frac{1}{2}mk_i e^2 + (eV_{r+1} - V_r)$，该表达式中第一项表示提供者的收益，第二项表示其付出的成本，第三项表示声誉值的变化。以下考虑提供者单位产品或服务的最大期望支付，若记在声誉 r 下类型 i 的提供者的最大支付为 π_r^i，则 π_r^i 可进一步表示为

$$\pi_r^i = \max_e e\tilde{e}_r - \frac{1}{2}k_i e^2 + \frac{eV_{r+1} - V_r}{m} \tag{7.3}$$

如果提供者的最优努力水平为 e_r，由式（7.3）关于 e_r 求一阶条件，可得

$$\tilde{e}_r - k_i e_r + \frac{V_{r+1}}{m} = 0 \tag{7.4}$$

分别定义 H 类型和 L 类型提供者的均衡利润为 π_H 和 π_L，下面分析两种类型提供者的努力水平及支付。对于 H 类型提供者而言，假定在分离均衡处（对于声誉 $r>h$）消费者都具有相同的声誉评价，且付出相同的努力水平。由 π_r^H 关于 e_r 求一阶条件可得 $\tilde{e}_r - k_H e_r + \frac{V_{r+1}}{m} = 0$，注意到在均衡处，市场关于努力水平的信念和提供者努力水平的均衡是相同的，即 $\tilde{e}_r = e_r$，由此可以得到

$$e_h = \frac{V_h}{m(k_H - 1)} \tag{7.5}$$

为了保证 e_r 为正值，设 $k_H > 1$。进一步地，将式（7.5）代入 π_r^i 的表达式中，可以得到 H 类型提供者的均衡支付为 $\pi_H = \frac{1}{2}k_H e_h^2 - \frac{V_h}{m}$。

类似地，对于 L 类型提供者而言，由式（7.4）可得 $e_r = \dfrac{V_{r+1}}{m(k_L-1)}$（ $k_L > 1$ ）。

假定在分离均衡处（对于声誉 $j < h$ ）消费者都具有相同的声誉评价，且都付出相同的努力水平，可以得到 L 类型提供者的均衡支付为 $\pi_L = \dfrac{1}{2}k_L e_r^2 - \dfrac{V_r}{m}$。

根据 π_L 的表达式，结合 $V_0 = 0$ 可得 e_0，将 e_0 的表达式代入 $e_r = \dfrac{V_{r+1}}{m(k_L-1)}$ 中可得 V_1，由此式出发不断进行递推计算，可得 $e_r(r = 0,1,\cdots,h-1)$ 和 $V_r(r = 1,2,\cdots,h)$，而 $V_h = m(k_L-1)e_{h-1}$，结合式（7.5）可求解出 $r > h$ 时的 e_r 和 V_r。

命题 7.5 对于 L 型提供者而言，在分离均衡中，e_r 和 V_r 都随着 r 的增加而递增。

该结论可由 $e_r = \dfrac{V_{r+1}}{m(k_L-1)}$ 和 $\pi_L = \dfrac{1}{2}k_L e_r^2 - \dfrac{V_r}{m}$ 共同得出。首先，$V_1 > V_0 = 0$，如果 $V_{r+1} > V_r$，显然有 $e_{r+1} > e_r$，这样容易得出 $V_{r+2} > V_{r+1}$。因此，对于 $r = 0,1,\cdots,h-1$，可知都有 $V_{r+1} > V_r$。

这说明，为了降低被监管部门识别及遭受声誉损失的风险，即使是 L 类型的提供者，也倾向于提升努力水平以维护声誉。

事实上，可以证明分离均衡的存在性，只需要说明无论是 H 类型提供者还是 L 类型提供者都没有积极性偏离这一结果，即满足激励相容条件即可。具体地，对于 L 类型提供者而言，由一阶条件可得 $e_h^L = \dfrac{e_h + \frac{V_h}{m}}{k_L} - \dfrac{k_H}{k_L}e_h$，$\pi_h^L = \dfrac{1}{2}k_L(e_h^L)^2 - \dfrac{V_r}{m}$，激励相容条件要求满足 $\pi_h^L \leqslant \pi_L$。类似地，可以得到 H 类型提供者的激励相容条件。

进一步地，还可以得到如下结论。

命题 7.6 在分离均衡中，L 类型提供者的均衡利润 π_L 随着 H 类型提供者比例 α 的增加而递增。

该结论成立的原因在于：α 的增加意味着更高的声誉评价，而 V_h 的增加需要付出更多的努力水平，由 L 类型提供者的均衡支付表达式可知，努力水平的增加将导致均衡利润 π_L 的增大。

上述结论表明，当监管部门对提供者进行严格监管时，存在分离均衡。在共享经济环境下，由于消费者面临欺诈或被操纵等诸多风险，分离均衡具有较强的解释意义，即通过加强监管以及发挥声誉的调节作用，可以有效地降低消费者参与共享经济的风险，同时使得提供者更加重视其声誉评价。

7.5　本　章　小　结

当前，共享经济的发展正成为我国经济转型升级的重要驱动力。在共享经济发展过程中，共享经济平台的作用日益凸显，竞争也日趋激烈。一些规模较大的共享经济平台以良好信任机制为基础，吸引了众多市场参与者，为消费者提供了丰富多样的产品和服务。

声誉评价系统自互联网出现之初，就被认为是促成在线交易的体制环境的一个重要手段。本章在回顾相关文献的基础上，通过服务共享经济平台案例的比较分析，重点研究了双向声誉评价机制的应用，探讨了声誉评价过程尤其是声誉更新的特点和规律，强调应通过声誉评价机制来识别不同类型的提供者。

首先，通过 Uber、Airbnb 和 TaskRabbit 等几个服务共享案例研究，说明声誉评价机制的异同，也表明了声誉评价机制不仅仅是简单的评分，其中包含了反馈及声誉因素。虽然 Uber、Airbnb 和 TaskRabbit 均为封闭型系统，但在评分系统中，Uber 和 TaskRabbit 只公布提供者的整体服务评分，信息的揭示程度不及 Airbnb。从几类服务共享经济平台的比较来看，评价标准、评价的透明度及评价机制也有所区别。但几类服务共享经济平台均采用双向评价机制，表明双向声誉评价机制在共享经济运行过程中发挥了重要的作用。

　　其次，在案例比较的基础上，进一步研究了共享经济平台中提供者和消费者之间的双向声誉评价机制，分别对非同步声誉机制和同步声誉机制进行了均衡分析和综合比较。在共享经济平台中，提供者的服务质量往往良莠不齐，即使共享经济平台事先对服务水平进行了甄别并实行了准入制度，但对提供者实际服务质量也并不了解，信息不对称会导致交易效率降低甚至市场失灵。本章的分析表明，考虑到双向声誉评价机制的同步与否以及消费者对不同类型的提供者惩罚意愿的差异，诚实评价对于交易双方而言都不是必然的。一般而言，非同步声誉机制不能完全保证交易双方通过评价真实反映交易结果，同步声誉机制却能够促进诚实评价，该结果较好地阐明了大多共享经济平台采用同步声誉机制的内在原因。

　　最后，研究了共享经济的声誉评价过程。声誉在一定程度上取决于提供者提升声誉的努力程度，投入更多努力来改善声誉的提供者更能获得长期的声誉提升。假定提供者未能达到消费者预期，其面临的损失将大于预期所得的收益，这意味着，当声誉较高时，消费者的最优策略是使用更多的共享产品或服务，在最大化期望收益的动机下，提供者能够较为持久地维系较高水平的声誉。在此基础上，进一步研究了分离均衡的存在性。考虑监管部门对提供者的产品或服务进行严格审核，通过结合声誉激励，可以得到分离均衡。由于共享经济中存在较为严重的道德风险问题，因此分离均衡的存在对于甄别不同类型的提供者具有重要的意义。

第 8 章
考虑平台监管和社会监督的演化博弈分析

人类是按有目的的理性行事的，但人类又只具有有限的理性，因此才为一种真正的组织和管理理论留下了用武之地。

——赫伯特·西蒙（Simon，1961）

8.1 引　言

《中国共享两轮车市场专题分析 2020》显示，2020 年 10 月，共享单车领域独立小程序（APP）端活跃用户规模达 3491.6 万。摩拜单车以及 ofo 小黄车获得 E 轮以上融资，哈罗单车成为"后起之秀"（易观，2020）。但正如前面几章所述，共享单车商业模式不清晰、资源掌控能力不足、行业同质化现象严重等问题日益凸显。其中，最为突出的是企业乱投、用户乱停、用户乱骑和单车乱扔等"四乱"现象。如何破解这些难题，成为政府、企业和学术界关注的焦点。

共享单车行业是互联网技术与传统行业融合的产物，突破了传统租车市场的边界，充分调动了社会闲置资源，有效解决了城市交通"最后一公里"问题，为公众出行带来了极大的便利。共享单车行业的发展同很多新生事物一样，在运营机制不成熟、法律不健全的情况下，出现了许多严重的社会问题（郝身永，2018）。学术界从不同角度对如何解决共享单车乱象问题展开了探讨，提出加强监管、合理投放、用户自律等管理建议。当前，用户、政府和共享单车平台的协同治理存在明显的"搭便车"行为，再加上政府治理存在加强管理与鼓励创新的矛盾，不合理的管制不仅严重影响了共享单车新业态的健康发展，也损害了消费者的权益。事实上，无论是共享经济平台还是消费者或政府，都是有限理性的参与主体，其策略选择过程具有一定的惯性，也是一个模仿和学习的过程，整体上体现适应性且是不断改进的。从这个视角来看，应用演化博弈分析方法探讨共享单车市场中的平台监管和社会监督问题具有内在的合理性和必然性。

本章在共享单车平台和用户的行为互动中，将第三方监督引入博弈分析，并考虑政府监管的局限性，构建非对称的演化博弈模型。在参与主体有限理性的假设下，分析共享单车平台和政府的动态策略选择，并通过数值仿真研究第三方监督对共享单车平台管理和政府监管的策略选择，以及最终演化均衡的形成机理。

8.2 文 献 综 述

共享经济是信息革命发展到一定阶段后的一种新型经济形态，而作为共享经济的一个典型代表——共享单车，是"互联网+"背景下方便市民出行、践行绿色共享发展理念的一个新业态。共享单车有着自我完善、自我约束的机制，同时会产生负的外部性（刘奕和夏杰长，2016）。因此，必须顺应城市准公共物品供给多元化趋势，创新共享单车的监管模式与体制机制（何超等，2018）。目前国内学者针对共享单车的研究主要集中于共享经济的经济层面以及法律层面，较少通过定量研究来分析共享单车平台如何管理消费者行为以履行社会责任（秦铮和王钦，2017；相博等，2018）。事实上，要使共享经济更好地为社会服务，不仅各级政府应对本行政区域的环境负责，而且共享单车平台应该约束规范用户的行为，不能完全以拼数量来作为竞争的目标。

8.2.1　共享单车的道德风险和政府监管

已有研究指出共享单车的道德风险主要体现在人为损坏率高、随意停放、出行安全、过度投放、押金难退等方面。但谭袁（2017）认为，作为共享单车的主导者，运营商的自律性监管缺失是导致共享单车在发展中出现问题的重要原因。杨在军和马倩瑶（2020）的研究指出，共享单车用户的机会主义行为收益大于规范行为收益是机会主义行为产生的根源。

在共享单车发展初期，共享单车平台倾向于抢占市场占有率，过于严苛的行为约束可能会导致用户流失。因此，规范化的行业规则不能仅依赖共享单车平台。黄迪（2020）通过比较 ofo 小黄车和哈啰单车的风险管控认为，政府监管下的良好环境是共享单车健康发展的重要保障。已有研究关注政府介入对共享单车市场发展的积极作用，但忽略了政府的有限激励和外部性问题，共享单车行业的健康发展必须重视监管中的无效和无序现象。赵菊等（2021）认为，政府部门和共享单车运营商的长期博弈使得政府部门应积极发挥市场监管职能，并强调应利用社会化媒体有效发挥政府部门的社会监督职能。

有学者指出传统的数量管制模式并不能适应共享经济模式的发展，也有学者分析了政府监管过程中法律缺失或不足的问题（马长山，2019）。侯登华（2017）指出网约车的"四方协议"存在规避法律规则的问题，并且使平台的法律地位虚化。王静（2018）揭示了交管部门和城管部门在监管过程中采用钓鱼执法、蹲点执法和暴力执法等现象，导致网约车司机对执法部门的不满，并通过对各地网约车管理细则的梳理，分析了现有行政监管手段的种种弊端。总体来看，"一元化"的政府监管模式天然地存在诸多不足，共享单车平台模式创新频繁，政府监管任务繁重，导致仅依赖政府监管难以实现共享单车的有效管理。

8.2.2 社会监督

社会监督通过对社会事件的报道，将企业行为曝光，扩大其社会影响，有助于实现社会监督作用（付淑换和石岿然，2020）。社会监督在金融市场、食品安全和环境治理等方面都起到了积极的作用，达到修正企业行为和完善政府监管的目的（Martinez et al.，2007；Rouviere and Caswell，2012）。有学者从社会治理的角度分析媒体作为第三方监管在食品安全管理中的补充作用（倪国华和郑风田，2014；曹裕等，2017）。王云等（2017）发现媒体的关注和报道不仅增加了企业的环保投资，还能得到政府规制的支持。曲国华等（2021）认为，公众监督对政府和企业的理性决策产生显著影响，并促进企业实施绿化环境行为。徐莹等（2018）通过建立考虑第三方公众监督作用的演化博弈模型，发现第三方举报率能对交通企业的低碳策略产生影响。以上研究强调了社会监督在社会治理中的积极作用，但共享单车平台发展时间短，表现出共享经济社会共享性和资本营利性的双重特征（杨超等，2018；钱茜和周宗放，2019），参与主体的道德水平在不同环境下存在明显区别，媒体在参与共享单车治理时应当充分考虑其与传统行业的差异。

共享单车行业受到社会公众的广泛关注，在这一背景下，有限理性的两个群体——企业和消费者如何动态地调整其策略行为？在当前媒体非常发达的背景下，如何发挥社会监督力量在共享单车行业管理中的作用？本章以演化博弈理论为分析工具，探析有限理性的参与主体的策略选择及路径演化，提出有效措施推进共享经济持续健康发展，为共享单车行业的有效有序监管提供理论依据。

8.3　共享单车平台与消费者间的演化博弈

8.3.1　模型构建

考虑两个有限理性的群体,即共享单车平台和共享单车消费者,和已有研究类似,考虑平台对于消费者使用共享单车随意停放行为采用的两种策略:监管或不监管(汪旭晖和任晓雪,2020)。由于市场中共享单车较多且分散,所以平台难以耗费巨大的成本进行实时监管,消费者的策略是:随意停放或规范停放。模型的基本假设如下。

假设 1:消费者群体中,选择规范停放策略和随意停放策略的比例分别为 x 和 $1-x$, $0 \leqslant x \leqslant 1$;在平台群体中,选择监管策略和不监管策略的比例分别为 y 和 $1-y$, $0 \leqslant y \leqslant 1$ 。消费者群体和平台群体都是有限理性的。

假设 2:消费者规范停放的成本为 C_{t1} ,如到其他地方寻找停车桩;消费者随意停放的成本为 C_{t2} ,如在地铁站旁、公交站旁等人流量大的地方随意停放,显然 $C_{t1} > C_{t2}$,不论消费者是否规范停放,平台对消费者的补贴成本为 D 。

假设 3:平台若选择履行监管规范职责,其监管成本为 C_g ,包括平台在研发方面的投入、招聘调度员的费用等;平台监管获得奖励为 S_g ,这是因为地方政府为了鼓励共享单车平台履行社会责任而推出的奖励措施。

假设 4:平台通过履行监管职能检查出消费者随意停放并影响公共秩序,对消费者采取扣除积分或其他惩罚措施收取的罚金为 f 。若平台不履行监管职能(未对消费者的乱停乱放行为进行监管),鉴于社会舆论的监督作用,随意停放的消费者由于对社会资源的恶意占用存在一定的概率 β 被公众举报从而引发舆论危机,在舆论压力和公众知情的情况下,平台必然介入进行"被动监管"。由于并非主动履行义务导致的失责,平台受到相应的惩罚 f_g 。

根据以上假设，建立平台和消费者博弈的支付矩阵，如表 8.1 所示。

表 8.1　平台和消费者博弈的支付矩阵

项目		平台	
		监管	不监管
消费者	规范停放	$D-C_{t1}$ ，S_g-C_g-D	$D-C_{t1}$ ，$-D$
	随意停放	$D-C_{t2}-f$ ，S_g-C_g-D	$D-C_{t2}-\beta f$ ，$-\beta f_g-D$

8.3.2　演化稳定策略

对于共享单车消费者而言，选择"规范停放"和"随意停放"策略的适应度分别为

$$U_{1d} = y(D-C_{t1})+(1-y)(D-C_{t1}) = D-C_{t1} \tag{8.1}$$

$$U_{1n} = y(D-C_{t2}-f)+(1-y)(D-C_{t2}-\beta f) = D-C_{t2}-[\beta+(1-\beta)y]f \tag{8.2}$$

共享单车消费者策略选择的平均适应度为

$$\overline{U}_1 = xU_{1d}+(1-x)U_{1n} \tag{8.3}$$

对于共享单车平台来说，当其选择"监管"和"不监管"策略的适应度以及平均适应度分别为

$$U_{2d} = x(S_g-C_g-D)+(1-x)(S_g-C_g-D) = S_g-C_g-D \tag{8.4}$$

$$U_{2n} = -xD+(1-x)(-\beta f_g-D) = -(1-x)\beta f_g-D \tag{8.5}$$

$$\overline{U}_2 = yU_{2d}+(1-y)U_{2n} \tag{8.6}$$

根据演化博弈的相关理论（Friedman，1991），可得到消费者群体的复制动态方程是

$$\dot{x} = \frac{dx}{dt} = x(U_{1d} - \overline{U_1}) = x(1-x)[-C_{t1} + C_{t2} + yf + (1-y)\beta f] \qquad (8.7)$$

类似地，平台群体的复制动态方程为

$$\dot{y} = \frac{dy}{dt} = y(U_{2d} - \overline{U_2}) = y(1-y)[S_g - C_g + (1-x)\beta f_g] \qquad (8.8)$$

由微分方程（8.7）和（8.8）可得如下的二维动态系统

$$\begin{cases} \dfrac{dx}{dt} = x(U_{1d} - \overline{U_1}) = x(1-x)[-C_{t1} + C_{t2} + yf + (1-y)\beta f] \\ \dfrac{dy}{dt} = y(U_{2d} - \overline{U_2}) = y(1-y)[S_g - C_g + (1-x)\beta f_g] \end{cases} \qquad (8.9)$$

对于系统（8.9），由 $\dfrac{dx}{dt} = 0$ 和 $\dfrac{dy}{dt} = 0$，可得到以下结论。

命题 8.1 二维动态系统（8.9）共有五个局部平衡点，分别为（0，0）、（1，0）、（0，1）、（1，1）和（x^*，y^*），其中，$x^* = \dfrac{S_g - C_g + \beta f_g}{\beta f_g}$，$y^* = \dfrac{C_{t1} - C_{t2} - \beta f}{(1-\beta)f}$。

根据 Friedman（1991）提出的动态系统演化稳定性判别方法，可以得到雅可比（Jacobian）行列式（detJ）为 $J = \begin{pmatrix} \dfrac{\partial \dot{x}}{\partial x} & \dfrac{\partial \dot{x}}{\partial y} \\ \dfrac{\partial \dot{y}}{\partial x} & \dfrac{\partial \dot{y}}{\partial y} \end{pmatrix} = \begin{pmatrix} a_{11} & a_{12} \\ a_{21} & a_{22} \end{pmatrix}$，矩阵中各元素分别为 $a_{11} = (1-2x)[-C_{t1} + C_{t2} + \beta f + (1-\beta)yf]$，$a_{12} = x(1-x)(1-\beta)f$，$a_{21} = -y(1-y)\beta f_g$，$a_{22} = (1-2y)[S_g - C_g + (1-x)\beta f_g]$。

下面分别计算五个局部平衡点中 a_{11}、a_{12}、a_{21}、a_{22} 的具体取值，并据此分析系统的演化稳定性。其中，$A = \dfrac{S_g - C_g + \beta f_g}{\beta f_g}(1 - \dfrac{S_g - C_g + \beta f_g}{\beta f_g})(1-\beta)f$，$B = \dfrac{-C_{t1} + C_{t2} + \beta f}{(\beta - 1)yf}[\dfrac{-C_{t1} + C_{t2} + \beta f}{(\beta - 1)yf} - 1]\beta f_g$。各平衡点的计算结果如表 8.2 所示。

表 8.2　各平衡点的计算结果

平衡点	a_{11}	a_{12}	a_{21}	a_{22}
（0,0）	$-C_{t1} + C_{t2} + \beta f$	0	0	$S_g - C_g + \beta f_g$
（0,1）	$-C_{t1} + C_{t2} + f$	0	0	$-S_g + C_g - \beta f_g$
（1,0）	$C_{t1} - C_{t2} - \beta f$	0	0	$S_g - C_g$
（1,1）	$C_{t1} - C_{t2} - f$	0	0	$-S_g + C_g$
(x^*, y^*)	0	A	B	0

由表 8.2 可知，在局部平衡点 (x^*, y^*) 处有 $a_{11} + a_{22} = 0$，与迹（trJ）条件矛盾，故 (x^*, y^*) 必然不是 ESS，由于 ESS 必须同时符合迹条件和雅可比行列式条件，因此下面只需对其他四个局部平衡点进行分析。

命题 8.2　（1）当 $C_{t1} - C_{t2} < f < \dfrac{C_{t1} - C_{t2}}{\beta}$ 且 $S_g - C_g + \beta f_g < 0$ 时或 $f < C_{t1} - C_{t2}$ 且 $S_g - C_g + \beta f_g < 0$ 成立时，系统（8.9）的 ESS 为（0，0）。

（2）当 $C_{t1} - C_{t2} < f < \dfrac{C_{t1} - C_{t2}}{\beta}$ 且 $C_g < S_g$ 时或 $\beta f > C_{t1} - C_{t2}$ 且 $C_g < S_g$ 时，系统（8.9）的 ESS 为（1，1）。

证明　以下主要就命题 8.2 中结论（1）给出证明，结论（2）同理可得。对动态系统（8.9）计算其雅可比行列式，共有两种情形，当 $C_{t1} - C_{t2} < f < \dfrac{C_{t1} - C_{t2}}{\beta}$ 且 $S_g - C_g + \beta f_g < 0$ 时，结果如表 8.3 所示；当 $f < C_{t1} - C_{t2}$ 且 $S_g - C_g + \beta f_g < 0$ 时，结果如表 8.4 所示。

表 8.3　$C_{t1} - C_{t2} < f < \dfrac{C_{t1} - C_{t2}}{\beta}$ 且 $S_g - C_g + \beta f_g < 0$ 时平衡点的稳定性

平衡点	detJ	trJ	稳定性
（0,0）	+	−	ESS
（0,1）	+	+	不稳定点
（1,0）	−	不确定	鞍点
（1,1）	−	不确定	鞍点

表 8.4　$f < C_{t1} - C_{t2}$ 且 $S_g - C_g + \beta f_g < 0$ 时平衡点的稳定性

平衡点	detJ	trJ	稳定性
（0，0）	+	−	ESS
（0，1）	−	不确定	鞍点
（1，0）	−	不确定	鞍点
（1，1）	+	+	不稳定点

类似地进行分析，可得到命题 8.3 和命题 8.4。

命题 8.3　（1）当 $f < C_{t1} - C_{t2}$ 且 $C_g - \beta f_g < S_g < C_g$ 成立时，或当 $f < C_{t1} - C_{t2}$ 且 $C_g < S_g$ 成立时，系统（8.9）的 ESS 为（0，1）。

（2）当 $\beta f > C_{t1} - C_{t2}$ 且 $S_g - C_g + \beta f_g < 0$ 成立时，或当 $\beta f > C_{t1} - C_{t2}$ 且 $C_g - \beta f_g < S_g < C_g$ 成立时，系统（8.9）的 ESS 为（1，0）。

命题 8.4　当 $C_{t1} - C_{t2} < f < \dfrac{C_{t1} - C_{t2}}{\beta}$ 且 $C_g - \beta f_g < S_g < C_g$ 成立时，系统（8.9）不存在 ESS。

8.3.3　数值算例

为了更深入地分析共享单车平台群体与消费者群体之间的行为互动，以下将结合数值算例阐释消费者在平台监管过程中的 ESS。

针对命题 8.2 的结论（1），设参数 $S_g = 1$，$C_g = 8$，$\beta = 0.6$，$f_g = 10$，$C_{t1} = 6$，$C_{t2} = 2$，$f = 6$ 满足第一种条件；当 $f = 3$，其他参数取值不变时，满足第二种条件。

由图 8.1 和图 8.2 可见，共享经济平台监管与消费者自觉规范停放所占比例不断减小，ESS 为（0,0）。当平台监管得到的奖励小于监管成本与不监管所受惩罚之差，或消费者随意停放受到的惩罚大于规范停放与随意停放的成本之差且小于某一比值时，由于惩罚力度相对较轻，消费者选择随意停放，平台则因监管成本过高，也选择不监管。此时，社会乱停乱放现象严重，公共秩序受到极大影响。

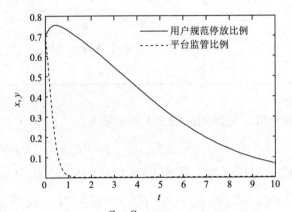

图 8.1 $C_{t1} - C_{t2} < f < \dfrac{C_{t1} - C_{t2}}{\beta}$ 且 $S_g - C_g + \beta f_g < 0$ 时系统演化

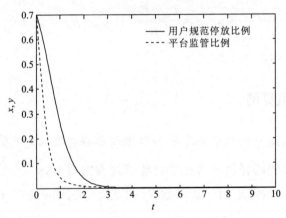

图 8.2 $f < C_{t1} - C_{t2}$ 且 $S_g - C_g + \beta f_g < 0$ 时系统演化

对于命题 8.2 的结论（2），选取参数 $S_g = 7$，$C_g = 5$，$\beta = 0.6$，$f_g = 10$，$C_{t1} = 6$，$C_{t2} = 2$，$f = 6$ 满足第一种条件；令 $f = 9$，保持其他值不变，此时满足第二种条件。

如图 8.3 所示，此时平台监管得到的奖励大于监管成本，消费者随意停放受到的惩罚大于规范停放与随意停放的成本之差且小于某一比值，平台选择的策略为监管，消费者的理性选择是规范停放；如图 8.4 所示，此时平台监管得到的奖励大于监管成本，消费者随意停放受到的惩罚小于规范停放与随意停放的成本之差，平台选择的策略为监管，随着消费者被惩罚力度的增加，消费者在平台监管的震慑之下越来越趋向于选择规范停放。

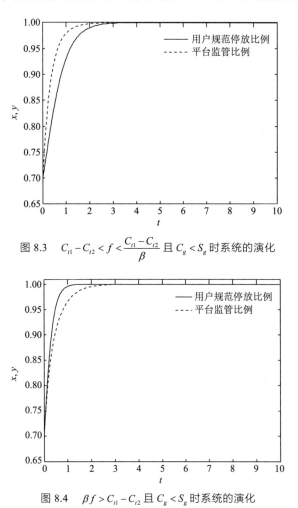

图 8.3　$C_{t1} - C_{t2} < f < \dfrac{C_{t1} - C_{t2}}{\beta}$ 且 $C_g < S_g$ 时系统的演化

图 8.4　$\beta f > C_{t1} - C_{t2}$ 且 $C_g < S_g$ 时系统的演化

对于命题 8.3 的结论（1），假设 $S_g = 5$，$C_g = 7$，$\beta = 0.6$，$f_g = 10$，$C_{t1} = 6$，$C_{t2} = 2$，$f = 3$ 满足第一种条件；令 $S_g = 8$，保持其他值不变，此时满足第二

种条件。

　　如图 8.5 和图 8.6 所示，当消费者随意停放受到的惩罚小于规范停放与随意停放的成本之差，即惩罚力度相对较轻时，由于消费者随意停放所受到的处罚属于其可接受范围，消费者一般会随意停放。很多消费者在平时使用中不在乎积分，因为补贴力度较大，可以定时免费使用。同时，由于平台未能履行其监督职能，导致乱停现象加剧，故其监管比例会上升。

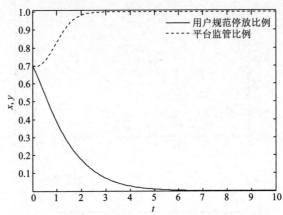

图 8.5　$f < C_{t1} - C_{t2}$ 且 $C_g - \beta f_g < S_g < C_g$ 时系统的演化

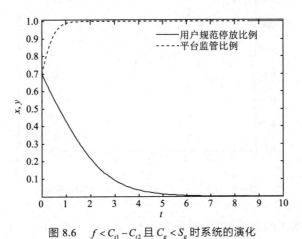

图 8.6　$f < C_{t1} - C_{t2}$ 且 $C_g < S_g$ 时系统的演化

针对命题 8.3 的结论（2），假设 $S_g = 1$，$C_g = 8$，$\beta = 0.6$，$f_g = 10$，$C_{t1} = 6$，$C_{t2} = 2$，$f = 9$ 满足第一种条件；令 $S_g = 5$，$C_g = 7$，保持其他值不变，此时满足第二种条件。

如图 8.7 和图 8.8 所示，随着时间的推移，平台进行监管的比例不断减小至 0，消费者规范停放的比例则增大至 1，此时消费者随意停放被发现所受的惩罚大于规范停放与随意停放的成本之差，即惩罚力度足够大时，其对消费者起到了很强的震慑作用。如果消费者不顾监管继续随意停放，则将面临惩罚的加重。

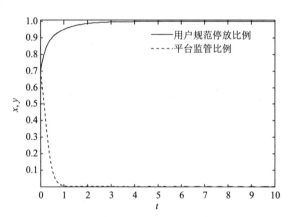

图 8.7　$\beta f > C_{t1} - C_{t2}$ 且 $S_g - C_g + \beta f_g < 0$ 时系统的演化

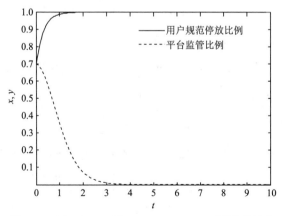

图 8.8　$\beta f > C_{t1} - C_{t2}$ 且 $C_g - \beta f_g < S_g < C_g$ 时系统的演化

选取参数 $S_g = 3$，$C_g = 8$，$\beta = 0.6$，$f_g = 10$，$C_{t1} = 6$，$C_{t2} = 2$，$f = 6$，此时满足命题 8.4 的条件，系统不存在 ESS。

如图 8.9 所示，平台监管与消费者规范停放所占比例呈现周期性变化，此时平台与消费者不存在 ESS。这充分说明现实中在乱停现象高发时期，如地铁站和公交站的早晚高峰期，平台采取周期性的监管模式不能完全遏制消费者乱停问题，只是暂时阻止了乱象的产生。

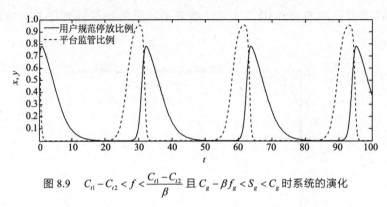

图 8.9　$C_{t1} - C_{t2} < f < \dfrac{C_{t1} - C_{t2}}{\beta}$ 且 $C_g - \beta f_g < S_g < C_g$ 时系统的演化

8.3.4　管理启示

本部分充分考虑了共享单车平台和消费者之间的行为互动，通过构建两群体演化博弈模型，得到了不同情形下的 ESS。结合数值算例，阐明了共享单车平台监管奖励、监管成本、共享单车平台对消费者的奖惩力度是影响共享单车平台与消费者演化博弈行为的关键因素，只要共享单车平台选择恰当的奖惩措施，消费者在政策引导之下就可以自觉规范停放，共享单车平台也可以降低监管成本，从而大幅提高社会总福利。

本部分的研究结论具有一定的启示意义：共享单车在方便市民出行的同时，也对公共秩序带来了一定影响。机动车的违停现象因为交警的介入得到了很好的遏制，但共享单车由于缺乏监管，且其特点就是随骑随停，在公交站、地铁站等人流量大的地方经常出现共享单车堆积现象，严重影响了市容市貌。本书建议共享单车平台可以通过以下几个方面引导消费者文明用车：①修订共享单车的格式合同，通过微信、微博、弹窗等渠道对消费者进行引导，告知乱停乱放的处罚措施；②将全球定位系统(global positioning system，GPS)和通信模块集成在单车的智能锁上，加上消费者实名制，追踪查询单车位置，对违章停车进行快速干预和精确处理，提高消费者违法成本；③建立违停举报制度，鼓励消费者对违停行为进行监督、拍照、上传举报，利用"信用制度举报加分，违规减分"来约束消费者的破坏性行为；④在城市不同地方设立电子停车桩，并在 APP 中设立相应的车辆监督插件，由于现在各大共享单车平台在抢占市场，很少会出现罚款行为，建议通过提升积分、红包奖励等引导消费者到固定点停放；⑤政府在处罚共享单车平台的同时，应利用宣传来对社会进行正确的舆论引导，将共享单车停放上升至道德层面，鼓励消费者在与己方便的同时也做到与人方便；⑥共享单车涉及交通、国土、规划、基建、交警、城管等诸多部门，建议由市交通委员会牵头，联动城管、建委、交警等多个部门，抓紧调查研究共享单车的发展和规范，加强协同治理的力度。

8.4　引入第三方监督的共享单车平台与政府协同治理的演化博弈

8.4.1　模型假设与参数描述

在共享单车平台治理中，主要存在共享单车平台和政府监管机构两大主体。本书考虑有限理性假设下两大主体的博弈策略。假设共享单车平台有主动参与的积极管理与被动接受的消极管理两种策略，分别记为 W_1 和 W_2；政府监管机构有积极探索执行的有效监管与消极应对的无效监管两种策略，分别记为 G_1 和 G_2。共享单车平台以 q 的比例选择积极管理策略，以 $1-q$ 的比例选择消极管理策略；政府监管机构以 p 的比例选择有效监管策略，以 $1-p$ 的比例选择无效监管策略。其中 p 和 q 会随着时间 t 的推移发生变化，表明共享单车平台和政府监管机构策略选择的动态调整过程，体现了参与主体的能动性。

模型中的符号定义与具体说明如表 8.5 所示。

表 8.5　符号定义与说明

符号	定义与说明
q	众多共享单车平台中，选择积极管理策略的平台占比，则选择消极管理策略的平台占比为 $1-q$，$0 \leqslant q \leqslant 1$
p	各级政府监管机构中，选择实施有效监管策略的比例，由此可知选择无效监管策略的比例为 $1-p$，$0 \leqslant p \leqslant 1$
R_1	共享单车平台消极管理时的总收益
α	共享单车平台积极管理、筛选注册用户的成本率，共享单车平台积极管理的收益为 $R_1(1-\alpha)$，$\alpha < 1$
C	政府实施有效监管的成本
F_1	共享单车平台消极管理被政府监管机构查出后需要缴纳的罚金
L_1	政府在共享单车平台积极管理的情况下，选择无效监管被第三方监督曝光带来的负面影响
L_2	共享单车平台消极管理被第三方监督曝光后的声誉损失
L_3	政府监管机构的行为受到第三方监督，消极怠工被曝光后带来的声誉损失
R_2	政府监管机构实施有效监管的声誉奖励
i	第三方监督曝光共享单车平台和政府监管机构消极作为的影响因子，$i > 1$

假设 5：第三方监督对共享单车平台和政府监管机构起监督作用，共享单车平台放纵不良行为者继续使用平台、政府监管机构对共享单车平台采取不恰当的监管行为都会被第三方曝光。第三方监督是政府监管机构的重要补充，当政府监管机构采取无效监管策略，或即使采取了有效监管措施，但由

于信息不对称，难以发现共享单车平台所有的问题时，第三方监督都会对共享单车平台的问题进行曝光。

假设 6：在共享单车平台采取消极的管理措施时，政府监管机构缺位或者采取简单无效的措施被第三方监督曝光后会对政府监管机构产生负面影响，记为 $i*L_3$；而在共享单车平台积极管理时，政府监管机构的不恰当监管同样会被第三方监督曝光，并对政府监管机构的公信力产生负面影响，记为 $i*L_1$。

假设 7：在共享单车平台消极管理时，政府监管机构认真履职能够发现共享单车平台的大部分问题，并获得声誉奖励 R_2；在共享单车平台积极管理的情况下，政府监管机构作为服务型机构，以社会福利最大化为目标，有效监管只产生成本 C，没有声誉奖励。

假设 8：在共享单车平台消极管理时，如果政府监管机构采取有效的监管措施，发现共享单车平台问题并对其罚金 F_1，但因信息不对称和信用体系不健全，难以发现共享单车平台所有的不规范问题，第三方监督作为政府监管机构的重要补充对共享单车平台的问题进行曝光，产生负面影响，记为 $i*L_2$，共享单车平台的总损失为 F_1+i*L_2；第三方监督对共享单车平台的不作为进行报道，即使是政府监管机构不对其行为进行处罚，共享单车平台的声誉同样会受到影响，因此其面临的损失为 $i(F_1+L_2)$。

假设 9：共享单车平台采取积极的管理措施，其成本主要来自淘汰不良行为人而放弃的规模效应，积极管理共享单车平台的成本与不良行为人占比和共享单车平台总收益 R_1 紧密相关，设定积极管理的成本率为 α，因此，共享单车平台采取积极管理措施的净收益为 $R_1(1-\alpha)$。

8.4.2　模型构建与均衡分析

基于以上假设，考虑第三方监督曝光的影响后，共享单车平台和政府监管机构博弈的支付矩阵如表 8.6 所示。

表 8.6 共享单车平台和政府监管机构博弈的支付矩阵

项目		政府监管机构	
		有效监管	无效监管
共享单车平台	积极管理	$R_1(1-\alpha)$ ， $-C$	$R_1(1-\alpha)$ ， $-i*L_1$
	消极管理	$R_1-F_1-i*L_2$ ， R_2-C	$R_1-i*(F_1+L_2)$ ， $-i*L_3$

共享单车平台选择积极管理策略的适应度为

$$E(W_1) = p[R_1(1-\alpha)] + (1-p)[R_1(1-\alpha)] = R_1(1-\alpha) \tag{8.10}$$

共享单车平台选择消极管理策略的适应度为

$$E(W_2) = p(R_1 - F_1 - iL_2) + (1-p)[R_1 - i(F_1 + L_2)] \tag{8.11}$$

共享单车平台策略选择的平均适应度为

$$E(W) = qE(W_1) + (1-q)E(W_2) \tag{8.12}$$

同理，可得政府监管机构选择有效监管策略的适应度为

$$E(G_1) = q(-C) + (1-q)(R_2 - C) \tag{8.13}$$

政府监管机构选择无效监管策略的适应度为

$$E(G_2) = q(-i*L_1) + (1-q)(-i*L_3) \tag{8.14}$$

政府监管机构策略选择的平均适应度为

$$E(G) = pE(G_1) + (1-p)E(G_2) \tag{8.15}$$

根据演化博弈理论（Smith，1982），共享单车平台和政府监管机构策略选择的复制动态方程为

$$\begin{cases} \dfrac{dp}{dt} = q[E(W_1) - E(W)] = q(1-q)[i(F_1 + L_2) - \alpha R_1 - pF_1(i-1)] \\ \dfrac{dq}{dt} = p[E(G_1) - E(G)] = p(1-p)[-C + R_2 + iL_3 - q(R_2 + iL_3 - iL_1)] \end{cases} \quad (8.16)$$

对于二维动态系统（8.16），系统的五个局部均衡点分别为（0，0）、（1，0）、（0，1）、（1，1）和（p^*，q^*），其中，$p^* = \dfrac{i(F_1 + L_2) - \alpha R_1}{F_1(i-1)}$，$q^* = \dfrac{-C + R_2 + iL_3}{R_2 + iL_3 - iL_1}$。

考虑二维动态系统（8.16），当复制动态方程为 0 时，系统达到局部均衡，局部均衡点分别为（0，0）、（1，0）、（0，1）、（1，1）和（p^*，q^*），其中 $p^* = \dfrac{i(F_1 + L_2) - \alpha R_1}{F_1(i-1)}$，$q^* = \dfrac{-C + R_2 + iL_3}{R_2 + iL_3 - iL_1}$。

均衡点的稳定性可以通过雅可比行列式的性质进行判断，系统（8.16）对应的雅可比行列式为 $J = \begin{pmatrix} b_{11} & b_{12} \\ b_{21} & b_{22} \end{pmatrix}$，其中 $b_{11} = (1-2q)[i(F_1 + L_2) - \alpha R_1 - pF_1(i-1)]$，$b_{12} = -q(1-q)*F_1(i-1)$，$b_{21} = -p(1-p)(R_2 + iL_3 - iL_1)$，$b_{22} = (1-2q)[-C + R_2 + iL_3 - q(R_2 + iL_3 - iL_1)]$。

系统（8.16）的五个局部均衡点（0，0）、（1，0）、（0，1）、（1，1）和（p^*，q^*）的 b_{11}、b_{12}、b_{21}、b_{22} 的取值如表 8.7 所示。其中，$M = \dfrac{(C - R_2 - iL_3)(C - iL_1)F_1(i-1)}{(R_2 + iL_3 - iL_1)^2}$，$N = \dfrac{[\alpha R_1 - i(F_1 + L_2)](\alpha R_1 - F_1 - iL_2)(R_2 + iL_3 - iL_1)}{[F_1(i-1)]^2}$。

表 8.7　局部均衡点处 b_{11}、b_{12}、b_{21}、b_{22} 的取值

均衡点	b_{11}	b_{12}	b_{21}	b_{22}
（0，0）	$i(F_1 + L_2) - \alpha R_1$	0	0	$-C + R_2 + iL_3$
（1，0）	$F_1 + iL_2 - \alpha R_1$	0	0	$C - R_2 - iL_3$
（0，1）	$\alpha R_1 - i(F_1 + L_2)$	0	0	$-C + iL_1$
（1，1）	$-(F_1 + iL_2 - \alpha R_1)$	0	0	$C - iL_1$
（p^*，q^*）	0	M	N	0

根据 ESS 的要求 det$J$>0，tr$J$<0，对于各类情形进行综合分析后，可得到如下结论：情形一，当 $1<i<\min\left\{\dfrac{\alpha R_1}{F_1+L_2},\dfrac{C-R_2}{L_3}\right\}$ 时，均衡策略（0，0）为 ESS；情形二，当 $\max\left\{1,\dfrac{C-R_2}{L_3}\right\}<i<\dfrac{\alpha R_1-F_1}{L_2}$ 时，均衡策略（1，0）为 ESS；情形三，当 $\max\left\{1,\dfrac{\alpha R_1}{F_1+L_2}\right\}<i<\dfrac{C}{L_1}$ 时，均衡策略（0，1）为 ESS；情形四，当 $\max\left\{1,\dfrac{\alpha R_1-F_1}{L_2},\dfrac{C}{L_1}\right\}<i$ 时，均衡策略（1，1）为 ESS；情形五，当 $i(F_1+L_2)-\alpha R_1>0$，且 $-C+R_2+iL_3<0$，$F_1+iL_2-\alpha R_1<0$，$-C+iL_1>0$ 时，系统没有 ESS。

8.4.3 演化仿真分析

为更加直观地比较共享单车平台和政府监管机构的群体策略比例在不同条件下的演化情况，采用仿真实验给出不同初始状态下两个群体的 ESS 以及特定初始状态下策略随时间的演化路径。共享单车平台与政府监管机构的协同策略选择具体表述如下。

（1）当 $1<i<\min\left\{\dfrac{\alpha R_1}{F_1+L_2},\dfrac{C-R_2}{L_3}\right\}$ 时，平衡点（0，0）为 ESS。当上述条件成立时，有 $R_1(1-\alpha)<R_1-i(F_1+L_2)$ 和 $R_2-C<-iL_3$。由于积极管理需要大量投入，在政府监管机构采取无效监管时，第三方监督对共享单车平台的约束不足以引导平台采取积极的管理措施，大部分的共享单车平台更倾向于选择消极管理策略；而对于政府监管机构来讲，如若共享单车平台不积极配合，单纯依赖政府监管同样需要巨额投入，即使可能面临第三方报道也更倾向于采取无效监管。

命题 8.5 当第三方监督曝光共享单车平台负面新闻的影响因子较小时，政府监管机构和共享单车平台面临高昂的管理成本，第三方监督的约束效应甚微。共享单车平台为了在短期内赢得更大的市场，会尽量避免对用户的约束，进行积极管理的动力不足；而政府监管机构仅凭一己之力要改善共享单车行业环境需要巨大的投入，难以形成持续有效的改革动力。

如图 8.10 所示，在该情况下，博弈结果是不利于共享单车行业的健康发展的，损害了用户的利益。注意到 $R_1(1-\alpha) < R_1 - i(F_1 + L_2)$ 和 $R_2 - C < -iL_3$ 这种关系会随着第三方监督影响因子 i 的增加而改变，从而改变共享单车平台和政府监管机构的策略选择。

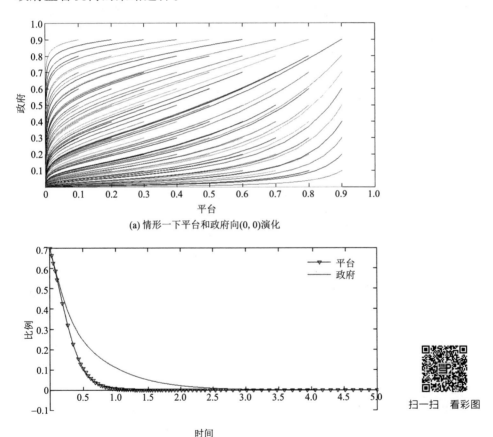

(a) 情形一下平台和政府向(0, 0)演化

(b) 情形一下平台和政府随时间的演化

图 8.10　情形一下的系统演化过程

（$R_1 = 200$；$\alpha = 0.1$；$C = 10$；$F_1 = 5$；$L_1 = 2$；$L_2 = 8$；$L_3 = 3$；$R_2 = 5$；$i = 1.1$）

扫一扫　看彩图

（2）当 $\max\left\{1, \dfrac{C-R_2}{L_3}\right\} < i < \dfrac{\alpha R_1 - F_1}{L_2}$ 时，演化博弈稳定于平衡点（1，0）。

此时满足条件 $R_1(1-\alpha) < R_1 - F_1 - iL_2$ 和 $R_2 - C > -iL_3$，即共享单车平台受到政府监管机构和第三方监督的双重监管，其巨大的规模收益仍然使得共享单车平台不愿意采取积极的管理措施，约束用户行为，从而避免用户流失；而当第三方监督的影响力足够大时，其对政府监管机构的约束力凸显，为了避免负面报道带来的影响，政府监管机构即使不能得到共享单车平台的配合，也会主动探索有效的管理措施，并积极贯彻实施。具体的演化路径如图 8.11 所示。

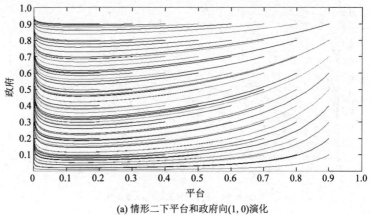

(a) 情形二下平台和政府向(1,0)演化

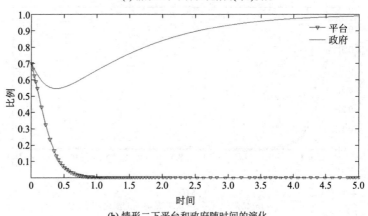

(b) 情形二下平台和政府随时间的演化

图 8.11　情形二下的系统演化过程

（$R_1 = 300$；$\alpha = 0.1$；$C = 10$；$F_1 = 5$；$L_1 = 2$；$L_2 = 8$；$L_3 = 3$；$R_2 = 5$；$i = 2$）

扫一扫　看彩图

命题 8.6　如果第三方监督的影响力进一步增加，对共享单车平台和政府监管机构会产生差异化的影响。在对共享单车平台不足以产生影响的情况下，也能对政府监管机构产生积极的引导作用。

由于政府监管机构的行为受到社会舆论的显著影响，第三方监督影响力的扩大，促使政府监管机构关注负面影响，并积极探索行之有效的方法，对共享单车平台实施监督管理职能。在行业快速扩张期，共享单车平台被巨大的规模效应吸引。与积极管理带来的客流损失相比，共享单车平台宁愿承担偶发的第三方监督曝光的损失。这种状况会随着第三方监督影响因子的增加而发生逆转，从而改变共享单车平台的策略选择。

（3）当 $\max\left\{1, \dfrac{\alpha R_1}{F_1 + L_2}\right\} < i < \dfrac{C}{L_1}$ 时，平衡点（0，1）为 ESS。此时条件 $R_1(1-\alpha) > R_1 - i(F_1 + L_2)$ 和 $-C < -iL_1$ 得以满足。其内涵为，对于已经获得一定市场认可度的企业，其更关注对自身声誉的保护，即使没有政府监督机构的监管，具有一定社会影响力的第三方监督也可能引导共享单车平台采取必要的管理措施，通常这个阶段只有在行业模式相对稳定时才会出现。对于共享经济，共享单车平台自治门槛更低，效果更好，在共享单车平台积极管理的环境下，即使没有政府监管也能实现有序的行业和社会环境，因此，一般情况下，政府监管机构可能会选择更常规的管理方式。演化仿真如图 8.12 所示。

在该情况下，第三方监督促使共享单车平台关注企业声誉，负面报道约束了共享单车平台行为，共享单车平台有计划地进行单车投放，规范用户行为，有利于形成有序的共享经济环境，促进共享经济的良性发展。对于政府监管机构来讲，简单无效监管被第三方监督报道后带来的名誉损失与监管成本相比较小，政府监管机构倾向于"搭便车"。政府监管缺位有可能会造成平台企业形成行业垄断，不利于新兴行业的持续发展。

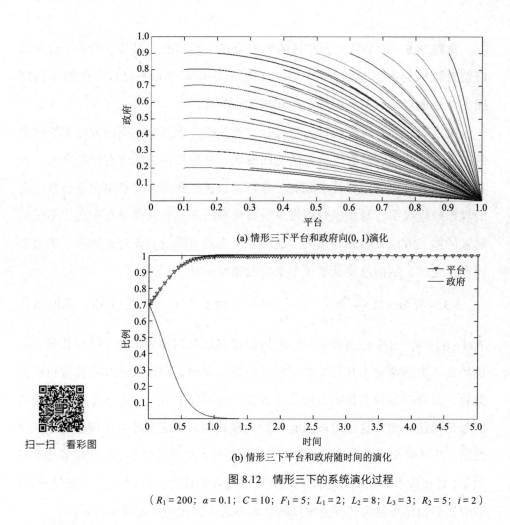

(a) 情形三下平台和政府向(0, 1)演化

扫一扫 看彩图

(b) 情形三下平台和政府随时间的演化

图 8.12 情形三下的系统演化过程

（$R_1 = 200$；$\alpha = 0.1$；$C = 10$；$F_1 = 5$；$L_1 = 2$；$L_2 = 8$；$L_3 = 3$；$R_2 = 5$；$i = 2$）

命题 8.7 在行业发展模式初步形成阶段，从保护企业声誉角度出发，已经获得市场份额的共享单车平台更容易受到第三方监督的影响，积极管理用户和单车，避免产生不良的社会影响。当共享单车平台的积极自治改善了行业环境时，政府监管机构即使不作为，被第三方监督曝光的概率也大大减小，因此，政府监管机构更倾向于无效监管策略。

（4）当 $\max\left\{1, \dfrac{\alpha R_1 - F_1}{L_2}, \dfrac{C}{L_1}\right\} < i$ 时，演化博弈过程稳定于平衡点（1，1）。

此条件满足 $R_1(1-\alpha) > R_1 - F_1 - iL_2$ 和 $-C > -iL_1$，其含义是：当第三方监督的影响力足够大时，政府监管机构和共享单车平台的不当行为会带来巨大的声誉损失，超出了政府实施有效监管的成本和共享单车平台获得的规模收益，无论初始策略如何，政府监管机构和共享单车平台都不愿意铤而走险，而是选择尽职策略。因此，如果第三方监督的影响力能够满足以上条件，共享单车平台和政府监管机构经过不断博弈后都会选择积极的管理策略，从而实现共享单车平台与政府监管机构的协同共治。演化仿真如图 8.13 所示。

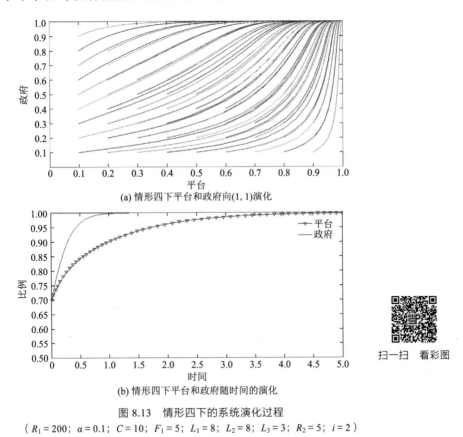

(a) 情形四下平台和政府向(1, 1)演化

(b) 情形四下平台和政府随时间的演化

图 8.13　情形四下的系统演化过程

（$R_1 = 200$；$\alpha = 0.1$；$C = 10$；$F_1 = 5$；$L_1 = 8$；$L_2 = 8$；$L_3 = 3$；$R_2 = 5$；$i = 2$）

扫一扫　看彩图

在理想状态下，第三方监督实现社会监督功能，会增加共享单车平台的政府监管机构的懈怠成本，促使各参与方对共享单车平台进行积极管理，提

高共享单车的服务水平，改善共享单车行业环境，提高社会总福利。

命题 8.8 有效的第三方监督会给经营主体和监管部门施加足够的压力，逆转其策略选择的损益，从而实现引导共享单车平台和政府监管机构行为的作用。有效的社会监督是市场监督的必要补充，也是共享单车行业健康发展的必要条件。

（5）当以下条件同时成立，即 $i(F_1+L_2)-\alpha R_1>0$ ，$-C+R_2+iL_3<0$ ，$-C+iL_1>0$ ，$F_1+iL_2-\alpha R_1<0$ 时，系统不存在 ESS。此时，共享单车平台和政府监管机构在两种不同的策略之间周期动荡，这与共享单车平台快速增长时期，政府监管机构探索各种监管措施的情况相符。该情形下的演化仿真如图 8.14 所示。

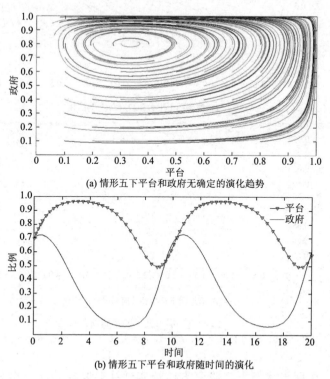

(a) 情形五下平台和政府无确定的演化趋势

(b) 情形五下平台和政府随时间的演化

图 8.14　情形五下的系统演化过程
（$R_1=200$；$\alpha=0.1$；$C=10$；$F_1=5$；$L_1=6$；$L_2=7$；$L_3=2$；$R_2=5$；$i=2$）

扫一扫　看彩图

共享单车作为一种新生事物，具有针对性的监管措施的制定是一个长期的、反复的艰难试错的过程，把握第三方监督在这一演化博弈过程中的影响，能够促进共享单车平台和政府监管机构相互作用，通过开放第三方监督环境、提高第三方监督曝光度、加大第三方监督的影响力，促进共享单车平台和政府监管机构向协同共治的方向演化。

8.5　本章小结

随着共享经济的普及，共享单车在为人们提供方便的同时，也给相关部门增加了巨大的社会管理成本。从需求方来看，共享单车存在违规停车、被收缴、遭遇人为破坏等乱象，带来了诸多"道德风险"问题。面对舆论以及政府的压力，共享单车平台如何切实履行社会责任来规范停放问题，具有很重要的现实意义。本章应用演化博弈理论研究共享单车平台与消费者的互动，考察了平台规范用户行为的 ESS，并借助矩阵实验室（Matlab）进行了仿真分析。结果表明：平台监管奖励、监管成本、平台对用户的奖惩力度是影响演化稳定性的关键因素。控制这些因素有助于使系统快速有效地向用户自觉规范停放、平台缩小监管比例的方向演化。在此基础上，从政府角度以及共享单车平台角度分别了给出对策建议。

毋庸讳言，政府通过加强监管引导共享经济平台实现合规经营，共享经济平台积极落实主体责任，对于共享经济新秩序的建构至关重要。此外，共享经济平台在落实自身责任的过程中，需要接受社会舆论等来自社会各方的监督。以此为出发点，本章充分考虑了第三方监督在共享经济治理中的作用，构建了政府监管机构和共享单车平台的演化博弈模型，研究发现：当第三方监督曝光共享单车负面新闻的影响程度较高时，才能促使政府加强对共享单车的规范管理；反之，当第三方监督曝光共享单车负面新闻的影响程度较低时，难以改变共享单车平台追求规模效应的局面。同时，政府监管机构和共享单车平台协同共治机制的形成是一个长期的、反复的演化过程，第三方监督显著增加了政府监管机构和共享单车平台不作为的成本。因此，除媒体之外，包括中国消费者协会、各种行业协会在内的社会组织都要积极参与到共享经济治理之中，从而构建起多元主体良性互动的共享经济治理模式。

第 9 章
目标—行为框架下共享单车平台的道德风险
——基于小鸣单车的案例研究

因为信息不对称，市场不能够通过有效运转使资金流向那些拥有最佳生产性投资机会的企业。从表面上看，资本流动是造成金融风险的重要因素，实际并非如此，根本原因在于相关从业者因道德风险而产生的过度趋利行为。

——弗雷德里克·米什金（Mishkin，2015）

9.1 引　　言

通过资源使用权和所有权的分离，共享经济将分散化的个人需求和社会闲置资源及特定产品与服务供给通过共享经济平台紧密相连（Belk，2010；Botsman and Rogers，2010）。值得重视的是，在多样化的需求和广泛的供给形成的匹配机制下，对共享经济平台的信任成为连接供需双方、促成交易的关键因素（Frenken，2017；郑联盛，2017），也是消费者形成忠诚度的重要前提（陈冬宇，2014；Benoit et al.，2017；申洁等，2018）。通常，信任与合作之间存在显著的正向关系（陈叶烽等，2010；Japutra et al.，2014）。但作为影响信任的重要因素，平台的道德风险却频频见诸报端。共享经济平台一且发生道德风险，就会对共享资源的供需双方能否顺利达成交易产生重大影响（Tussyadiah，2015；Hawlitschek et al.，2016）。

小鸣单车是全国首个进入诉讼程序的破产共享单车项目。据报道，小鸣单车累计注册用户 400 多万户，收取押金超过 8 亿元，自 2016 年上线，一年内完成两轮融资。但仅两年时间，小鸣单车便在 2018 年 3 月份宣布进入破产程序。作为曾经发展势头迅猛的小鸣单车，为何陷入"其兴也勃焉，其亡也忽焉"的困境？本章以此为研究背景，根据计划行为理论和信息-解释-响应（I-I-R）模型，构建"目标—行为"框架，对共享经济平台的经营管理行为展开分析，结合社会经济发展以及共享经济行业背景，探讨其行为背后的道德风险及成因，为监管部门以及共享经济平台提供有效防范道德风险的对策建议。

具体而言，本章应用计划行为理论和信息-解释-响应模型，构建"目标—行为"概念下的研究框架，将共享经济平台的经营管理行为分为目标设定、目标权衡、目标修订、目标实施和目标达成五个阶段。在"目标—行为"分析框架下，以小鸣单车为例，在全面考察其创立、发展过程的基础上，对小鸣单车在发展过程中的经营管理行为进行了剖析，发现小鸣单车的道德风险行为主要发生在目标实施阶段的四类契约中，分别为平台与用户之间的契约、平台与投资方之间的契约、平台与供应商之间的契约和平台与自身员工之间的契约。根据对平台目标实施阶段的行为重构，结合四类契约中平台潜在的道德风险，将平台的道德风险总结为关联交易、单车质量和盲目扩张三个方面。最后，从落实监管措施、不断加强创新和探索盈利模式三个方面对防范平台道德风险提出对策建议。

9.2 理论分析框架

道德风险是指信息不对称情况下，代理人为了自身的利益最大化而损害委托人利益的行为。以保险为例，被保险人倾向于采取更少的防范措施，容易导致高风险的发生（张维迎，2002）。国内有关道德风险的研究集中于金融领域，许国平和陆磊（2001）认为，我国金融改革中的道德风险问题是权责不对等造成的。就共享经济中的道德风险而言，Abrate 和 Viglia（2019）、Ert 和 Fleischer（2019）分别从提升产品和服务质量、构建声誉和认证体系等角度阐明了短租市场如何降低道德风险。尽管有关道德风险的研究成果较为丰富，但对共享经济道德风险的研究甚少，尤其缺乏相关案例研究，这也为本章的研究提供了切入点。

9.2.1 理论基础

理性行为理论（theory of reasoned action，TRA）归纳了态度、规范以及个人性格等因素对人的行为的影响，但没有考虑到个人意图控制之外的因素（罗江和迟英庆，2016）。Ajzen（1991）在理性行为理论的基础之上进一步增加了感知行为变量，构建了计划行为理论（theory of planned behavior，TPB）。Chang（1998）通过实证分析发现，计划行为理论在预测个体的不道德行为方面要优于理性行为理论。因此，本章在研究共享经济平台的行为决策时以计划行为理论为基础。根据 Ajzen（2006）的研究，计划行为理论的分析框架如图 9.1 所示。

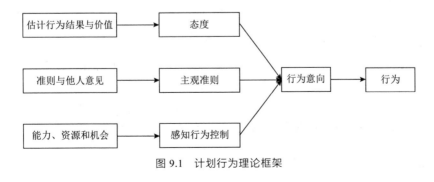

图 9.1 计划行为理论框架

图 9.1 中,"估计行为结果与价值"表示共享经济平台在决策前对成本与效用的权衡;"准则与他人意见"表示共享经济平台行为的外部约束,如相关政策法规的约束和社会媒体的监督;"能力、资源和机会"表示共享经济平台对资金支持、市场份额以及竞争程度的分析。这三项都是共享经济平台权衡目标的重要参考因素,决定着后续的"行为意向"及最终是否产生实际行为。

Prabhu 和 Stewart(2001)在研究企业管理层如何对竞争企业释放的信号进行响应时,构建了信息-解释-响应模型,用于解释消费者行为。在共享经济发展初期,政府和公众积极支持共享经济的发展,市场迅速对这一信息作出回应,表现为共享经济快速发展(贺明华和梁晓蓓,2018)。资本迅速涌入共享单车领域,各共享经济平台在资本的推动下崛起,进行激烈的竞争。在这一过程中,资本很快回归理性,行业陷入整合重组,个别共享经济平台经营困难以至于破产,小鸣单车就是其中一例。本章的信息-解释-响应模型的研究框架如图 9.2 所示。

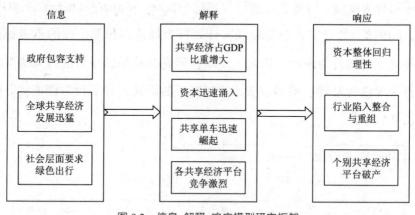

图 9.2 信息-解释-响应模型研究框架

9.2.2 "目标—行为"框架下小鸣单车的道德风险

综合计划行为理论和信息-解释-响应模型,以下提出"目标—行为"的概念，对小鸣单车的经营管理行为进行重构，以此探寻共享单车平台道德风险的形成与治理。

9.2.2.1　"目标—行为"框架的构建

"目标—行为"概念指企业在进行运营时会先设定目标，并根据资源、环境和制度等条件对该目标进行综合分析，并不断修订以期达成目标。"目标—行为"概念包含五个阶段：目标设定、目标权衡、目标修订、目标实施和目标达成。目标设定即企业对未来发展的期望，包括共享经济平台对市场规模和用户数量目标的设定；目标权衡即企业针对自身资源、能力和机会，结合市场竞争状况和制度约束等条件对设定的目标进行成本效用的考察；目标修订紧随目标权衡之后，是权衡结果的体现；目标实施即通过设定计划，明确资金流向，付诸实际行动；目标达成阶段即结果的反映，存在达成目标和未达成目标两种情况。在计划行为理论的框架下构建小鸣单车的经营管理行为时，信息-解释-响应模型也融合在其中，"目标—行为"概念分析框架如图9.3所示。

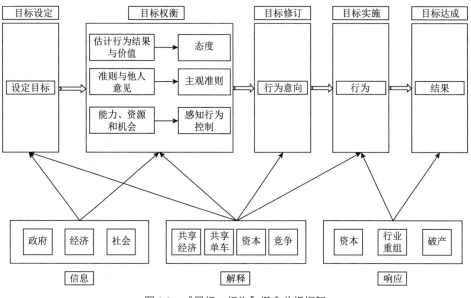

图9.3　"目标—行为"概念分析框架

由图 9.3 可见，政府、经济和社会三个层面释放出来的信息对目标设定和目标权衡具有影响，表现为共享经济平台在设定自身的发展目标时，会考虑到政府支持包容、共享经济发展势头以及社会对于健康出行方式的需要等宏观层面的因素；对于目标的权衡，共享经济平台在对自身资源、自身能力、市场机会和制度约束等因素进行分析时，也要与宏观政策保持一致。在解释阶段，共享经济整体发展良好、资本涌入共享单车领域、共享经济平台迅速崛起以及市场竞争趋于激烈，这些因素对共享经济平台的目标设定、目标权衡、目标修订和目标实施产生影响。共享经济平台设定目标既要考虑市场已有的竞争者以及市场竞争的激烈程度，也要把行业的整体发展趋势纳入分析中。目标实施阶段的实际行为，是在市场解释的情况下进行综合权衡的结果。在市场响应阶段，资本回归理性，行业进入整合重组阶段，同时共享经济平台经营管理决策的结果被市场捕获。以下根据"目标—行为"框架，结合小鸣单车案例剖析共享经济平台道德风险的成因。

9.2.2.2　小鸣单车"目标—行为"逻辑下的道德风险

共享单车行业发展初期，政府、经济和社会三方面释放积极的信息，资本注入市场，众多共享经济平台崛起，此时"目标—行为"分析的五个阶段处于相对缓慢的变化中；随着资本的大量涌入，众多共享经济平台之间开始陷入规模战、价格战和补贴战，此时共享经济平台会根据初期的市场响应和新一期市场的信息和解释，设定新的发展目标。由于行业竞争加剧，进入大调整和大洗牌，使得市场在信息-解释-响应这一路径中快速产生变化，各个共享经济平台也根据这些变化不断调整目标与行为决策，"目标—行为"分析的五个阶段相互叠加，使整个过程变得更加复杂。

因此，从行业发展来看，小鸣单车的道德风险发生在行业发展中后期的概率远大于发展初期。从"目标—行为"分析框架来看，小鸣单车的道德风险行为主要发生在目标实施阶段。

9.3　研　究　方　法

作为社会科学领域的一种重要研究方法，案例研究以基于现象的建构主义为认识论基础，以理论抽样为主的原则下获取的情境、人物、事件及其关系为研究素材，来实现拓展、构建管理理论的研究目标（Eisenhardt，1989；苏敬勤和孙源远，2010；杨学成和涂科，2017）。案例研究是纵贯式研究，其主要特征是强调情境嵌入且复杂程度高。案例研究分为单案例研究和多案例研究，有学者指出，单案例研究在对于一个新问题和新现象的研究方面具有明显的优势（Nudurupati et al.，2015）。

9.3.1　案例选取

作为共享经济理念下的创新实践和破解城市出行"最后一公里"难题的有效方式，共享单车一方面表现出了许多优势，但另一方面也呈现出市场风险、道德风险与法律风险相交融的特点（甘培忠，2018）。多元竞争格局致使平台企业经营失败的市场风险不断积聚，极易诱发其见利忘义、唯利是图的道德风险，并进而诱发不正当竞争、变相揽储、侵犯消费者合法权益等法律风险（甘培忠，2018）。

本章针对共享经济发展过程中屡见报端的道德风险事件，将研究聚焦于共享经济的信息中介——共享经济平台上。从近年来媒体报道的众多信息来看，在道德风险出现的共享各个领域中，以共享单车最为突出。作为第一个走向诉讼程序的共享经济平台，小鸣单车从如火如荼的发展到最后破产仅仅经历了两年的时间，那么小鸣单车在经营管理上究竟遇到了哪些困境？是什么原因导致小鸣单车如此迅速地走向衰败？这些问题值得深思和探究，对于分析其他共享经济平台具有一定的借鉴意义。

9.3.2　案例研究对象

小鸣单车的经营方为广州悦骑信息科技有限公司（简称悦骑公司），成立于 2016 年 7 月 29 日，注册资本 621 万余元，法人代表为关斌。小鸣单车的发展经历了三个阶段，即融资发展阶段、问题出现阶段和破产清算阶段，如表 9.1 所示。

表 9.1　小鸣单车发展概况

发展阶段	时间	参与方	事件介绍
融资发展	2016 年 7 月 29 日	关斌等人	广州悦骑信息科技有限公司成立，注册资本 621 万余元，法人代表关斌，法人股东包括广州梦融投资有限公司等公司
	2016 年 9 月	小鸣单车、北京联创永宣投资管理集团股份有限公司及宅米（校园生活服务平台）	完成数千万元天使轮融资，领投方为北京联创永宣投资管理集团股份有限公司的冯涛，多家上市公司跟投
	2016 年 10 月 8 日	小鸣单车、广州凯路仕自行车有限公司及几家上市公司	完成 1 亿元 A 轮融资，凯路仕董事长邓永豪领投，部分上市公司股东跟投
问题出现	2016—2017 年	悦骑公司、广州锋荣实业有限公司	悦骑公司与其法定代表人关斌的另一家关联公司广州锋荣实业有限公司签订四份购销合同，以明显不合理的方式向广州锋荣实业有限公司超额支付预付款约 4600 万元，另因价差损失约 1800 万元
	2017 年 7 月	小鸣单车、用户	用户反映押金难退，并引发用户退押金风潮，首席执行官（CEO）金超慧表示退出团队，退押金面临问题
	2017 年 11 月	小鸣单车、CEO、企业员工	单车 CEO 离职，大量员工被裁，公司实际控制人失联

发展阶段	时间	参与方	事件介绍
破产清算	2018 年 3 月	广州市中级人民法院、悦骑公司	广州市中级人民法院在接到消费者大量投诉后，经审查认为悦骑公司不能清偿到期债务，缺乏偿债能力，宣布小鸣单车进入破产程序
	2018 年 5 月 19 日	广东省消费者委员会、小鸣单车	广东省消费者委员会发布消息，称悦骑公司已进入破产清算程序，押金未能退还的消费者可申报债权
	2018 年 7 月 11 日	广州市中级人民法院	广州市中级人民法院召开新闻发布会，向社会通报悦骑公司破产一案，表示小鸣单车债权人众多，但小鸣单车财产分散，以散落各地的自行车为主

从表 9.1 可以看出，小鸣单车经历了快速的发展与衰落，这背后共享经济平台的行为决策、行业的迅猛发展和洗牌以及整个共享经济的发展形势都对其具有一定影响。因此，构建基于共享经济行业背景下的共享经济平台发展路径和行为框架，对其进行分析以探寻适合于行业健康发展的经验教训极为必要。

9.3.3　资料搜集

本案例研究遵循"证据三角"原则（Yin，2010；李平和曹仰锋，2012），使不同方法获取的数据和信息相互验证。本案例的资料来源主要包括以下几个方面：一是政府近年来出台的共享单车相关政策文件；二是共享单车行业发展以及小鸣单车发展的数据；三是人民网、光明网等各类媒体对企业报道的文字资料；四是悦骑公司官网已经发布的公开资料；五是通过实地调研获得的资料。

9.4　案　例　分　析

9.4.1　共享单车发展历程及小鸣单车的变迁

共享单车在我国的发展经历了 2007—2010 年、2010—2014 年以及 2014

年至今三个阶段。在第一个阶段，国外兴起的公共单车模式引入国内，主要
由政府主导。这些单车是各城市为方便市民出行而在公共服务区域设立的有
桩单车，市民交纳押金办卡，骑行多为免费，体现为一种便民工具。第二阶
段，出现专门的企业经营共享单车，用户需要交纳押金办卡或在 APP 上注册
并交纳押金才能骑行，以有桩单车为主，企业根据骑行时间收取费用，一般
在 1 小时内免费骑行，超出时间按每小时 1 元计费。在这一阶段，共享单
车仍然以便民为主，但开始体现赢利特征。第三阶段，移动互联网与共享
单车进行融合，资本涌入，诸多共享经济平台创立，推出的以无桩单车为
主，随骑随走，行业陷入激烈的竞争，面临大洗牌。这一阶段，经济和资
本的特征更加明显。共享单车发展的时间路线以及小鸣单车的发展状况如
图 9.4 所示。

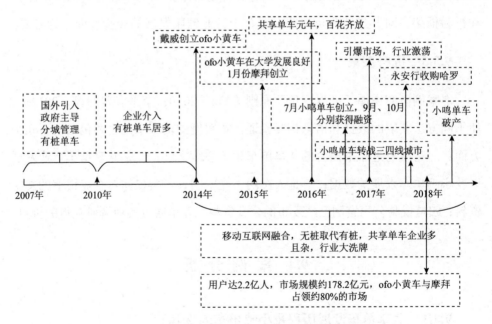

图 9.4　共享单车发展的时间路线以及小鸣单车的发展状况

图 9.4 中，在第二阶段和第三阶段的时间分界点，2014 年仅有 ofo 小黄车一家共享单车平台创立，2015 年也只有摩拜单车一家共享单车平台创立，可以将 ofo 小黄车与摩拜单车归入第一批创立的共享经济平台。2016 年，包括小鸣单车、小蓝单车、哈罗单车以及永安行在内的 30 多家共享单车平台创立，行业进入"百花齐放"的发展阶段，2016 年因此被称为共享单车元年。小鸣单车于 2016 年 7 月 29 日正式上线运营，9 月即获得数千万元天使轮融资，10 月 8 日完成 1 亿元 A 轮融资。哈罗单车 9 月才正式上线，11 月完成 A 轮融资；11 月，小蓝单车与永安行也正式推出共享单车。小鸣单车属于行业中较早的共享经济平台，具有一定的行业地位。

进入 2017 年，随着资本的不断涌入，共享单车市场被引爆，全年累计投放共享单车 2300 万辆，覆盖城市 200 个，行业陷入混战。不少共享经济平台由于资金和管理等原因破产、跑路或被兼并，如永安行收购哈罗单车。小鸣单车根据一二线城市的市场竞争情况（ofo 小黄车与摩拜单车两巨头占据绝对优势，且供需相对饱和），做出了转战三四线城市的决定。2017 年 8 月，交通运输部等多个部门针对用户资金及信息安全等问题出台《关于鼓励和规范互联网租赁自行车发展的指导意见》，用户开始关注押金问题，小鸣单车在这段时间内遭遇大量用户退押金的申请，资金面临压力，截至 12 月，因押金逾期未退还而遭受的投诉近 3000 件。

2018 年 3 月，哈罗单车率先开启全国范围内信用免押，支付宝芝麻分 650 以上的用户，通过支付宝"扫一扫"车身二维码，选择授权芝麻信用，即可在全国范围内免押金骑行哈罗单车。这一举措使诸多共享经济平台依靠押金的这一资金来源被切断，ofo 小黄车和摩拜单车紧随其后开启免押金。原本资金链面临压力的小鸣单车此刻更是雪上加霜，被投诉数量激增，广州市中级人民法院于 3 月底正式宣布小鸣单车进入破产程序。

9.4.2 "目标—行为"分析框架下小鸣单车的行为重构

9.4.2.1 目标设定阶段

这一阶段中，我国经济增速放缓，而共享经济却迅速发展，并解决了大量的就业问题。因此，政府大力支持共享经济的发展，各部门相继出台政策。在社会层面，一方面，得益于智能手机的普及，共享经济的发展有了很好的技术支撑；另一方面，广大民众对于绿色出行、健康发展的呼声越来越高。共享单车异军突起、迅猛发展的背景如表 9.2 所示。

表 9.2　共享单车异军突起的背景

分类	时间	事件
经济层面	2013 年、2014 年	GDP 增速分别为 7.8%、7.3%
	2015 年	GDP 增速 6.9%，中国共享经济市场规模约为 1.956 万亿元，占 GDP 的 2.8%，提供共享服务的人数约为 5000 万人
	2016 年	GDP 增速 6.7%，中国共享经济市场规模达 39 450 亿元，增长率为 76.4%，占 GDP 的 5.3%，提供共享服务的人数约为 6000 万人
政府层面	2015 年 10 月 26 日—29 日	中共十八届五中全会确立"创新、协调、绿色、开放、共享"的"十三五"时期发展理念
	2016 年 2 月 17 日	国家发展和改革委员会等共 10 部委印发《关于促进绿色消费的指导意见》指出，支持发展共享经济，鼓励有序发展自有车辆租赁
	2016 年 3 月 5 日	《2016 年政府工作报告》明确指出，支持分享经济发展，提高资源利用效率，让更多人参与进来、富裕起来
	2016 年 7 月 27 日	出于解决交通拥堵、减少环境污染、减少损害消费者利益行为等目的，交通运输部、工业和信息化部等 7 部委联合发布《网络预约出租汽车经营服务管理暂行办法》
社会层面	2015 年 12 月	我国手机网民规模达 6.20 亿人，在一、二、三、四、五各线城市中几乎人手一部智能手机上网。据尼尔森在全球开展的对参与分享的意愿调查，94%的中国受访者都喜欢与他人分享
	2016 年 1 月 12 日	中国气象局发布《中国气候公报（2015 年）》，我国全年遭遇了 11 次大范围雾霾过程，尤其在京津冀地区，排放量大是雾霾主因

不难看出，共享单车满足了经济和社会发展的需求，较好地回应了公众对于绿色出行方式、可持续发展的关切。2015年，共享单车用户人数为245万人，到了2016年底，用户规模达到了1886.4万人。2016年，仅ofo小黄车就完成了5次融资，行业整体呈现出近10倍规模的发展。小鸣单车在2016年7月正式上线，9月即获得数千万元的天使轮融资，10月获得1亿元A轮融资，这是市场对经济、政府和社会层面释放出来的积极信息的解释。此时，共享单车市场上以ofo小黄车和摩拜单车两大巨头发展最为成熟，占据着一二线市场的主要份额。鉴于二者在一线城市的绝对优势地位，刚刚成立的小鸣单车难以与之匹敌，因此在发展初期将发展区域目标定位为主打二三线城市，参与少数一线城市，在上海、广州等地投入单车。

9.4.2.2　目标权衡与目标修订阶段

2016年9月，哈罗单车正式上线，11月完成A轮融资，小蓝单车与永安行也在11月份正式推出共享单车。这几家单车除了在一线城市参与之外，也将主要发展区域定位于二三线城市，与小鸣单车展开竞争。与此同时，ofo小黄车与摩拜单车除了稳定一线城市的优势地位外，也将发展重心定位于二线城市，并积极布局三线城市和国外主要城市。各共享单车平台比较如表9.3所示。

表9.3　主要共享单车平台的比较

梯队	单车名称	创立年份	投放数量/万辆	注册用户/亿人	押金	主要投放城市
第一梯队	ofo小黄车	2014	1000	超过2	99元，2017年6月涨至199元，2018年7月部分城市免押金	一二线、国外主要城市
	摩拜单车	2015	超过700	超过2	299元，2018年7月免押金	一二线、国外主要城市

梯队	单车名称	创立年份	投放数量/万辆	注册用户/亿人	押金	主要投放城市
第二梯队	哈罗单车	2016	约200	0.46	199元，2018年3月开启全国信用免押	二三线
	永安行	2016	80	0.2	99元，2017年10月与哈罗单车合并	二三四线
	小蓝单车	2016	约60	约0.15	99元，2017年7月涨至199元	一二三线
	小鸣单车	2016	约43	约0.04	199元	二三四线

在已创立的共享单车平台积极布局二三线城市时，不断有新的共享单车平台创立，如优拜单车、悟空单车、町町单车等，纷纷加入二三线城市的竞争。小鸣单车倚仗创立时间较早，仍以二三线城市为目标，扩大单车投放量。2017年下半年，共享单车发展进入中后期，竞争愈发激烈，小鸣单车在第二梯队中规模较小，与第一梯队无法相比，相较于第二梯队的哈罗单车、永安行等也不具备明显优势。因此，小鸣单车根据其现状，将发展区位转移至三四线城市。

9.4.2.3 目标实施与目标达成阶段

明确目标之后，小鸣单车开始了迅速的规模扩张。根据悦骑公司的审计、会计公告，2016—2017年，公司将全年资金流的70%以上用来购买单车。公司的资金来源主要为融资资金和用户押金。资金来源、流向以及为公司带来的效用如图9.5所示。

资金投入给公司带来的效用分为正向和负向两个方面，在五个资金流向中，仅有关联交易一项对公司具有负向的效用，关联交易成为共享单车平台的一大道德风险来源。单车投放一项，在竞争初期，大规模地向市场投放单

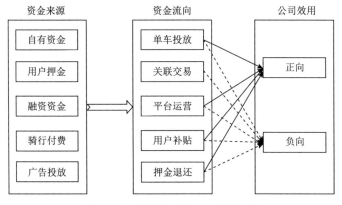

图 9.5　小鸣单车"资金—效用"图

车以争夺市场份额，其效用以正向居多；随着竞争加剧，需求已趋近饱和，此时继续投放单车的效用以负向为主。平台运营给公司带来的效用与公司的决策有关，如小鸣单车在初期制定的主打二三线城市的目标，并积极投入单车占领市场，为公司带来的是正向效用；随着竞争加剧，小鸣单车盲目地争夺市场规模，其效用主要表现为负向。用户补贴一项，小鸣单车发展初期，用户补贴可以吸引新用户，对用户规模的增长具有很大促进作用；而市场竞争激烈程度上升使得各个共享单车平台之间陷入价格战和补贴战，开始呈现负向效用。押金退还涉及公司声誉，在小鸣单车资金流充足时，及时退还押金使广大用户对公司经营状况有信心；随着资金链的紧张，押金往往逾期未能退还，引发用户退押金风潮。

9.4.2.4　动态的"目标—行为"五阶段分析

　　行业发展后期竞争加剧，各共享单车平台陷入规模战、价格战和补贴战，大量消耗公司的资金流。"目标—行为"分析框架的五个阶段快速更替，各阶段出现叠加，变得更加复杂，如图 9.6 所示。

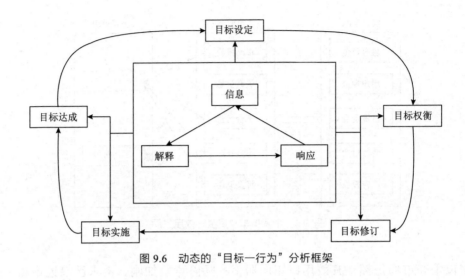

图 9.6　动态的"目标—行为"分析框架

在动态的循环中，市场信息和表现出来的解释和响应影响着"目标—行为"分析框架的各个阶段。从市场规模来看，小鸣单车处于第二梯队中较弱的地位。单车价格的比较中，摩拜单车的单车价格较高，其他单车整体价格约 600 元，小鸣单车不具备明显成本优势。在各种单车的骑行价格中，ofo 小黄车（学生使用时）、摩拜单车和小蓝单车的骑行价格为 0.5 元/半小时，小鸣单车的骑行价格为 0.8 元/小时，而哈罗单车为 1 元/半小时，夜间骑行免费。可见各单车的骑行价格差距较小。综合上述分析可知小鸣单车并没有优势，原有的市场份额也被持续不断的竞争蚕食。因此，小鸣单车在 2017 年下半年做出转战三四线城市的决定。

2017 年 8 月，交通运输部等 10 部门出台《关于鼓励和规范互联网租赁自行车发展的指导意见》，该指导意见的出台不仅促使共享单车平台规范使用押金，也使广大消费者对于押金去向、能否及时退还等问题更加关注。此时小鸣单车正忙于三四线城市的扩张，资金来源正是用户押金，约 77.8%用于预付货款购买单车。由于资金链紧张，部分消费者的押金未能及时退还，这一行为被消费者视为押金无法退还的信号，市场对此迅速作出反应，表现为消费者之间的负面情绪传递和短时间内用户的退押金风潮。由于小鸣单车无法及时退还押金,消费者选择向广东省消费者委员会投诉。2017 年 8—12 月,有关押金逾期未退还的投诉量达 3000 件。经调查,广东省消费者委员会了解到悦骑公司开设的资金账户为一般账户而非银行专用账户,其收取的押金没有实施银行托管。据此,广东省消费者委员会认定悦骑公司侵害了消费者的合法权益,并向悦骑公司提起诉讼。2018 年 3 月 27 日,广州市中级人民法院作出受理裁定,小鸣单车正式进入破产程序。这样,APP 下载量一度达到百万级的小鸣单车,成为国内首个破产清算的共享单车平台(张夺,2018)。

9.4.3 "目标—行为"分析框架下小鸣单车的道德风险探究

探究小鸣单车的道德风险,关键在于考察追求自身利益最大化的同时,其行为是否对契约另一方的利益造成了损害。在对小鸣单车经营管理行为进行重构过程中发现,道德风险主要发生在目标实施阶段,集中在用户押金和融资资金上。用户押金是小鸣单车最大的资金来源,其次是融资资金。在约400 万用户中,小鸣单车累计收取押金 8 亿元,A 轮融资完成之后,小鸣单车累计融资 1 亿元以上,而清算时,公司资产仅剩 35 万元现金以及散落各地的单车。公司债务分为三个方面,包括 11 万用户的押金约 2000 万元,28 笔单车供应商债务,115 笔职工债务,债务总金额达 5000 多万元。因此,厘清用户押金的流向将是明确小鸣单车道德风险的关键,如表 9.4 所示。

表 9.4 目标实施阶段平台的四类契约

类别	契约双方	权利义务关系	平台潜在的道德风险
第一类	平台与用户	用户交纳押金,有权使用单车和申请退还押金;平台有权合理利用资金,有义务向用户提供服务	为使自身效用最大化,不合理使用用户押金,或提供质量不合格的产品
第二类	平台与投资方	投资方提供资金支持,有权利在平台发展稳定时套现退出;平台有权利合理使用资金进行稳健经营	为了自身效用最大化,不合理使用投资方资金,如关联交易、盲目扩张等

类别	契约双方	权利义务关系	平台潜在的道德风险
第三类	平台与供应商	平台按时足额支付货款；供应商按时保质保量提供单车等相关产品	未能按时、足额支付供应商货款
第四类	平台与员工	员工有义务为平台努力工作；平台有义务按时足额支付工资等报酬	未能按时、足额支付员工报酬

如表 9.4 所示，资金主要流向为：单车供应商、用户以及员工。从资金的来源和流向分析得出目标实施阶段主要存在四类契约：一是平台与用户之间的契约，二是平台与投资方之间的契约，三是平台与供应商之间的契约，四是平台与自身员工之间的契约。其中，平台与用户之间的契约表现为用户交纳押金，拥有随时使用小鸣单车和随时要求平台退还押金的权利；平台拥有合理使用押金进行单车投放和稳健经营的权利，同时拥有接到用户退还押金的申请后，在规定期限内退还押金的义务。平台与投资方之间的契约表现为，投资方为平台提供资金支持，拥有公司一定的股份；平台在获取融资后，有合理使用资金进行稳健经营的义务。平台与供应商之间的契约表现为，平台支付货款，供应商在要求时间内提供质量合格的单车或单车零部件。平台与自身员工之间的契约为劳务合同范畴。根据对平台目标实施阶段的行为重构，结合四类契约中平台潜在的道德风险，将平台的道德风险总结为关联交易、单车质量和盲目扩张三个方面，具体分析如下[①]。

9.4.3.1　关联交易

关联交易是小鸣单车道德风险行为中最为明显的一类，所造成的损害也最为直接。其主要发生在平台与供应商之间，但遭受最大损害的却是用户和

---

① 本章的案例在一定程度上支持了第 5 章"共享经济平台的资金管理与风险控制"的部分研究结论。

投资方，员工和供应商也遭受一定损害。调查发现，小鸣单车的采购价格是每辆单车 719.55 元，但委托外运时损坏一辆单车"按原价赔偿 500 元"，二者相差 200 多元。调查还发现，2016—2017 年，悦骑公司以不合理的价格向广州锋荣实业有限公司超额支付预付款约 4600 万元，因价差而损失 1800 余万元，合计本金 6467.7 万元。悦骑公司的法人代表关斌，正是广州锋荣实业有限公司的股东之一。

上述调查信息明确显示，小鸣单车的经营方悦骑公司与其供应商广州锋荣实业有限公司之间存在关联交易，仅 2016—2017 年两公司签订的 4 份购销合同中，关联交易涉及金额 6000 余万元，悦骑公司向广州锋荣实业有限公司输送的利益除价差损失约 1800 万元外，还有超额支付的 4000 万元。根据悦骑公司的审计、会计报告，2016 年公司的主要资金来源是 3947.5 万元投资款，而 2017 年的主要资金来源变为用户押金。因此，关联交易中资金来源为融资资金和用户押金，在关联交易这一道德风险行为中，用户和投资方所受损害最为直接也最大。平台清算时，仍旧拖欠 28 笔供应商债务和 115 笔职工债务，在关联交易这一道德风险行为下，由于平台进行利益输送是为了追求自身利益最大化，供应商的货款无法按时得到足额支付，其利益受到损害。同样，平台员工的报酬和社保等资金无法得到保障，甚至对于自身职业发展具有一定的影响，显然平台的这一道德风险行为对员工利益造成了损害。因此，对于供应商和员工来说，平台的关联交易也是一种道德风险行为。

9.4.3.2　单车质量

单车质量与单车的供应商之间具有很大关联，很大程度上也是从关联交易中衍生而来的。供应商向平台提供单车，但由于市场竞争加剧，受资金约束和追求利益最大化的驱动，供应商会降低单车质量。在关联交易的利益输送下，平台会默认这一事实，甚至与存在利益输送的供应商达成共谋。政府在针对共享单车的抽检中，被抽查的24批次样品中，有3个批次不合格，不合格率为12.5%，ofo小黄车、摩拜单车、哈罗单车和小鸣单车等平台无一幸免，均在不合格之列。不合格项目主要为反射器和脚蹬间隙，反射器是一种能够在黑暗或夜间环境中反射光线的装置，检测人员表示反射器的不合格或缺失就如同汽车在夜间行驶不开车灯一样危险。脚蹬间隙的不合格会使骑车人员在转弯时脚蹬触碰到地面，增大骑行者摔倒的风险。

单车质量不过关对用户造成的损害最为直接也最大，其背后的原因在于平台追求低成本以使自身效用最大化。在这一过程中，单车质量不合格率增高，导致用户受到损害的概率加大，平台的这一追求自身效用最大化而损害契约另一方的利益的行为是典型的道德风险行为。这一道德风险行为不仅将风险单一地、静止地作用于用户本身，也通过引发平台声誉危机，传导至投资方、供应商和平台员工以及再一次传导至用户身上。

9.4.3.3　盲目扩张

盲目扩张属于平台道德风险中比较特殊的一类，主要是由于平台的盲目扩张被认为是平台自身的经营管理不善，更多地涉及公司未来的发展，对于公司契约方的利益似乎没有直接的损害。但根据道德风险的定义对平台的经营管理行为进行分析发现，平台的盲目扩张也属于道德风险的范畴。首先，平台扩张的资金来源于融资资金和用户押金，平台没有考虑自身资金链和市场情况，一味大规模地投放单车，即使将发展区域定位在三四线城市，仍旧延续大规模投放单车的行为，并没有根据特定区域的需求数量进行差异化供给，远远超过了特定区域的需求总量。平台扩张的目的是占领市场，在竞争中获取优势，以使平台自身利益最大化。但这种行为背后是通过融资资金和挪用用户押金来实现的，损害的是投资方和用户的利益。其次，盲目扩张的另一个支持来源于供应商源源不断供应单车和平台员工的努力工作，但平台最终并没有按时、足额支付相应的报酬，损害了供应商（货款）和员工（工资等报酬）的利益。因此，平台的盲目扩张行为与道德风险的定义一致，属于平台的道德风险。

综合上述分析，整理出四类契约中，平台与投资方、用户、供应商和员工之间的权利义务以及投资方和用户等所遭受的道德风险来源，如图 9.7 所示。

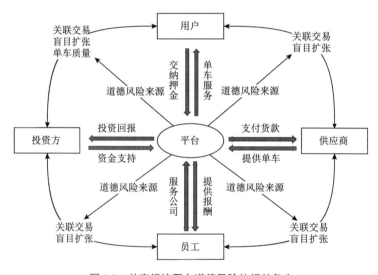

图 9.7　共享经济平台道德风险的相关各方

从图 9.7 可以看出，平台的道德风险行为主要作用在用户、投资方、供应商和员工身上。其中，用户面临的道德风险主要是关联交易、单车质量和盲目扩张；投资方面临的道德风险主要是关联交易、盲目扩张，单车质量带来的影响也不容忽视；供应商面临的道德风险以关联交易和盲目扩张为主；员工面临的道德风险以关联交易和盲目扩张为主。

9.5　结论与建议

本章对计划行为理论和信息-解释-响应模型进行了简要的概述，在借鉴上述理论的基础上，提出了"目标—行为"的概念，将平台的行为划分为目标设定、目标权衡、目标修订、目标实施和目标达成五个阶段，并构建了研究框架。计划行为理论和其前身理性行为理论多将研究对象定义为个人，解释自身因素和社会因素作用下人的行为，尤其是在研究人的不道德层面具有较大优势。信息-解释-响应模型不仅可以用来研究企业管理层在面对市场竞争时的行为，也可以用来研究消费者的行为。本章通过对两者进行结合，提出针对共享经济中平台道德风险的研究框架，这对于丰富相关理论研究具有一定意义，也为后续研究共享经济中的道德风险问题提供了启示。

小鸣单车作为第一家进入诉讼程序的共享单车平台，从繁荣到衰亡也仅仅经历了两年时间。如何从中吸取教训，总结经验是共享单车行业下半场健康发展的关键所在。通过对小鸣单车这一案例的剖析，本章从以下三个方面对如何防范平台道德风险，促进共享单车有序发展给出建议。

一是落实监管措施。从表 9.2 可以看出，政府出台了一系列政策支持、规范共享经济和共享单车的发展。此外，2017 年 7 月 3 日，国家发展和改革委员会等 8 个部门联合印发《关于促进分享经济发展的指导性意见》；2017年 8 月，交通运输部等 10 部门出台《关于鼓励和规范互联网租赁自行车发展的指导意见》；2018 年 5 月 25 日，国家发展和改革委员会又发布《关于做好引导和规范共享经济健康良性发展有关工作的通知》，可见宏观层面的政策力度之大。但在小鸣单车破产一案的审理中，广州市中级人民法院通过向华夏银行广州分行发函询问，发现悦骑公司开设的资金账户为一般账户。因此平台挪用押金进行关联交易、盲目扩张等道德风险行为并没有及时受到监管，并非监管政策的缺失，而实际是由监管政策的落实不到位所致。因此，对于平台道德风险的防范不在于政策的多寡，而在于政策的落实①。这为防范平台道德风险的监管指明了方向，即政策已然具备，应将监管的重心放在政策的落实方面。

二是不断加强创新。小鸣单车的道德风险行为中，盲目扩张居于重要一项。小鸣单车累计收取用户押金 8 亿元，融资 1 亿元以上，其中至少 77%的资金流向单车的投放。盲目地进行扩张，导致城市中共享单车"坟场"屡见报端。"坟场"中的单车不局限于小鸣单车一家平台，而是包括所有平台。因此，对于管理的革新应从两方面进行。一方面是管理理念的革新，平台的经营不应盲目注重规模的扩张，而应根据平台情况对投放区域进行合理布局，如永安行针对三四线个别城市进行投放，在特定区域内获得比较优势，以避免一二线城市激烈的市场争夺；另一方面是技术的革新，平台的经营应积极同新技术进行融合，如结合大数据、物联网和云计算等新技术，对用户用车地点、用车时间段进行分析，同时对接公交、地铁等公共交通工具，对单车进行精准投放和智能化管理，以避免盲目投放带来的资源闲置和不必要的单车管理费用。同时，注重对损坏、废弃单车的回收和再利用，避免造成资源浪费和环境污染，回归共享单车充分利用资源、实现绿色出行的初衷。

三是探索盈利模式。任何一种商业模式的成功，归根结底在于满足广大用户需求的同时为企业创造利润、为社会创造价值。但包括小鸣单车在内的众多共享单车平台无一盈利，平台陷入不断地资金投入的困境。但这不是共享经济的常态，Airbnb、Uber 等共享经济平台都实现了利润的增长和社会价值的创造。因此，平台道德风险的防范与解决，最根本的方法在于平台利润

---

① 有关共享单车的法律规制建议参见：甘培忠. 2018. 共享经济的法律规制[M]. 北京：中国法制出版社，102–106.

的实现，这样才能使投资者敢于进入，使用户放心使用，才能在满足消费者需求的同时，实现企业成长和社会价值创造的良性循环。共享单车平台应着力于如何创新利润来源，探索盈利模式，以实现共享单车进入良性的发展周期。如在单车上、规定的单车停放地和平台 APP 内进行广告投放；对车辆数据、骑行分布数据、骑行需求数据以及环境数据等精准出行大数据进行挖掘利用，探索商业化可能性。

本章主要针对小鸣单车这一平台，对于管理建议的普遍推广或许会因平台的差异化而存在偏差，后续的研究可以针对其他共享单车平台，或通过多家平台进行综合比较分析，以验证相关结论。

第 10 章
共享出行中道德风险的形成机理——基于
某出行软件平台的案例研究

人类社会可以看作一个由具有一定时空属性和受制于一定联系的个体构成的系统。流行于大众的推理、理论和信念作为大众心理状态的具体表现，应该连同其他社会事实一起作为研究的对象。我们探求其间的规律性，试图发现它们的起源。

——维夫雷多·帕累托（Pareto，1916）

10.1 引　　言

当前，共享经济成为我国经济社会的一个热点。共享经济在推动服务业结构优化、促进消费方式转型等方面的作用进一步显现。在这一新的商业模式下，信任成为共享经济平台、提供者和消费者进行交易的关键（Tussyadiah，2015；Hawlitschek et al.，2016）。有学者认为信任是共享经济的"货币"（李立威和何勤，2018）。但作为影响信任的重要因素，共享经济平台、提供者和消费者的道德风险却屡见不鲜。如共享出行中，平台为了扩大市场规模，在对入驻平台的司机进行审核时降低门槛，导致一些品行不端的司机或质量不合格的车辆进入提供者的行列，对乘客造成了人身与财产伤害；平台虽处于信息中心但却消极处理供需双方的信息反馈，在缺乏与警方的合作机制下，司机和乘客受到伤害而得不到及时有效的解决，此类事件时而见诸报端，尤其是某出行平台的"空姐深夜打车遇害事件""乐清女孩打车遇害事件"的社会影响极为严重（肖红军和李平，2019）。审视共享出行中的诸多问题，不难发现其本质上是各类经济主体为实现自身利益最大化而置基本的经济伦理和商业道德于不顾，以致作出损害他人和社会公共利益的行为。

从已有的文献来看，研究者从不同视角探讨了共享出行问题。周向红和刘宸（2016）从国家的逻辑、科层制的逻辑和效率的逻辑三方面对共享出行中的专车治理困境进行了剖析。杨学成和涂科（2017）从价值共创的角度研究了共享出行中的价值创造。荣朝和（2018）探讨了共享出行中的经济时空特点和发展条件，进而分析了其对交通运输领域的影响。张劲松等（2020）应用刺激—反应理论，探究影响消费者对共享出行平台和服务方信任的关键因素以及如何提升消费者的使用意愿。现有研究对解决共享出行的治理问题提供了有益思路，但较少关注共享出行的道德风险问题。现实中，平台的连接性和共享性，使得共享出行系统的运行与传统模式存在较大差异，凸显出道德风险问题的多重主体性、强危害性和治理复杂性，需要明确道德风险的类型，并针对共享出行不同的阶段深入分析各参与主体的行为。

基于此，本章针对共享出行领域的道德风险问题展开案例研究，遵循"情境变化—行为变化—风险变化—治理变化"的思路，基于平台的连接和匹配作用，将共享出行分为平台搭桥、平台指路、平台收付三个阶段，以某出行平台为例探讨道德风险的形成机理，以期破解共享出行道德风险的治理之道。本章主要探索以下两个问题：其一，共享出行中存在哪些道德风险？其二，这些道德风险的形成机理是什么？本章余下部分的结构安排如下：10.2 节从道德风险相关理论出发构建研究框架；10.3 节以某出行平台为研究对象阐述研究思路；10.4 节分析共享出行平台的运作过程并透视道德风险的形成机理；

10.5 节归纳研究结论和理论贡献。

本章研究结果表明：共享出行中的道德风险存在经济学和伦理道德范畴下的双重含义，平台的道德风险主要是平台为追求扩张、维护竞争优势，放松对司机和车辆的审核与风险防范、处置机制不健全、评价甄别与筛选机制缺失以及缺乏对问题司机的惩处；司机的道德风险主要是勒索甚至伤害乘客、在乘客不知情下获利、干预乘客评价；乘客的道德风险主要是敲诈勒索司机和恶意差评。道德风险形成的机理为：平台搭桥中审核门槛的降低使整体资源供给队伍质量参差不齐，是道德风险发生的源头；平台风险的防范机制不健全、风险处置滞后，使平台指路成为道德风险发生的主要阶段；平台收付中平台评价甄别和评价筛选机制不健全，平台既不能也不想处理问题司机，使风险仍集聚在系统内，导致道德风险循环发生。因此，本章从提高司机与车辆的审核门槛、疏通信息反馈与信息交互渠道、构建评价甄别与筛选机制及加强参与主体道德建设方面提出防范道德风险的建议。

10.2　理论分析与研究框架

10.2.1　理论分析

关于道德风险的研究由来已久，无论是经济学、管理学还是伦理学、法学、社会学等学科，都将其作为重要的研究主题。道德风险首次出现在英国 19 世纪的海上保险业务中，其后，道德风险的概念经历了伦理道德范畴、经济学范畴的演化。梳理道德风险的缘起和演化，是研究共享出行中道德风险形成机理的逻辑起点[①]。表 10.1 给出了伦理道德范畴和经济学范畴关于道德风险概念的阐述。

---

① 有关道德风险的概念，详见本书第 1 章 1.3 节。

表 10.1　道德风险的缘起与演化

时间	表述	范畴
19 世纪	英国的保险家根据保险事故引发的原因将风险划分为实质性风险和道德风险，"道德风险"一词首次出现，是对被保险人的道德品质的怀疑和不负责任、欺诈以及不道德行为的一种概括（车亮亮，2017）	伦理道德范畴
1963 年	经济学家将道德风险引入经济学领域，即由信息不对称所引发的保险市场低效或经济效率下降（Arrow，1963）	经济学范畴
1971 年	Arrow（1971）从委托-代理理论的角度进行了研究，认为道德风险是在信息不对称的情况下，代理人基于自身的信息优势而不能被委托人完全监督，在两者的利益目标不一致时，代理人为了自身的利益最大化而损害委托人利益的行为	经济学范畴
1991 年	Arnott 和 Stiglitz（1991）从一个具体案例出发，得出由于保险的存在被保险人更倾向于做更少的防范措施，由此而引发了更大危险的发生或更高概率风险的发生，并指出这就是道德风险	经济学范畴
2000 年	从现实角度来说，道德风险已经延伸到经济生活的诸多领域，成为微观经济学中的常用术语，并且它已与道德本身没有多大关系，其泛指市场交易中的一方难以观测或监督另一方的行动而导致的风险（龙莺，2000）	经济学范畴
2013 年	道德风险是指道德原则和规范在推行过程中有可能对社会产生某种阻碍或破坏的作用，它包括道德滞后或超前的风险和个体道德表达不确定的风险（覃青必，2013）	伦理道德范畴
2016 年	伦理学视域中的道德风险可以被用来广泛描述各种社会问题未能得到及时有效解决而产生的对一部分个体、家庭和某些群体乃至整个社会利益的巨大伤害，这种伤害既有悖伦理原则，也是对社会正义的背离（龙静云，2016）	伦理道德范畴

从上表可见，道德风险从最初的伦理道德范畴，逐渐被引入经济学领域。在共享出行中，仅仅从经济学范畴去研究道德风险，虽然可以解释道德风险的成因是利益驱使，但难以厘清其中的不负责任、不道德行为，而片面地从伦理道德范畴研究道德风险，则无法解释利益驱使下的道德风险形成。因此，本章从经济学和伦理道德两个范畴研究道德风险。道德风险被认为是一方利用其信息优势，采取另一方无法观测的隐藏性行动，导致另一方损失的可能性。这种可能的损失包括利益上的损失及道德层面的损失。其中，利益上的损失与经济学范畴下道德风险的含义一致，而道德层面的损失则与伦理道德

范畴下道德风险的含义相符。

　　从已有文献可以看出，道德风险的伦理道德意义逐渐淡化而更具有经济学含义。从本章选取的案例来看，其道德风险具有经济学范畴的一面，如平台为扩大规模获得竞争优势，降低司机和车辆的审核门槛，导致乘客利益受到的损害的概率增大。同时，道德风险也涉及伦理道德，如司机伤害女乘客、司机由于路况等客观原因迟到被乘客恶意差评导致订单减少等。道德风险在共享出行中不再局限于经济学范畴，而是随着平台、司机和乘客的多方参与，表现出经济学范畴和伦理道德范畴双重范畴下的道德风险。

10.2.2　研究框架

　　信息不对称是道德风险形成的前置条件，只有满足契约双方信息不对称的前提条件，签订契约的一方才能隐藏行为和信息而不被另一方观测。在共享出行中，主要有平台、司机和乘客三个参与方，存在"乘客与平台""司机与平台""乘客与司机"三类契约。在"乘客与平台"的契约中，乘客向平台发布打车信息，平台根据乘客的打车信息，匹配与之相符的司机的出车信息，在这一过程中，平台是信息中介，居于绝对的信息优势地位；在"司机与平台"的契约中，司机向平台发布出车信息，平台据此匹配相符的乘车信息，平台仍是信息中介，处于绝对的信息优势地位；在"乘客与司机"的契约中，乘客与司机相互了解程度低，乘客通过平台查看司机的信息，包括他人评价、订单量等，司机通过平台查看乘客信息，主要是其他司机对于该乘客的评价，在这一过程中，平台拥有乘客和司机双方的信息，包括个人信息及行程信息，处于绝对的信息优势。在三类契约中，相对于乘客与司机，平台始终具有信息优势。

　　从乘客打车的角度来看，整个共享出行主要有订车、乘车和付款三个阶段，因此有学者从乘客的角度将共享出行划分为用户连接、用户接触和用户分离三个阶段。这种分类有助于厘清共享出行中的价值创造过程，但未能很好地反映出平台在整个共享出行中的信息中介作用（杨学成和涂科，2016）。平台是共享出行的信息中介，资源供需双方对于平台的信任是促成交易达成的关键因素（Frenken，2017；郑联盛，2017）。由于道德风险形成的前置条件是契约双方之间存在信息不对称，而平台作为连接资源供需双方的信息中介，在"乘客与平台""司机与平台""乘客与司机"三类契约中都具有信息上的优势，是有效解决资源供给者（司机）和资源消费者（乘客）之间信息不对称的关键角色。因此，在研究共享出行中的道德风险问题时，与在价值创造过程中从乘客的角度对共享出行进行划分不同的是，从平台这一信息中介的角度，将共享出行分为平台搭桥、平台指路和平台收付三个阶段，既考虑了时间上的衔接，也包含了物理空间上的转换。

平台搭桥是乘客与司机通过出行平台完成信息匹配的线上过程。在平台搭桥阶段，乘客和司机都是信息需求方，平台是信息供给方。乘客通过手机上的出行软件向平台发出打车信息，司机在手机上的出行软件中点击出车之后，给平台发出可以提供服务的信息，平台根据乘客与司机发送的信息，在乘客和司机之间搭建"信息之桥"，并根据乘客和司机的位置，综合考虑司机接单量和评价等进行匹配。平台指路是线上线下结合的阶段，平台完成了乘客和司机之间的匹配，平台为司机提供乘客所在位置以及前进路线图，同样乘客也可以通过平台提供的地图查看司机的位置以及相应路况详情。司机接到乘客之后，平台为司机提供前往目的地的路线图，乘客也可通过出行软件搜索，这个阶段平台为乘客和司机进行指路。平台收付阶段让服务回到了线上，司机在安全把乘客送达目的地时可以滑动出行软件上行程结束的按钮，此时平台自动根据行程给乘客扣款，乘客在手机出行软件的界面根据提示进行支付，之后可以对整个行程以及司机进行评价，评价完成后共享出行的三个阶段结束。

依据本章所探讨的三个问题，结合某出行软件平台、司机和乘客等不同参与主体的行为互动，对共享出行三个阶段中存在的道德风险及其形成机理进行分析，并针对三个阶段中道德风险的不同特征和机理，研究共享出行中防范道德风险的机制。基于以上分析，构建了如图 10.1 所示的研究框架。

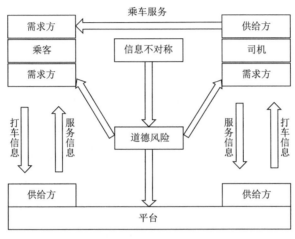

图 10.1　理论分析框架

10.3　研　究　设　计

10.3.1　方法选择

案例研究作为社会科学领域的一种重要研究方法，不同于实证分析对已有的理论或结果进行验证，而是通过对一种或多种现象的描述、解释和探索性研究来检验或修正已有的理论，甚至建立新的理论（Eisenhardt，1989；Yin，2010；苏敬勤和孙源远，2010）。本章研究的共享出行中的道德风险，区别于已有研究只关注经济层面的道德风险，而具有经济学和伦理道德双重含义，这一新的研究视角可能蕴含理论创新，较为适用于单案例研究中"为什么"和"怎么样"的问题范畴，因此选取单案例来深入研究这种新问题和新现象具有一定的优势（Nudurupati et al.，2015；汪旭晖和张其林，2017）。

10.3.2 案例选取

案例研究的目的在于对某一现象或问题进行解释，并非对理论的验证，因此对于案例对象的选取应与研究的现象或问题保持一致。Yin（2010）认为，案例的选取可以是先前未被观察到或分析的对象，具有不代表大部分企业却引领整个产业发生重大变化的特点。某出行软件平台是一个典型的案例，其于 2012 年 9 月在北京上线，仅一年时间就在手机打车行业占据 59.4% 的市场份额，2016 年又与 Uber 中国合并，先后融资超过百亿美元。推出的服务也从专车、快车、顺风车扩展到代驾、巴士和租车，并分别在 2016 年和 2017 年推出了某小巴和某优享的服务，致力于解决多样化的出行需求。某出行软件平台从成立伊始就展开迅速的市场扩张，并不断推出新的出行服务，一直处于引领整个共享出行行业发展的地位。某出行软件平台作为共享出行领域的独角兽企业，无论是用户数量、司机数量还是订单量都居行业之首。对于某出行软件平台这一案例中所存在的道德风险的形成机理进行研究，不仅具有广泛的事实基础，更具有指导共享出行健康发展的现实意义。

10.3.3 案例概况

某出行软件平台创立以来经历了快速的发展，仅一年时间便占据了共享出行行业 59.4% 的市场份额，金沙江创业投资、腾讯、阿里资本等众多金融机构和产业机构对其投资，累计融资总额超过百亿美元，2015 年其订单总量达到 14.3 亿单，当前估值超过 165 亿美元，拥有客户超过 2 亿人，整体来看，某出行软件平台经历了三个发展阶段：培育探索期（2012—2013 年）、快速增长期（2014—2015 年）和稳定发展期（2016 年至今）。具体如表 10.2 所示。

表 10.2 某出行软件平台发展概况

发展阶段	发展方面	融资方面	规模方面
培育探索期（2012—2013 年）	2012 年 7 月 10 日,北京小桔科技有限公司成立,9 月 9 日在北京上线; 2013 年 4 月,与百度和高德合作,精准定位出行地点,异地预约功能上线;持续对司机进行补贴,扩大规模	2012 年 12 月,获得 A 轮金沙江创业投资 300 万美元的融资; 2013 年 4 月,完成 B 轮融资:腾讯集团投资 1500 万美元	2012 年整体增长缓慢,处于市场培育期; 2013 年 10 月,艾瑞集团发布打车软件行业报告:市场份额 59.4%。11 月底,覆盖 32 座城市,涵盖用户 1000 万人
快速增长期（2014—2015 年）	2014 年 1 月,微信支付打车费"补贴",与快的进行补贴战;7 月,Uber 进入中国市场,开始与其展开激烈的市场争夺; 2015 年 2 月,与快的合并;5 月,发生司机威胁乘客事件;遭遇出租车司机抗议;被多个地方政府约谈、处罚	2014 年 1 月,完成 C 轮 1 亿美元融资:中信 6000 万美元、腾讯 3000 万美元、其他 1000 万美元,12 月,完成 D 轮 7 亿美元的融资; 2015 年 7 月,完成 30 亿美元融资:中国平安、阿里资本、腾讯、淡马锡、中投公司等	2014 年 3 月,用户数超过 1 亿,司机数超过 100 万,日均单达到 521.83 万单;10 月开始,在不到半年时间内用户数量翻了 5 倍; 2015 年,用户量近 3 亿人;9 月,调研数据显示,已占据国内出租车叫车软件市场 99% 的份额
稳定发展期（2016 年至今）	2016 年 8 月,与 Uber 中国合并,宣布进入租车领域;2017 年,在多城获《网络预约出租汽车经营许可证》; 2018 年 3 月,与美团在打车、外卖领域展开争夺战;全国出现多起平台司机伤害乘客事件;8 月,顺风车业务无限期下线	2016 年 5 月,获多家海内外金融及产业机构支持,苹果（Apple）以 10 亿美元投资本轮,与腾讯、阿里等一起成为战略投资者;6 月,获中国人寿超 6 亿美元战略投资; 2017 年 4 月,宣布完成新一轮超过 55 亿美元融资	2016 年 1 月,公布 2015 年订单数,订单总量达到 14.3 亿单;平台的月活跃用户规模在千万量级,平台用户累计达 4 亿人; 2017 年用户规模超过 4.5 亿人,每日出行规模达到 2500 万人; 2018 年 APP 的市场渗透率达 13.83%

　　某出行软件平台在迅猛发展过程中也出现了诸多问题,如出租车司机抗议,各地政府鉴于网约车没有经营权对其进行约谈、处罚等。其中以道德风险最为突出,平台在快速发展期,为了扩展市场规模获取竞争优势,降低司机和车辆的审核门槛,导致资源供给方整体队伍素质参差不齐,在后续一段时间里造成了多起恶性事件,充分暴露出其在管理上的漏洞与风险:一是对于司机的管控无法做到及时有效,不能确保司机自身道德水平以及是否会发生对乘客的侵害;二是客服沟通反应迟钝,无法及时处理乘客遇到侵害这类

突发事件；三是评价系统未能有效发挥作用，司机会出于维护高评价的目的而威胁乘客删除差评，乘客同样会因为自身原因而随意给司机差评。

10.3.4 资料搜集与整理

根据案例研究的"证据三角"原则（李平和曹仰锋，2012；周文辉等，2018），本章的数据和信息来源包括以下几个方面。①相关文献。通过中国知网收集整理共享出行相关行业发展数据及信息，了解共享出行的理论研究动态。②新闻报道。通过主流媒体网站，对共享出行行业以及某出行软件平台的有关报道进行筛选，整理相关数据信息、通过相关事件的搜集分析事件背后的成因；参考历年《中国共享经济发展年度报告》，对其中共享经济整体发展和共享出行的发展信息和数据进行整理，对涉及其的发展信息以及数据进行收集；研读其每年发布的《年度城市交通出行报告》及有关共享出行发展的文章，对相关数据进行补充、对比和验证。③官网信息。官网拥有资讯、资料库以及业务介绍，公布了其安全管理工作、紧急情况处理指南以及各类出行服务介绍等信息，通过官网了解平台进一步改善管理措施的动态。④问卷调查。在文献研究的基础上，课题组设计问卷对提供者（315 位司机）和消费者（780 位乘客）就平台管理、平台可信赖程度、供需双方的风险态度等进行调查，识别共享出行中影响提供者和消费者信任的主要因素，两份问卷见附录（附件 1 和附件 2）。同时，课题组对南京、苏州、无锡等地交通运输局进行实地访谈，了解有关交通行业内共享出行平台企业运营情况，得到了共享出行参与主体的一手资料，从而可以更好地了解各参与主体在相关事件下对于共享出行的参与意愿。结合问卷调查和实地访谈的情况，反复研讨、延展、凝练出共享出行背景下多参与主体、多阶段交互作用模型。

通过上述分析，本章在对案例的研究中，采取了不同形式的渠道搜集数据，并不断进行补充对比，形成了不同数据源之间的交叉验证，符合"证据三角"原则。同时，通过资料筛选和数据整理，结合本章研究的对象，对道德风险以及出行三阶段等概念进行归纳，力求规范研究与案例研究相结合，理论洞察与实地调研并重，以提高研究结论的准确性。

10.4　案例分析

10.4.1　共享出行中的道德风险

本书聚焦于共享出行中的道德风险问题,以某出行软件平台为研究对象,对共享出行中的道德风险及其形成机理进行分析。具体地，以平台为中心，将共享出行分为三个阶段：平台搭桥、平台指路和平台收付。三个阶段中，由于存在平台、司机和乘客三方面的参与者，且涉及三类契约，其中的道德风险具有经济学和伦理道德两个范畴下的含义，既存在隐藏信息或行动损害其他参与主体利益的经济学范畴下的道德风险，又存在伦理道德范畴下的道德风险，既需要通过科学的机制设计实现激励相容，也需要通过提高经济主体的伦理道德水准来消除风险隐患。因此，本章对于道德风险的研究不同于已有研究中仅从经济学或者伦理道德范畴对道德风险进行探讨，认为道德风险与伦理道德密不可分，应紧紧把握共享出行领域道德风险存在的非道德性（不道德性）和损人利己性双重特征进行考察。结合共享出行的三个阶段，对其中存在的道德风险展开分析。

10.4.1.1　平台搭桥中的道德风险

在这一阶段，乘客和司机都是信息需求方，乘客向平台发送需要打车的信息，司机向平台发送可以提供服务的信息，平台将司机和乘客发送的信息进行整合，搭建"信息之桥"，在服务供需双方之间进行匹配。三者关系如图 10.2 所示。

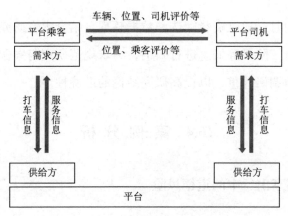

图 10.2 平台搭桥中参与三方关系

乘客端在出行软件上向平台发布打车信息，在规定的时间内拥有取消订单的权利，一旦超过规定时间，取消订单需支付一定的违约金（一般占预估车费的一定比例），这确保了乘客的打车信息真实有效。司机端在出行软件上向平台发布出车信息，出于提供服务赚取报酬的目的，司机不会发布无效的出车信息，即出车信息真实有效。

平台搭桥阶段，平台端根据乘客和司机发布的信息，在双方之间搭建"信息之桥"。这一阶段，平台集中了司机与乘客两方面的信息，具有明显的信息优势；司机除了乘客的位置和目的地信息之外，对乘客的道德水平缺乏了解；乘客由于对司机的道德水平、驾驶技术和车辆质量等重要信息了解较少，承担了更多的风险，处于信息上的劣势。因此，"乘客与平台"的契约中的隐含条件，即平台对入驻司机以及车辆进行了严格审核，确保资源供给方的信息质量，成为乘客摆脱信息劣势地位的关键。

通过对国内多个共享出行平台的深度访谈得知，共享出行平台为追求市场规模以扩大竞争优势，在市场对"乘客与平台"契约中的隐含条件无法观测的情况下，降低入驻司机和车辆的审核门槛，导致资源供给队伍质量参差不齐，大大增加了司机道德风险发生的概率。如在 2018 年 9 月上海市交通委员会监督的一场检查整改行动中，某出行软件平台就清退了 1.3 万辆不合格车辆，彻底封禁 4.3 万个存在问题的司机和车辆。此外，平台司机威胁、伤害乘客的事件也时有发生。

综上所述，在平台搭桥阶段，存在的道德风险主要是平台为追求市场规模以扩大竞争优势而私自降低司机和车辆的审核门槛，导致乘客利益和安全受到损害的概率增大，属于经济学范畴下的道德风险。

10.4.1.2　平台指路中的道德风险

从司机到达约定地点，乘客上车开始，进入平台指路阶段，司机安全把乘客送达目的地，这一阶段结束。在这一过程中，司机和乘客通过手机出行软件可以查看到实时路线及路况图，同时位置信息也处于平台的监测之下。对于司机和乘客来说，都存在一定信息优势、信息均势和信息劣势。具体情况如表 10.3 所示。

表 10.3　司机乘客信息对称程度表

信息对称程度	司机	乘客
信息优势	熟悉路况，乘客不熟悉路况，"势力"对比占优	熟悉路况，司机不熟悉路况，"势力"对比占优
信息均势	路况了解程度相同，且"势力"均等	双方都熟悉路况，且"势力"均等
信息劣势	不熟悉路况或乘客"势力"占优	不熟悉路况或司机"势力"占优

从表 10.3 中可以看出，当乘客和司机中一方占据信息优势另一方占据信息劣势地位时，道德风险发生的概率就增大。易发生道德风险的情况有两类：（司机信息优势，乘客信息劣势）、（司机信息劣势，乘客信息优势）[①]。

---

① 信息不对称的产生主观上是因为经济个体具备的能力及获取信息的时间不同导致信息存在差异，客观上是因为个体职业和社会分工不同导致信息分布不均衡。

现实的报道对应着两种场景，在（司机信息优势，乘客信息劣势）场景中，有报道如：顺风车司机偷拍女乘客进行直播牟利，女乘客自始至终不知情（高扬，2018）；全国范围内发生多起顺风车司机勒索、威胁、伤害女乘客事件（光明网评论员，2021）。在这种场景中，司机处于信息优势方，乘客处于信息劣势方，司机根据双方信息"优劣"的对比，选择处于信息劣势方的乘客（多为女性）实施道德风险行为。在这种道德风险中，司机以直播、勒索钱财等方式损害乘客利益，是经济学范畴下的道德风险；伤害女乘客，则是伦理道德范畴下的道德风险，严重者已违法犯罪。

在司机伤害乘客的场景下，一方面，平台出于运营成本考量，乘客的反馈渠道不畅，以及平台与警方的合作机制并未构建；另一方面，平台处于信息优势地位却消极处理突发事件，或为谋求平台声誉而消极与警方合作，因此造成乘客遭到伤害或利益受损的概率增大，属于经济学范畴下的道德风险。

在（司机信息劣势，乘客信息优势）场景中，有报道如：司机遭乘客敲诈勒索，甚至殴打。这种场景下，乘客进行敲诈勒索往往事前谋划，司机难以辨别。乘客为追求自身利益而损害司机利益，属于经济学范畴下的道德风险。由于延时等原因殴打司机、恶意差评属于伦理道德范畴下的道德风险。

综上所述，可以归纳出平台指路阶段中的道德风险存在于司机、平台和乘客三个层面，其中以司机为主[①]。道德风险具体表现为：司机勒索乘客或在乘客不知情的情况下进行牟利、伤害乘客；平台消极应对突发事件；乘客敲诈勒索司机、伤害司机。这一阶段的道德风险，从司机和乘客两方面看均

---

① 如"乐清女孩打车遇害事件""空姐深夜打车遇害事件"均属于司机肇事。政府相关部门要求网约车平台公司要按照规定及时清退平台上不具备合法营运资质的车辆和不具备从业资格的驾驶员，确保线上线下提供服务的车辆和驾驶员一致；限期将营运数据完整、实时接入政府监管平台，按规定报备车辆、驾驶员相关信息；严格落实承运人责任，依法履行运营安全、营运管理、信息安全保障等企业主体责任。

具有经济学和伦理道德两个范畴下的含义，而平台的道德风险则具有经济学范畴的含义。

10.4.1.3　平台收付中的道德风险

司机将乘客安全送达目的地后，平台指路阶段结束，进入平台收付阶段。平台首先将车费支付给司机，乘客付费后直接转入平台账户，乘客随后进行评价。具体的流程如图 10.3 所示。

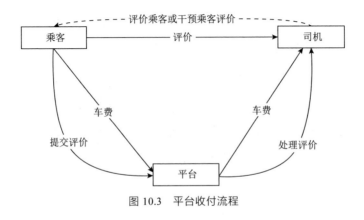

图 10.3　平台收付流程

从图 10.3 可以看出，在平台收付阶段，涉及信息交互的主要环节有三个：乘客提交评价、平台处理评价和司机评价乘客或干预乘客评价。司机评价乘客存在于顺风车业务中，往往对女性乘客"贴标签"，与平台指路中司机的道德风险有一定的关联。在乘客提交评价环节，道德风险的发生存在于部分乘客中，司机因路况拥堵等正常状况导致没有及时接到乘客、送达乘客，乘客为寻找心理上的释放而将责任归咎于司机，进行恶意差评，乘客并没有因此而获益，而司机的利益却因差评受到损害，即"损人不利己"的行为，这属于伦理道德范畴下的道德风险。

在平台处理评价环节中，乘客对于出行过程中司机的不道德行为向平台进行反馈，对于乘客的合理评价，平台出于挽留司机、保持市场规模和竞争优势的目的，并未对司机采取严格有效的惩处措施，这会导致乘客在出行过程中仍旧遭遇相似情景。平台这种为了自身利益而损害乘客利益的行为，属于经济学范畴下的道德风险行为。

在司机评价乘客或干预乘客评价环节，存在于顺风车业务中的司机评价乘客环节背离了约束乘客恶意差评的初衷，走向对女性乘客"贴标签"的歧路，如"90后、美女、大学生"等"标签"，从而导致这类"被评价"的女性乘客在平台指路阶段遭遇道德风险的概率大大增加。司机从评价中并无直接受益，却损害了乘客的利益，属于伦理道德范畴下的道德风险。司机采取威胁等手段干预乘客评价，则是为了自身利益损害乘客利益，属于经济学范畴下的道德风险行为。平台收付过程中的道德风险具有多方以及多类型的特点，乘客恶意差评、平台未严格采取有效措施处理乘客合理评价、司机评价乘客或干预乘客评价都是这一阶段的道德风险。

综合以上对共享出行三个阶段的具体分析，可以整理共享出行中存在的道德风险如表 10.4 所示。

表 10.4　共享出行中的道德风险

共享出行三阶段	乘客	平台	司机
平台搭桥	无	平台追求扩张和扩大竞争优势，对司机和车辆放松审核	无
平台指路	敲诈勒索司机	为追求成本、保持平台声誉，防范机制不健全、消极处理突发事件	勒索、猥亵、伤害乘客；在乘客不知情的情况下获利
平台收付	恶意差评	为维护竞争优势，消极处理乘客合理评价	评价乘客；干预乘客评价

从上述三个阶段、三类参与者形成的九维度表格可以看出：第一，共享出行道德风险在平台搭桥阶段的主要风险点在于共享经济平台，属于典型的经济学范畴下的道德风险；第二，共享出行道德风险在平台指路和平台收付

阶段均存在，其中乘客和司机方面的道德风险多次引发舆论关注，风险不可控因素较多。因此，共享出行道德风险控制的关键是平台，加强警企合作、信息交互等防范机制，改进评价筛选、司机惩处等内部"净化"措施，是共享出行健康发展的重要突破口。

10.4.2　道德风险的形成机理

平台搭桥阶段，道德风险仅发生在平台，结合某出行软件平台的三个发展阶段可以看出，2016 年之前平台进行了快速扩张，为占领市场份额获取竞争优势，平台将司机与车辆的审核门槛降低，导致资源供给队伍质量参差不齐，积聚了大量风险。这一阶段平台的道德风险行为也成为风险的源头。

平台指路阶段，道德风险存在于司机、平台和乘客中，以司机为主。一方面，平台搭桥阶段导致的司机的道德水平参差不齐，增大了道德风险发生的概率；另一方面，平台出于成本考虑，司乘的反馈渠道构建不完善，也并未与警方建立合作机制。风险的防范机制的不健全，导致道德风险的行为主体不受制约，再次增大了道德风险发生的概率；此外，突发事件发生时，平台出于声誉的考量，消极与警方展开合作，导致风险处置滞后，乘客或司机利益受到损害。这一阶段成为道德风险发生的主要阶段。

平台收付阶段，道德风险存在于司机、平台和乘客三方，其中以平台为主。一方面，司机道德水平参差不齐，部分司机在出行结束时会针对女乘客"贴标签"，增大其遭受损失的概率，且为维护自身利益，部分司机会强行干预乘客的出行评价；另一方面，乘客本身道德水平参差不齐，部分乘客因各种理由对司机恶意差评。此外，平台处于快速扩张的发展阶段，尚未建立完善的评价甄别和评价筛选机制，为了维持司机队伍的规模，出现了既不能处理，也不想处理问题司机的情况，使风险未得到有效排除，继续积聚在系统内部。这一阶段导致道德风险在平台指路和平台搭桥阶段进一步循环。

　　根据上述分析，道德风险的形成机理如图 10.4 所示。

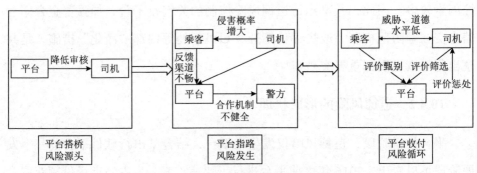

图 10.4　共享出行道德风险的形成机理

　　从图 10.4 可以看出，平台搭桥阶段是道德风险形成的源头，这一阶段的道德风险以平台为主，即平台为了在市场竞争中获得优势，降低了司机和车辆的审核门槛，导致资源供给队伍质量参差不齐。在这一情况下，平台指路阶段成为道德风险发生的主要阶段。首先，资源供给队伍质量参差不齐，乘客在信息劣势下，容易遭到司机伤害；其次，平台出于成本等原因的考虑，缺乏有效的司乘反馈渠道，也未与警方建立合作机制，在乘客或司机遭遇风险时，缺乏有效的防范机制，道德风险的行为主体不受制约；最后，当风险事件发生后，平台出于声誉的考虑，利用信息优势地位，掩盖其消极处理行为，导致道德风险行为处理滞后。进入平台收付阶段，当司机处于信息优势地位时，会利用自身优势地位，维护自身利益，强迫乘客进行好评，这一行为与经济学范畴下的道德风险相一致。当乘客处于信息优势地位时，可能会存在恶意差评的行为，与伦理道德范畴下的道德风险相一致。这一阶段平台仍处于信息优势地位，乘客、司机的信息汇聚到平台，平台为了维护竞争规模，会存在消极处理评价等行为，与经济学范畴下的道德风险相一致。平台在这一阶段本应扮演排除风险因素的角色，却出于维护竞争优势的目的，消极处理，使风险因素继续潜伏，导致风险在第二阶段中再次爆发，形成风险循环。

10.5　研究结论与启示

共享出行平台具有主体多元化、交易跨地域超时空等特点，其衍生的网络社群呈现高度复杂的结构，引发了道德风险频发、主体信任缺失、交易纠纷不断等乱象，共享出行的治理范式转型与理论研究创新亟须突破。针对这一问题，本章采用了案例研究方法对共享出行道德风险的形成机理进行深入研究，并探寻了减少参与主体之间道德风险和机会主义行为的治理措施。

10.5.1　研究结论

道德风险是共享经济健康发展中面临的一个重要阻碍，其形成受市场竞争、监管机制以及伦理道德等多方面因素影响。通过对某出行软件平台进行单案例研究，得到以下结论。

首先，共享出行中的道德风险具有经济学和伦理道德范畴下的双重含义。这是基于对经济活动的现实考虑所作的概括，还原了道德风险的本质特征——非道德性和损人利己性，从而表明共享出行道德风险的治理需要从经济主体的行为入手，通过法律、道德、经济等手段的综合运用，以实现对道德风险的有效治理。

其次，道德风险存在于平台搭桥、平台指路和平台收付中司机、平台和乘客三个主体上。具体而言，平台的道德风险只具有经济学范畴下的含义，主要有：为追求扩张、扩大竞争优势，对司机和车辆放松审核；为追求成本、保持平台声誉，未健全防范机制、消极处理突发事件；为维护竞争优势，消极处理乘客合理评价。乘客和司机的道德风险则具有经济学和伦理道德范畴下的双重含义。乘客的道德风险主要是敲诈勒索司机和恶意差评；司机的道德风险主要有：勒索、猥亵、伤害乘客，在乘客不知情下获利，评价乘客，干预乘客评价。

最后，在道德风险的形成机理方面，平台搭桥中平台降低司机和车辆审核门槛是道德风险的源头；由于反馈渠道不畅、防范机制不健全等因素，平台指路阶段成为道德风险发生的主要阶段；平台收付阶段，平台评价惩处机制的缺失使风险因素仍集聚于系统内，并在平台指路和平台搭桥中进一步恶性循环。

10.5.2　理论贡献

本章的理论贡献在于以下三个方面。

一是拓展和深化了共享经济研究。道德风险治理属于共享经济治理的一个子集，但此类研究非常缺乏。当前我国共享经济面临"其兴也勃焉，其亡也忽焉"的困境，相较以往关于共享经济的研究过度集中于概念阐述、商业模式、价值网络等方面的局限，本章从道德风险的视角对共享经济发展过程中遇到的问题展开探讨。研究有助于延展共享经济研究的视域范围，从道德风险角度形成对此类新经济模式演变问题的理论解释，不仅是对共享经济下道德风险治理研究不足的弥补，而且能够为整体性的共享经济治理提供新思路和新借鉴。

二是延伸和创新了道德风险治理研究。以往的研究将道德风险归为经济学范畴下进行探讨，或仅仅局限于伦理学视角下探讨。本章通过梳理道德风险的缘起与演化相关文献，指出道德风险的含义具有经济学和伦理道德下的双重范畴，并建构共享出行平台道德风险形成的理论模型。研究有助于形成对共享经济道德风险的类型化解释，提升共享经济道德风险形成过程研究的理论充裕度，更加契合共享出行情境下的道德风险治理。

三是丰富和完善了共享出行治理研究。大多数关于共享出行的研究聚焦于单个主体，或考察共享出行的某个具体阶段。本章分别从平台搭桥、平台指路、平台收付三个阶段系统地分析了道德风险的累积与循环过程，生成共享出行不同情境下道德风险的"立体式"内容边界，研究有助于从过程要素和路径模式层面，深入揭示道德风险的生成机理，为规范政府对共享出行的治理提供依据，并为共享出行平台对提供者背景信息披露的改革提供一定参考。

10.5.3　管理启示

本书对于防范与治理共享出行中的道德风险具有如下重要启示。

第一，平台提高对司机与车辆的审核门槛是阻断道德风险的源头。平台对于司机和车辆的审核应严格按照相关规定进行，这是平台搭桥中信息质量的重要保证，是乘客选择共享出行中重要的前提条件。共享出行平台要进一步压实主体责任，充分利用大数据监测、用户双向评价、第三方认证、第三方信用评级等手段和机制，健全相关主体信用记录，强化对资源提供者的身份认证、信用评级和信用管理，并加强信用记录、风险预警、违法失信行为等信息在线披露。

第二，疏通信息反馈与信息交互渠道是防范道德风险的重要保障。在国家"鼓励创新、包容审慎"的基调下，"放宽准入、底线思维"成为监管新要求，"多方参与、协同治理"也成为监管大方向。因此，对于道德风险的防范与治理不仅仅局限于平台、乘客和司机参与三方，还应将监管部门、警方等主体纳入，协同治理。这就需要平台处在信息中介这一位置时，与多方构建畅通的信息反馈与交互渠道，科层等直接监管主体按照国家的监管逻辑，采取包容审慎的态度，建立健全政府部门与平台企业之间的双向数据共享机制和协同治理机制，实现监管从属地、行业管理转向平台管理。

第三，构建评价甄别与筛选机制是化解道德风险的重要方法。共享出行中的道德风险存在于多个主体上，任何一种商业模式的成功都需要兼顾资源供求双方的利益。针对滥用信用评级权和采取虚假信用评级两种情形，通过构建评价辨别机制，降低乘客恶意评价对司机利益造成的损害，加大对乘客评价较差的司机的有效惩处，提升司机队伍的道德水平；评价筛选机制的构建能有效防止司机为乘客"贴标签"，保护乘客利益不受损害。在此基础上，建立用前筛选、事后追责的全程行为监督机制。

第四，加强参与主体道德水平的建设是治本之策。共享经济具有合作伦理经济的特性，共享出行以其"合作、分享、互惠"的新理念，反映了"适度、合适、匹配"的消费伦理。为此，要构建共享出行的伦理制度体系，一方面，加强共享经济平台的伦理道德建设、关注社会责任、维护消费者权益，将伦理道德提升到新的高度；另一方面，加强共享出行的伦理道德建设，将伦理道德纳入共享出行的规章制度中，让各类不同参与者的行为受到伦理道德的规范。同时，将共享出行与社会信用体系建设结合起来，通过不断加强社会诚信体系建设，以有效治理道德风险。

本书的局限在于研究对象单一，仅仅对某出行软件平台一家国内出行平台进行案例研究，今后可进行双案例或多案例研究，使研究结论更具有普适性和说服力。

第 11 章
基于 PLS-SEM 的提供者参与动机研究

> 共享经济已经创造了新的顾客价值，展现了个人的生活品位及
> 有智慧的消费风格。同时，人们会因为参与协同消费而获得被他人
> 需要的尊重、认同，以及感受到与众不同。
>
> ——马尔科·伯克曼（Böckmann，2013）

11.1 引　　言

杰米里·里夫金（2014）指出，共享经济是一种新的经济模式，人们既
是生产者也是消费者，在互联网上共享物品、信息和服务，所有权被使用权
代替，"交换价值"被"使用价值"代替。从一定程度上来说，共享经济引起
了社会交换关系以及消费理念的深刻变化，对社会资源有效配置、可持续
性发展起着积极的作用，有的学者认为共享经济是传统经济的颠覆者（刘
根荣，2017）。

尽管共享经济具有日益重要的实践意义，但学术界仍缺乏关于参与者对
共享经济的态度和意图的动机因素的定量研究，尚未出现基于提供者视角的
文献。共享是一个强调协作、帮助与互惠的社会理念，而共享经济提供经济
收益则构成了个人的参与理由。深入理解提供者的行为规律，特别是不同动
机之间的差异及其对态度和行为的影响，对于共享经济发展及规则制定至关

重要。因此，本章从提供者视角，基于 PLS-SEM 方法建立模型，对其行为动机及内在机理进行实证分析。本章余下部分安排如下：首先，回顾相关文献，基于理论分析提出假设并建立模型；其次，阐明研究设计和研究结果，包括数据收集、指标检验、假设验证等内容；最后，进行讨论和分析，得出研究结论并提出相关对策建议。

作为一种新的经济模式，共享经济引起了社会交换关系以及大众消费理念的深刻变革。深入理解提供者的参与动机，对于共享经济发展及规则制定至关重要。本章基于 PLS-SEM 模型，对提供者参与行为的动机及影响因素进行实证分析，得到了以下研究发现：①收益是提供者的重要参与动机，但感知收益并不影响提供者对共享经济的态度；②感知有趣性在提供者态度形成和参与意愿中发挥重要的作用，显著影响态度和参与意愿；③信任是参与共享的重要影响因素，显著影响态度和参与意愿；④环境因素对提供者态度具有一定影响，但并不直接影响参与意愿，"可持续"价值观与实际行为存在"态度—行为"缺口；⑤提供者态度显著影响其参与意愿；⑥对声誉的感知并不显著影响提供者参与意愿及态度。本章的研究为理解提供者参与共享的行为动机和影响因素提供了参考依据。

11.2　文献综述及研究假设

11.2.1　相关文献

共享经济作为一种新的经济形态，其本质是依托互联网的轻资产运营特性，以更低的成本优化配置闲置资源。Belk（2007，2014）认为，共享经济的特征在于所有权与使用权的分离，研究中进一步强调了这一分配过程中的协调性和补偿性，指出这种商业属性是区别共享经济与单纯分享行为的关键特征。还有学者则认为共享经济的本质在于交易成本的降低，互联网等技术发展使得原先无法交易的闲置资源进入可交易的范围（杨学成和涂科，2016）。也有学者把共享经济同"反消费"或是回归"使用价值"等经济伦理联系起来（Ozanne and Ballantine，2010；乔洪武和张江城，2016）。正因为这些特征，学术界大多对共享经济持较为积极的态度，认为共享经济增强了社会资源的合理配置，实现了环境与社会的可持续发展（Heinrichs，2013；Buczynski，2013）。

目前，共享经济相关的实证分析总体较少，主要集中于消费者行为动机及影响因素研究。例如，Bardhi 和 Eckhard（2012）认为，经济动机是汽车共享经济平台链车（Zipcar）的消费者参与的主要动机。Joo（2017）通过对韩国 SoCar 用户进行实证分析发现，省时和便利性是消费者使用汽车共享服务意愿的决定性因素。唐毅青等（2017）以专车行业为例，研究指出感知有用性和感知易用性对消费者的参与意向具有显著的正向影响，而成本感知则会负向影响消费者参与意向。谢康等（2018）认为，技术信任是促进共享经济发展的前提条件，他将消费者分为技术原生代和技术移民，探讨了两类消费者技术信任形成的差异性。

通过文献梳理可见，对于提供者的研究非常缺乏。Hamari 等（2016）的实证分析表明，经济和乐趣是共享经济参与者的主要参与动机，可持续性对参与意愿有很小的间接影响，但其研究并没有明确区分消费者和提供者。Benoit 等（2017）提出了一个消费者、提供者、共享经济平台的三方研究框架，认为提供者的动机主要是经济动机、社会动机和创业动机。Böcker 和 Meelen（2017）基于一项偏好调查，对共享经济的经济、社会、环境动机进行了定量研究，研究认为参与动机在不同的社会群体之间，用户和提供者之间，以及不同类型的共享商品之间存在差异，消费者比提供者有更强的经济动机。

总体而言，既有研究已取得了一些成果，有助于更好地理解共享经济的运行，但也存在诸多不足，如描述性理论研究居多，实证分析偏少，且多关注于消费者观念、行为，很少从提供者的角度进行理论或实证分析。因此，本章对提供者行为动机以及内在逻辑进行实证分析，以丰富提供者的相关理论。基于文献分析，本章认为共享经济参与者兼具商业动机与社会动机，结合行为理论，从以下几个方面构建提供者的行为模型。

11.2.2　研究假设

11.2.2.1　感知收益

依据传统的激励理论，共享经济作为一项经济活动，经济激励理应是参与者参与此经济活动的动机，同时也有学者通过实证分析发现经济收益是提供者参与共享经济的重要动机（Barnes and Mattsson，2017）。对于社会来说，共享经济通过使用权而非所有权的交换，使闲置资源得以充分利用，这促进了社会资源的合理配置；对于提供者来说，通过提供闲置资源（产品或是服务）来获取报酬，其边际成本会相对较低，因而相对来说可以获得不错的报酬，甚至一些提供者以此为业。有学者认为共享经济平台为某些人群提供了自由工作的机会，而这也是以经济报酬为前提的（Benoit et al.，2017）。综上所述，本章认为提供者对收益的感知是其参与共享经济的重要动机。由此提出如下假设：

H1a：提供者的感知收益会正向影响其对共享经济的态度。

H1b：提供者的感知收益会正向影响其参与意愿。

11.2.2.2　感知可持续性

协同消费被认为有助于减少对环境的负面影响，因为它减少了新产品开发和原材料消耗（Botsman and Rogers，2010）。对于更倾向于绿色消费的用户来说，协同消费可被视为可持续行为的一种表现。这种绿色经济或是环保理念是否为共享经济参与者的动机，受到了学者的关注。然而，现有研究还没有足够的证据证明可持续性的理念是共享经济参与者的参与动机。

Bardhi 和 Eckhardt（2012）在基于采访的研究中发现，环保问题并不是 Zipcar 共享用户的主要动机之一。Möhlmann（2015）在关于住宿和汽车共享的调查中，没有发现环境对人们再次使用这些服务的意图有任何影响。Hamari 等（2016）的研究表明，感知可持续性对分享行为没有显著的直接影响，但可以通过分享行为间接影响态度。本章为进一步探讨环境动机是否影响提供者的行为，提出如下假设：

H2a：提供者的感知可持续性会正向影响其对共享经济的态度。

H2b：提供者的感知可持续性会正向影响其参与意愿。

11.2.2.3　信任

信任在经济学中被认为是交易或交换关系的基础，且大幅降低了交易成本。信任对于交易的显著影响在许多经济领域已经被证实，如供应链、P2P 网贷平台等（陈冬宇等，2014；石岿然和马胡杰，2018）。信任在共享经济交易中同样有着重要作用，Hawlitschek 等（2016）从个人、平台、产品三个维度对共享经济的信任问题进行了实证分析，发现信任在共享经济交易中具有显著作用。王红丽和陈苗（2017）基于访谈及问卷调查，探索了信任对网约车用户出行意愿的影响机制，指出对平台信任是影响出行意愿的主要因素。Tussyadiah（2015）认为，阻碍共享住宿服务的因素包括缺乏信任、缺乏技术效率和缺乏经济效益等。提供者提供产品或服务时，也面临着违约、所有物损坏等风险，需要更强的信任感才能乐于参与，因此本章提出如下假设：

H3a：提供者对消费者的信任会正向影响其对共享经济的态度。

H3b：提供者对消费者的信任会正向影响其参与意愿。

11.2.2.4　感知声誉

声誉已被证明是决定人们参与知识共享和其他在线协作活动的一个

重要外部因素（Bock and Kim，2002；Mclure and Faraj，2005）。Anthony
等（2009）的研究显示，声誉和对社区的承诺是维基百科编辑的重要驱动
力。针对国内微信用户知识共享行为，金丹（2015）的研究指出声誉、信
任以及助人为乐对共享态度有正向影响。同时，声誉机制表明自我营销和建
立声誉是在线合作可能性的重要因素（李维安等，2007）。提供者在参与中可
能期望在其共享领域获得更高的地位，或是为了获得更多的回报而乐于为自
己建立声誉。基于此，本章提出如下假设：

H4a：提供者的感知声誉会正向影响其对共享经济的态度。

H4b：提供者的感知声誉会正向影响其参与意愿。

11.2.2.5　感知有趣性

当前，学术界更多的是从共享经济需求方探讨乐趣对于共享经济参与意
愿的影响，有的研究认为乐趣是影响消费者参与共享活动的重要因素（Hamari
et al.，2016）。Hwang 和 Griffiths（2017）研究发现，功利主义和享乐主义对
年轻消费者参与共享经济的态度和行为意愿具有正向影响。L. K. Ozanne 和
J. L. Ozanne（2011）发现，无论是对于孩子还是其父母来说，社交都是参与
玩具图书馆的动力。Tussyadiah（2015）指出，了解当地居民并与他们互动
是住宿共享重要的参与驱动因素。综上所述，通过物质享受以及社交娱乐所
获得的乐趣是消费者参与共享的重要动机。对于提供者来说，同样也面临着
线上以及线下的社交活动，社交娱乐可能也是提供者的参与动机。另外，有
学者认为得到物质或是情感回报的希望是利他主义者的动机。基于以上分析，
本章认为提供者获得某些精神上的需求是其乐趣来源，这可能是其参与分享
的内在动机，于是提出如下假设：

H5a：提供者的感知有趣性会正向影响其对共享经济的态度。

H5b：提供者的感知有趣性会正向影响其参与意愿。

11.2.2.6　态度

根据理性行为理论和计划行为理论，行为意向是行为的直接决定因素（Fishbein and Ajzen，1975；Ajzen，1991）。关于参与或消费某些商品的动机，消费者行为相关文献表明，虽然消费者可能在思想上和道德上有意识，但他们的愿望可能不会转化为可持续的行为，形成"态度—行为"缺口（Peattie，2001；赵爱武等，2015；邓新明，2014）。例如，支持绿色消费的理由会影响其态度，态度进而影响行为意向，但这些理由可能并不直接影响行为意向，并且，消费者的行为不仅受到态度的影响，还可能受到外部情境因素的影响（Stern，2000）。对于消费者来说，关于可持续消费的信息并非充分，共享经济情境下，技术介导可以缓解信息不对称的担忧。这些问题可能同样存在于提供者方面，为了探索这些差异性问题，本章研究态度与行为之间的关系，提出如下假设：

H6：提供者的态度会正向影响其参与意愿。

综合以上假设，可以得出图 11.1 的理论模型。

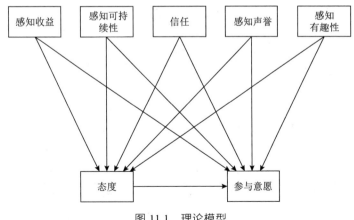

图 11.1　理论模型

11.3 研究设计

11.3.1 问卷设计和变量测量

为了保证量表的有效性和数据的可靠性，首先，本章的量表借鉴了国内外权威文献的成果；其次，开展了小范围调查，对问卷量表进行初步分析；最后，根据分析结果，结合受访者意见，经过团队讨论，对量表的语义用词用字等进行调整，确定了调查问卷，问卷测量条目如表 11.1 所示。题项采用利克特（Likert）7 点量表，共 7 分（1="完全不同意"，7="完全同意"）。

表 11.1　提供者问卷测量条目

变量	测量条目	参考文献	均值	方差
对消费者的信任（ts）	ts1 我认为在提供共享经济服务时，会与消费者彼此真诚相待	Kankanhalli 等（2005）	5.44	2.143
	ts2 我认为在提供共享经济服务时，消费者是值得信任的	Kankanhalli 等（2005）	5.34	1.581
	ts3 我认为在提供共享经济服务时，消费者是可靠的	Kankanhalli 等（2005）	5.03	1.819
感知声誉（pc）	pc1 作为共享经济服务的提供者，我得到了别人的尊敬	Kankanhalli 等（2005）	5.05	1.854
	pc2 作为共享经济服务的提供者，我在社会生活中得到了认可	Kankanhalli 等（2005）	5.18	1.336
	pc3 提供共享经济服务越多，获得的社会声望也就越高	Kankanhalli 等（2005）	5.12	2.211
感知收益（pp）	pp1 参与共享经济，能够改善我的经济状况	Möhlmann（2015）	5.36	1.284
	pp2 参与共享经济，在财务上对我有一定帮助	Möhlmann（2015）	5.41	1.372
	pp3 参与共享经济可以让我省钱	Möhlmann（2015）	5.29	1.426
感知可持续性（ps）	ps1 共享经济有助于节约自然资源	Hamari 等（2016）	5.72	1.513
	ps2 共享经济是一种可持续消费的模式	Hamari 等（2016）	5.68	1.633
	ps3 共享经济在使用能源方面是有效率的	Hamari 等（2016）	5.64	1.329
	ps4 共享经济对环境是友善的	Hamari 等（2016）	5.54	1.438

续表

变量	测量条目	参考文献	均值	方差
感知有趣性（pe）	pe1 我认为共享经济是使人愉快的	Hamari 等（2016）	5.51	1.395
	pe2 我认为共享经济是令人兴奋的	Hamari 等（2016）	5.43	1.631
	pe3 我认为共享经济是有趣的	Hamari 等（2016）	5.43	1.585
态度（at）	at1 我认为提供共享经济服务是个明智的行为	Hamari 等（2016）	5.54	1.318
	at2 我认为提供共享经济服务是正面、积极的事情	Hamari 等（2016）	5.62	1.215
	at3 总体而言，提供共享经济服务是有意义的	Hamari 等（2016）	5.72	1.333
参与意愿（wp）	wp1 我有意提供共享经济服务	Yang 等（2010）	5.48	1.545
	wp2 我会经常地提供共享经济服务	Yang 等（2010）	5.31	1.405
	wp3 我愿意长期提供共享经济服务	Yang 等（2010）	5.20	1.621
	wp4 我会推荐他人提供共享经济服务	Yang 等（2010）	5.34	1.596

11.3.2 数据收集与描述性统计

调查主要采用专门走访的方式，问卷委托国内东部地区相关共享经济平台发放，涉及交通、餐饮、金融等多个行业，历时 3 个月。受访对象为滴滴平台司机、Airbnb 平台房东等，采取匿名填写的方式，发放问卷的工作人员及问卷答题者获得一定的报酬。为保证数据有效性，对无效问卷进行人工甄别，手动剔除无效问卷，包括所有题项均为同一答案的问卷、绝大部分题项为同一答案而仅有少量差别的问卷、无法了解其真实态度即相似题项出现相反答案的问卷。共收集有效问卷 134 份。

样本数据中，男性占比 61.19%；从年龄结构来看，20—30 岁、31—40 岁、41—50 岁分别占比 29.10%、32.84%、29.85%；已婚人士较多，占比 76.12%；受教育程度较高，大专及以上者占 69.40%；中等收入人数居多，收入 3001—10 000 元占比 78.35%。样本数据人口分布较为分散，北京市、上海市及江苏省、安徽省等省（直辖市）多个地区都有分布，其中江苏省的南京市和苏州市人数相对较多，分别为 22 人和 30 人，由于地区较多，表 11.2 未列出。详细数据及其他数据如表 11.2 所示。

表 11.2 样本描述性统计

类别	样本特征	数量/份	比例/%
性别	男	82	61.19
	女	52	38.81
年龄	20 岁以下	4	2.99
	20—30 岁	39	29.10
	31—40 岁	44	32.84
	41—50 岁	40	29.85
	51—55 岁	6	4.48
	56 岁及以上	1	0.74
婚姻状况	未婚	32	23.88
	已婚	102	76.12
所属单位	机关事业单位	24	17.91
	国有企业	26	19.40
	民营企业	34	25.37
	社会团体	5	3.73
	其他	45	33.58
所属共享经济范畴（多选）	交通	91	67.91
	住宿	25	18.66
	餐饮	25	18.66
	金融	12	8.96
	旅游	9	6.72
	医疗	14	10.45
	教育	13	9.70
	自媒体	6	4.48

续表

类别	样本特征	数量/份	比例/%
	高中及以下	41	30.60
	大专	45	33.58
学历	本科	43	32.09
	硕士	5	3.73
	博士	0	0.00
	无职称	78	58.21
	初级职称	25	18.66
职称	中级职称	24	17.91
	高级职称	7	5.22
	1 000—3 000 元	17	12.69
	3 001—5 000 元	37	27.61
收入	5 001—7 000 元	47	35.07
	7 001—10 000 元	21	15.67
	10 000 元以上	12	8.96
	无管理职务	87	64.93
	基层管理职务	29	21.64
行政职务	中层管理职务	12	8.96
	高层管理职务	6	4.48

11.3.3　实证方法选择

根据理论模型，感知收益、感知可持续性、对消费者的信任、感知声誉、感知有趣性、态度及参与意愿是无法直接观测的变量，需要构建观测变量。通过问卷加以观测时会产生测量误差且可能产生多重共线性问题，而结构方程模型（SEM）可以较好地解决上述问题，因此广泛应用于心理学、经济学等领域。基于偏最小二乘（PLS）的 SEM 是以方差为基础，通过寻找所有残差方差条件最小的方法来构建模型，相比于基于极大似然估计的 SEM 而言，PLS-SEM 不要求原始数据满足正态分布，且适用于探索性分析；运用再抽样技术，可以产生稳定的路径系数和 T 值，同时也能更好处理多重共线性的问题。

由于样本量相对不大，且本书探索的领域相对较新，基于 PLS-SEM 以上优点，本章选择了基于 PLS 的 SEM 进行数据分析，软件则选择结构方程建模工具 Smart-PLS3.0，采用其中的自举法（Bootstrapping）再抽样的估计方法计算各因子载荷、路径系数及其显著性水平。

11.4 研 究 结 果

11.4.1 测量模型

为了检测测量模型的可靠性，首先要对各构建变量的信度和效度进行检验。信度通常采用克龙巴赫 α（Cronbach's alpha）值和组合信度（composite reliability，CR）加以测度。当模型的构建信度达到 0.7 以上时是可以接受的（Nunnally and Bernstein，1994）。注意到本章各潜变量的克龙巴赫 α 值均在 0.79 以上（表 11.4），组合信度在 0.85 以上（表 11.4），表明本章各潜变量具有很好的信度。

效度分析包括收敛效度和判别效度。收敛效度指的是同一构念与其多重测量指标相互关联的程度。本章通过观测各测量指标在对应潜变量上的因子载荷和平均抽取变异量（average variance extracted，AVE）来检验收敛效度。一般地，当因子载荷量大于 0.7 且显著时，量表具有良好的收敛效度（Gefen and Straub，2005）。当 AVE 在 0.5 以上时，说明量表具有较好的收敛

效度（Fornell and Larcker，1981）。由表 11.3 可知，本章各测量变量的因子
载荷都在 0.7 以上，并且都在 0.001 的水平上显著；同时，由表 11.4 可见，
AVE 值都大于 0.6，从而充分表明该量表具有很好的收敛效度。

表 11.3　测量变量载荷矩阵

变量	信任	参与意愿	态度	感知可持续性	感知声誉	感知收益	感知有趣性
ts1	0.856	0.576	0.542	0.544	0.464	0.464	0.537
ts2	0.892	0.457	0.510	0.490	0.482	0.420	0.493
ts3	0.881	0.517	0.534	0.452	0.511	0.462	0.473
wp1	0.551	0.838	0.660	0.485	0.403	0.495	0.550
wp2	0.505	0.862	0.514	0.464	0.478	0.577	0.547
wp3	0.527	0.865	0.552	0.440	0.475	0.490	0.718
wp4	0.414	0.808	0.520	0.459	0.453	0.568	0.579
at1	0.512	0.597	0.906	0.534	0.504	0.521	0.636
at2	0.532	0.579	0.870	0.546	0.494	0.529	0.628
at3	0.540	0.572	0.844	0.571	0.541	0.431	0.635
ps1	0.461	0.345	0.422	0.745	0.403	0.522	0.503
ps2	0.524	0.457	0.530	0.815	0.397	0.528	0.611
ps3	0.417	0.480	0.492	0.816	0.413	0.458	0.482
ps4	0.390	0.429	0.531	0.774	0.486	0.518	0.484
pc1	0.433	0.494	0.550	0.492	0.897	0.581	0.606
pc2	0.485	0.425	0.512	0.493	0.885	0.566	0.489
pc3	0.507	0.448	0.432	0.386	0.767	0.466	0.562
pp1	0.520	0.599	0.615	0.537	0.607	0.882	0.630
pp2	0.345	0.524	0.406	0.505	0.508	0.894	0.527
pp3	0.435	0.473	0.388	0.615	0.494	0.785	0.558
pe1	0.474	0.598	0.630	0.612	0.547	0.575	0.876
pe2	0.416	0.604	0.607	0.540	0.584	0.560	0.870
pe3	0.586	0.637	0.634	0.554	0.548	0.603	0.838

表 11.4　潜变量指标统计及相关系数

变量	克龙巴赫α值	组合信度	AVE	信任	参与意愿	态度	感知可持续性	感知声誉	感知收益	感知有趣性
信任	0.849	0.909	0.768	0.877						
参与意愿	0.865	0.908	0.712	0.594	0.844					
态度	0.845	0.906	0.764	0.605	0.667	0.874				
感知可持续性	0.797	0.867	0.621	0.567	0.547	0.630	0.788			
感知声誉	0.808	0.887	0.725	0.554	0.536	0.588	0.539	0.851		
感知收益	0.817	0.890	0.731	0.514	0.629	0.565	0.640	0.634	0.855	
感知有趣性	0.826	0.896	0.742	0.573	0.712	0.725	0.660	0.650	0.673	0.862

判别效度是指各构念直接的区分程度。PLS 中可以通过如下两种途径来检测：其一，各潜变量的 AVE 均方根（表 11.4 中对角线上的数据）大于它与其他潜变量之间的相关系数；其二，各测量变量在相应潜变量上的因子载荷大于它在其他潜变量上的因子载荷。表 11.3 和表 11.4 的结果显示，上述条件均满足。因此，本章各潜变量之间具有很好的判别效度。

本章采用利克特打分法测量受访者主观评价，数据来源于同一张问卷，因此可能存在同源偏差问题。本章将所有问卷条目置于一起进行因子分析，发现在未旋转时得到的第一主成分所占载荷为 47.78%，并未占到多数，也不是只分析出一个因子，这表明同源偏差并不严重。同时，测算出模型的方差膨胀因子（varience inflation factor，VIF）全部在 3 以下，远远小于 10，这说明模型不存在多重共线性的问题。

11.4.2　结构模型

PLS 建模方法不需要考虑模型识别问题，判断内部模型的好坏主要在于其"预测能力"，也就是模型的解释力。其中，多元相关平方 R^2 主要用于衡量结构模型的解释力。如果用 AVE 来评价外部模型，R^2 评价内部模型，那

么冗余 F^2 则等于两者的乘积，即 $F^2=R^2 \times \text{AVE}$。冗余指标衡量了作为预测元的测量变量对其预测子测量变量的潜变量具有怎样的预测能力，冗余指标等于被解释变量方差中由作为其测量变量预测元的测量变量所解释的部分，因此该指标可以用来评价模型整体的预测关系。常用的 PLS 模型整体拟合指标 GOF（good of fit）则等于冗余的平方根，评价标准则参考 AVE 及 R^2 的标准。结构模型设定完成后，R^2 和路径系数及 p 值由程序计算生成，态度的 $R^2=0.603$，参与意愿的 $R^2=0.606$，即感知可持续性、感知声誉、感知收益、感知有趣性、信任共同解释了对共享经济的态度 60.3%的方差，感知可持续性、感知声誉、感知收益、感知有趣性、信任及态度共同解释了参与意愿 60.6%的方差，因此模型整体的预测能力比较良好。模型整体冗余 $F^2=0.465$，GOF = 0.682，可见模型整体拟合度较好，详见表 11.5。

表 11.5　模型预测及拟合指标

变量	R^2	F^2	GOF
参与意愿	0.606	0.465	0.682
态度	0.603	—	—

路径系数及显著性水平通过 Bootstrapping 再抽样 10 000 次计算得到，路径模型的结果如图 11.2 所示。具体而言，感知收益显著正向影响参与意愿（$b=0.235^*$，$p<0.1$），但对态度没有显著影响（$b=-0.010$，$p>0.1$），H1a 未得到支持，H1b 得到支持；感知可持续性对参与意愿没有显著影响（$b=-0.064$，$p>0.1$），但对态度具有显著正向影响（$b=0.183^*$，$p<0.1$），故 H2a 得到支持，H2b 未得到支持；信任对态度（$b=0.203^*$，$p<0.1$）以及参与意愿（$b=0.197^{**}$，$p<0.05$）都有显著正向影响，H3a 得到支持，H3b 得到支持；感知声誉对态度（$b=0.107$，$p>0.1$）及参与意愿（$b=-0.051$，$p>0.1$）都无显著影响，H4a 未得到支持，H4b 未得到支持；感知有趣性对态度

（$b=0.425^{***}$，$p<0.01$）及参与意愿（$b=0.347^{***}$，$p<0.01$）都有显著正向影响，H5a 得到支持，H5b 得到支持；态度对参与意愿有显著正向影响（$b=0.234^{**}$，$p<0.05$），H6 得到支持。详细情况见表 11.6。

表 11.6　路径系数、统计检验及假设支持情况

假设路径	路径系数	T 值	p 值	假设支持情况
感知收益→参与意愿	0.235^{*}	1.874	0.061	支持
感知收益→态度	−0.010	0.129	0.897	不支持
感知可持续性→参与意愿	−0.064	0.592	0.554	不支持
感知可持续性→态度	0.183^{*}	1.739	0.082	支持
信任→参与意愿	0.197^{**}	2.299	0.022	支持
信任→态度	0.203^{*}	1.755	0.079	支持
感知声誉→参与意愿	−0.051	0.558	0.577	不支持
感知声誉→态度	0.107	0.799	0.424	不支持
感知有趣性→参与意愿	0.347^{***}	3.453	0.001	支持
感知有趣性→态度	0.425^{***}	4.195	0.000	支持
态度→参与意愿	0.234^{**}	2.005	0.045	支持

注：*表示在 0.1 的水平下显著，**表示在 0.05 的水平下显著，***表示在 0.01 的水平下显著。

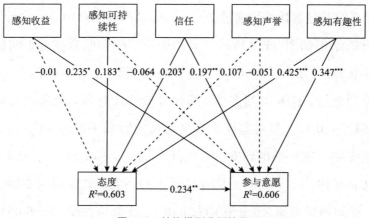

图 11.2　结构模型分析结果

注：*表示在 0.1 的水平下显著，**表示在 0.05 的水平下显著，***表示在 0.01 的水平下显著；
实线表示该路径显著，虚线表示该路径不显著。

11.5 讨论与分析

11.5.1 理论意义及结果分析

本章结果的理论意义在于：第一，通过实证分析，从理论上肯定了收益和乐趣这两种重要驱动力，即获得收益和乐趣是提供者的主要参与动机；第二，信任是提供者在交易过程中的重要影响因素，对态度及行为都有显著影响，补充了信任理论在提供者研究上的实证论证；第三，环境因素对提供者的态度有一定影响，但并不直接影响参与意愿，这也就论证了"可持续"价值观与实际行为的"态度—行为"缺口同样也在于提供者；第四，供方态度显著影响了其参与意愿；第五，声誉的感知并没有成为提供者参与意愿及态度的显著影响因素。

共享经济的交易作为经济活动能够迅速发展，从动机上看，经济因素是显而易见的，本章的结果也符合实际。但对收益的感知并不显著影响提供者对共享经济的态度，可以认为经济因素是一种较强烈的外在因素。也就是说，经济激励可能促使许多对共享经济并没有太多积极态度的人参与进来，愿意提供自己的闲置资源。

从结果来看，乐趣在提供者态度形成和参与意愿中起着至关重要的作用，是提供者最强大的驱动因素。共享经济提供了一种新的社会交往互动的方式，有些人参与共享经济可能仅仅因为它很有趣。同时，利他心理的获得感可能在其中也起着一定的作用，这还需要进一步证实。当然，当乐趣性与经济激励同时存在时，两者形成合力并产生积极影响。

提供者对消费者的信任水平显著影响其对共享经济的态度及参与积极性。本章的结果也证实了信任在共享经济中的重要性，信任不仅是供应链、电子商务等领域交易的重要影响因素，在共享经济交易中也起着重要作用，且不仅影响着需求方的行为，也是提供者的态度及行为的重要影响因素。相反，信任的缺失也将会阻碍人们提供自己的资源。考虑到对信任的深入挖掘不是本章的重点，因此本章集中于探讨提供者对消费者的信任。结果显示，"可持续"的价值对提供者态度形成有一定的影响，这会间接影响参与意愿，但是这种观念并不会直接影响行为。共享经济是一种"绿色"消费的方式，这种意识也存在于提供者，尤其是具有环保或者生态理念的人们，但这种理念不一定会转化为强烈的参与行为，从而形成了"态度—行为"缺口。

提供者的态度会显著影响其参与意愿，而态度的形成则和众多因素有关。提供者对声誉的感知对其态度与参与意愿都没有显著的影响，这可能是因为共享经济发展时间不长，没有形成一定的社区，提供者的社区意识不强，其在参与过程中并未感受到受到尊重等声誉上的提升。此外，声誉机制可能作用不是很明显。

11.5.2　实践意义与建议

本章研究的实践意义及相应政策建议主要有以下几个方面。

其一，实证结果显示收益是提供者参与的主要动机。因此一定的补助、奖励等提高收益的方法是吸引提供者参与的有效办法，共享经济为社会经济发展提供了一条新的路径，提高了资源利用效率，政府部门可权衡给予一定的经济支持。

其二，有趣性在提供者态度形成和参与意愿中起着至关重要的作用，因而提高有趣性也是提升参与的重要途径，平台应加强消费者和提供者之间的交流，建立社区加强互动，既有助于有趣性的提高，也可以加强信息交流，还能够提高社区意识，增强声誉感知。

其三，信任是共享经济交易的重要影响因素。因此，平台应加强信息披露，减少双方信息不对称；同时加强安全保障措施，减少和防范事故发生。

政府部门则需要加强监管，必要时出台相应法律法规，规范行业发展。

11.5.3　研究局限与展望

本章对共享经济的相关理论进行了实证检验，为了解提供者参与共享的行为动机和影响因素提供了有价值的信息，丰富了共享经济尤其是提供者的相关理论，为后续研究提供了参考和借鉴。需要指出的是，本章虽然得到了一些研究发现，但也存在不足，如着重考虑了参与动机以及信任因素对参与意愿的影响，实际上可能还会有更多因素影响参与意愿。此外，对信任没有进行区分，也未对其影响因素进行深入探讨，后续研究可以考虑更多的参与因素，以及各因素之间的影响关系。

第 12 章
共享经济下消费者信任的形成机制

共享经济是一种互惠互助的资源分配活动。资源需求者以金钱作为交换代价来获得产品或是服务的持有权利，且在持续的交换过程中不断地创造产品或是服务的附加价值。

——罗伯特·亨特（Hunt，2000）

12.1 引　言

共享经济的迅猛发展在很大程度上归因于以下四个方面：①共享经济满足了可持续发展的要求；②共享经济提高了资源利用效率；③共享经济满足了消费者临时性和个性化需求；④共享经济扩展了收入分配方式，有助于改善社会分配结构。基于上述原因，诸多学者分析了共享经济参与者的动机，归纳起来主要有三种动机：经济动机、环保动机和社会动机（Guttentag et al.，2016；何超等，2018）。其中，从共享经济的消费者层面来看，推动人们参与共享经济的动机主要是经济动机（Lawson et al.，2016）。

作为共享经济发展的需求基础，协同消费将分散化的个人需求同社会上的闲置资源以及特定产品与服务供给通过平台紧密联系到了一起（郑联盛，2017）。在多样化的需求和广泛的供给的匹配互动的机制下，信任成为连接供需双方、促成交易达成的关键因素（申洁等，2018）。消费者在选择一项共享经济服务之前会考虑诸如平台声誉、消费者评价、押金安全性等问题。在消费之后还会根据自己参与共享经济的动机感知参与过程，估算自己的获得（满意度），为后续的参与者提供参考。既有研究指出，共享经济平台及提供者的声誉对消费者信任、消费者依赖有部分正向影响，对持续使用意愿有显著直接影响，消费者信任和消费者依赖对持续使用意愿也有显著直接影响（贺明华等，2018）。

信任是市场和经济良好运转的基础，在充满信息不对称的市场中，信任是一种包含风险的行为。近年来，在共享经济迅速发展的过程中，不同共享经济模式爆发了种种风险，如共享出行中的乘客受到伤害、共享单车平台押金难退还以及共享经济领域 P2P 平台爆雷等问题。这些风险事件的爆发导致了共享经济的发展陷入信任危机，直接表现为老用户黏性低，新用户参与意愿低，其实质是消费者对行业产生的信任危机。因此，从信任演化的视角来分析影响消费者建立信任过程的因素，是化解共享经济信任危机的关键。

本章以消费者为研究对象，从信任动态演化的视角对消费者建立初始信任和形成持续信任的因素进行实证分析[①]。本章的内容结构如下：12.2 节进行文献回顾，12.3 节提出研究假设和研究设计，12.4 节分别对初始信任模型和持续信任模型进行实证分析，12.5 节对本章主要研究进行总结与展望。

12.2　文 献 回 顾

关于信任的影响因素方面，学术界进行了深入的探讨。Zucker（1986）系统阐述了信任由声誉、社会相似性和法制三种机制产生。许多学者认为，个人层面的信任倾向（陈冬宇，2014）、平台层面的信息质量（陈冬宇，2014）、

---

① 本章的主要实证分析结果参见：石岿然，赵银龙，宋穗. 2020. 共享平台服务需求者信任演化的影响[J]. 中国流通经济，34（7）：68-78. 本章在原文的基础上调整了部分内容。

安全保障及财务实力（Belk，2010）、感知有用与感知易用等（石岂然，2019）对信任的建立均有影响。

在信任的演化过程方面，Mcknight等（2000）将电子商务中的信任演化分为初始信任和持续信任两个阶段。信任的演化是反复和持续的动态过程，从消费者依据自身信任倾向、平台安全保障、外界评价等信息建立初始信任，到其参与到服务体验之中，体验服务的质量和服务的水平，并结合自身需求和期望来感知收益、评估风险，感知有趣性、实用性等因素，进而对自身建立对平台的忠诚度（持续信任）产生影响（Kramer and Tyler，1996；董纪昌等，2017）。共享经济的健康发展离不开消费者对平台的初始信任，行业的持久发展则需要消费者对平台形成持续信任。客户忠诚营销理论主张提高产品质量和服务水平以满足消费者的需求，提升消费者忠诚度。

关于共享经济的运行模式，戴克清等（2017）认为，协同消费是共享经济得以快速发展的需求基础，平台作为共享经济的纽带将需求方和供给方有机联结起来，通过第三方支付平台以及物流系统的加入，最终形成共享经济的多边市场特征，而信任则是连接这些关键点的核心要素。陈玲（2018）从资源供给方、资源需求方和共享经济平台三个角度入手，将共享经济中的信任分为资源供需双方的信任和资源供需双方对共享经济平台的信任两个方面。其中，资源供需双方的信任包括初始信任（双方基于隐含的责任）、认知信任（双方基于交流）和情感信任（双方基于情感），这三种信任随着双方参与共享经济次数的增多而形成演化过程；在资源供需双方对共享经济平台的信任方面，文章认为平台的制度机制是影响资源供需双方考虑共享经济平台是否值得信任的主要因素。王金秋（2018）也指出，共享经济平台通过评级和声誉系统可以减少共享经济中与陌生人交易的风险。

近年来，研究者将视角转向共享经济参与者信任和参与者忠诚度之间的关系。如唐毅青等（2017）通过对消费者参与共享经济的八个影响因素的研究，发现消费者在参与共享经济时不仅关注自身利益，而且对社会和环境的关注度也在逐渐提升。谢雪梅和石娇娇（2016）通过对小猪短租中信任形成机制的实证分析，指出消费者更倾向于基于视觉的信任。陈冬宇（2014）基于社会认知理论视角对 P2P 网络放贷交易信任进行研究，认为信息质量是交易双方建立信任的重要因素，平台的保障也在很大程度上影响借款人信任。

可以看出，学术界对于共享经济的研究逐步深入，开始探究影响消费者参与共享经济的因素、参与者的动机以及共享经济中的信任这一关键环节。但大多数文献是从定性的角度进行描述的，较少从共享经济的消费者角度动态考察信任形成的影响因素，本章重点考察不同阶段影响消费者信任形成的关键因素。

12.3　研　究　设　计

12.3.1　研究假设

前面各章通过构建博弈模型研究了共享经济平台的资本运作、安全保障和社会声誉对信任的影响，本节仍以消费者为研究对象，借助实际数据进行实证检验。本节将消费者对平台信任的演化分为三个阶段：初始信任阶段、用户感知阶段和持续信任阶段。在初始信任阶段，消费者主要了解平台的运作并决定后续是否参与（Jarvenpaa et al.，2000）。陈冬宇（2014）从社会认知理论的角度，将网络借贷中影响初始信任的因素分为个体因素和环境因素。在个体因素中，由于有用性可以反映平台对体验满足感的提高程度，故消费者关于平台有用性的认识对建立初始信任有正向影响（鲁耀斌和徐红梅，2006；林家宝等，2009；石岿然，2019）。此外，环境因素也对消费者的初始信任有重要影响。

考虑到第一阶段的消费者没有参与共享经济的经历，平台的安全性、财务实力、资本运作等能够衡量平台能力的内容以及平台的社会声誉成为消费者建构初始信任的重要影响因素（石岿然和马胡杰，2018）。同时，这些与平台经营管理水平相关的因素对平台的社会声誉也具有正向影响，社会声誉更好的共享经济平台往往会促使消费者产生更强的信任（Doney and Cannon，1997；贺明华和梁晓蓓，2018），消费者对平台建立的初始信任很大程度上影响着其行为意愿和参与态度，并对形成持续信任具有正向影响（Möhlmann，2015；于凤霞，2018）。基于上述分析，提出以下假设：

Ha1：平台有用性正向影响平台的社会声誉。

Ha2：平台的财务实力正向影响平台的社会声誉。

Ha3：平台的资本运作正向影响平台的社会声誉。

Ha4：平台的安全保障正向影响平台的社会声誉。

Hb1：平台有用性正向影响消费者对平台建立初始信任。

Hb2：平台的财务实力正向影响消费者对平台建立初始信任。

Hb3：平台的资本运作正向影响消费者对平台建立初始信任。

Hb4：平台的安全保障正向影响消费者对平台建立初始信任。

Hb5：平台的社会声誉正向影响消费者对平台建立初始信任。

根据以上分析，第一阶段消费者对平台的初始信任模型如图 12.1 所示。

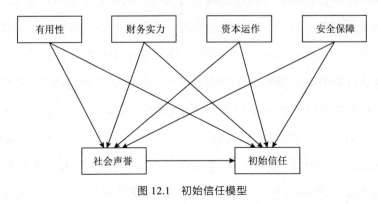

图 12.1　初始信任模型

第二阶段为用户感知阶段,当消费者建立对平台的初始信任后,会根据实际体验中与参与前的心理预期进行比较,在心理上感知收益和风险,形成一定的获得感,这一阶段是连接初始信任和形成持续信任的重要阶段。消费者对平台的初始信任程度影响着其加入平台的积极性,对其行为意愿和参与态度具有决定性作用(Möhlmann,2015;于凤霞,2018)。已有研究表明,消费者忠诚度会促使其重购或向他人推荐该品牌(Japutra et al.,2014)。因此,消费者在体验过程中对平台有用的感知,会正向影响其对平台建立持续信任。基于上述分析,提出以下假设:

Hc1:用户对平台的感知正向影响平台的社会声誉。

Hc2:用户对平台的感知正向影响其对平台形成持续信任。

第三个阶段为持续信任阶段,这是平台走向持续发展的必要条件。根据第一阶段的分析,共享经济平台的财务实力、资本运作、安全保障以及社会声誉,在第三个阶段中可能会对消费者形成持续信任产生影响。此外,平台常常通过对老客户提供特殊待遇和保持联系沟通释放友善信号(Cho,2006),以促进持续信任的形成。第二阶段的研究表明,消费者对于服务体验的感知可能会形成对平台的依赖。由此,提出形成持续信任阶段的假设:

Hd1:平台的财务实力正向影响平台的社会声誉。

Hd2:平台的资本运作正向影响平台的社会声誉。

Hd3:平台的安全保障正向影响平台的社会声誉。

Hd4:平台的特殊待遇正向影响平台的社会声誉。

Hd5:平台的联系沟通正向影响平台的社会声誉。

He1:平台的财务实力正向影响消费者对平台形成持续信任。

He2:平台的资本运作正向影响消费者对平台形成持续信任。

He3:平台的安全保障正向影响消费者对平台形成持续信任。

He4:平台的特殊待遇正向影响消费者对平台形成持续信任。

He5：平台的联系沟通正向影响消费者对平台形成持续信任。

He6：平台的社会声誉正向影响消费者对平台形成持续信任。

综合以上分析，关于消费者对平台持续信任的分析模型如图 12.2 所示。

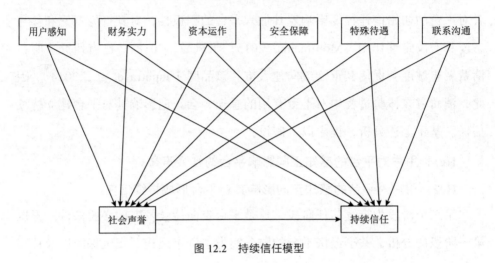

图 12.2　持续信任模型

进一步地，综合初始信任阶段和持续信任阶段的分析和假设，可得到本章实证分析中的初始信任—持续信任演化理论模型，如图 12.3 所示。

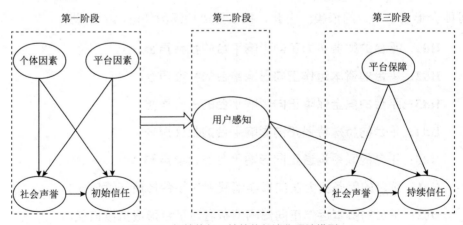

图 12.3　初始信任—持续信任演化理论模型

12.3.2　研究设计

12.3.2.1　问卷设计和变量测量

本书的问卷设计是由课题组在综合阅读大量文献的基础上，设计初始问卷，并由相关专家进行评价、提出修改意见。在此基础上，课题组反复进行修改完善。正式调查从 2019 年 6 月—2019 年 8 月分别在南京、苏州两地进行。问卷设计中包含两个部分，第一部分针对无参与共享经济经历的人群进行初始信任调查，第二部分针对有参与共享经济经历的人群进行持续信任调查。各题项采用利克特 7 点量表，共 7 分，其中 1="完全不同意"，7="完全同意"。初始信任调查问卷的测量条目如表 12.1 所示。

表 12.1　初始信任问卷测量条目

测量变量	测量条目	参考文献	均值	方差
有用性 （U）	U1 我认为该共享经济平台很有用	Suh 和 Han（2003）	5.133	1.707
	U2 我认为该共享经济平台能提供使我满意的产品或服务	Kim 等（2008）	4.813	1.697
财务实力 （M）	M1 我认为该共享经济平台具有较强的财务抗风险能力	陈冬宇（2014）	3.805	1.938
	M2 我认为该共享经济平台具有较强的资本运作能力	陈冬宇（2014）	4.781	1.999
资本运作 （C）	C1 该共享经济平台是非常专业的	陈冬宇（2014）	4.320	1.511
	C2 该共享经济平台有一定的竞争力	陈冬宇（2014）	4.516	1.260
	C3 该共享经济平台以往的业绩较好	陈冬宇（2014）	4.688	1.146
安全保障 （S）	S1 该共享经济平台能够保证消费者个人信息安全	Kim 等（2008）	3.211	2.010
	S2 该共享经济平台提供的交易流程是透明的	Kim 等（2008）	3.773	2.444

续表

测量变量	测量条目	参考文献	均值	方差
社会声誉 （R）	R1 该共享经济平台在消费者心目中具有良好形象	Nahapiet 和 Ghoshal（1998）	4.102	1.494
	R2 人们普遍认为该共享经济平台关心消费者	Nahapiet 和 Ghoshal（1998）	4.063	1.728
	R3 该共享经济平台在业内有较高的声誉	Nahapiet 和 Ghoshal（1998）	4.375	1.543
初始信任 （T）	T1 我认为该共享经济平台是诚实可靠的	Kim 等（2008）	4.273	1.444
	T2 我感觉该共享经济平台是可以信赖的	Kim 等（2008）	4.234	1.803
	T3 我感觉可以放心地使用该共享经济平台提供的产品或服务	Kim 等（2008）	4.258	1.657

持续信任调查问卷的测量条目如表 12.2 所示。

表 12.2　持续信任问卷测量条目

测量变量	测量条目	参考文献	均值	方差
用户感知 （F）	F1 我认为该共享经济平台很有用	Suh 和 Han（2003）	5.528	1.074
	F2 该共享经济平台提供了不同于传统经济的新奇体验	Kim 等（2008）	5.690	1.200
财务实力 （M）	M1 我认为该共享经济平台具有较强的财务抗风险能力	陈冬宇（2014）	4.084	1.962
	M2 我认为该共享经济平台具有较强的资本运作能力	陈冬宇（2014）	5.060	1.644
	M3 我认为该共享经济平台的自有流动资金是充足的	陈冬宇（2014）	4.228	2.041
资本运作 （C）	C1 该共享经济平台是非常专业的	陈冬宇（2014）	4.465	1.367
	C2 该共享经济平台有一定的竞争力	陈冬宇（2014）	4.597	1.264

续表

测量变量	测量条目	参考文献	均值	方差
安全保障（S）	S1 该共享经济平台能够保证消费者个人信息安全	Suh 和 Han（2003）	3.934	1.822
	S2 该共享经济平台提供的交易流程是透明的	Suh 和 Han（2003）	3.934	1.822
特殊待遇（TS）	TS1 该共享经济平台会给老顾客提供更好的服务	Kim 等（2008）	3.928	1.939
	TS2 该共享经济平台会给老顾客提供更低的折扣	Kim 等（2008）	3.663	2.063
	TS3 该共享经济平台会给老顾客提供额外的优惠	Kim 等（2008）	3.663	2.063
联系沟通（GT）	GT1 该共享经济平台经常与我沟通	Kim 等（2008）	3.311	2.095
	GT2 该共享经济平台与我的沟通使我感到自己很受尊重	Kim 等（2008）	4.004	1.559
社会声誉（R）	R1 该共享经济平台在消费者心目中具有良好形象	Nahapiet 和 Ghoshal（1998）	4.165	1.552
	R2 人们普遍认为该共享经济平台关心消费者	Nahapiet 和 Ghoshal（1998）	3.988	1.550
	R3 该共享经济平台在业内有较高的声誉	Nahapiet 和 Ghoshal（1998）	4.482	1.533
	R4 该共享经济平台以往的业绩较好	Nahapiet 和 Ghoshal（1998）	4.722	1.298
持续信任（L）	L1 我认为该共享经济平台是诚实可靠的	Kim 等（2008）	4.340	1.404
	L2 我感觉可以放心地使用该共享经济平台提供的产品或服务	Kim 等（2008）	4.358	1.410
	L3 我感觉该共享经济平台是可以信赖的	Kim 等（2008）	4.410	1.475

12.3.2.2　数据收集和描述性统计

为保证有效性，课题组对所有问卷进行人工甄别，手动剔除无效问卷，主要包括所有题项为相同答案的问卷、无法了解其真实态度即相似题项出现相反答案的问卷。最后，第一部分针对初始信任的调查共收回有效问卷 128 份，第二部分针对持续信任的调查共收回有效问卷 486 份。数据的描述性统计如表 12.3 所示。

表 12.3 样本描述性统计

类别	样本特征	初始信任		持续信任	
		数量/份	占比/%	数量/份	占比/%
性别	男	46	35.94	157	32.30
	女	82	64.06	329	67.70
年龄	18 岁以下	3	2.34	6	1.23
	18—30 岁	120	93.75	456	93.83
	31—40 岁	3	2.34	9	1.85
	41—50 岁	1	0.78	11	2.26
	51—55 岁	0	0.00	2	0.41
	56 岁及以上	1	0.78	2	0.41
所属单位	机关事业单位	3	2.34	14	2.88
	企业人员	4	3.13	24	4.94
	个体经营者	0	0.00	3	0.62
	在校学生	119	92.97	432	88.89
	其他	2	1.56	13	2.67
学历	高中及以下	14	10.94	57	11.73
	大专	0	0.00	5	1.03
	本科	112	87.50	369	75.93
	硕士	1	0.78	46	9.47
	博士	1	0.78	9	1.85
专业技术职称	无职称	122	95.31	437	89.92
	初级职称	2	1.56	24	4.94
	中级职称	4	3.13	10	2.06
	高级职称	0	0.00	15	3.09

续表

类别	样本特征	初始信任		持续信任	
		数量/份	占比/%	数量/份	占比/%
	3 000 元及以下	118	92.19	423	87.04
	3 001—5 000 元	2	1.56	24	4.94
月收入	5 001—7 000 元	4	3.13	13	2.67
	7 001—10 000 元	2	1.56	13	2.67
	10 000 元以上	2	1.56	13	2.67

从表 12.3 可以看出，有参与共享经济经历的受访者为 486 人，该数量大幅超过无参与共享经济经历的受访者（128 人）。无论是初始信任调查还是持续信任调查，受访的消费者中均以女性居多，在初始信任调查和持续信任调查中分别占比 64.06% 和 67.70%；两部分受访者以青年群体为主，年龄为18—30 岁的均达 93% 以上；同时，两部分受访者整体受教育程度较高，本科及以上学历占比均超过 87%；两部分受访者均以在校学生为主，在初始信任调查和持续信任调查中分别占比 92.97% 和 88.89%。

12.4　实证结果分析

12.4.1　初始信任模型分析

12.4.1.1　信度效度分析

针对问卷数据，本书采用统计产品与服务解决方案（SPSS）22.0 对问卷的信度和效度进行检验，并采用矩阵结构分析（analysis of moment structure，AMOS）21.0 的 SEM 进行分析，以改善实证分析中可能出现的测量误差和多重共线性问题。在初始信任模型中，问卷整体的克龙巴赫 α 值为 0.930，

显著大于要求值 0.6，这说明问卷整体的信度较好。各测量变量的克龙巴赫 α
值、组合信度以及 AVE 如表 12.4 所示。

表 12.4　初始信任模型信度效度分析表

变量	题项数	克龙巴赫 α 值	组合信度	AVE
有用性（U）	2	0.881	0.944	0.893
财务实力（M）	2	0.716	0.876	0.780
资本运作（C）	3	0.692	0.829	0.619
安全保障（S）	2	0.781	0.902	0.821
社会声誉（R）	3	0.815	0.891	0.733
初始信任（T）	3	0.902	0.939	0.837

从表 12.4 可以看出，各个测量变量的克龙巴赫 α 值均在 0.6 以上，同时
组合信度的值也均在 0.8 以上（大于 0.7），表明问卷测量条目的信度符合模
型要求。此外，各测量变量的 AVE 均在 0.6 以上（大于 0.5），表明问卷测量
条目的聚合效度较好，符合模型要求。通过上述问卷数据信度效度的分析可
以看出，本书的问卷测量是可信的、有效的。

12.4.1.2　结构模型分析

AMOS 模型的输出结果中带有衡量模型适配度的参考指标，其中，塔克-
刘易斯指数（tacker-lewis index，TLI）用来比较提出模型与虚无模型之间的适
配度，TLI 指标的数值介于 0—1，若 TLI=0，则表示模型完全不适配；若 TLI=1，
则表示模型是完全适配的。本章探讨的初始信任结构模型的 TLI=0.712，表明
本章的模型适配度较好。简约调整规准适配指数（parsimony-adjusted normed
fit index，PNFI），比标准拟合指数（normed fit index，NFI）更适合判断模型
的精简程度，一般以 PNFI 是否大于 0.5 作为模型适配度通过与否的标准。本
章中，初始信任模型的 PNFI=0.564（大于 0.5），模型适配度通过检验。一致

性赤池信息量准则（consistent Akaike information criterion，CAIC）指标也用来假设模型是否可以接受，判断标准为理论模型的 CAIC 小于饱和模型以及独立模型的 CAIC。本章中，初始信任模型的 CAIC 约为 559，小于饱和模型的 702 以及独立模型的 1319，因此模型适配度较好。

以下对模型各变量之间的路径系数以及显著性水平进行分析，初始信任模型的相关结果如表 12.5 所示。

表 12.5　初始信任模型路径系数及假设支持情况

假设路径	路径系数	p 值	假设支持情况
有用性→社会声誉	0.185**	0.015	支持
财务实力→社会声誉	0.182*	0.094	支持
资本运作→社会声誉	0.319*	0.084	支持
安全保障→社会声誉	0.395***	0.000	支持
社会声誉→初始信任	0.443**	0.006	支持
有用性→初始信任	0.110	0.180	不支持
财务实力→初始信任	0.034	0.709	不支持
资本运作→初始信任	0.090	0.460	不支持
安全保障→初始信任	0.159*	0.070	支持

注：*表示在 0.1 的水平下显著，**表示在 0.05 的水平下显著，***表示在 0.01 的水平下显著。

表 12.5 中，平台有用性与平台的社会声誉之间的路径系数为 0.185，显著性水平为 0.015（小于 0.05），Ha1 得到支持；平台的财务实力与平台的社会声誉之间的路径系数为 0.182，显著性水平为 0.094（小于 0.1），Ha2 得到支持；平台的资本运作与平台的社会声誉之间的路径系数为 0.319，显著性水平为 0.084，Ha3 得到支持。平台的社会声誉正向影响消费者对平台建立初始信任（路径系数为 0.443，p 值为 0.006），Hb5 得到支持；平台的安全保障也正向影响消费者对平台建立初始信任（路径系数为 0.159，p 值为 0.070），Hb4 得到支持。但是平台有用性对消费者建立初始信任不显著（路径系数为

0.110，p 值为 0.180），Hb1 未得到支持；平台的财务实力对消费者建立初始信任不显著（路径系数为 0.034，p 值为 0.709），Hb2 未得到支持；平台的资本运作对消费者建立初始信任不显著（路径系数为 0.090，p 值为 0.460），Hb3 未得到支持。综合以上分析，初始信任模型结果如图 12.4 所示。

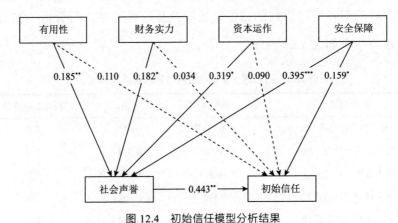

图 12.4　初始信任模型分析结果

注：*表示在 0.1 的水平下显著，**表示在 0.05 的水平下显著，***表示在 0.01 的水平下显著；
　　　实线表示该路径显著，虚线表示该路径不显著。

由图 12.4 可见，有用性、财务实力和资本运作对消费者建立初始信任影响不显著，但对平台社会声誉有显著正向影响，平台安全保障对平台社会声誉和消费者建立初始信任都有正向影响，且平台社会声誉与消费者建立初始信任、平台安全保障与平台社会声誉的路径系数分别处于第一位和第二位。因此，在初始信任模型中，平台有用性、财务实力以及资本运作对消费者建立初始信任的影响，主要是通过影响平台的社会声誉间接达到的。平台的安全保障对平台的社会声誉以及消费者建立初始信任都有正向影响；平台的社会声誉对消费者建立初始信任具有关键作用。

12.4.2　持续信任模型分析

对于持续信任模型而言，以下采用类似的方法对该模型分别进行信度效度分析与结构模型分析。

12.4.2.1　信度效度分析

在持续信任模型中，调查问卷整体的克龙巴赫 α 值为 0.903。各测量变量的克龙巴赫 α 值均大于 0.6，组合信度的值均大于 0.7，AVE 均大于 0.5，如表 12.6 所示。无论从问卷的整体信度还是各测量条目的聚合效度来看，都具有良好的效果，表明问卷测量是可信的、有效的。

表 12.6　持续信任模型信度效度分析表

变量	题项数	克龙巴赫 α 值	组合信度	AVE
用户感知（F）	2	0.689	0.866	0.764
财务实力（M）	2	0.689	0.828	0.617
资本运作（C）	2	0.609	0.837	0.719
安全保障（S）	2	0.668	0.857	0.750
特殊待遇（TS）	3	0.903	0.940	0.838
联系沟通（GT）	2	0.680	0.864	0.760
社会声誉（R）	4	0.778	0.857	0.601
持续信任（L）	3	0.875	0.923	0.801

12.4.2.2　结构模型分析

AMOS 模型输出结果中的简约适配指数（parsimony goodness-of-fit index，PGFI）与 PNFI 的性质相同，PGFI 值大于 0.5 为模型的可接受范围，其值越大，表示模型的适配程度越高，本节中，持续信任模型的 PGFI 值为 0.611，PNFI 值为 0.661，表明模型适配程度在可以接受的范围。在初始信任模型的分析中提到，CAIC 指标也用来假设模型是否可以接受，判断标准为理论模型的 CAIC 小于饱和模型以及独立模型的 CAIC。本节中，持续信任模型的 CAIC 约为 1475，小于饱和模型的 1660 以及独立模型的 5268，因此模型适配度可以接受。

以下进一步分析持续信任模型的路径系数与假设支持情况，具体结果见表 12.7。

表 12.7　持续信任模型路径系数及假设支持情况

假设路径	路径系数	p 值	假设支持情况
用户感知→社会声誉	0.143***	0.002	支持
财务实力→社会声誉	0.126**	0.027	支持
资本运作→社会声誉	0.534***	0.000	支持
安全保障→社会声誉	0.336***	0.000	支持
特殊待遇→社会声誉	0.122***	0.001	支持
联系沟通→社会声誉	0.146***	0.006	支持
社会声誉→持续信任	0.351*	0.065	支持
用户感知→持续信任	0.203***	0.000	支持
财务实力→持续信任	−0.023	0.545	不支持
资本运作→持续信任	0.197	0.110	不支持
安全保障→持续信任	0.187**	0.021	支持
特殊待遇→持续信任	0.020	0.621	不支持
联系沟通→持续信任	0.155***	0.004	支持

注：*表示在 0.1 的水平下显著，**表示在 0.05 的水平下显著，***表示在 0.01 的水平下显著。

表 12.7 中的假设结果显示，用户感知与平台的社会声誉之间的路径系数为 0.143，显著性水平为 0.002，Hc1 得到支持；平台的财务实力与平台的社会声誉之间的路径系数为 0.126，显著性水平为 0.027，Hd1 得到支持；平台的资本运作与平台的社会声誉之间的路径系数为 0.534，显著性水平为 0.000，Hd2 得到支持；平台的安全保障与平台的社会声誉之间的路径系数为 0.336，显著性水平为 0.000，Hd3 得到支持；平台对消费者的特殊待遇与平台的社会声誉之间的路径系数为 0.122，显著性水平为 0.001，Hd4 得到支持；平台对消费者的联系沟通与平台的社会声誉之间的路径系数为 0.146，显著性水平

为 0.006，Hd5 得到支持。

　　根据表 12.7 中的结果，进一步观察可知，平台的社会声誉与消费者形成对平台的持续信任之间的路径系数为 0.351，p 值为 0.065，He6 得到支持。用户感知对形成对平台的持续信任具有正向影响（路径系数为 0.203，p 值为 0.000），Hc2 得到支持；平台的安全保障正向影响消费者对平台形成持续信任（路径系数为 0.187，p 值为 0.021），He3 得到支持；平台的联系沟通正向影响消费者对共享经济平台形成持续信任（路径系数为 0.155，p 值为 0.004），He5 得到支持。但值得注意的是，平台的财务实力对消费者形成持续信任不显著（路径系数为−0.023，p 值为 0.545），He1 未得到支持；平台的资本运作对消费者形成持续信任不显著（路径系数为 0.197，p 值为 0.110），He2 未得到支持；平台的特殊待遇对消费者形成持续信任不显著（路径系数为 0.020，p 值为 0.621），He4 未得到支持。

　　综合上述分析，持续信任模型结果如图 12.5 所示。

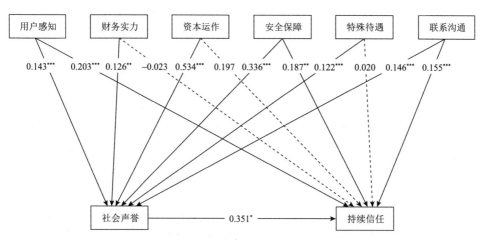

图 12.5　持续信任模型分析结果

注：*表示在 0.1 的水平下显著，**表示在 0.05 的水平下显著，***表示在 0.01 的水平下显著；
实线表示该路径显著，虚线表示该路径不显著。

　　从图 12.5 可见，平台的财务实力、资本运作与特殊待遇对消费者形成持续信任不显著，但对平台的社会声誉有显著的正向影响。用户感知、平台安全保障以及联系沟通对平台的社会声誉和消费者形成持续信任都有显著的正向影响，且平台社会声誉与持续信任的路径、用户感知与持续信任的路径、平台安全保障与持续信任的路径系数位居前三。因此，在持续信任模型中，平台的财务实力、资本运作与特殊待遇对消费者建立对平台的持续信任的影响，主要是通过影响平台的社会声誉间接达到的，平台社会声誉仍旧发挥着关键作用，安全保障仍然具有重要作用，但用户感知在这一阶段的重要性高于安全保障。

12.5　结论与展望

本章研究了消费者信任形成的影响因素。结果表明，在建立初始信任阶段，平台有用性、财务实力和资本运作这三个方面对初始信任的形成主要通过影响平台的社会声誉间接达到，而平台的安全保障和社会声誉对初始信任建立有显著影响。在形成持续信任阶段，平台的财务实力、资本运作、特殊待遇对形成持续信任没有直接显著影响，主要通过正向影响平台的社会声誉间接达到。用户感知、平台安全保障、联系沟通和社会声誉对形成持续信任都有显著影响。本书的实证结果进一步揭示了，无论建立初始信任还是形成持续信任，社会声誉始终发挥最为关键的作用，且消费者始终高度重视安全保障；在建立初始信任阶段，消费者对于安全保障的考虑较多，而在形成持续信任阶段，消费者对于体验感知的重视程度高于安全保障。

上述研究发现的管理启示是：在建立初始信任阶段，针对新消费者参与意愿低的问题，共享经济平台可从满足个性化使用、增强财务实力和资本运作等方面来提升自身形象及社会声誉。同时，构建针对交易环节、个人隐私等安全保障机制。在建立持续信任阶段，针对老消费者黏性低的现状，行业与平台可从增强财务实力和资本运作，并提供一定的优惠政策来维护行业或平台的社会声誉。此外，平台应加强同老客户的沟通交流，改进服务质量提升用户感知；加强针对交易环节和个人隐私方面的安全保障。

由此，对于共享经济发展面临的信任危机，提出以下三点建议：第一，着重维护共享经济平台的社会声誉，保持平台在业界和消费者心中的良好口碑和形象；第二，重视共享经济平台安全保障的建设，重心在于保护消费者隐私，确保交易流程的安全透明；第三，提升共享经济平台服务质量和服务水平，加强与消费者间的沟通交流，不断提高消费者体验和满意度。

本章研究的不足之处在于：其一，调查问卷的发放主要集中在江苏省，没有考虑经济欠发达地区以及其他经济发达地区，在初始信任的建立以及持续信任的形成过程中，可能会存在经济因素和地域因素的影响，因此，后续研究可加入经济发展程度和地域差异这两个因素进行具体分析；其二，本章采用了问卷调查和建构模型的方法，试图尽可能客观真实地反映共享经济消费者的行为，但与现实中消费者的行为仍可能存在差异，今后应进一步通过采用典型案例研究或行为实验设计方法，对消费者在初始信任的建立和持续信任的形成进行探讨。

第 13 章
共享经济平台信任机制的实证分析

> 缺乏信任时，共同获益的合作机会有时不得不被放弃。社会行为规范，包括伦理和道德的规则，可能是补偿市场失灵的良方。
>
> ——肯尼思·阿罗（Arrow，1971）

13.1 引　言

近年来，依托于技术变革，借助平台中介模式，共享经济正以惊人的速度发展和扩张，并改变了人们的消费理念和行为（刘根荣，2017）。对于消费者来说，他们以低成本换取相对高价值的服务或产品使用权；对于社会而言，共享经济对社会资源合理配置及可持续发展起到了积极的推动作用（乔洪武和张江城，2016）。尽管共享经济受到多数消费者的认可和政府部门的支持，但作为一种新的经济模式，共享经济在发展过程中依然面临着诸多阻碍，信任是其中至关重要的一方面（Tussyadiah，2015）。

信任是共享的基础，是共享经济交易的桥梁。普华永道会计师事务所（PWC，2015）在消费者研究系列中称，"共享和成本节约是导向，而最终保持经济增长的是信任"。在共享经济背景下，甚至还有学者称信任为货币。相比于电商或其他传统交易领域，共享经济中的信任有着更多的复杂性和特殊性。其一，交易在三方之间进行，涉及消费者、提供者和平台；其二，与传统交易相比，共享经济交易的更多是一种服务或短期物品使用权，而非商品所有权；其三，交易不仅涉及线上部分，还涉及线下部分，很多时候车主或是房主要和消费者进行面对面地交流；其四，交易涉及的产品或服务很多是由私人提供，个性化比较强，产品的质量以及服务专业性很难用统一标准评价。综合以上分析，可以看出在共享经济中，信任的目标是多重的，包括平台方、消费者、提供者以及交易产品或服务，信任的不可预测性增加，风险提升，特殊性和复杂性凸显。因此，厘清共享经济中的信任关系，挖掘信任的前置因素，探明信任的作用机制，对深入研究共享经济信任至关重要。

在道德风险的影响下，信任的建立和发展具有反复、持续、动态变化的特点。信任是共享的基础，是共享经济交易的桥梁。在共享经济中，信任有着更多的特殊性和复杂性。本章以共享经济平台为研究对象，探寻消费者信任的动态变化规律，深入分析消费者的初始信任和持续信任的形成机制。

本章的研究结果表明，两种信任机制存在着一定差异：初始信任的主要影响因素为平台特征，用户感知的影响较小，主要受到安全性、声誉及感知有趣性的影响；而持续信任模型中，用户感知、平台特征及交互因素对信任都有明显的影响，持续信任受到声誉、管理能力、感知有用性及服务质量的影响。此外，研究结果显示，初始信任各维度之间的联系十分紧密，消费者对平台诚实和能力的信任在很大程度上依赖于直觉，而持续信任者各维度信任的区分度则较高，这也体现了一种理性的提升。

13.2　文献综述及研究假设

共享经济相关研究还处于初期，现有文献集中于分析共享经济的内涵特征，探讨共享经济的本质和影响，归纳共享经济的类型和模式等（Belk，2014）。

有学者认为共享经济的本质在于交易成本的降低，互联网等技术发展使得原先无法交易的闲置资源进入可交易的范围（卢现祥，2016）。正因这些特征，共享经济被认为增强了社会资源配置的合理性，实现了环境与社会的可持续发展（Heinrichs，2013）。关于共享经济的实证分析则集中于对参与者动机和参与行为的影响因素进行探索。参与动机主要包括经济利益、享乐、社交、环境、创业自由等（Hamari et al.，2016；Benoit et al.，2017；Böcker and Meelen，2017），参与行为的影响因素则包括省时和便利性、感知有用性和感知易用性、满意度和熟悉度、信任等（Möhlmann，2015；Joo，2017；唐毅青等，2017；Barnes and Mattsson，2017）。

在有关共享经济信任研究方面，Möhlmann（2016）对比分析了Trustpilot.com和Airbnb平台数据，认为可靠保险、同步审查和大型服务网络三项管理措施对共享经济信任产生了积极的影响，并指出共享经济的信任要低于电商交易的信任，但该研究仅将信任分为对交易方的信任和对平台的信任。Hawlitschek等（2016）区分了共享经济信任的目标，包括共享经济平台、提供方和产品，并将信任划分为能力、正直和善意三个维度，提出了共享经济信任的研究框架。王红丽和陈苗（2017）探索了信任对网约车用户出行意愿的影响机制，指出对平台的信任是影响出行意愿的主要因素，而用户感知和互动历史是信任的主要影响因素。谢康等（2018）将消费者分为技术原生代和技术移民，探讨了两类消费者技术信任形成的差异性。

现有研究有助于更好地理解共享经济的运行，但关于共享经济信任的研究多为一维结构，对信任的前因、影响机制缺乏深入探索。基于此，本章认为对平台的信任在共享经济信任中占主导地位，并以平台作为研究目标，依据被调查者是否有过共享经济参与经历，将信任划分为初始信任和持续信任两个阶段。借鉴已有研究，将信任划分为基于能力、直觉和诚实的信任（Giffin，1967），对不同阶段信任的前因和作用机制进行深入探索。

基于能力的信任是指信任方相信被信任方有能力达到共同的目标，更多地受客观因素影响；基于直觉的信任是指信任方认为交易双方会达成共同的目标；基于诚实的信任是指信任方期望被信任方对共同利益有足够的关注（董纪昌等，2017）。不同维度的信任可能并不是独立的，尤其是对于初始阶段的信任来说，对能力和诚实的信任可能并没有足够的把握，这时信任较为模糊，主观性更强，对能力的信任可能受到直觉和诚实的影响，基于诚实的信任也会受到直觉的影响。因此，为了探索不同维度信任的影响关系，本章提出如下假设：

H1：基于直觉的信任会正向影响基于诚实的信任。

H2：基于直觉的信任会正向影响基于能力的信任。

H3：基于诚实的信任会正向影响基于能力的信任。

13.2.1　初始信任模型

13.2.1.1　用户感知

用户感知来源于技术接受模型，这种模型可以很好地刻画用户用怎样一种态度对待技术和接受技术，其两个主要变量是感知有用性和感知易用性。用户的感知是其接受共享经济这一新兴事物的重要影响变量。本章则考虑用户感知是共享经济消费者信任产生的前因。

感知有用性的认可度越高，表明消费者对技术接受的程度以及对技术接受的意愿越高。共享经济中人们接受的是物品的使用权，而非所有权，因而感受到的完全是产品或服务的使用价值，其对有用性的感知相比电子商务领域更加强烈。已有研究证实了感知有用性是共享经济用户参与行为的重要影响因素（唐毅青等，2017）。谢康等（2018）的研究显示感知有用性对共享经济技术信任具有显著作用，其对共享经济消费者类型以及技术信任进行了区分，从技术接受的角度探索了感知有用性对信任的作用。本章则从另一个划分维度探讨感知有用性对信任的影响，并提出如下假设：

HA1：感知有用性会正向影响基于直觉的信任。

HA2：感知有用性会正向影响基于诚实的信任。

HA3：感知有用性会正向影响基于能力的信任。

本章选取的另一感知变量为感知有趣性。对于共享经济参与者来说，相比于对经济收益的感知，对有趣性的感知可能对参与行为的影响更大。共享经济平台在提供租赁、服务的同时，还给予了提供者和消费者交流互动的机会，也就是说为参与主体提供了一个社交平台。通常，社交对人们的兴趣会产生一定影响。L. K. Ozanne 和 J. L. Ozanne（2011）发现，无论是对于孩子还是对于父母来说，社交都是参与玩具图书馆的动力。Tussyadiah（2015）指出，了解当地居民并与他们互动是住宿共享重要的参与驱动因素。因此，本章认为对有趣性的感知可能是信任的影响因素，并提出如下假设：

HB1：感知有趣性会正向影响基于直觉的信任。

HB2：感知有趣性会正向影响基于诚实的信任。

HB3：感知有趣性会正向影响基于能力的信任。

13.2.1.2 平台特征

在共享经济中，共享经济平台为交易者提供了交易环境和交易方式，并提供了保障措施，共享经济平台扮演的纽带角色，意味着其对参与交易者的信任会产生重要的影响。平台建设、安全保障、外部声誉等特征，则对消费者决策有较强的指导作用。本章选取安全性、声誉以及管理能力作为研究的主要变量。

有关电子商务的研究表明网站安全性是影响信任的一个重要因素，主要包括个人信息保护、资金安全、交易流程透明等方面（Szymczak et al., 2016）。Möhlmann（2016）的研究关注了 Airbnb 平台安全保障和同步审查对信任的重要影响。还有学者指出个人隐私对信任产生重要影响（Mcknight et al., 2002）。大部分共享经济平台都会要求用户提供个人信息，有些甚至要求实名信息，而共享经济平台又大多是在最近几年里新成立的公司，对信息安全和交易流程的担忧可能会影响到消费者的信任。因此，本章提出如下假设：

HC1：安全性会正向影响基于直觉的信任。

HC2：安全性会正向影响基于诚实的信任。

HC3：安全性会正向影响基于能力的信任。

在信用经济的时代，信任机制的建立主要依赖于声誉机制。声誉对信任的重要影响已经在多个领域得到证实和认可，如电子商务、供应链等（李维安等，2007；石岿然和马胡杰，2018；陈明亮等，2008）。共享经济平台的声誉是其有能力和意愿促成交易、保障各方利益最明显的外在表现，对信任的影响也是最为直接的。于是，本章提出如下假设：

HD1：声誉会正向影响基于直觉的信任。

HD2：声誉会正向影响基于诚实的信任。

HD3：声誉会正向影响基于能力的信任。

平台管理能力是其能够高效地完成各项任务的保障，主要体现在组织架构、制度措施、管理人员素养等方面，对企业发展、各方利益、安全保障等都有着重要影响。管理能力高的共享经济平台会高效地完成其交易媒介的职责，严格履行制度措施，这将给予消费者一种信心以及平台具有较强管理能力的信号。因此，本章提出如下假设：

HE1：管理能力会正向影响基于直觉的信任。

HE2：管理能力会正向影响基于诚实的信任。

HE3：管理能力会正向影响基于能力的信任。

根据以上假设，可以得出初始信任理论模型，如图 13.1 所示。

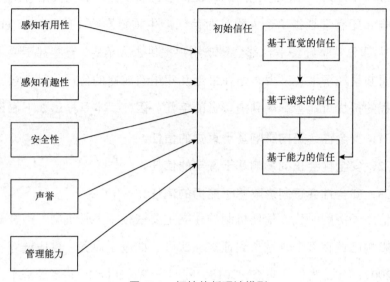

图 13.1　初始信任理论模型

13.2.2　持续信任模型

持续信任是消费者在交易过程中逐步产生的，是一个动态的过程。上述因素可能在交易过程中产生变化，用户感知很可能在交易发生后发生变化，对信任的影响也会不同，而对于平台因素，消费者的关注度也可能改变，因而可能对信任的影响也是不同的。因此，持续信任模型保留初始信任的影响因素。除此之外，与未参与过共享经济的消费者相比，参与过后的消费者可能会更关注于服务质量、平台响应等交互因素。因此，借鉴电子商务研究，本章在持续信任模型中增加了服务质量、特殊待遇、联系沟通这三个变量（Gefen，2000）。

服务质量在商务领域被认为是顾客满意度、信任、忠诚度的重要影响因素（常亚平等，2009）。共享经济是一种服务主导的经济，因而对服务质量的感知会比产品主导的经济更为重要，服务质量的提升对共享经济消费者满意度的提升具有至关重要的作用。因此，本章认为服务质量对持续信任有着重要影响。特殊待遇是共享经济平台为经常使用的消费者提供更好的服务和待遇；联系沟通是共享经济平台与消费者接触的个性化程度和热情程度的体现，也包含了平台对问题处理的能力和态度。这两者都是共享经济平台对于客户关系的投资，表明了平台不仅关心自身利益，也同样关心客户利益的态度和维持关系的诚意。因此，本章认为特殊待遇和联系沟通对持续信任有正向的影响。基于以上分析，本章提出如下假设：

HF1：服务质量会正向影响基于直觉的信任。

HF2：服务质量会正向影响基于诚实的信任。

HF3：服务质量会正向影响基于能力的信任。

HG1：特殊待遇会正向影响基于直觉的信任。

HG2：特殊待遇会正向影响基于诚实的信任。

HG3：特殊待遇会正向影响基于能力的信任。

HH1：联系沟通会正向影响基于直觉的信任。

HH2：联系沟通会正向影响基于诚实的信任。

HH3：联系沟通会正向影响基于能力的信任。

值得一提的是，特殊待遇和联系沟通与服务质量并不是完全并列的关系，实际上特殊待遇与联系沟通也是服务质量的某些方面。如果特殊待遇与联系沟通对信任没有直接的影响，那么它也可能是通过服务质量对信任产生间接影响。为了验证这一猜想和分析，本章提出如下假设：

HI：特殊待遇会正向影响服务质量。

HJ：联系沟通会正向影响服务质量。

综合以上假设，可以得到如图 13.2 所示的持续信任理论模型。

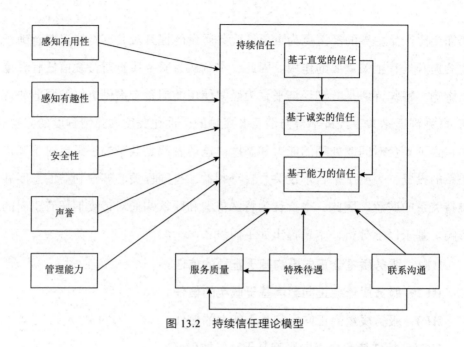

图 13.2　持续信任理论模型

13.3　研　究　设　计

13.3.1　问卷设计和变量测量

为了保证量表的有效性和数据的可靠性，本章的量表所有题项都借鉴了国内外权威文献的成果。首先进行小范围调查，对问卷量表进行初步分析，根据分析结果，结合受访者意见，再进行团队讨论，在此基础上对量表的语义、用词、用字等进行调整，最终确定调查问卷。题项采用利克特 7 点量表，共 7 分（1="完全不同意"，7="完全同意"）。量表题项详见表 13.1。

表 13.1　共享经济消费者问卷测量条目

变量	题项	初始信任		持续信任	
		均值	方差	均值	方差
感知有用性（Pt）	Pt1 我认为该共享经济平台能提供使我满意的产品或服务	4.81	1.697	5.06	1.491
	Pt2 我认为该共享经济平台很有用	5.13	1.707	5.53	1.074

续表

变量	题项	初始信任		持续信任	
		均值	方差	均值	方差
感知有趣性（Pi）	Pi1 该共享经济平台提供了不同于传统经济的新奇体验	5.36	1.634	5.69	1.200
	Pi2 该共享经济平台提供了令人愉悦的产品或服务	4.76	1.508	4.96	1.322
安全性（Sc）	Sc1 该共享经济平台能够保证消费者个人信息安全	3.21	2.010	3.26	1.760
	Sc2 该共享经济平台提供的交易流程是透明的	3.77	2.444	3.93	1.822
管理能力（Mn）	Mn1 该共享经济平台的组织机构是健全的	4.05	1.643	4.11	1.612
	Mn2 该共享经济平台的制度措施是完善的	3.98	1.795	4.00	1.695
	Mn3 该共享经济平台的管理人员综合素质较高	3.80	1.497	3.89	1.453
声誉（Rp）	Rp1 该共享经济平台在消费者心目中具有良好形象	4.10	1.494	4.16	1.552
	Rp2 人们普遍认为该共享经济平台关心消费者	4.06	1.728	3.99	1.550
	Rp3 该共享经济平台在业内有较高的声誉	4.38	1.543	4.48	1.533
基于直觉的信任（It）	It1 我感觉可以放心地使用该共享经济平台提供的产品或服务	4.23	1.803	4.41	1.475
	It2 我感觉该共享经济平台是可以信赖的	4.26	1.657	4.36	1.410
基于能力的信任（At）	At1 该共享经济平台是非常专业的	4.32	1.511	4.47	1.367
	At2 该共享经济平台能提供优质的产品或服务	4.58	1.017	4.64	1.254
基于诚实的信任（Ot）	Ot1 我认为该共享经济平台是诚实可靠的	4.27	1.444	4.34	1.404
	Ot2 我相信该共享经济平台会遵守对消费者的承诺	4.20	1.639	4.37	1.447
	Ot3 我相信该共享经济平台会履行其职责	4.33	1.451	4.53	1.363
服务质量（Qs）	Qs1 该共享经济平台能迅速处理和答复消费者的问题	—	—	3.95	1.652
	Qs2 该共享经济平台为消费者提供了方便的咨询或投诉途径	—	—	4.19	1.763

续表

变量	题项	初始信任		持续信任	
		均值	方差	均值	方差
特殊待遇 （St）	St1 该共享经济平台会给老顾客提供更好的服务	—	—	3.93	1.939
	St2 该共享经济平台会给老顾客提供更低折扣	—	—	3.69	2.202
	St3 该共享经济平台会给老顾客提供额外优惠	—	—	3.66	2.063
联系沟通 （Cc）	Cc1 该共享经济平台经常与我沟通	—	—	3.31	2.095
	Cc2 该共享经济平台沟通的方式富于个性化	—	—	3.67	1.899
	Cc3 该共享经济平台与我的沟通使我感到自己很受尊重	—	—	4.00	1.559

13.3.2 数据收集及描述性统计

本章问卷发放方式为网上发放以及学生走访发放,采取匿名填写的方式,发放问卷的大学生及问卷答题者将获得一定的报酬,受访对象主要为学生、企业人员等,共收集有效问卷 614 份,其中未参与过共享经济的初始信任者 128 份,参与过共享经济的持续信任者 486 份。

两个样本在结构上较为相似。初始信任者主要为在校学生,比例为 92.97%;女性居多,占比 64.06%;年龄结构较为年轻,18—30 岁占比 93.75%;受教育程度较高,大专及以上者占到 89.06%;收入较低,收入 3000 元及以下者占比 92.19%。持续信任者同样主要为在校学生,占比 88.89%;女性居多,占比 67.70%;年龄结构较为年轻,18—30 岁占比 93.83%;受教育程度较高,大专及以上者占到 88.27%;收入较低,收入 3000 元及以下者占比 87.04%;参与的共享经济类型也较为丰富,其中 94.86%参与过交通出行。虽然受访者大部分为学生,但具有典型代表性,这也和现实相吻合,且从中可以看出,对于共享经济这个新兴产业,年轻人更易接受,消费者多为收入较低的人群。详细数据见表 13.2。

表 13.2　样本描述性统计

类别	样本特征	初始信任		持续信任	
		数量/份	比例/%	数量/份	比例/%
性别	男	46	35.94	157	32.30
	女	82	64.06	329	67.70
年龄	18 岁以下	3	2.34	6	1.23
	18—30 岁	120	93.75	456	93.83
	31—40 岁	3	2.34	9	1.85
	41—50 岁	1	0.78	11	2.26
	51—55 岁	0	0.00	2	0.41
	56 岁及以上	1	0.78	2	0.41
职业	机关事业单位人员	3	2.34	14	2.88
	企业人员	4	3.13	24	4.94
	个体经营者	0	0.00	3	0.62
	在校学生	119	92.97	432	88.89
	其他	2	1.56	13	2.67
学历	高中及以下	14	10.94	57	11.73
	大专	0	0.00	5	1.03
	本科	112	87.50	367	75.51
	硕士	1	0.78	48	9.88
	博士	1	0.78	9	1.85
职称	无职称	122	95.31	437	89.92
	初级职称	2	1.56	24	4.94
	中级职称	4	3.13	10	2.06
	高级职称	0	0.00	15	3.09
收入	3 000 元及以下	118	92.19	423	87.04
	3 001—5 000 元	2	1.56	24	4.94

续表

类别	样本特征	初始信任		持续信任	
		数量/份	比例/%	数量/份	比例/%
收入	5 001—7 000 元	4	3.13	13	2.67
	7 001—10 000 元	2	1.56	13	2.67
	10 000 元以上	2	1.56	13	2.67
所属共享经济范畴（多选）	交通	—	—	461	94.86
	金融	—	—	74	15.23
	旅游	—	—	180	37.04
	医疗	—	—	27	5.56
	教育	—	—	134	27.57
	自媒体	—	—	110	22.63

13.3.3　实证方法选择

根据理论模型，感知有用性、感知有趣性、信任等变量是无法直接观测的变量，需要构建观测变量，通过调查问卷加以观测，但由于问卷数据主观性较大，使用普通计量模型可能会产生测量误差且可能产生多重共线性的问题，而 SEM 可以较好地解决上述问题。基于 PLS 的 SEM 是以方差为基础，通过寻找所有残差方差最小的方法来构建模型，相比于基于极大似然估计的 SEM，PLS-SEM 对于数据量要求不大，且不要求原始数据满足正态分布，适用于探索性分析。运用再抽样技术，可以产生稳定的路径系数和 T 值，同时也能更好处理多重共线性的问题。

由于本章初始信任模型的样本量相对较小，且研究的领域较新，理论基础相对匮乏，基于 PLS-SEM 以上优点，本章选择基于 PLS 的 SEM 进行数据分析，软件则选择结构方程建模工具 Smart-PLS2.0，采用其中的 Bootstrapping 再抽样的估计方法计算各因子载荷、路径系数以及 T 值。

13.4　研　究　结　果

13.4.1　测量模型

首先对各测量变量的信度和效度进行检验，以检测测量模型的可靠性和有效性。效度分为收敛效度和判别效度。收敛效度指的是同一构念与其多重测度指标相互关联的程度。一般通过观测各测量指标在对应潜变量上的因子载荷和 AVE 来检测收敛效度。如表 13.3 和表 13.4 所示，初始信任模型各潜变量的因子载荷量都在 0.7 以上且显著，AVE 都在 0.7 以上；持续信任模型的因子载荷量和 AVE 都大于 0.7，这说明两个模型都具有良好的收敛效度。判别效度是指各构念直接的区分程度。PLS 中主要通过两种途径来检测：其一，各潜变量的 AVE 均方根大于它与其他变量之间的相关系数；其二，各测量变量在相应潜变量上的因子载荷大于它在其他变量上的因子载荷。显然，两个模型各潜变量之间具有良好的判别效度。

表 13.3　初始信任测量变量载荷矩阵

变量	感知有用性	感知有趣性	安全性	管理能力	声誉	基于直觉的信任	基于能力的信任	基于诚实的信任
Pt1	0.948	0.753	0.404	0.421	0.514	0.481	0.615	0.381
Pt2	0.943	0.793	0.321	0.267	0.418	0.444	0.575	0.394
Pi1	0.774	0.875	0.329	0.328	0.436	0.348	0.560	0.326
Pi2	0.710	0.926	0.430	0.413	0.550	0.546	0.621	0.448
Sc1	0.320	0.338	0.925	0.692	0.613	0.595	0.532	0.587
Sc2	0.384	0.447	0.886	0.497	0.489	0.460	0.489	0.460
Mn1	0.449	0.496	0.648	0.868	0.723	0.556	0.524	0.611
Mn2	0.228	0.294	0.532	0.891	0.650	0.525	0.505	0.575
Mn3	0.296	0.317	0.592	0.907	0.645	0.579	0.573	0.608
Rp1	0.478	0.528	0.622	0.730	0.897	0.621	0.628	0.657

续表

变量	感知有用性	感知有趣性	安全性	管理能力	声誉	基于直觉的信任	基于能力的信任	基于诚实的信任
Rp2	0.359	0.377	0.582	0.654	0.860	0.605	0.515	0.645
Rp3	0.429	0.516	0.354	0.548	0.807	0.466	0.625	0.534
It1	0.461	0.484	0.541	0.606	0.634	0.965	0.574	0.763
It2	0.484	0.498	0.595	0.597	0.644	0.965	0.617	0.724
At1	0.539	0.547	0.534	0.600	0.665	0.502	0.893	0.562
At2	0.592	0.634	0.483	0.486	0.575	0.605	0.905	0.663
Ot1	0.497	0.481	0.613	0.675	0.729	0.725	0.660	0.905
Ot2	0.335	0.380	0.529	0.623	0.645	0.721	0.580	0.940
Ot3	0.289	0.336	0.461	0.556	0.600	0.678	0.641	0.915

表 13.4　持续信任测量变量载荷矩阵

变量	感知有用性	感知有趣性	安全性	管理能力	声誉	服务质量	特殊待遇	联系沟通	基于直觉的信任	基于能力的信任	基于诚实的信任
Pt1	0.889	0.595	0.325	0.385	0.357	0.320	0.290	0.214	0.444	0.428	0.445
Pt2	0.872	0.585	0.190	0.305	0.334	0.225	0.157	0.055	0.439	0.412	0.383
Pi1	0.533	0.791	0.130	0.192	0.223	0.174	0.180	0.152	0.273	0.311	0.255
Pi2	0.624	0.935	0.354	0.446	0.479	0.404	0.281	0.316	0.483	0.499	0.466
Sc1	0.242	0.263	0.887	0.500	0.491	0.423	0.374	0.341	0.474	0.434	0.504
Sc2	0.270	0.272	0.844	0.431	0.479	0.409	0.319	0.302	0.404	0.394	0.422
Mn1	0.358	0.349	0.423	0.849	0.560	0.431	0.307	0.349	0.529	0.522	0.593
Mn2	0.346	0.350	0.489	0.892	0.585	0.523	0.396	0.375	0.538	0.547	0.609
Mn3	0.307	0.332	0.480	0.835	0.600	0.539	0.425	0.470	0.480	0.564	0.544
Rp1	0.393	0.427	0.519	0.612	0.848	0.478	0.346	0.368	0.578	0.600	0.568
Rp2	0.228	0.250	0.442	0.555	0.839	0.494	0.416	0.428	0.506	0.520	0.547
Rp3	0.355	0.409	0.443	0.531	0.825	0.484	0.305	0.326	0.501	0.654	0.560
Qs1	0.286	0.331	0.476	0.579	0.562	0.937	0.570	0.584	0.598	0.512	0.617
Qs2	0.293	0.343	0.414	0.493	0.513	0.922	0.504	0.551	0.525	0.488	0.554
St1	0.303	0.318	0.413	0.455	0.424	0.599	0.910	0.544	0.434	0.350	0.469

续表

变量	感知有用性	感知有趣性	安全性	管理能力	声誉	服务质量	特殊待遇	联系沟通	基于直觉的信任	基于能力的信任	基于诚实的信任
St2	0.181	0.198	0.339	0.364	0.352	0.474	0.932	0.550	0.313	0.224	0.328
St3	0.181	0.209	0.323	0.350	0.361	0.476	0.894	0.581	0.289	0.228	0.284
Cc1	0.091	0.189	0.271	0.376	0.322	0.508	0.515	0.798	0.286	0.241	0.291
Cc2	0.093	0.237	0.297	0.362	0.372	0.469	0.473	0.873	0.345	0.300	0.364
Cc3	0.192	0.296	0.365	0.433	0.424	0.575	0.562	0.876	0.412	0.382	0.457
It1	0.488	0.449	0.461	0.541	0.574	0.553	0.353	0.366	0.945	0.577	0.733
It2	0.463	0.424	0.504	0.597	0.622	0.594	0.391	0.423	0.950	0.620	0.747
At1	0.391	0.357	0.414	0.576	0.621	0.471	0.236	0.327	0.552	0.886	0.585
At2	0.458	0.509	0.439	0.552	0.641	0.487	0.308	0.335	0.574	0.896	0.614
Ot1	0.466	0.447	0.473	0.634	0.627	0.543	0.333	0.400	0.689	0.640	0.880
Ot2	0.398	0.371	0.518	0.600	0.589	0.570	0.396	0.408	0.695	0.585	0.909
Ot3	0.399	0.363	0.455	0.584	0.574	0.582	0.382	0.394	0.714	0.581	0.898

本章信度采用克龙巴赫 α 值和组合信度加以测度。如表 13.5 所示,初始信任模型的克龙巴赫 α 值都在 0.7 以上,组合信度在 0.8 以上,表明各个潜变量具有良好的信度。如表 13.6 和表 13.7 所示,持续信任模型的安全性和感知有趣性两个变量的克龙巴赫 α 值分别为 0.668 和 0.685,属于可以接受的,其余变量皆在 0.7 以上,组合信度也都在 0.8 以上,说明模型各潜变量信度较好。

表 13.5 初始信任潜变量指标统计及相关系数

变量	克龙巴赫 α 值	组合信度	AVE	基于直觉的信任	基于能力的信任	基于诚实的信任	安全性	感知有用性	感知有趣性	声誉	管理能力
基于直觉的信任	0.926	0.964	0.931	0.965							
基于能力的信任	0.764	0.894	0.809	0.617	0.899						

续表

变量	克龙巴赫 α 值	组合信度	AVE	基于直觉的信任	基于能力的信任	基于诚实的信任	安全性	感知有用性	感知有趣性	声誉	管理能力
基于诚实的信任	0.909	0.943	0.847	0.770	0.683	0.920					
安全性	0.783	0.901	0.820	0.589	0.565	0.584	0.906				
感知有用性	0.881	0.944	0.894	0.489	0.630	0.410	0.384	0.945			
感知有趣性	0.771	0.896	0.812	0.509	0.658	0.436	0.427	0.817	0.901		
社会声誉	0.816	0.891	0.732	0.662	0.688	0.718	0.614	0.494	0.553	0.856	
管理能力	0.867	0.919	0.790	0.623	0.602	0.674	0.666	0.366	0.416	0.757	0.889

注：对角线上为各潜变量的 AVE 均方根。

表 13.6　持续信任潜变量指标统计

变量	克龙巴赫 α 值	组合信度	AVE
基于直觉的信任	0.886	0.946	0.898
基于能力的信任	0.740	0.885	0.794
基于诚实的信任	0.877	0.924	0.802
声誉	0.787	0.876	0.701
安全性	0.668	0.857	0.750
感知有用性	0.711	0.874	0.776
感知有趣性	0.685	0.856	0.749
服务质量	0.843	0.927	0.864
特殊待遇	0.903	0.937	0.832
管理能力	0.822	0.894	0.738

表 13.7　持续信任潜变量相关系数

变量	基于直觉的信任	基于能力的信任	基于诚实的信任	声誉	安全性	感知有用性	感知有趣性	服务质量	特殊待遇	管理能力	联系沟通
基于直觉的信任	0.948										

续表

变量	基于直觉的信任	基于能力的信任	基于诚实的信任	声誉	安全性	感知有用性	感知有趣性	服务质量	特殊待遇	管理能力	联系沟通
基于能力的信任	0.632	0.891									
基于诚实的信任	0.781	0.673	0.896								
声誉	0.632	0.709	0.667	0.837							
安全性	0.509	0.479	0.538	0.560	0.866						
感知有用性	0.502	0.477	0.471	0.392	0.294	0.881					
感知有趣性	0.460	0.488	0.440	0.436	0.308	0.670	0.866				
服务质量	0.606	0.538	0.631	0.579	0.480	0.311	0.362	0.930			
特殊待遇	0.393	0.306	0.413	0.422	0.402	0.256	0.277	0.579	0.912		
管理能力	0.601	0.633	0.678	0.677	0.540	0.393	0.400	0.579	0.437	0.859	
联系沟通	0.417	0.372	0.448	0.445	0.372	0.155	0.291	0.612	0.609	0.462	0.850

注：对角线上为各潜变量的 AVE 均方根。

13.4.2　实证结果及分析

PLS 建模方法并不需要考虑模型识别问题，判断内部模型的好坏主要在于其"预测能力"。多元相关平方 R^2 主要用于衡量结构模型的解释力，用 AVE 来评价外部模型，R^2 评价内部模型，那么 GOF 就是评价 PLS-SEM 整体拟合的指标，其等于 R^2 乘以 AVE 的平方根。如表 13.8 所示，基于诚实的信任和基于能力的信任的 R^2 在初始信任和持续信任模型中都比较高，在 0.6 以上；基于直觉的信任的 R^2 在两个模型中相对较低，分别为 0.532 和 0.567，但也都大于 0.5，说明模型中的各构建变量可以解释其大部分的方差。GOF 的评价标准则参考 R^2 与 AVE 的标准，各变量的 GOF 都在 0.7 以上，这表明模型的整体拟合度良好。

表 13.8 模型预测及拟合指标

变量	初始信任模型		持续信任模型	
	R^2	GOF	R^2	GOF
基于直觉的信任	0.532	0.704	0.567	0.714
基于诚实的信任	0.666	0.734	0.621	0.702
基于能力的信任	0.683	0.761	0.706	0.752

路径系数及 T 值通过 Bootstrapping 再抽样 10 000 次计算得到,路径模型的结果如图 13.3 所示。由于模型样本量并不大,p 值并没有非常大的可信性,且软件仅计算了 T 值,因此本章仅给出了路径系数及 T 值。

初始信任模型中,各维度信任之间的联系十分紧密,基于直觉的信任对基于诚实的信任有显著的正向影响($b=0.492$,$T=4.745$),基于诚实的信任对基于能力的信任有显著正向影响($b=0.331$,$T=2.547$),基于直觉的信任对基于能力的信任的影响在统计学上并不显著($b=-0.042$,$T=0.349$),但通过基于诚实的信任,也间接作用于基于能力的信任。这表明未参与过共享经济的潜在消费者的信任比较模糊,对平台诚实和能力的信任在很大程度上依赖于直觉。

消费者感知对初始信任的作用并不大,仅感知有趣性对基于能力的信任有正向的影响($b=0.222$,$T=1.827$),感知有用性则对初始信任并没有显著影响。这表明初始信任者的信任形成并不依赖于感知有用性,即便感知共享经济产品或服务有用,也并不会成为其信任形成的理由。相比于有用性,初始信任者更关注于感知有趣性,对感知有趣性的感知越高,则对平台能力信任会越高,这可能是由于消费者对共享经济表现出了较强的新鲜感。

初始信任者的信任形成显然更加依赖于平台特征。平台安全性是信任的一个重要影响因素,显著正向影响基于直觉的信任($b=0.201$,$T=1.815$),虽然对平台的基于诚实和能力的信任并无直接影响,但通过直觉,间接影响了基于诚实和能力的信任。平台声誉是初始信任最重要的影响因素,显著正向影响了基于直觉的信任（b=0.283，T=1.980）和基于诚实的信任（b=0.283，T=2.124），对平台能力的信任并没有直接影响，但通过直觉和诚实间接作用于基于能力的信任，平台管理能力则对初始信任并没有明显影响。这表明初始信任者在信任形成过程中并不关注平台的管理能力，主要关注的是平台外界声誉和信息安全性。

详细结果如表 13.9 所示，结构模型如图 13.3 所示。

表 13.9 初始信任路径系数、统计检验及假设支持情况

假设路径	路径系数	标准误	T 值	假设支持情况
基于直觉的信任→基于能力的信任	−0.042	0.121	0.349	不支持
基于直觉的信任→基于诚实的信任	0.492	0.104	4.745	支持
基于诚实的信任→基于能力的信任	0.331	0.130	2.547	支持
安全性→基于直觉的信任	0.201	0.111	1.815	支持
安全性→基于能力的信任	0.087	0.101	0.863	不支持
安全性→基于诚实的信任	0.047	0.109	0.431	不支持
感知有用性→基于直觉的信任	0.149	0.146	1.022	不支持
感知有用性→基于能力的信任	0.200	0.140	1.428	不支持
感知有用性→基于诚实的信任	−0.001	0.109	0.009	不支持
感知有趣性→基于直觉的信任	0.064	0.150	0.422	不支持
感知有趣性→基于能力的信任	0.222	0.122	1.827	支持
感知有趣性→基于诚实的信任	−0.048	0.130	0.373	不支持
声誉→基于直觉的信任	0.283	0.143	1.980	支持
声誉→基于能力的信任	0.154	0.136	1.127	不支持
声誉→基于诚实的信任	0.283	0.133	2.124	支持
管理能力→基于直觉的信任	0.194	0.135	1.435	不支持
管理能力→基于能力的信任	0.065	0.115	0.568	不支持
管理能力→基于诚实的信任	0.142	0.122	1.168	不支持

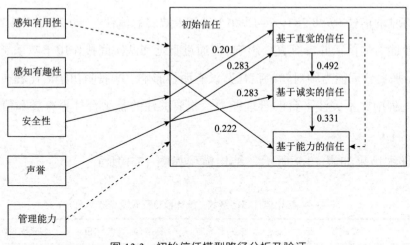

图 13.3　初始信任模型路径分析及验证

　　持续信任各维度之间则没有很强的联系，仅基于直觉的信任显著正向影响了基于诚实的信任（$b=0.445$，$T=3.954$），基于直觉和诚实的信任则对基于能力的信任没有影响。也就是说，参与过共享经济的消费者对平台诚实和能力的信任的区分程度较高，对平台能力的信任并不依赖于直觉或对其诚实的信任。

　　用户感知方面，与初始信任者不同的是，持续信任者则更关注共享产品或服务的有用性，感知有用性对基于直觉的信任（$b=0.236$，$T=2.437$）和基于诚实的信任（$b=0.182$，$T=1.771$）都有显著的直接影响，但并不会影响对平台能力的信任。感知有趣性则对持续信任没有显著影响，这可能是因为消费者参与后对共享经济这一事物的新鲜感降低，从而更多地关注其有用性。

　　平台特征方面，安全性不再影响持续信任，而管理能力则显著影响了基于诚实的信任（$b=0.260$，$T=2.408$），但并不会影响基于直觉和能力的信任。平台声誉对信任的影响则更加显著，对基于直觉的信任（$b=0.224$，$T=1.834$）、基于能力的信任（$b=0.414$，$T=3.904$）和基于诚实的信任（$b=0.219$，$T=2.098$）都有显著的正向影响。结果表明参与过共享经济的消费者对信息安全性的敏感度显著下降了，而由于已身为客户，对平台管理能力的关注则提高了。声誉不仅影响了用户基于直觉和诚实的信任，也影响了其对平台能力的信任，这可能与用户亲身体验有关。

　　平台与用户的交互在消费者持续信任形成中的作用很明显，显示服务质量对基于直觉的信任（b=0.269，T=2.197）和基于诚实的信任（b=0.255，T=2.136）都有显著的正向影响，表明服务质量的提高，会显著提高消费者直觉上的信任和对平台诚意的信任，对平台能力的信任则没有影响。特殊待遇和联系沟通对持续信任都没有显著的直接影响，但对服务质量的影响则是显著的，路径系数和 T 值分别为 b=0.323，T=3.104 和 b=0.415，T=3.866。这验证了前文的假设，特殊待遇和联系沟通则是服务质量的一部分，它们并不直接影响持续信任，而是通过服务质量间接影响基于直觉和诚实的信任。

　　详细结果如表 13.10 所示，结构模型如图 13.4 所示。

表 13.10　持续信任路径系数、统计检验及假设支持情况

假设路径	路径系数	标准误	T 值	假设支持情况
基于直觉的信任→基于能力的信任	0.156	0.117	1.333	不支持
基于直觉的信任→基于诚实的信任	0.445	0.112	3.954	支持
基于诚实的信任→基于能力的信任	0.175	0.144	1.214	不支持
声誉→基于直觉的信任	0.224	0.122	1.834	支持
声誉→基于能力的信任	0.414	0.106	3.904	支持
声誉→基于诚实的信任	0.219	0.105	2.098	支持
安全性→基于直觉的信任	0.112	0.095	1.179	不支持
安全性→基于能力的信任	0.043	0.093	0.465	不支持
安全性→基于诚实的信任	0.108	0.090	1.198	不支持
感知有用性→基于直觉的信任	0.236	0.097	2.437	支持
感知有用性→基于能力的信任	0.146	0.105	1.392	不支持
感知有用性→基于诚实的信任	0.182	0.103	1.771	支持
感知有趣性→基于直觉的信任	0.021	0.107	0.193	不支持
感知有趣性→基于能力的信任	0.095	0.104	0.909	不支持
感知有趣性→基于诚实的信任	−0.002	0.107	0.020	不支持
服务质量→基于直觉的信任	0.269	0.123	2.197	支持

续表

假设路径	路径系数	标准误	T值	假设支持情况
服务质量→基于能力的信任	0.149	0.118	1.256	不支持
服务质量→基于诚实的信任	0.255	0.119	2.136	支持
特殊待遇→基于直觉的信任	0.036	0.108	0.335	不支持
特殊待遇→基于能力的信任	−0.087	0.102	0.854	不支持
特殊待遇→基于诚实的信任	0.028	0.098	0.282	不支持
特殊待遇→服务质量	0.323	0.104	3.104	支持
管理能力→基于直觉的信任	0.138	0.117	1.183	不支持
管理能力→基于能力的信任	0.199	0.110	1.810	不支持
管理能力→基于诚实的信任	0.260	0.108	2.408	支持
联系沟通→基于直觉的信任	0.146	0.111	1.318	不支持
联系沟通→基于能力的信任	0.082	0.102	0.802	不支持
联系沟通→基于诚实的信任	0.143	0.105	1.371	不支持
联系沟通→服务质量	0.415	0.107	3.866	支持

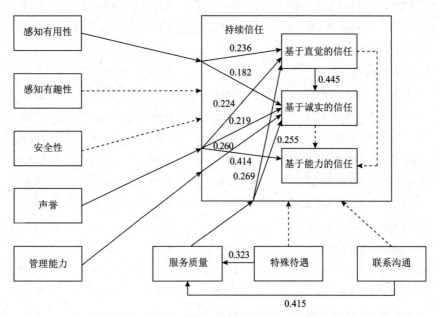

图 13.4　持续信任模型路径分析及验证

13.5　本 章 小 结

本章从动态的视角研究了共享经济下消费者对共享经济平台的信任，将消费者信任划分为初始信任和持续信任，并基于直觉、诚实和能力三个维度，深入探讨了不同阶段信任的形成和作用机制的差异，补充和丰富了共享经济消费者理论，为共享经济平台建设发展以及消费者决策提供了合理建议。研究发现，两种信任机制无论在前置因素还是作用机制上，都存在着明显的差异，具体结论如下。

首先，初始信任模型中，信任的主要影响因素为平台特征，用户感知的影响较小。基于直觉的信任主要受到安全性和平台声誉的影响；影响诚实信任的因素为平台声誉和基于直觉的信任；基于能力的信任受到感知有趣性和基于诚实的信任的影响。在用户感知方面，初始信任者的信任形成并不依赖于感知有用性，而是更关注于有趣性，对有趣性的感知越高，则对平台能力的信任会越高，这说明潜在消费者对于共享经济表现出了较强的新鲜感；在平台特征方面，初始信任者主要关注的是平台声誉和信息安全性，而并不关注平台的管理能力，平台声誉则是初始信任最重要的影响因素，平台安全性显著正向影响了基于直觉的信任，平台声誉对基于直觉和诚实的信任都有显著影响。在初始信任模型中，各维度信任之间的联系十分紧密，基于直觉的信任对基于诚实的信任有显著的正向影响，基于诚实的信任对基于能力的信任有显著正向影响，这表明未参与过共享经济的潜在消费者的信任比较模糊，对平台诚实和能力的信任在很大程度上依赖于直觉。

其次，持续信任模型中，用户感知、平台特征及交互因素对信任都有明显的影响。基于直觉的信任主要受到感知有用性、平台声誉及服务质量的影响；影响诚实信任的因素为感知有用性、平台声誉、管理能力、服务质量以及基于直觉的信任；基于能力的信任受到平台声誉的影响。在用户感知方面，消费者参与过后对共享经济的新鲜感降低，更多地关注于产品或服务的有用性，感知有用性对基于直觉和诚实的信任都有显著的直接影响，感知有趣性则对持续信任没有显著影响；在平台特征方面，参与过共享经济的消费者对信息安全性的敏感度显著下降了，对平台管理能力的关注提高了，声誉的作用则更加明显，安全性不再影响持续信任，而管理能力则显著影响基于诚实的信任，平台声誉对基于直觉、能力和诚实的信任都有显著的正向影响；在交互因素方面，服务质量的作用凸显出来，服务质量的提高，会显著提高消费者直觉上的信任和对平台诚实的信任，但对平台能力的信任则没有影响，而特殊待遇和联系沟通是通过服务质量间接影响基于直觉和诚实的信任的；持续信任各维度之间则没有那么强的联系，仅基于直觉的信任显著正向影响基于诚实的信任，基于直觉和诚实的信任则对基于能力的信任没有影响，这表明参与过共享经济的消费者对平台诚实和能力信任的区分程度较高，对平台能力的信任并不依赖于直觉或对其诚实的信任，这也体现了消费者一种理性的提升。

结合研究结论，本章对共享经济平台建设提出以下建议。

（1）加强声誉建设。从结论可以看出，无论是初始信任还是持续信任，声誉都是信任最重要的影响因素。因此，共享经济平台的建设和发展必须要把声誉放在首位，这就要求平台切实做好包括安全保障、服务提升、宣传等一系列的平台建设，除了平台做大做强，更应切实保护消费者利益，保护好消费者信息安全、人身安全，运营过程中遵纪守法，树立良好的社会形象。这样才能吸引潜在消费者，维持已有消费者，增强消费者信任。

（2）对不同阶段消费者，可采用有针对性的营销策略。对于潜在消费者信任，可适当进行趣味性的宣传，突出平台特征中的信息安全性，当然，这首先要建立在切实保证消费者信息安全的基础上。针对已参与过共享经济的消费者，应增强消费者信心，增加其对有用性的感知，这就要求平台进一步增强管理能力，提高运行效率，保证服务质量，提升客户响应，让消费者充分感受到共享经济服务的获得感。这些举措对声誉的建立也是必不可少的。

（3）进一步培育社会资本。传统经济理论框架在一定程度上强化了社会经济关系中的矛盾和冲突，其中的合作是被动的或消极的。共享经济平台不仅是实现经济交易的平台，同时也强调有限理性的经济行为主体之间的公平、互惠与合作。也就是说，共享经济平台不能简单地定位于各参与主体间的物质利益的交换，而应当更加体现情感、价值与文化的联结，这正是构建和谐社会的内在要求。因此，共享经济平台在关注并不断扩大"网络效应"的同时，更要关注客户资源与客户价值，对各类参与主体进行价值引领与社会资本的培育。

本章得到了一些研究发现，但仍存在不足之处。例如，研究样本多为大学生，虽然大学生的确也是共享经济参与者的主力军，具有一定代表性，但未必可以代表全部社会公众，研究结果可能在普遍性上存在一定偏差。另外，影响因素上未把政府监管、相关政策等考虑在内，信任的形成可能是更为复杂的过程，后续研究可以对此进行深入的探索。

第 14 章
共享经济治理的三重面向与政策转型

在人类社会的大棋盘上，每个个体都有其自身的行动规律。如果他们能相互一致，按同一方向作用，人类社会的博弈就会如行云流水，结局圆满。但如果两者相互抵牾，那博弈的结果将苦不堪言，社会在任何时候都会陷入高度的混乱之中。

——亚当·斯密（Smith，1759）

14.1 引　言

共享经济的发展推动了经济伦理的变革，主要包括消费理念、市场竞争和社会信用的变革，共享经济所代表的经济理念更加符合经济和社会的发展，也更加符合社会主义核心价值观。共享经济通过加速社会分工体系的构建、促进产业升级、促进产能的重新配置和推动信用经济的发展来影响传统经济模式，形成经济发展的新动能，这与我国高质量发展的方向是一致的，对于解决供需矛盾、产业结构不协调的矛盾不啻是一剂良方。但共享经济的发展同样也存在诸多问题，如引发社会不公平竞争、造成资源浪费、引发信用模式与信用体系不健全的矛盾以及平台监管不足等，这些问题严重阻碍了共享经济的持续健康发展。对于我国共享经济发展面临的困局，一些学者认为，共享经济发展应当坚持市场自发调节为主的策略；另一些学者则指出，要通过必要的行政和政策手段加强监管（董成惠，2019）。概括起来，对于共享经济这一新事物，既要保护创新，促进发展；也要正确引导，合理规制。

根据相关理论研究成果及现状分析，当前我国共享经济发展的最大障碍在于监管制度建设的滞后（盖宏伟等，2018）。共享经济中出现的各种冲突是伴随互联网经济发展而产生的，是对不同资源的"风险-利益"进行分配的过程，是各类共享经济参与者之间形成的复杂博弈。因此，共享经济下的道德风险和信任机制问题可视为不同利益群体对不对称信息所进行的"差异化建构"，但目前对于该问题的研究缺少整体性、历时性的分析。同时，从实际来看，近年来不同共享经济平台的道德风险和失信事件屡见不鲜，而学术界对于这一问题的研究甚少。就共享经济的道德风险控制和信任机制构建而言，究竟具有怎样的实现机制？本章在梳理近年来国家出台的共享经济相关政策的基础上，阐明共享经济治理的发展偏差，进一步结合共享经济在新阶段出现的新特征，提出共享经济治理的实现机制。

14.2　共享经济治理的政策简述

14.2.1　共享经济的政策导向与政策目标

14.2.1.1　政策导向

我国共享经济的政策导向是以促进发展为主。2015 年以来，国家陆续出台了相关政策支持共享经济发展，大力推动共享经济的成长，并将其作为推动经济转型发展的重大引擎。党的十八届五中全会通过的《中共中央关于制定国民经济和社会发展第十三个五年规划的建议》明确提出要"发展分享经济，促进互联网和经济社会融合发展"。党的十九大报告将共享经济列入"培育新增长点、形成新动能"的重要组成部分。党的十九届五中全会提出，促进平台经济、共享经济健康发展。这进一步彰显了党和国家加快推进共享经济发展的信念和决心。

近年来，随着共享经济的快速发展，我国已成为全球范围内这一新经济模式创新发展的主阵地和示范区。但与此同时，共享经济在实际运营层面也频频发生种种突出的社会问题。由于我国缺乏共享经济的相关法律文件，使其合规是政策的另一导向。2016 年 7 月 27 日，交通运输部等 7 部委联合颁布《网络预约出租汽车经营服务管理暂行办法》，明确了按照差异化经营的原则，有序发展网约车。2016 年 7 月 28 日，国务院办公厅印发《关于深化改革推进出租汽车行业健康发展的指导意见》，首次提出将互联网专车纳入预约出租汽车管理，明确网约车的合法地位。2017 年 8 月 2 日，交通运输部等 10 部门联合出台了《关于鼓励和规范互联网租赁自行车发展的指导意见》，提出了鼓励和规范共享单车发展的基本原则。

"促进发展，使其合规"的政策导向是符合经济发展规律的，也是符合社会发展规律的。既能保护创新，保护竞争，切实发挥共享经济优势，提升经济动能，也能让其发展合理合规，减少负面影响，缓解社会矛盾。

14.2.1.2 政策目标

在政策导向的基础上，我国共享经济的政策考虑了多重目标：促进发展、保护创新、维护权益、公平竞争（许荻迪，2018）。

一是保护创新、促进增长。共享经济商业模式实现了价值创新，在价值创造、价值传递和价值获取等环节上进行重构，将之前未能参与市场的新供给和新需求结合起来，创造了新市场，为经济带来了新活力和新动能。但共享经济的发展仍不充分、不成熟，需要保护和鼓励共享经济创新，促进共享经济健康发展。

二是维护多元主体的权益。共享经济涵盖多元参与主体，尽管共享经济平台在监管方面发挥了一定作用，但仅靠共享经济平台的保障远远不够，需要在共享经济平台监管的基础上开展公共监管，形成共享经济平台、政府、舆论、公众等多方监管的局面。政策应切实保护提供者、消费者、企业、其他利益相关方等多元主体的利益，尤其应保障公共安全，减少共享经济企业的负外部性。

三是促进市场公平竞争。尽管共享经济具有诸多优势，但其发展过程常引发不公平竞争。共享企业作为新兴和热门的领域，受到资本追捧，在发展过程中出现"恶性竞争"现象，对同行业和相关行业带来巨大冲击，引发了结构性失业等问题。另外，共享经济由于其数据化的特征，易形成数据壁垒，竞争者难以进入，导致行业垄断，不利于提高经济效益。

14.2.2　共享经济政策

14.2.2.1　支持共享经济发展的政策

共享经济的快速发展，离不开我国经济巨大的市场空间、良好的互联网发展环境、雄厚的投资实力。但更为重要的是，政府对共享经济监管的审慎态度以及一系列鼓励共享经济发展的政策举措，相关政策梳理见表 14.1。

表 14.1　支持共享经济发展的政策

日期	文件名称	发布单位	相关内容
2016 年 2 月	《关于促进绿色消费的指导意见》	国家发展和改革委员会、科学技术部等 10 部门	鼓励个人闲置资源有效利用，创新监管方式，完善信用体系
2016 年 7 月	《国家信息化发展战略纲要》	中共中央办公厅、国务院办公厅	发展共享经济，建立起网络化协同创新体系
2017 年 2 月	《"十三五"促进就业规划》	国务院	编制共享经济发展指南，营造有利于共享经济发展的政策环境
2017 年 7 月	《关于促进分享经济发展的指导性意见》	国家发展和改革委员会、中共中央网络安全和信息化委员会办公室等 8 部门	从监管、政策、竞争、权益保障及信用建设等方面提出共享经济的发展框架

续表

日期	文件名称	发布单位	相关内容
2017年12月	《关于推动发展第一批共享经济示范平台的通知》	国家发展和改革委员会	支持发展一批共享经济示范平台，推动互联网、大数据和实体经济深度融合
2018年5月	《关于做好引导和规范共享经济健康良性发展有关工作的通知》	国家发展和改革委员会	进一步明确部门职责，分类细化管理，强调企业责任，加强消费者权益保护，完善企业失信行为的惩罚机制
2019年2月	《粤港澳大湾区发展规划纲要》	中共中央、国务院	积极发展数字经济和共享经济，促进经济转型升级和社会发展

表 14.1 所列政策中，针对共享经济发展的指导性文件是 2017 年 7 月国家发展和改革委员会等 8 部门联合发布的《关于促进分享经济发展的指导性意见》(简称《意见》)。《意见》从监管、政策、竞争、权益保障及信用建设等方面提出了共享经济的发展框架。在监管方面，《意见》提出"鼓励创新、包容审慎"的原则，发展与监管并重；在政策方面，《意见》强调要及时调整不适应共享经济发展和管理的法律法规与政策规定，不断优化法律服务；在竞争方面，《意见》强调应维护公平竞争，强化发展保障，鼓励和引导共享经济企业开展有序有效竞争，加强对平台企业垄断行为的监管与防范；在权益保障方面，《意见》从消费者、提供者、共享经济平台角度提出了各个权益主体的保障措施，建立健全消费者投诉和纠纷解决机制；在信用建设方面，《意见》提出充分利用互联网信用数据，加强信用记录、风险预警、违法失信行为等信息在线披露，推动守信联合激励和失信联合惩戒。

为了加快《意见》实施，国家发展和改革委员会于 2018 年 5 月发布《关于做好引导和规范共享经济健康良性发展有关工作的通知》(简称《通知》)。《通知》强调了监管问题、竞争问题和信用建设的问题，并进一步明确部门职责，按照"谁审批、谁监管，谁主管、谁监管"的原则，分类细化管理，强调企业责任，加强消费者权益保护；完善了企业失信行为的惩罚机制，并强调了信息安全和应急处理的保障。此外，《通知》鼓励部门依法接入共享企业数据，开展大数据监管，同时，也考虑了市场准入规则的制度和共享经济规模的限制问题。

14.2.2.2　不同领域的共享经济发展的政策

1）网约车政策及变迁

网约车是共享经济中备受关注、饱受争议的一个领域，其政策的发布存在一定滞后性（黄扬和李伟权，2018）。网约车的发展主要经历了三个阶段：自由发展阶段、合规发展阶段、适应性监管阶段。

第一个阶段为自由发展阶段，表现为创新与问题并存，发展与冲突并存。相比于传统出租车，网约车的运行成本更低，这给传统出租车行业带来了巨大冲击。同时，网约车的安全问题频发，由于准入门槛低，司机资质难以得到保证，乘客受到侵害的事件屡见不鲜。在这一阶段，网约车与传统政策的冲突主要体现在三个方面。其一是"黑车"问题，传统出租车必须取得"三证"（驾驶证、上岗证、营运证），网约车平台则通过"四方协议"来解决这一问题；其二是监管问题，为了维护现有法律效力，监管部门不得不对这一新事物采取监管，由于网约车市场庞大，且采用移动支付的模式，监管难度巨大；其三是定价问题，网约车平台实行市场定价，并且通过大量补贴来推广，形成了对原有价格体系的冲击。

第二阶段为合规发展阶段，多个新政出台，网约车合法化。2015 年 10 月，交通运输部发布了《关于深化改革进一步推进出租汽车行业健康发展的指导意见（征求意见稿）》和《网络预约出租汽车经营服务管理暂行办法（征求意见稿）》。2016 年 3 月 16 日，住房和城乡建设部、公安部共同发布关于废止《城市出租汽车管理办法》的决定，执行了 18 年的 1998 版《城市出租汽车管理办法》宣告废止。2016 年 7 月，国务院办公厅印发《关于深化改革推进出租汽车行业健康发展的指导意见》，交通运输部等 7 部门联合印发《网络预约出租汽车经营服务管理暂行办法》。这两份文件将网约车纳入出租车行业，事实上肯定了网约车的合法性，并在行业定位、定价方法、车辆和驾驶员准入、劳资关系、市场环境等方面进行了指导和规定。

第三个阶段是适应性监管阶段。网约车政策在实施过程中遇到了许多问题，一些城市对网约车平台公司、车辆和驾驶员设定了过高的进入门槛，使大量网约车难以合规化，徘徊于"灰色地带"，其监管也陷入僵局。此外，顺风车的乘客安全问题引发广泛的社会讨论。2018 年 5 月 24 日，交通运输部发布了《出租汽车服务质量信誉考核办法》，旨在提升网约车经营的规范化程度，加强网约车乘客的安全保障。2018 年 5 月，交通运输部等 7 部门印发《关于加强网络预约出租汽车行业事中事后联合监管有关工作的通知》，要求建立健全联合监管工作机制，共同推动网约车行业健康发展。2018 年 9 月 10日，交通运输部办公厅和公安部办公厅联合发出《关于进一步加强网络预约出租汽车和私人小客车合乘安全管理的紧急通知》，要求"全面清退不符合条件的车辆和驾驶员，并基本实现网约车平台公司、车辆和驾驶员合规化"。上述文件如表 14.2 所示。政策的密集出台，加快了网约车的合规化进程。

表 14.2　网约车行业政策梳理

日期	发布单位	文件名称
2016 年 7 月	国务院办公厅	《关于深化改革推进出租汽车行业健康发展的指导意见》
2016 年 7 月	交通运输部等 7 部门	《网络预约出租汽车经营服务管理暂行办法》
2018 年 5 月	交通运输部	《出租汽车服务质量信誉考核办法》
2018 年 5 月	交通运输部等 7 部门	《关于加强网络预约出租汽车行业事中事后联合监管有关工作的通知》
2018 年 9 月	交通运输部办公厅和公安部办公厅	《关于进一步加强网络预约出租汽车和私人小客车合乘安全管理的紧急通知》
2019 年 8 月	国务院办公厅	《关于促进平台经济规范健康发展的指导意见》
2022 年 11 月	交通运输部等 6 部门	《关于修改〈网络预约出租汽车经营服务管理暂行办法〉的决定》

2）共享单车、共享汽车和共享住宿的相关政策

共享单车为城市提供了更加便利的绿色环保的出行方式，为解决"最后一公里"问题提供了方案。但其发展也并不一帆风顺，主要矛盾在于：一是企业的负外部性，缺乏规划的车辆安放造成了交通不便，过多投放占据了大量公共资源；二是大部分企业"入不敷出"，未找到合理的盈利模式，发展前景堪忧。另外，共享单车最初采用的押金模式也备受争议，诸多企业倒闭无法退还押金，造成了用户损失。针对共享单车领域的现有矛盾，2017 年 8 月 2 日，交通运输部等 10 部门出台《关于鼓励和规范互联网租赁自行车发展的指导意见》，该意见提出城市应完善自行车交通网络，加强自行车道路基础设施建设，规范自行车停车点位设置，对不适宜停放的区域和路段，可制定负面清单实行禁停管理。同时，该意见还提出引导用户安全文明用车和加强信用管理，应"加快互联网租赁自行车服务领域信用记录建设……对企业和用户不文明行为和违法违规行为记入信用记录"，这些意见旨在解决互联网租赁自行车运营企业和用户的道德风险问题，引导共享单车行业良性发展。对于押金问题，该意见鼓励互联网租赁自行车运营企业采用免押金方式提供租赁服务。

共享汽车（也称汽车分时租赁）目前处于发展初期，由于共享汽车多采用电动汽车，成本高昂且对基础设施建设要求较高，可以说，目前共享汽车在国内还不具备充足的发展条件，难以大规模普及（张立章等，2019）。但共享汽车在减少传统汽车总量、便利出行、环境保护方面起到了积极作用，国家对新能源汽车的支持以及对共享经济的支持为共享汽车的发展提供了较大的便利条件。2017 年 8 月 8 日，交通运输部与住房和城乡建设部发布《关于促进小微型客车租赁健康发展的指导意见》，该指导意见除了常规的安全管理规定外，更加强调服务提升和鼓励基础设施建设，为消费者提供"一点租多点还""一城租多城还"租赁服务，不断提升服务体验。在押金方面与共享单

车类似，鼓励采用免押金模式；在监管方面，提出创新监管方式，构建跨地区、跨部门、跨领域的联合激励和惩戒机制。

在共享住宿方面，2015 年 11 月 19 日，国务院办公厅发布《关于加快发展生活性服务业促进消费结构升级的指导意见》，首次表明积极发展客栈民宿、短租公寓、长租公寓的支持态度，各地方也陆续出台、落地相应的规则指导民宿发展，推动了民宿的合法化。2018 年 11 月，由国家信息中心分享经济研究中心牵头组织的共享住宿领域行业自律标准《共享住宿服务规范》在京发布。这是共享住宿领域首个标准性文件，该文件对城市民宿社区关系、入住身份核实登记、房源信息审核机制、卫生服务标准、用户信息保护体系、黑名单共享机制、智能安全设备的使用等方面，都提出了具体的要求。《共享住宿服务规范》旨在提升共享住宿服务的标准化和品质化，强化行业自律，规范行业发展秩序，营造行业发展的良好环境。2019 年 7 月，文化和旅游部正式发布旅游行业标准《旅游民宿基本要求与评价》，进一步细化了民宿标准，"旅游民宿等级分为 3 个级别，由低到高分别为三星级、四星级和五星级……经评定合格可使用星级标志，有效期为三年，三年期满后应进行复核"，让民宿品质更有标准可依。上述文件如表 14.3 所示。

表 14.3　有关共享单车、共享汽车和共享住宿的政策梳理

领域	日期	文件名称	发布单位	主要内容
共享单车	2017 年 8 月	《关于鼓励和规范互联网租赁自行车发展的指导意见》	交通运输部等 10 部门	完善交通网络，加强自行车道路基础设施建设；规范自行车停车点位设置；对企业和用户不文明行为和违法违规行为记入信用记录
共享汽车	2017 年 8 月	《关于促进小微型客车租赁健康发展的指导意见》	交通运输部、住房和城乡建设部	推动规模化、网络化、品牌化发展；扩大网络覆盖范围；鼓励使用新能源车辆开展分时租赁等
共享住宿	2018 年 11 月	《共享住宿服务规范》	国家信息中心分享经济研究中心	对入住身份核实登记、房源信息审核机制、卫生服务标准、用户信息保护体系等，提出了具体的要求
	2019 年 7 月	《旅游民宿基本要求与评价》	文化和旅游部	国家层面细化了民宿标准，让民宿品质更有标准可依

14.3　共享经济治理的发展偏差

从以上政策梳理不难看出，近几年我国的共享经济治理中，在加强基础设施建设、明确参与主体责任、强化合规化发展、提升信用建设水平方面取得了一定成绩。国家政策导向总体而言是符合经济与社会发展规律的，政策目标在朝着适应共享经济良性发展的方向迈进。共享经济政策的实施目前已初显成效，例如，网约车安全性问题得到了极大的改善，网约车司机和平台更加合规，共享出行采取全程录音、实时监控的方式，有效地保障了司乘双方的安全；定位加停放规划有效改善了共享单车占据公共资源、乱停乱放的问题，投放量的限制改善了单车资源浪费的现象；众多共享经济企业开始采取免押金的信用模式，既减少了企业金融风险，也提高了用户付费率，提高了运营效率；等等（李勇等，2017；甄珍和谢新水，2018）。但值得注意的是，各地对共享经济的规制，仍存在着不当规制（运用传统规制逻辑规制共享经济）以及不足规制（缺乏针对共享经济自身特点的规制）并存的情形（蒋大兴和王首杰，2017）。

从目前地方政府对网约车的规制来看，立法的重点在于强调平台、车辆以及驾驶员的准入，对于网约车平台与司机间关系以及网约车与乘客之间关系则较少涉及（张永安和伊茜卓玛，2018）。仅有少数地方政府的规定中涉及与乘客、司机相关的保险条款。立法内容的空缺，为运营中的各类风险处置留下一定的隐患。

此外，信用体系建设不完善是亟待解决的问题。尽管政策强调了信用建设，鼓励数据共享，完善信用评价体系，但信用体系的建设仍然并不完善（李晓方，2019）。大型共享经济平台拥有海量用户数据，构建了信用评价体系，小型企业则通过接入第三方信用的模式来运营，而第三方评价系统事实上并不能完全反映用户的信用资质，如何建立更加科学完善的社会信用评价体系，增进企业、政府间的数据交流既是政策制定的难点，也是政策实施的难点。只有完善守信奖励和失信惩罚机制，才能形成更加广泛的社会信任。

从共享经济平台对交易达成、交易价格、交易履行以及交易违约责任的控制力来看，共享经济平台应属交易主体。共享经济平台对不同类型参与主体基本权益的维护，一方面是承担相应的法律义务，如维护用户的信息安全；另一方面体现为道德义务，受非正式制度的影响（肖红军和李平，2019）。但现实中，对共享经济平台的规制不足表现得非常明显。如果从权力利益的角度来考察，政策的制定通常是在特定权力结构下不同利益主体之间相互博弈的结果。不容忽视的是，一些共享经济平台常常在权利和义务的划分上态度含糊不清，例如，滴滴出行平台，在《专快车平台服务协议》中明确了共享经济平台与提供者双方的合作关系，却又统一设置服务价格，这实际上剥夺了提供者自由决定交易重要事项的权利。

在对消费者的人身安全和权益保障方面，共享经济平台试图通过"用者自负其责"的规则转移安全风险；在信息安全的保障上，共享经济平台试图通过"一次授权即永久授权"的规则转移安全风险（徐文，2020）。典型的例子是，Airbnb将住宿环境是否达到安全标准的检查任务转移给房客。共享单车平台通过技术手段限制不满12周岁的儿童注册账号，并在电子合同中约定消费者须符合年龄要求，但并未有效控制儿童违规骑行的风险。又如滴滴平台在2019年8月15日公布了《滴滴平台用户规则总则》，但其中却未能明确用户数据的安全如何得以保障。上述例子均充分说明，共享经济平台存在的"重盈利合法化、轻社会责任"现象较为严重。

共享经济中，关联主体较多，主要包括政府、共享经济平台、提供者、消费者。在这些主体中，存在复杂的法律关系，各种关系所涉规制重点也不尽相同（蒋大兴和王首杰，2017）。造成上述发展偏差的主要原因，在于共享经济平台的逐利性和监管政策的滞后性。因此,对共享经济需要从不同角度、层级透视并进行全景式治理,从价值导向、行为逻辑、内在治理出发,构建经济逻辑与社会逻辑双重运行的机制与规则。

14.4 共享经济治理的三重面向及逻辑转换

当前,共享经济已经发展到一个新的阶段,呈现出以下典型特征。首先,参与主体多元化:作为跨部门、跨区域、线上线下联动的共享经济治理,其监管范围广,影响程度深,涵盖众多的利益主体。其次,网络关系复杂化:为了实现各自的利益最大化,共享经济的多个参与主体利用其地位和资源进行博弈,并衍生出错综复杂的利益关系。最后,公共价值差异化:伴随消费者权利意识的进一步提升,传统的风险感知和利益冲突理论对于解释共享经济道德风险问题已显得颇为乏力,而单纯的利益补偿机制也难以应对公众的价值诉求,信任、互惠、公平等价值诉求日益成为道德风险的争议焦点。

造成共享经济治理困境的原因是多方面的,其中一个重要原因在于政策制定的过程中未能充分考虑共享经济各参与主体的利益。因此,共享经济道德风险治理的出发点,是通过建立以信任、互惠为基石的社会资本或关系契约进行主体间协调,以弥补行政机制与市场机制的不足(范永茂,2018)。

实质上,共享经济治理具有三重面向:微观层面的共享经济治理问题是指共享经济各参与主体基于不同的策略行为而引发的利益冲突;中观层面的共享经济治理是参与主体对于"时间和空间"形成的分立;而在宏观层面,共享经济中的道德风险在一定程度上造成了公共价值失灵。目前学术界对微观层面的共享经济治理问题研究较多,而中观层面和宏观层面的共享经济治理研究相对不足(刘亮和沈桂龙,2018)。因此,从"微观-中观-宏观"三层联动的角度出发,全方位、立体式地推进共享经济治理显得极为重要。

14.4.1　微观层面需要引导共享经济进行综合规制

共享经济正在颠覆现有经济秩序，如何在新经济带来变动时维护原有商业关系的平衡成为关键问题。当前，对于共享经济道德风险问题的学理研究明显滞后于实践。以微观层面的研究为例，线上与线下经营模式之间存在目标冲突，共享经济平台与供需双方权利不对等，使得共享经济运行过程中不可避免地产生机会主义行为。但当前的研究过度关注冲突事件本身，而忽视了共享经济模式种类多样、行业差异显著等特点，如果不依据共享经济的不同类别进行分类治理，就容易陷入"就治理而谈治理"的桎梏。

从微观层面来看，可将共享经济企业分为营利性和非营利性两种类型，需要具体分析不同类型的共享经济企业与其他参与主体的关联关系、关联结构以及关联效应，并进行分类治理。具体而言，对于盈利的共享企业模式，涉及的共享经济平台、提供者、消费者等三个主体之间的关系结构，既要在共享经济平台及提供者的准入、价格、服务质量等方面进行自我规制和合作规制，也要针对保障消费者人身安全、产品或服务质量等问题进行多元主体共同参与的社会性规制。对于非营利的共享企业模式，治理的重点是如何使参与主体共同维持公共秩序、保障公民人身财产安全等问题。

14.4.2　中观层面需要加强共享经济各方协同治理

互联网环境下，时间与空间的有机互动共同推动了共享经济的发展。道德风险是我国经济社会转型过程中普遍存在的一类现象，应将其置于我国经济社会转型的进程中加以思考。具体来说，就是要将道德风险问题嵌入到国家推动"互联网+"发展的环境中，深入理解资本、利益、权力等诸多要素形塑道德风险问题的发生机理。

共享经济试图打破传统行业边界，推进行业跨界融合。政府持规制理念按照"鼓励创新、包容审慎"的原则，坚持发展与监管并重，尤其要加强各方的协同治理。具体而言，就是要充分考虑消费者偏好、产业布局、业态结构和竞争态势等要素，分析政策执行者对于政策执行成本和收益的总体权衡，分别从横向部门间协作和纵向科层体系间协作展开行政管理协作机制设计。一方面，积极培育和发展共享经济各参与主体对市场的协调、规范、服务功能；另一方面，不断完善市场、社会等非政府主体与政府主体间进行对话沟通、谈判协商的规则、程序和机制。通过多措并举，实现政府、共享经济平台、社会组织等多方共同参与的协同治理。

14.4.3　宏观层面需要完善共享经济发展的信用体系

一般而言，规制的变更来源于公共价值观变化、特大事件或突发事件发生以及管理者对行业管理的认识与经验等因素。就本书研究的主题来说，共享经济下的道德风险问题在本质上存在更深层次的价值因素。相比于微观和中观层面，宏观层面应将共享经济治理问题嵌入到我国互联网快速发展、公众权利与价值意识日益提高的社会环境中加以思考，强调不断完善促进共享经济发展的信用体系。

信用体系并非简单的信任机制，它既需要完善的信息共享机制，也需要良好的信用服务市场。目前各方面的征信体系仍是割裂的，这不利于共享经济的健康发展。因此，应积极推进各类信用信息无缝对接，推动建立政府、企业和第三方的信息共享合作机制，做到信息经由最大限度地归集而得以最大限度地合理利用，真正将陌生人之间的供求匹配的信任问题转化为对信用体系的信任问题。同时，要加快建设守信联合激励和失信联合惩戒机制，形成以信用为核心的共享经济规范发展体系。此外，现有的征信体系主要为金融借贷服务，不能完全满足共享经济发展的需要，应大力发展现代信用服务业，完善公共服务和市场服务两大领域，以支持共享经济的快速发展。

14.5　共享经济治理的特征演变

共享经济平台作为一种"大规模符号化集聚交换形态"出现，以其超越传统的高效率改变着旧的社会交换方式（李子文，2020）。这一新交换方式具有典型的符号化特征，即通过由符号及其计算构成的数据空间来调节实体空间的生产、流通和消费，进而形成了以"数据空间+实体空间"为特征的平台化方式。这就对政府的管理模式、运行机制和治理方式提出了新要求，需要从核心理念、信息治理、治理主体和治理模式方面进行相应的改变。

14.5.1　核心理念：从政府职能转变向治理现代化升级

2019 年 5 月 16 日，国家主席习近平向第三届世界智能大会致贺信时指出："当前，由人工智能引领的新一轮科技革命和产业变革方兴未艾。在移动互联网、大数据、超级计算、传感网、脑科学等新理论新技术驱动下，人工智能呈现深度学习、跨界融合、人机协同、群智开放、自主操控等新特征，正在对经济发展、社会进步、全球治理等方面产生重大而深远的影响。"（习近平，2019）通常，政策的制定与决策者自身的理念密切关联。共享经济发轫于信息革命时代，是政府提升治理能力的"试验场"，其核心理念是利益共享、机会共享、发展成果人人共享。从广义上来说，共享经济有助于实现更高质量、更有效率、更加公平、更可持续的发展。因此，共享经济治理的政策目标要服务于国家治理现代化。

"互联网+"是我国应对未来经济社会变化的重大创新，数据是共享经济的关键要素，贯穿共享经济治理全过程并衔接各类关系。然而，快速的扩张和前沿的技术以及由此带来的一系列新冲突销蚀了共享经济的独特优势，短时间内难以被传统观念"统治"下的政府所驾驭。因此，数据治理成为推进共享经济健康发展的着力点和突破口。新阶段共享经济在核心目标的定位，对应到顶层设计层面就表现为转向数据范式。这一转变不仅是对"运用大数据提升国家治理现代化水平"的落实，也是共享经济内在发展演进的必然趋势（黄璜，2020）。只有将共享经济的技术优势与政府治理的制度优势有机结合，实现数据赋能与融合发展，才能加快制度优势向治理效能转化。

14.5.2　信息治理：从信息不对称向信息准对称的升级

在共享经济各参与主体的决策中，信息汇聚所建立的关联性可以提供更多的事实或价值，集中表现为信息存储、信息整合、信息分析等方面的综合应用，信息的"流动"牵引分布在不同时间和空间，并在主体和客体间进行实时交互。无论是"服务"还是"监管"，在共享经济中都体现为各类"数据"形式。无论是道德风险的控制还是信任机制的构建，对数据流动、数据交易、数据安全、网络隐私的治理都是核心问题，最大限度地消除信息不对称性，是信息治理顶层设计转变的内在要求。

从前面各章的研究来看，信息不对称既是共享经济道德风险控制的难点，也是构建参与主体信任机制过程中化解矛盾的重点。在不同类型的共享经济场景中，一方面，信息不对称具有长期性、复杂性的特征，难以完全消除（王作功，2019）；但另一方面，如果有效地把握信息来源的多元性和信息传递的便捷性，也可以在一定程度上降低信息不对称的程度。特别是，共享经济平台作为各参与主体信息互动的中枢，不能设置"信息鸿沟"形成"权力壁垒"，而应发挥其在数据和信息方面的相对优势，协调各参与主体通过平台等渠道获取更充分、更准确的信息。同时，探索建立政府部门与共享经济平台之间的信息共享机制，进而构建政府、市场、社会、公众等多元参与的协同式信息治理网络，及时化解"建与用、管与防、治与技"等诸多矛盾，打破各类参与主体之间协同联动不畅的僵局，为共享经济的发展提供良好的、信息更加对称的治理环境。

14.5.3 治理主体：从外部监管为主向平台企业内生治理聚焦

共享经济具有突出的跨区域、跨部门、跨行业特征，引发诸如参与主体多元化、利益诉求多样化、博弈行为复杂化等一系列问题。共享经济治理格局呈现网络状分布，各要素间相互辐射、相互影响，传统的监管体系建立在条块分割的治理组织架构上，过于强调外部监管，缺乏整体性、全局性的设计，难以适应共享经济发展的需要。从我国实际看，近年来，共享经济出现的很多问题发生在平台企业。共享经济平台独特的商业模式使其对各类主体具有天然的管理优势，在整个治理过程中发挥着不可替代的作用。

平台企业的核心特征即复用、共享和服务，在不同层次上，为各参与主体共享可以反复使用的业务功能模块。共享经济平台作为一个节点，既是交易活动和信息互动的中枢，也是消费者权益保护的责任主体。近年来，共享经济平台在发展中逐步形成了内生性治理体系，坚持以"用户为中心"的原则，涵盖服务质量、风险控制、安全保障、信用管理等多个方面，强调治理的过程性、系统性和关联性。值得注意的是，不同类型、不同规模的共享经济平台的治理重点和难度存在差异，要在整体发展思路的前提下，找准道德风险等问题的症结，区分轻重缓急，努力构建权利均衡、利益优化、资源共享的整合机制和发展环境。此外，共享经济平台在加强内部治理的同时，也要主动强化与监管部门的互动，通过建立信息共享机制，实现内生治理效益的外部化。

14.5.4 治理模式：从单向治理向德法共治拓展

共享经济的治理因牵涉主体多、涉及领域广、影响范围大，不能走"单向治理"之道。从法律角度来看，不同类型的主体关系、行为规范、运行体系、法律后果等一系列权利义务安排均有很大区别。例如，交通出行是地方事务，坚持落实属地管理是大势所趋，但不能因为共享单车存在些许外部性就采取数量管制等计划手段；更不能为了满足地方管理的需要而不顾实际情况，采用"一刀切"的办法"一禁了之"。

共享经济不仅是法治经济，也是诚信经济，在共享经济的道德风险控制和信任机制构建方面，政府应全面认识共享经济的本质、价值，健全共享经济治理的法律制度体系，引导各类参与主体在法律框架下开展经营活动，打破政策错位僵局，激发创新创业活力，切实保障用户权益，营造公平有序的市场环境。另外，更要将法治思维、法治方式贯穿于共享经济治理的全过程和各方面，使工具理性的"法制"走向工具理性与价值理性相结合的"法治"。共享经济是素质经济，依规守正是共享经济茁壮成长的必由之路，这不仅需要政府与企业的引导，更需要民众的参与和自律。从这个意义上来说，共享经济不仅是法律法规的"试金石"，也是人性道德的"显微镜"。在共享经济的治理模式上，只有"以法为基，以德为佐"，德法共治，相倚互济，才能使共享经济行稳致远。

14.6　共享经济治理的实现机制

前面各章的研究充分表明，共享经济参与主体在信息不对称环境下容易表现出机会主义倾向，因此道德风险控制与信任机制构建不能通过"自然选择"和"随机安排"来实现，而是要根据共享经济内部系统和外部环境等要素构建相应的规则或制度，形成与内生型、整体性、可持续的全过程治理相适应的机制。

14.6.1 共享经济平台审核机制

共享经济的健康有序发展，很大程度上受参与主体的行为偏好的影响。因此，对提供者和消费者接入共享经济平台的控制（准入审核机制），应当成为道德风险的首要控制机制。目前共享经济平台的审核机制主要是通过数字化、网络化、大数据、人工智能等信息科技实现的，其规则设计中既包括构造准入服务正式契约的"显性设计规则"，也含有共享经济平台信任的"隐性设计规则"，对任何希望接入共享经济平台的提供者和消费者设置一定的准入门槛（肖红军和李平，2019）。但是，这些条件往往更多关注提供者在价值创造方面的能力以及消费者的购买力，却忽视了提供者和消费者的社会声誉。

从主体承担的责任来看，共享经济平台责任分为行为责任、结果责任、制度责任和原则性责任四类，这些责任内容各有侧重，实践中需要各方的协同配合（解志勇和修青华，2017）。共享经济道德风险控制要求对以往偏重经济价值的审核机制进行优化，也就是说，对接入共享经济平台的提供者和消费者还需要从合规、道德、声誉和责任感等多方面进行严格的审核，剔除那些不满足准入门槛的用户，从而为共享经济的健康发展提供源头治理。

14.6.2 共享经济平台信息披露机制

共享经济模式在一定程度上实现了信息的外溢，消费者可通过共享经济平台获取产品、服务及提供者的相关信息，在大数据等技术革命的催化作用下，这些信息的广度、深度和传播速度均远远超过传统的信息披露。但该信息模式仍然具有明显不足，即存在信息失真和信息吸收失灵现象（蒋大兴和王首杰，2017），二者均会干扰共享经济的运行秩序[①]。因此，必须构建严格

[①] 共享经济模式拓展了信息供给途径，但仍存在信息运用问题：一方面，消费者有效消化的信息量远小于信息的供给量；另一方面，信息能否被充分运用，还取决于接收主体的认知能力、认知习惯及认知偏见等主观原因。

的共享经济平台信息披露机制。事实上，披露信息真实性、全面性的程度取决于信息披露制度的强制性。信息披露除了确保形式上的披露指标完备，还要确保数据的真实性和可靠性。

共享经济道德风险控制要求共享经济平台提供充分的信息披露，共享经济平台不应仅仅满足于收集、披露丰富的信息，还需要对信息做出筛选、评价。同时，政府和共享经济平台要建立信息共享合作机制。充分的信息披露可以消除交易中的许多潜在问题，使参与主体建立互信关系。例如，共享出行平台采用司机实名信息的认证与公开可以降低犯罪发生的概率，明确公布行程价格可以保障消费者的知情权，另外，对用户实名信息的掌握亦可保障司机的安全（沈广明，2018）。Airbnb 平台中的供给方在 APP 上以照片、文案等形式公布所出租房源的具体信息，可使消费者充分了解房屋的相关情况，降低交易成本及风险。同时，共享经济平台对供给方设置的奖惩机制等信息也应当向社会充分公开。总之，共享经济平台信息透明度的增加是不可逆转的大趋势，是使共享经济得以迅速超越传统经济模式的重要助力。

14.6.3　共享经济服务质量提升机制

低成本共享经济平台实现了共享经济存在的合理性。共享经济在模式上连接供需，带来能力上依赖智能。尽管借助大数据可以挖掘用户的偏好，但大数据无法超越顾客。从服务主导逻辑来看，共享经济是典型的服务经济，产品是满足人们某种需求的载体。因此，共享经济要以用户为中心来设计服务，而非一味地降低成本。用户参与共享经济前会先产生对服务的期望值，当其真正体验服务后，会产生对服务的感知水平。根据本书的实证分析结果，尤其要重视平台口碑、个人需要、过往经历、服务价格等影响用户期望的几个主要因素。

针对当前共享经济中出现的提供者服务质量意识淡化、服务质量违约成本低、服务质量提升动力不足等较为突出问题，可从以下三方面着力解决。一是落实共享经济平台质量主体责任，具体措施是：提高质量安全风险防控能力，建立服务质量责任追溯制度，强化服务质量信息公开。二是增强共享经济服务质量提升动力，特别是支持共享经济平台构建以数字化、网络化、智能化为基础的全过程质量管理体系，提升服务质量，增强服务效能。三是优化共享经济服务质量发展环境，一方面，鼓励行业协会和第三方机构公开、公正地推进共享经济服务质量分级评价；另一方面，建立消费者投诉等信息共享机制，形成以诚信服务为基础的市场竞争环境。

14.6.4 共享经济的资本管控机制

共享经济发展过程中，资本在促进企业拓展业务的同时，也影响着行业竞争格局演化，其逐利性特征十分明显。一些共享经济平台缺乏清晰的盈利模式，盲目投资，严重依赖政府补贴，收取押金形成沉淀资金，随意挪用客户资金。从资本自身运行的逻辑来看，资本与共享经济的"节约""循环""环保"理念并非天然一致，造成了资本对用户价值的非理性放大和商业周期的揠苗助长。因此，必须在尊重共享经济业务的自身特点和需要的基础上，构建共享经济的资本管控机制，避免资本逻辑主导共享经济发展，使资本的使用朝着理性、合规、审慎的方向迈进。

显然，纯粹以经济效率和竞争为导向的运行规则与程序容易引发共享经济参与主体的行为出现偏颇，诱发机会主义倾向和道德风险。因此，政府应加强对共享经济资本的管理和控制，尤其是要完善共享经济资金管控方面的法律法规，鼓励共享经济企业探索盈利模式，防止资本刺激企业发展为垄断。针对共享经济用户资金分散、受众面广的特点，可以从如下几方面加强资金管控：一是对押金及预付金等用户资金法律性质进行清晰的界定，对挪用客户资金行为加强查处；二是制定并出台共享经济资金存管系统规范，以满足不同业态的需求；三是确保资金存管系统的安全性，充分保障消费者权益；四是根据共享经济交易痕迹透明亦可追溯分析的特点，加强区块链等技术的应用。

14.6.5　共享经济评价与声誉机制

由于信息不对称会弱化共享经济平台的执行效力，因而需要以非正式的声誉机制作为补充。实践表明，共享经济中的声誉机制为用户的行为提供了激励和约束，以降低或规避失信行为和违规现象。声誉既涵盖共享经济平台的经济实力与专业能力，又包含社会行为与社会责任，恰当的声誉机制设计可以实现治理制度与信息社会结构的"和谐适配"。共享经济发展过程中，声誉机制发生作用依赖于以下几个条件：一是参与者的机会主义行为能被及时观测到；二是机会主义行为必须受到惩罚；三是参与者之间进行的是重复博弈。有效的声誉机制设计，应当充分考虑上述几个条件。

声誉评价是声誉机制的基础，声誉评价具有信号甄别的功能，这就要求共享经济平台将更多要素纳入声誉评级系统中，确保共享经济参与主体在整个交易过程中都能提供动态的、全面的信息。特别是，共享经济平台要充分发挥双向评价机制的作用，依托提供者和消费者的信息反馈形成相应的声誉等级。声誉激励是声誉机制的核心，这就要求共享经济平台要依据声誉水平对共享经济参与主体进行分类管理，充分发挥声誉的隐性激励约束作用。当然，还应当克服声誉机制自身的不足，打破好评、差评的二元划分，确保声誉机制能够公正、透明和精确，切实发挥应有的作用。

14.6.6　共享经济运行监督与惩戒机制

共享经济道德风险治理要求共享经济平台、提供者和消费者之间形成良性互动，构建多个层面的互相监督机制，具体包括：共享经济平台对提供者

和消费者的监督、提供者和消费者之间的相互监督，以及提供者和消费者
对共享经济平台的监督机制。上述机制的共同作用有助于保障共享经济有
序运行。

共享经济道德风险控制必然要求在监督的基础上，对各参与主体的机会
主义行为构建惩戒机制。一方面，共享经济平台对于"失信"的提供者和消
费者可以进行经济惩罚，降低其参与共享经济带来的利益，对提供者或消费
者的道德风险和"失信"行为起到一定的震慑作用；另一方面，提供者和消
费者也可以对"失信"的共享经济平台采取"惩戒"措施，退出该共享经济
平台而重新进行市场选择。总之，在共享经济运行过程中，要将共享经济平
台的内部数据信息和外部信用系统有机结合起来，建立用前筛选、事中监督、
事后追责的全过程管控机制，全面发挥守信激励和失信惩罚的作用，形成各
取所需的良性循环。

14.6.7　共享经济参与者责任管理机制

共享经济情境下，以平台为中心的委托代理关系与传统的提供者和消费
者直接关联的机制存在较大差异，这种差异导致了各参与主体的责任分担问
题。因此，道德风险控制与信任机制构建亟须迈向治理共同体思维（浮婷和
王欣，2019）。一方面，要防范提供者的责任缺失行为；另一方面，要抑制消
费者的机会主义行为。更为重要的是，作为共享经济运行的关键环节，共享
经济平台应对整个共享经济的责任管理发挥示范作用，不应因资本控制而产
生颠覆性错误。通过持续促进各参与方严格履行其主体责任，有效管理自身
与社会的关系，积极回应共享经济其他各参与主体的关切。

为此，根据共享经济的主要特征与运行规律，需要系统地构建三个机制：
一是全链条的责任风险管理机制，实现准入审核—服务定位—资金管理—声
誉评价—监督惩戒的全过程管理；二是全方位的合规管理机制，针对共享经

济在布局上存在多尺度、分散化的趋势，形成"行为—空间—治理"的治理机制；三是信息化的透明管理机制，使共享经济治理超越时间、空间与部门分隔的限制，直面社会大众的舆论监督。上述参与主体责任管理机制对共享经济的道德风险控制和信任机制构建极为重要。

14.6.8　共享经济的信用机制

信用是一切经济活动的基础，共享经济顺利运行的前提是信用机制的建立。目前，我国社会信用体系还存在以下问题：信用信息共享存在壁垒，共享经济失信惩戒机制不完善，传统征信系统无法满足共享经济发展需要。对于上述问题的解决，首先要推动数据的共享，通过积累行为数据形成信誉。充分运用技术手段，实现多部门、跨地域、跨领域的信息共享。在此基础上，对于提供者和消费者均应建立起完善的评价体系。共享经济平台则要切实履行其规制义务，摒弃过度收集、宽松审查和不当披露信息等行为。值得重视的是，共享经济作为数字经济的重要形态，必然会出现"数字经济信用化"的发展趋势。因此，建设既体现数字经济时代数据和技术双轮驱动优势，又回应数字经济规范健康发展的信用环境，对于推进高质量发展具有重要意义。

从长远来看，影响共享经济道德风险控制和信任机制构建的主要是法规制度缺失和监管缺位，信用缺失、失信惩戒机制不健全和信用信息共享存在壁垒，存在信息虚假和信息泄露风险几个方面的问题。无论是自治还是规制，归根结底是营造良好的信用环境。因此，应从制定完善法规政策、实施适度有效监管、推进信用信息共享、完善信用配套机制、加强信用宣传和引导等方面着手，完善共享经济信用机制建设，进而推动共享经济向信用经济转化。总体而言，共享经济信用机制的构建既要体现公平正义，又要融合公序良俗；既要有法理规则的权威，又要有道德教化的力量，让共享经济参与者的获得感、满足感建立在责任、良知、道德、伦理及信仰之上。

14.7　本　章　小　结

在共享经济快速发展的同时,道德风险问题和信任缺失现象却屡屡出现,使共享经济的发展前景堪忧,并引发了许多严重的社会问题。无论是对参与主体的道德风险控制还是信任机制的构建,政策实现的效果均未能很好地得以显现,而学术界对此尚未提供有效的解决方案,共享经济治理范式转型与理论研究创新亟须突破。共享经济发展中如何控制道德风险以及构建信任机制,已经成为一个不容回避的重大课题。

本章首先系统回顾了我国共享经济治理的政策目标与各主要领域的共享经济政策,结合共享经济的不同发展阶段,剖析了相关政策的实施效果,剖析了共享经济治理中存在的偏差。伴随着"互联网+"的快速发展以及公众价值意识的进一步提升,共享经济的发展步入新阶段,也呈现出了与以往传统经济模式治理不同的新特征,即参与主体多元化、网络关系复杂化、公共价值差异化。这些新特征的出现,使得共享经济的道德风险控制与信任机制构建问题应从多个维度进行综合考察,即正视微观、中观和宏观的三重面向:微观上,面对利益冲突的加剧,需要引导共享经济进行综合规制;中观上,面对时空冲突的变化,需要加强共享经济各方协同治理;宏观上,面对公共价值冲突,需要完善共享经济发展的信用体系。通过"微观-中观-宏观"三层联动,并从"理念—技术—制度"维度对参与主体可能出现的偏差进行矫正,才是共享经济发展困境的破解之道。

具体来说,共享经济的治理需要从理念、内容、手段、主体、模式等方面进行动态调整:在核心理念上,从政府职能转变向治理现代化升级;在信息治理上,从信息不对称向信息准对称升级;在治理主体上,从外部监管为主向平台企业内生治理聚焦;在治理模式上,从以单向治理向德法共治拓展。

以上述思想为指导，在共享经济道德风险控制与信任机制构建的具体实现机制上，形成与内生型、整体性、可持续的全过程治理相适应的一系列机制，包括共享经济平台审核机制、共享经济平台信息披露机制、共享经济服务质量提升机制、共享经济的资本管控机制、共享经济评价与声誉机制、共享经济运行监督与惩戒机制、共享经济参与者责任管理机制、共享经济的信用机制。上述机制相互关联、层层递进，共同构成一个有机整体。

需要指出的是，本章的研究并不意味着我们洞悉共享经济道德风险发生的全部机理以及信任机制构建的所有举措，伴随着信息技术的创新应用和共享经济的深入发展，新的问题和挑战将会持续出现，构建中国共享经济发展的科学认知、路径选择和制度创新的理论框架，是学术界面临的一项长期而艰巨的任务。

第 15 章
结论与展望

归根结底，通过制度的演化，人类社会从一种无序的自然状态演变为有序的现代社会。这是一个随机过程，以至于我们所观察到的实际发生的一切仅仅是制度转轮的一次轮回而已。唯一的问题是，这个转轮是否偏斜。

——安德鲁·肖特（Schotter，1981）

伴随着信息技术革命浪潮的到来，共享经济已在潜移默化间融入我们的日常生活。正如《光明日报》一个时评所述："我们可以搭乘陌生人的车，可以请陌生人住到家里……我们开始相信形形色色的陌生人，邀请他们进入自己的生活。从这个角度而言，共享经济不仅是在构建一种新的商业模式，而且还在根本性地重新构建人与人之间的关系。只是，我们多数时候只看到了它作为经济形式的一面，却忽略了它作为人际关系重构属性的基础，即一个社会良性运转的基石——信任、规则与秩序。"（马想斌，2016）本着这一指导思想，本书多层次、多维度、多方法地探讨了共享经济下的道德风险控制与信任机制构建问题。

围绕这一问题，本书第一部分首先描述了共享经济的快速兴起以及存在的隐忧，引入了关于共享经济、道德风险、信任机制等核心概念，并对心理学、社会学和经济学等不同学科视域下的概念进行了总结和比较，并阐述了本书的理论基础、研究视角、研究方法与研究设计，对共享经济近年来的研究动态进行了较全面的梳理。这些内容为共享经济下的道德风险控制与信任机制构建这个核心主题奠定了基础。

第二部分（第 3—8 章）通过构建系列博弈模型对共享经济参与主体的行为特征、作用机理和有效性条件进行了研究，共包括 6 章：①共享经济平台的审核机制与信息披露；②共享经济下的质量控制与服务定位；③共享经济平台的资金管理与风险控制；④共享经济参与者的信任博弈与声誉机制；⑤共享经济下的信任评价机制研究；⑥考虑平台监管与政府监督的演化博弈分析。第三部分（第 9—13 章）通过小鸣单车和某出行软件平台案例，探讨道德风险的形成机理，并以本土企业为样本，运用实证分析方法对共享经济中的信任机制进行检验，主要内容包括：①目标—行为框架下共享单车平台的道德风险——基于小鸣单车的案例研究；②共享出行中道德风险的形成机理——基于某出行软件平台的案例研究；③基于 PLS-SEM 的提供者参与动机研究；④共享经济下消费者信任的形成机制；⑤共享经济平台信任机制的实证分析。第四部分（第 14—15 章）探讨共享经济治理的三重面向与政策转型，并对全书进行系统总结。

通过上述理论建模和实证分析，本书得到了一些富有新意的研究结论，并且对已有相关研究提供了理论支持。在本书最后，总结了研究的主要结论和重要发现，进一步思考研究结论的实践意义，分析研究的不足之处并阐明后续研究的方向。

15.1　主要工作及结论

本书以共享经济背景下的道德风险治理与信任机制构建为研究对象，研究具体围绕以下三方面展开：①共享经济参与者动机与道德风险控制；②共享经济背景下信任危机背后的原因及作用机制；③多元共治的共享经济治理模式。通过系列模型的构建，厘清参与者行为与政府监管之间的逻辑关系，分析共享经济下道德风险产生的动因、特征和演化规律；探究共享经济下信任的形成过程及其影响因素，提出各参与主体信任关系的调节机制与激励机制；剖析现有监管政策存在的问题，探索共享经济治理在理念、路径和方法上实现创新的途径。得到了一些重要结论。

第一，共享经济平台的准入管理制度存在审核不严及信息披露不充分的问题，致使共享经济平台数量泛滥且大量资本浪费，严重影响了共享经济市场的稳定发展。第 3 章运用博弈论和委托-代理理论构建模型，研究了共享经济平台的审核策略和信息披露策略。在提供者和共享经济平台之间的博弈中，由于审核成本较高，提供者有动机从事道德风险行为，随着博弈阶段次数的增加，均衡结果显示了提供者建立或维持声誉的动机；当博弈重复进行时，提供者的真正类型最终会被揭示。在共享经济平台和消费者之间的博弈中，共享经济平台关于产品质量审核的准确程度对消费者的支付意愿产生很大影响，在审核能力及外部监督等因素的作用下，共享经济平台会采用提供低质量产品的策略来节约成本，因而更倾向于向消费者提供低质量产品。提高共享经济平台的审核能力，是克服信息不对称的重要路径，加强信息披露是提高共享经济平台服务水平的重要方式。

第二，由于共享经济平台产品质量/服务标准制度缺乏，如何进行质量控制和服务定位极为关键。第 4 章分别研究了利润最大化平台、社会福利最大化平台的质量控制决策问题以及卖方声誉评价机制的影响。分析表明，当共享经济平台以利润最大化为自身目标时，仅仅向买卖双方收取门槛费用并不一定能够帮助共享经济平台实现利润最大化；而对于以社会福利最大化为目标的共享经济平台而言，依靠对买卖双方收取注册费完全无法起到控制买卖双方质量的功能。要做到控制卖方的固定收益,一方面要合理控制产品或者服务的价格,另一方面应通过加强宣传推广与信息交流努力增加网络外部性的作用强度。竞争情形下共享经济平台的服务质量定位研究表明:当竞争平台定位低端时,买方多归属对于买卖双方而言均有利于降低向平台交纳的注册费;当竞争平台定位高端时,买方多归属会使竞争平台扩大高端市场的市场份额。因此,共享经济平台在努力增加自身用户规模的同时,要通过更加个性化的服务手段以提升服务质量,并根据竞争对手策略以及用户偏好的改变灵活调整定价策略与服务质量定位。

第三,尽管押金制度有助于促进供需双方建立信任关系,但仍存在资金集聚且无法退还的风险,针对这一现状,第 5 章探讨了共享经济平台的资金管理和风险控制问题。首先,委托代理模型表明押金并不能将好的消费者和坏的消费者区分开来,从而变得无效。同时,模型也得出了消费者未能表现出好的努力水平。这就充分说明,共享经济平台更应该在消费者操作期间加强监督,让消费者在享受权利的同时明确应该履行的责任和义务,进一步减少道德风险的发生。其次,在不完全信息静态博弈中,诚实型共享经济平台会表明其类型,而欺诈型共享经济平台则采取不诚实的披露方式谋利,增加对欺诈型共享经济平台的惩罚会导致总体违约成本的较大变化。当更多财务状况不佳的共享经济平台诚实地宣布其类型时,这些共享经济平台将面临额外的财务压力。最后,共享经济平台对安全的投资可能会带来更多的需求和更高的利润。当共享经济平台为提高消费者安全而投资时,不仅可能制定更高的价格,而且能够比不投资的情况创造更多的需求。因此共享经济平台需要积极保障参与者的安全,不应只是纯粹的中介。政府适当进行干预以激励提供者,在保护共享经济中的消费者安全方面发挥作用。

第四,作为平台经济的典型代表,共享经济模式虽然降低了交易成本,但面临更为严重的道德风险问题。第 6 章从信任博弈和声誉机制两个视角出发，研究了道德风险的缓解机制。在提供者和消费者之间的信任博弈中，普通型和可信型两类提供者具有不同的适用条件，普通型提供者会采用机会主义行为，而可信型的共享经济平台在整个博弈中将选择"守信"，从而从长期交互的角度说明了信任机制对道德风险控制的重要性。在两期模型中引入利他型提供者时，提供者和消费者参与共享经济交易的意愿明显增强。如果提供者行为不能被观察到，则道德风险仍无法消除；如果提供者的行为可以被观察，那么声誉效应使得机会主义型提供者选择欺诈行为的概率下降。这样，共享经济平台根据对提供者声誉的判断决策是否使其加入到共享经济平台中来，在交易期内对提供者的实际行为进行跟踪评估，并据此修正对提供者声誉的评价。研究发现，初始声誉、提供者的长期策略选择以及共享经济平台的评估能力对提供者声誉的演变具有重要的影响。这表明共享经济平台要充分重视和利用市场信号，努力提升对提供者实际行为的评估水平和甄别能力，从而有效地控制道德风险的发生。

第五，理论研究和实践应用表明，声誉机制在一定程度上能够缓解道德风险及逆向选择问题。第7章重点研究了双向声誉评价机制的应用，探讨了声誉评价过程尤其是声誉更新的特点和规律。首先通过 Uber、Airbnb、TaskRabbit 等案例比较，指出声誉评价机制的不同之处，三者均采用双向评价机制。以此为基础，研究了共享经济平台中提供者和消费者之间的双向声誉评价机制，分别对非同步声誉机制和同步声誉机制进行了均衡分析并进行了综合比较。分析表明，考虑到双向声誉评价机制的同步与否以及消费者对不同类型提供者惩罚意愿的差异，诚实评价对于交易双方而言都不是必然的。一般而言，非同步声誉机制不能完全保证交易双方通过评价真实反映交易结果，同步声誉机制的有效性所依赖的交易双方的惩罚偏好以及已有的市场诚信程度使其更适合国内的共享经济平台，因而同步声誉机制能够实现诚实评价。从声誉评价过程来看，共享经济平台的发展在一定程度上取决于它的声誉，而声誉在一定程度上取决于提供者提高声誉的努力。考虑到政府监管对共享经济平台提供者的产品或服务进行检查，通过结合声誉的激励作用，可以得到分离均衡，这对于消费者识别不同类型（高质量或低质量）的提供者具有重要的意义。

第六，目前有关共享经济治理的研究，大多关注共享经济平台和提供者、消费者之间的博弈，忽略了共享经济平台监管及第三方监督在治理过程中的重要性。第 8 章应用演化博弈理论研究共享单车平台与消费者的互动，考察了共享经济平台规范消费者行为的演化稳定策略，并借助 Matlab 进行了仿真分析。结果表明：共享经济平台监管奖励、监管成本、共享经济平台对消费者的奖惩力度是影响演化稳定性的关键因素。控制这些因素有助于使系统快速有效地向用户自觉规范停放、平台缩小监管比例的方向演化。进一步地，在共享经济治理过程中，除了政府监管机构的积极参与外，第三方监督的作用同样不容小觑。第 8 章通过建立第三方监督参与的共享单车平台和政府监管机构的演化博弈模型，探究博弈双方策略选择的演化路径，研究发现：第三方监督作为政府监管的重要补充，其影响因子水平影响了共享单车平台和政府监管机构的策略选择。共享经济发展初期，政府监管机构难以对其可能存在的风险做出准确判断，只能针对偶然的、重大的案件做出相应惩罚，制定准确有效的监管措施需要不断试错才能实现；同时，追求规模效应和"搭便车"心理使得共享经济平台在积极管理和消极管理措施之间摇摆。当第三方监督曝光力度足够大时，政府监管机构和共享单车会采取积极的监督和管理措施。

近年来，不少共享经济平台接连倒闭，引发了学术界对共享经济模式中存在的各种问题及解决方案的认真思考。第 9 章综合应用计划行为理论和信息-解释-响应理论，构建针对共享经济中共享出行平台道德风险的研究框架，提出"目标—行为"的概念，对小鸣单车的经营管理行为进行重构，以此探寻共享经济平台道德风险的形成与治理。通过对小鸣单车这一案例的剖析，从三个方面对如何防范平台道德风险，促进共享单车有序发展给出建议。一是落实监管措施。对共享经济平台道德风险的防范不在于政策的多寡，而在于政策的落实。这为防范平台道德风险的监管指明了方向，即政策已然具备，而应将监管的重心放在政策的落实方面。二是不断加强创新。小鸣单车的道德风险行为中，盲目扩张属于重要一类。因此，对于管理的革新应从两方面进行。一方面是管理理念的革新，根据共享经济平台情况对投放区域进行合理布局；另一方面是技术的革新，共享经济平台的经营应积极同新技术进行融合。三是探索盈利模式。共享经济平台应研究如何创新利润来源，探索盈利模式，以实现共享单车进入良性发展的轨道。

大量关于道德风险的研究主要基于经济学视角，事实上道德风险也包括伦理上的意义。第 10 章基于共享经济平台的连接和匹配作用，将共享出行分为平台搭桥、平台指路、平台收付三个阶段，以某出行软件平台为例探讨道德风险的形成机理。研究结果表明：共享出行中的道德风险存在经济学和伦理道德范畴下的双重含义，共享出行平台的道德风险主要是共享出行平台为追求扩张、扩大竞争优势，放松对司机和车辆的审核、风险防范与处置机制不健全、评价甄别与筛选机制缺失以及缺乏对问题司机的惩处；司机的道德风险主要是勒索甚至伤害乘客、在乘客不知情下获利、干预乘客评价；乘客的道德风险主要是敲诈勒索司机和恶意差评。道德风险形成的机理为：平台搭桥中审核门槛的降低使整体资源供给队伍质量参差不齐，是道德风险发生的源头；平台风险的防范机制不健全、风险处置滞后，使平台指路成为道德风险发生的主要阶段；平台收付中平台评价甄别和评价筛选机制不健全，共享出行平台既不能也不想处理问题司机，使风险仍集聚在系统内，导致道德风险循环发生。第 10 章从经济和伦理两个角度对共享经济道德风险形成机理进行理论解释，有助于为整体性的共享经济治理提供新思路。

有学者指出，目前的文献中对共享经济中信任研究以消费者视角为主，缺少提供者视角的研究。为了弥补这一不足，第 11 章基于 PLS-SEM 模型研究了影响提供者参与意愿的关键因素，并得出以下发现：①收益是提供者的重要参与动机，但感知收益并不影响提供者对共享经济的态度；②感知有趣性在提供者态度形成和参与意愿中起着至关重要的作用，显著影响态度和参与意愿；③信任是提供者参与交易的重要影响因素，其显著影响态度和参与意愿；④环境因素对提供者态度有一定影响，但并不直接影响参与意愿，提供者"可持续"价值观与实际行为存在"态度—行为"缺口；⑤提供者态度显著影响了其参与意愿；⑥对声誉的感知并没有成为提供者参与意愿及态度显著的影响因素。第 11 章的研究对共享经济的相关理论进行了实证检验，为了解提供者参与共享的行为动机和影响因素提供了有价值的信息，丰富了共享经济尤其是提供者的相关理论，为后续研究提供了参考和借鉴。

诸多共享经济暴露出的问题实质上是服务消费者对行业产生的信任危机，从信任演化的视角来分析影响消费者建立信任过程的因素，是化解共享经济信任危机的关键。第 12 章从消费者的角度和信任动态演化的视角对消费者建立初始信任和形成持续信任的因素进行了实证分析。研究表明：在建立初始信任阶段，平台有用性、财务实力和资本运作这三个方面对初始信任的形成主要通过影响平台的社会声誉间接达到，而平台的安全保障和社会声誉对初始信任建立有显著影响。在形成持续信任阶段，平台的财务实力、资本运作、特殊待遇对形成持续信任没有直接显著影响，主要通过正向影响平台的社会声誉间接达到，而用户感知、平台安全保障、联系沟通和社会声誉对形成持续信任均有显著影响。无论建立初始信任还是形成持续信任，社会声誉始终发挥着最为关键的作用。因此，共享经济平台要切实维护社会声誉，重视平台安全保障的建设，提升服务质量和服务水平。

考虑到信任的建立是一个持续、反复、动态的过程，为深入探索共享经济的信任机制，挖掘信任的前置因素，第 13 章从共享经济平台的角度出发，将消费者信任划分为初始信任和持续信任，并基于直觉、诚实和能力三个维度，探寻消费者信任的动态变化规律，以期为消费者决策以及共享经济平台发展建设提供参考。第 13 章的研究结果表明，两种信任机制存在着一定差异：初始信任的主要影响因素为平台特征，用户感知的影响较小，主要受到安全性、声誉以及感知有趣性的影响；而在持续信任模型中，用户感知、平台特征以及交互因素对信任都有明显的影响，且持续信任受到声誉、管理能力、感知有用性及服务质量的影响。此外，研究结果显示，初始信任各维度之间的联系十分紧密，对平台诚实和能力的信任在很大程度上依赖于直觉，而持续信任者各维度信任的区分度则较高，这也体现了一种理性的提升。上述发现在一定程度上补充和丰富了共享经济消费者理论，有益于共享经济平台以及消费者进行科学决策。

近年来，学术界和实务界的研究较多地聚焦在如何规制共享经济的问题上，对于如何完善共享经济的制度体系，仍存在较为广阔的理论空间。第 14 章系统梳理了共享经济政策及其效果，指出了共享经济治理中存在的偏差，强调共享经济的道德风险控制与信任机制构建问题应从多个维度进行综合考察，加强微观、中观和宏观层面的理论研究对话，综合各方的观点审视问题。具体来说，共享经济的治理需要从理念、内容、手段、主体、模式等方面进行动态调整：在核心理念上，从政府职能转变向治理现代化升级；在信息治理上，从信息不对称向信息准对称升级；在治理主体上，从外部监管为主向平台企业内生治理聚焦；在治理模式上，从单向治理向德法共治拓展。以上述思想为指导，在共享经济道德风险控制与信任机制构建的具体实现机制上，要形成与内生型、整体性、可持续的全过程治理相适应的机制，包括审核机制、信息披露机制、服务质量提升机制、资本管控机制、评价与声誉机制、监督与惩戒机制、责任管理机制与信用机制。

15.2 研 究 启 示

本书从共享经济下道德风险治理视角出发，紧紧把握信息不对称、信用脆弱性等关键要素，对参与者动机、参与者道德风险对信任的影响及其控制、初始信任与持续信任机制的构建、社会共治的多元管理模式展开研究，在一定程度上丰富了共享经济理论并深化相关政策分析，弥补了现有研究的不足。本书的研究得到了如下的管理启示。

15.2.1 理念革新：基于历史走向与现实发展树立新的理论认识

从历史的维度来看，一切重大商业模式的革新都离不开有效的制度供给。共享经济作为活跃的新动能，集中体现了理念创新、技术创新、模式创新和制度创新的内在要求。共享经济是信息革命发展到一定阶段后出现的新型经济形态，有学者指出，建立在互联网基础上的共享经济改变了传统意义上的市场运行方式，必然将进一步推动政府、市场和社会关系重构（江小涓，2017）。在一定程度上，共享经济的生产方式摆脱了"死劳动对活劳动的统治"，生产过程更多体现的是生产主体的个性化意愿与参与，而分配中无形资产报酬高于物化资本所得（裴长洪等，2018）。

共享经济作为一种新的商业模式，具有不同于传统商业模式的独特运行规律，这就使现有管理制度体系出现了不适应的问题。要实现理念革新，充分认识"共享发展"既是未来发展的历史方向，也是走向未来的现实手段。应破除"以监管解决个别问题"的短期思维，关照共享经济发展的时空坐标，既用法治化手段解决道德风险及信任缺乏等种种问题，又锚定未来社会共同体的历史进路。特别是，要充分发挥共享经济供给能力强、边际成本低、扩张速度快的优势，引导传统经济模式和经营方式变革，推动传统经济业态与共享经济业态协同发展。

15.2.2 顶层设计：根据现实需求推进全局性的治理改革

共享经济治理不是一般的策略性表述，而应在战略层面进行顶层设计。共享经济治理新型范式是经济社会关系变革的外部驱动、平台结构的内源优化和新时代"以人民为中心"价值内核三重逻辑的必然反映。共享经济治理体系的实践机制与生成逻辑具有严密的统一关系，建构制度供给与内生秩序的联通机制、形成平台经济的治理体系和设计治理民生化为导向的政策都是对共享经济治理生成逻辑的积极回应，共享经济治理体系的生成逻辑和实践机制已经形成循环互证的状态。因此，一方面，要使得政策设计具有宏观制度统合的能力，加强组织保障，明确共享经济领导机构和管理部门，划清职责分工，加强统筹协调；另一方面，要实现政策设计与实际需求的有效衔接，制定促进共享经济发展的总体政策框架，明确重点任务和时间表，适时出台指导性文件。

特别需要强调的是，共享经济治理应坚持"包容审慎"的监管思路，"包容"即尊重共享经济与传统经济的差异，遵循共享经济自身规律和特点，确定针对性的监管思路和方式，避免用旧办法管制新业态，使共享经济和传统经济都能以适应自身经济范式的方式健康发展；"审慎"即尊重市场机制的决定性地位，谨慎避免政策扭曲经济要素，尤其是避免干涉企业经营自主、增加企业额外成本，谨慎避免倾斜性保护市场部分主体，谨慎避免过度监管降低共享经济竞争力。

15.2.3 协同治理：厚植各行为主体参与协同治理的基础

共享经济治理的转型并非遵循"线性逻辑"，否则就可能遭遇"社会失灵"的难题。每个参与者理应成为共享经济的推动者、建设者和维护者，以破解共享经济野蛮生长的难题。一方面，要明确不同参与主体在共享经济发展中的功能定位，推动各参与主体有序互动和共生演化，增强共享经济治理的包容性；另一方面，要将基于市场关系的契约机制、基于网络关系的信任机制紧密结合起来，探索多元协同治理机制来巩固和强化共享经济各参与主体之间的信任关系。

共享经济协同治理体系的目标是，最终形成平台自律、政府监管、社会协同、公众参与、法治保障的共享经济共治格局。当前共享经济协同治理的作用还未充分显现，不同主体全面参与协同治理的"获得感"和"稳定感"还不够强。根据本书的相关研究结论，可从以下三个方面着手解决问题：第一，众多的参与主体使得共享经济治理十分复杂，集体行动常常面临"信任困境"，必须要明确共享主体的责任边界和权力边界；第二，共享经济中的信息不对称，是道德风险频发的重要原因，因此应使用大数据、区块链等技术手段，通过发挥部门监管、大数据监测、信用评级、投诉举报的合力，实现监督层面上的协作；第三，消费者是共享经济产品和服务的最终使用者，必须重塑消费者责任意识，通过消费者的"用脚投票"，推动优胜劣汰的市场机制发挥决定作用，以倒逼共享经济治理改革。

15.2.4　机制优化：发挥不同治理机制的精准激励作用

共享经济具有参与主体众多、价值偏好多元化的特征，常常引发潜在的、模糊的、未知的道德风险问题。因此，有关道德风险与信任机制的问题不仅仅是单纯的道德伦理或社会管理等单一性问题，还是涵盖经济、社会、环境的综合性问题，需要通过合作发挥彼此的优势而加以解决。一是发挥道德机制对共享经济参与者的价值观引领作用，形成有效的道德治理；二是发挥市场机制在共享经济中的资源配置作用，形成必要的市场治理；三是重视政府监管机制与社会监督机制的外部治理功能，采取针对性的分类治理，以便发挥不同治理机制对不同类型参与主体的精准激励约束。也就是说，应建立起全链条的责任风险管理机制、全方位的合规管理机制以及前瞻性的社会影响管理机制。

具体而言，通过构建共享经济平台审核机制，对提供者和消费者的共享经济平台接入控制进行严格把关；构建共享经济平台信息披露机制，最大限度地消除信息失真和信息吸收失灵现象；构建共享经济服务质量提升机制，形成以质量诚信为基础的市场竞争环境；构建资本管控机制，完善共享经济资金管控方面的法律法规并鼓励共享经济平台探索盈利模式；构建共享经济评价与声誉机制，充分发挥声誉的隐性激励约束作用；构建监督与惩戒机制，对各参与主体的机会主义行为进行惩戒；构建共享经济参与者责任管理机制，以有效控制道德风险；构建共享经济的信用机制，形成信用体系的硬约束以保障共享经济顺畅运行。通过构建上述八大机制，在共享经济治理规范的系统性、治理要素的体系化以及治理单元的合宜性方面实现全面优化，以强化共享经济系统内部逻辑运作的整体有效性。

15.2.5　数据增能：构建共享经济的大数据治理体系

共享经济基于互联网产生，其治理也离不开互联网。共享经济作为一类新型经济组织方式，突破了工厂的物理时空，通过互联网、物联网、大数据和人工智能，把原来时空隔离的供需连接起来，各种资源被数字化，实现生产价值和消费价值的共享。数据增能可以通过两个途径来实现：一是借助互联网大数据技术，从传统的线下监管模式转向线上监管，对共享经济平台交易风险特别是高风险事件进行防范与管控；二是通过信任机制的培育、沟通机制的调适、协调机制的设计，使政府从以监管共享经济平台为主的"单向一维"，转向为共享经济平台自律和外部监管的"内外协同"。

共享经济的大数据治理体系建设需要国家、行业和组织三个层次的支撑。

从国家层面来看，需要建设适合国情的良好的数据管控协调体制和相应的管理机制，制定促进数据共享开放的政策法规和标准规范，出台数据安全与隐私保护的法律法规，规范市场主体间的数据流通和交易，建立与跨地域经营、跨部门治理相适应的互联互通、分工协同的大数据监管平台和共管机制。从行业层面来看，需要制定行业内的数据管理制度、数据共享与开放的规则以及数据安全保障制度。从组织层面来看，需要建立与数据资源完善相适应的组织架构，保障企业自身的数据安全及用户的隐私信息。

15.2.6　法律完善：健全共享经济法律法规体系

治理共享经济道德风险问题，必须健全法律法规，摒弃那些不合时宜的规章制度。共享经济是一种新兴的商业模式，国内外都在积极地进行探索，没有可以直接复制的经验和做法。政府要与时俱进、因时而变，从监管、强调信息披露、协调竞争、评价公共政策实施、平衡各方权益等多方面积极予以应对，在相关法律规制的制定过程中，特别要明确法律规制的基本态度，厘清法律规制的重点对象。

由于共享经济通过互联网平台进行资源整合，目前线下的法律条文很难直接适用于线上业务。应充分考虑到共享经济的特点，针对空白地带制定相关法规；对尚未明确共享经济如何适用的"灰色地带"，发布指南指引、加强释法工作；对那些与共享经济发展相抵触的法律法规，进行科学评估、适当撤除修改，助力共享经济发展。近年来，国内各省区市在发展共享经济方面的主要做法是以政府作为主导来推动，部分共享经济行业、典型共享经济平台先行试验，积累经验，提供示范性作用。循着这一路径，政府制定共享经济相关法律法规前要做好充分的前期工作，深入调查和评估各地共享经济发展的现状、成效和问题，总结提炼具有示范效应和推广价值的经验，实现包容创新与严格监管的平衡协调。

15.2.7　权益保障：实现差异原则与底线思维的结合

新生事物发展总是领先于当时的法律法规，共享经济的治理应考虑不同参与主体及不同共享经济平台类型的差异。一是要区分临时提供服务的个人与职业的提供者，从交易频率、营利动机、营业额等维度，判断提供者能否认定为经营者；从提供者工作的真实性、常规性和营利性，及其在工作条件和报酬方面受平台支配的程度，判断两者间的实际关系。二是区分平台类型。根据平台业务设置平台准入规则、划分平台责任，仅提供中介服务的平台应具备资质核验、信息公开、服务保障、投诉和纠纷解决、风险补偿等一系列保障交易合法、安全和公平的机制措施，包含其他服务的平台还应符合具体所处行业的相关规定。

尽管创新可能导致相关监管规则滞后，但共享经济参与者的权益保障要坚持底线思维。在市场准入方面，应与其他公共政策保持一致，既强化共享经济平台的主体责任，又充分考虑其发展前景，尽可能避免给初创平台造成过高的进入壁垒；在数据安全方面，共享经济平台应保证一定时间内所有共享经济交易数据真实、完整，保护共享经济参与者的数据隐私权利；在风险防范方面，开展共享服务质量的底线监管，鼓励平台加强风险防控和安全保障，建立保证金制度、保险制度、先行赔付制度等风险补偿机制。鉴于共享经济道德风险频发，应密切关注共享经济相关的生命财产安全、社会稳定、金融等风险高发领域。

15.2.8　信用重构：加快推进社会信用体系建设

共享经济是一种信用经济，交易的产生始于信任，交易是否成功及交易的可持续性都取决于信用。确切地说，信用对降低共享经济准入门槛、拓展共享经济范畴边界、提升共享经济质量效能等具有不可替代的要素优势（赵博，2018）。没有信用的保障，就无法实现共享经济的安全性。从长远来看，共享经济健康发展的核心问题在于社会信用体系的构建。这就需要诚信文化基因的培育，需要全社会道德风尚的养成。"法安天下，德润人心"，"法治"是法律之治、规则之治；"德治"是礼俗之治、教化之治。信用体系建设一方面高度依赖于法治思维的系统谋划，另一方面也离不开道德价值的内在支撑。更为重要的是要强化信用约束激励机制，更好地释放共享经济的信用红利。

当前，我国社会信用体系建设的步伐日益加快。信用体系是共享经济发展的"助推器"，而共享经济也正成为社会信用体系建设的"催化剂"。在共享经济参与主体信任机制的构建过程中，一是要加大守信激励和失信惩戒的力度，特别是要充分发挥媒体的作用，对共享经济交易中的守信者和失信者进行公开披露，让用户的失信记录为征信系统评估其个人信用等级提供重要依据。二是要构建科学、完善的信用评价体系，在这一过程中，供需双方和买卖双方的信用体系建设必须同时推动，也就是说，对于买卖双方信用的建设应当是全面的，尤其要充分考虑共享经济平台从信息中介发展成为信用中介的变化。三是加快培育第三方信用中介服务机构，使其对共享经济平台及其用户提供专业的信用评级服务，综合应用第三方信用认证、信用评级等手段，强化对交易中重点主体、重点领域、重点环节的风险防范，为共享经济的健康发展保驾护航。

15.3　研究贡献与局限性

15.3.1　研究贡献

本书的边际贡献主要在于：一方面，延伸和创新了共享经济治理研究。已有大多数对共享经济的研究倾向于将传统治理模式进行组合或将国外治理范式进行移植，未能很好地契合共享经济发展的现实背景、实际问题与实践需求。本书在一定程度上弥补了这些研究的不足，全面分析了共享经济不同运行阶段的道德风险控制及信任机制构建，系统探讨了不同共享经济模式的治理机理、治理方式和适用情境，建立了共享经济治理模式的分析框架与实现机制。另一方面，本书丰富和完善了共享经济治理研究。共享经济治理涉及共享经济平台、提供者、消费者、政府等主体，诸多"黑箱"机制尚待揭开。本书深入研究了共享经济平台情境下参与者的行为规律，系统阐述了道德风险控制与信任机制构建范式，从而为新发展阶段的共享经济治理提供了新的思路。

概括起来，本书的研究贡献（创新性）体现在学术思想、学术观点和研究方法上。

15.3.1.1 学术思想方面

信息不对称导致的建立信任的成本高昂是共享经济发展面临的瓶颈问题，这也是道德风险难以控制造成的，大幅降低建立信任的成本以提高资源配置的效率至关重要。本书基于共享经济下道德风险的速生性、蔓延性、频度高等特点，从参与者行为规律的角度出发，分析道德风险对信任危机的影响机理及提升信任的策略和路径，从而深化了对共享经济下道德风险治理的理论研究，并为相关政策研究提供了新的思路。

15.3.1.2 学术观点方面

本书认为，信用不足是制约共享经济发展的制度障碍，主体多元化和利益复杂化凸显治理的艰巨性，应将多重过程机制及其相互作用作为着眼点；将基于市场关系的契约机制、基于网络关系的信任机制结合起来，以通过探寻适宜的"多元协同治理机制"来巩固、强化、扩展信任关系作为着力点；

必须明确政府和市场的作用边界，推动各主体有序互动和共生演化，以增强共享经济治理的包容性作为归着点。

15.3.1.3　研究方法方面

本书将案例研究、理论建模与实证分析有机地结合，基于案例研究方法挖掘在中国情境下共享经济道德风险的成因，构建系列博弈模型分析信任危机如何随道德风险的形成而衍生发展，通过实证分析探索共享经济参与者的动机及信任机制的构建。强调规范研究与实证分析相结合，理论洞察与实地调研并重，社会科学各学科领域知识相互滋养，形成证据三角形，凸显理论的交融性。

总体而言，本书的理论价值主要有：①本书针对共享经济平台服务资源"去中心化"和市场组织"中心化"的双重特征，考察企业行为、市场特征与政府管制之间的互动关系，进一步丰富共享经济理论；②从微观角度剖析道德风险成因及道德风险对信任危机的影响机理，为有效化解信任危机提供理论依据；③将共享经济下的参与动机与信任进行适合本土文化的维度划分，拓展基于中国情境的共享经济理论和方法的研究。

本书的应用价值在于：①基于共享经济下道德风险类型与成因的分析，探索初始信任和持续信任的生成机制，破解道德风险困境；②及时总结现有政策的经验教训，制定有效的激励机制和扶持措施，引导共享经济平台与消费者建立"信任关系"；③提出构建政府、平台企业、社会公众等在内的"多元共治"模式的建议，增强各主体参与治理的积极性、发挥自身在能力或信息上的优势，以形成包容审慎的监管制度。

15.3.2　研究的局限性

研究范式的转变是实践规则与理论内涵的内在革命。在总结本书的理论成果的同时，还应该看到，共享经济治理本身是一个系统工程，涉及多方面的问题。囿于研究方法及篇幅所限，本书在博弈模型构建、理论范式建立以及研究样本选择尚存在不足。

15.3.2.1 模型构建的局限性

从研究方法来看，本书主要是采用模型构建方法分析共享经济参与者行为规律和信任机制，并通过实证分析探索不同阶段信任机制的构建。然而，共享经济道德风险及信任机制的系统分析应当建立在深度的案例研究基础上，本书尽管以共享单车平台为例分析了共享经济道德风险的形成机理，继而从经济学和伦理学角度对某出行软件平台进行单案例研究，但研究情境不够丰富且研究方法较为单一。未来更进一步的研究可选择多个共享经济平台为对象，通过多案例研究或情景模拟方法，更为深入地探究共享经济的运行方式、关键机制和实现路径。

15.3.2.2 范式建立的局限性

从研究范式来看，本书主要基于共享出行和共享住宿对共享经济治理进行探讨，力图获得在共享经济平台情境下具有一般性规律的范式构造，未能全面比较不同类型共享经济模式的差异性，也未能充分考察新科技与新场景的嵌入。未来的研究应针对不同类型的共享经济平台以及共享经济的不同发展阶段，沿着"理念—技术—制度"的路径对共享经济参与主体可能出现的偏差进行"多重解锁"，基于时间维度和空间维度深刻地揭示共享经济发展的路径依赖特性，更加完整地呈现市场化、制度化和社会嵌入等相互交叉、共同演化的过程，科学地构建具有中国特色与普遍意义的共享经济治理框架。

15.3.2.3 样本选择的局限性

从研究方法和范式有效性来看，本书对道德风险的研究主要通过理论模型的构建和分析展开，大多数结论在随后的案例研究和实证分析中进行了检验，但部分理论结果仍有待未来的实证分析去验证。本书的调查样本主要来自长三角地区，由于各地共享经济发展并不均衡，不同共享经济行业的环境差异明显，因此对于其他共享经济领域而言，本书研究结论的适用性需要通过大样本的面板数据进行检验。从样本数量来看，关于提供者和消费者的调查问卷能较好地满足研究需要，但针对共享经济平台的调研还可以更为充分，尽量覆盖其他共享经济领域，使得样本更具有广泛性和代表性。

15.4　研　究　展　望

共享经济中道德风险无处不在，从提供者卸责到监管部门失职，从共享经济平台挪用押金到消费者使用产品的恣意妄为，道德风险就像"幽灵"一样挥之不去，严重影响共享经济的健康发展。共享经济治理是一个系统工程，需要诸多条件的支撑，有必要进行更广泛的学术讨论和科学的政策设计。随着共享经济的快速发展，学术界及业界也在认真地思考共享经济模式中存在的各种问题及解决方案。其中，以下几个方面亟须深入研究。

一是有关消费者保护策略值得深入探讨。共享经济中存在不同的提供者，而来自各个提供者的闲置资源也存在着差异。例如，对于 Uber 和滴滴出行的司机来说，其驾驶技术存在差异，拥有的车辆的状况也不相同；Airbnb 的每一位房东的服务水平及其房屋的状况也迥然不同。相对于传统的来自大规模生产线的标准化产品及其卖家而言，共享经济中的卖家及产品的质量水平更难掌握，因而消费者面临更加严重的道德风险问题。为了缓解该问题、降低消费者面临的风险，许多共享经济平台纷纷推出消费者保护措施。例如，Uber与太平财产保险有限公司合作推出"乘客意外险"，Airbnb 也与众安在线财产保险股份有限公司合作推出旅游保险。虽然众多共享经济平台陆续推行消费者保护措施，但目前尚未有相关文献分析这些举措会带来何种影响。

　　二是关于提供者监管策略应加强分析。已有大量监管政策的研究集中于分析共享经济平台，却忽视了关于提供者监管策略的研究。现实中，提供者的产品或服务质量水平参差不齐，同时许多提供者并非专业人士。由于缺乏有力的监管，这些非专业人士的产品/服务的质量水平很有可能偏低。针对这一现象，有的共享经济平台采用了由第三方对提供者进行监管的方式。例如，滴滴出行平台启用的"神秘乘客"监管计划，监管人员伪装成普通乘客下单、接受服务、暗中考察记录司机服务质量，最终反映到司机的业绩当中。对于此类案例，目前学术界有必要进行深入挖掘，探索共享经济平台对提供者的监管机制。

　　三是有关共享经济治理的研究广度和深度应不断拓展。从研究对象来看，目前对共享经济的研究大多考虑的是共享出行、共享住宿等领域，其他有关共享金融、共享医疗、共享知识等领域的研究较少，未来应拓展共享经济信任研究的情境，对不同层面共享经济发展问题的特征、表现和复杂性根源进行深度挖掘，并在一定程度上抽象出共享经济发展的普遍规律。从研究视角来看，无论是运营策略还是政策设计均集中在时间维度，很少有从空间维度探讨共享经济治理的研究。事实上，空间是生产要素、制度、群体、技术等元素的集聚载体，空间秩序是不同参与主体持续互动的客观反映。因此，未来可以从横向部门协作和纵向科层体系间协作展开机制设计研究。从研究方法来看，目前关于共享经济的研究以数理建模及实证分析为主，未来应开展基于扎根理论的案例研究，设计实验解析参与主体的决策行为，采用大数据、区块链等前沿技术的探索性研究。通过这些研究，可以更好地探讨共享经济的目标、结构、群体特征、活动过程等多方面多层次的规则、数据和信息。

　　从更广阔的视域来看，作为一种业态新模式，共享经济在快速发展过程中不断冲击和挑战现有的经济秩序和法律规范，除道德风险外，还存在诸如法律不完备风险、税收流失风险、垄断和不正当竞争风险等一系列问题，这些重大课题都亟待学术界进行深入探讨。

"千淘万漉虽辛苦，吹尽狂沙始到金。"市场是一块试金石，共享经济必须经过市场的淘洗、磨砺，顺利通过重重考验，才称得上是"真金"。正如康德所说：道德是理想的，而制度是现实的；道德是扬善的，而制度是抑恶的。现实的、抑恶的制度顶层设计，更应该是科学的和富于理论指导的。

参考文献

奥利佛·威廉姆森.2008. 可信的承诺：用抵押品支持交易[M]//奥利佛·威廉姆森，斯科特·马斯滕. 交易成本经济学——经典名篇选读. 李自杰，蔡铭，等译. 北京：人民出版社：130-160.

蔡朝林.2017. 共享经济的兴起与政府监管创新[J]. 南方经济，（3）：99-105.

曹俊浩,陈宏民,孙武军.2010. 多平台接入对 B2B 平台竞争策略的影响——基于双边市场视角[J]. 财经研究，36（9）：91-99.

曹裕，余振宇，万光羽.2017. 新媒体环境下政府与企业在食品掺假中的演化博弈研究[J]. 中国管理科学，25（6）：179-187.

常亚平，刘艳阳，阎俊，等.2009.B2C 环境下网络服务质量对顾客忠诚的影响机理[J]. 系统工程理论与实践，29（6）：94-106.

车亮亮.2014. 金融道德风险发生机制的多维透视[J]. 华中科技大学学报（社会科学版），28（1）：73-79.

车亮亮. 2017. 道德风险真的与道德无关吗——基于法伦理学视角的认知[J]. 北方法学，11（6）：104-111.

陈冬宇，朱浩，郑海超.2014. 风险、信任和出借意愿——基于拍拍贷注册用户的实证研究[J]. 管理评论，26（1）：150-158.

陈冬宇.2014. 基于社会认知理论的 P2P 网络放贷交易信任研究[J]. 南开管理评论，17（3）：40-48，73.

陈靖，张晨曦，吴一帆.2022. 考虑消费行为的共享经济平台定价模式研究[J].

管理评论，34（9）：181-194.

陈玲. 2018. 共享经济模式下的信任：研究回顾与展望[J]. 商业经济研究，（15）：47-49.

陈明亮，汪贵浦，邓生宇，等. 2008. 初始网络信任和持续网络信任形成与作用机制比较[J]. 科研管理，29（5）：187-195.

陈万明，田垭楠. 2019. 共享经济双边市场的信任机制博弈分析[J]. 工业技术经济，（3）：155-160.

陈晓红，唐立新，李勇建，等. 2019. 数字经济时代下的企业运营与服务创新管理的理论与实证[J]. 中国科学基金，（3）：301-307.

陈叶烽，叶航，汪丁丁. 2010. 信任水平的测度及其对合作的影响——来自一组实验微观数据的证据[J]. 管理世界，（4）：54-64.

程絮森，朱润格，傅诗轩. 2015. 中国情境下互联网约租车发展模式探究[J]. 中国软科学，（10）：36-46.

大卫·休谟. 2009. 人性论[M]. 石碧球译. 北京：中国社会科学出版社.

戴克清，陈万明，李小涛. 2017. 共享经济研究脉络及其发展趋势[J]. 经济学动态，（11）：126-140.

邓新明. 2014. 消费者为何喜欢"说一套，做一套"——消费者伦理购买"意向-行为"差距的影响因素[J]. 心理学报，46（7）：1014-1031.

电子商务研究中心. 2018. 2017 年度中国"共享经济"发展报告[EB/R]. [2020-05-25]. http://www.100ec.cn/zt/2017gxjj/.

董成惠. 2017. 网约车类共享经济的价值分析[J]. 兰州学刊，（4）：148-155.

董成惠. 2019. 网约车类共享经济监管的理性思考：公共政策抑或竞争政策[J]. 电子政务，（8）：63-74.

董纪昌，王国梁，沙思颖，等. 2017. P2P 网贷平台信任形成机制研究[J]. 管理学报，14（10）：1532-1537.

董维刚，许玉海，浮红芬. 2013. 多归属情形下产业间平台合作的经济效应[J].
　　运筹与管理，22（5）：209-216.

杜创，蔡洪滨. 2009. 寡头市场、递归信念与声誉[J]. 世界经济，（8）：38-50.

范晓明，王晓玉. 2020. 共享经济环境下共享单车消费与不道德行为——基于
　　液态消费流动性特征视角[J]. 财经论丛，（6）：95-103.

范永茂. 2018. 政策网络视角下的网约车监管：政策困境与治理策略[J]. 中国
　　行政管理，（6）：122-128.

浮婷，王欣. 2019. 平台经济背景下的企业社会责任治理共同体——理论缘
　　起、内涵理解与范式生成[J]. 消费经济，35（5）：77-88.

付淑换，石岿然. 2020. 媒体作用下网约车平台与政府协同治理的演化博弈研
　　究[J]. 运筹与管理，29（11）：29-36.

盖宏伟，郭诚诚，佟林杰. 2018. 共享经济发展中政府监管困境与策略研究[J].
　　管理现代化，38（2）：126-129.

甘培忠. 2018. 共享经济的法律规制[M]. 北京：中国法制出版社.

甘早斌，曾灿，李开，等. 2012. 电子商务下的信任网络构造与优化[J]. 计算
　　机学报，35（1）：27-37.

高扬. 2018. 未经许可直播女乘客牟利，岂有此理[EB/OL]. [2023-02-12].
　　http://politics.people.com.cn/big5/n1/2018/0830/c1001-30260348.html.

龚强，张一林，余建宇. 2013. 激励、信息与食品安全规制[J]. 经济研究，（3）：
　　135-147.

谷炜，于晓茹，李晴，等. 2021. C2C 二手交易平台动态定价行为研究[J]. 系
　　统工程理论与实践，41（5）：1150-1161.

光明网评论员. 2021. 顺风车司机威胁乘客：道理很清楚、手段很原始[EB/OL].

[2023-02-12]. https://m.gmw.cn/baijia/2021-08/17/35087526.html.

国家信息中心. 2020. 中国共享住宿发展报告 2020[R].

国家信息中心. 2021. 中国共享经济发展年度报告 2021[R].

郝身永. 2018. 共享经济视域下的共享单车治理创新[J]. 求实,（3）: 36-44,
　110.

何超, 张建琦, 刘衡. 2018. 分享经济: 研究评述与未来展望[J]. 经济管理, 40
　（1）: 191-208.

贺明华, 陈文北. 2019. 共享经济平台信用机制对持续共享意愿的影响——消
　费者信任的中介作用[J]. 中国流通经济, 33（5）: 66-80.

贺明华, 梁晓蓓, 肖琳. 2018. 共享经济监管机制对感知隐私风险、消费者信
　任及持续共享意愿的影响[J]. 北京理工大学学报（社会科学版）,（6）:
　55-64.

贺明华, 梁晓蓓. 2018. 共享经济模式下平台及服务提供方的声誉对消费者持
　续使用意愿的影响——基于滴滴出行平台的实证研究[J]. 经济体制改
　革,（2）: 85-92.

洪志娟, 王筱纶. 2021. 技能型共享经济买方个人信息披露、服务商信号释
　义及响应行为研究[J]. 南开管理评论, 24（3）: 128-140.

侯登华. 2017. 共享经济下网络平台的法律地位——以网约车为研究对象[J].
　政法论坛, 35（1）: 157-164.

淮建军, 雷红梅, 赵誉谦. 2010. 信息披露: 近 40 年国外研究综述[J]. 经济
　评论,（2）: 144-153.

黄迪. 2020. 共享企业风险管控: 基于小黄车与哈啰单车的比较和启示[J]. 财
　会月刊（会计版）,（3）: 131-135.

黄璜. 2020. 数字政府: 政策、特征与概念[J]. 治理研究,（3）: 6-15, 2.

黄扬，李伟权. 2018. 网络舆情推动下的网约车规制政策变迁逻辑——基于多源流理论的案例分析[J]. 情报杂志，37（8）：84-91.

纪汉霖，管锡展. 2007. 服务质量差异化条件下的双边市场定价策略研究[J]. 产业经济研究，（1）：11-18.

纪汉霖. 2011. 用户部分多归属条件下的双边市场定价策略[J]. 系统工程理论与实践，31（1）：75-83.

简兆权，苏苗苗，邓文浩. 2020. 基于创新扩散与创新抵制理论的共享经济信任机制[J]. 管理现代化，（1）：12-15.

江小涓. 2017. 高度联通社会中的资源重组与服务业增长[J]. 经济研究，（3）：4-17.

蒋大兴，王首杰. 2017. 共享经济的法律规制[J]. 中国社会科学，（9）：141-162，208.

蒋大兴. 2014. 信息、信任与规制性竞争——网络社会中二手房交易之信息传递[J]. 法制与社会发展，（5）：118-141.

蒋丽丽，梅姝娥，仲伟俊. 2014. 消费者广告屏蔽行为对媒体广告策略的影响[J]. 系统工程学报，29（1）：30-40.

杰米里·里夫金. 2014. 零边际成本社会[M]. 赛迪研究院专家组译. 2版. 北京：中信出版社.

金碚. 2017-12-19. 共享经济发展取决于公共道德水平[N]. 人民日报，（07）.

金丹. 2015. 基于计划行为理论的微信用户知识共享意愿影响因素研究[D]. 北京：北京邮电大学.

金玉芳，董大海. 2004. 消费者信任影响因素实证研究——基于过程的观点[J]. 管理世界，（7）：93-99，156.

雷宇. 2016. 声誉机制的信任基础：危机与重建[J]. 管理评论，28（8）：225-237.

李彬，史宇鹏，刘彦兵.2015.外部风险与社会信任：来自信任博弈实验的证据[J].世界经济，（4）：146-168.

李常洪，高培霞，韩瑞婧，等.2014.消极情绪影响人际信任的线索效应：基于信任博弈范式的检验[J].管理科学学报，17（10）：50-59.

李立威，何勤.2018.没有信任 何谈共享?——分享经济中的信任研究述评[J].外国经济与管理，40（6）：141-152.

李玲芳，洪占卿.2015.关于双向声誉机制的作用机理及有效性研究[J].管理科学学报，18（2）：1-12，94.

李玲芳，卢向华，符琳，等.2022.网约车平台信息机制设计与司机工作模式选择[J].产业经济评论，（3）：175-187.

李牧南，黄槿.2020.我国当前共享经济发展障碍与相关政策启示[J].科技管理研究，（8）：237-242.

李平，曹仰锋.2012.案例研究方法：理论与范例——凯瑟琳·艾森哈特论文集[M].北京：北京大学出版社.

李维安，吴德胜，徐皓.2007.网上交易中的声誉机制：来自淘宝网的证据[J].南开管理评论，（5）：36-46.

李晓方.2019.理念、激励与共享经济的敏捷治理：基于地方政府网约车监管实践的实证分析[J].中国行政管理，（6）：42-48.

李晓华.2017.分享经济的内涵与特征探析[J].商业研究，（7）：119-126.

李勇，何方，方珂，等.2017.共享经济的发展与政策推进——以杭州市为例[J].浙江社会科学，（9）：107-113，131，159.

李子文.2020.新经济监管的问题、思路和对策[J].宏观经济管理，（4）：37-43.

梁平汉，孟涓涓.2013.人际关系、间接互惠与信任：一个实验研究[J].世界经济，（12）：90-110.

林闯，王元卓，汪洋. 2011. 基于随机博弈模型的网络安全分析与评价[M]. 北京：清华大学出版社.

林家宝，鲁耀斌，张金隆. 2009. 基于 TAM 的移动证券消费者信任实证研究[J]. 管理科学，22（5）：61-71.

林玮，于永达. 2019. 数字经济领域投资潮涌与产能过剩机制：共享单车案例[J]. 甘肃行政学院学报，（2）：116-125，128.

刘根荣. 2017. 共享经济：传统经济模式的颠覆者[J]. 经济学家，（5）：97-104.

刘海霞，孙振球，胡德华，等. 2007. 开放存取期刊质量的双边市场模型研究[J]. 情报杂志，（6）：118-121.

刘晋祎. 2018. 新时代我国共享发展制度体系构建的三重逻辑[J]. 贵州社会科学，（3）：117-122.

刘蕾，鄢章华. 2017. 共享经济——从"去中介化"到"再中介化"的被动创新[J]. 科技进步与对策，34（7）：14-20.

刘亮，沈桂龙. 2018. "共享经济"与公共政策融合的内在逻辑[J]. 学术月刊，50（4）：86-97.

刘绍宇. 2018. 论互联网分享经济的合作规制模式[J]. 华东政法大学学报，（3）：72-82.

刘奕，夏杰长. 2016. 共享经济理论与政策研究动态[J]. 经济学动态，（4）：116-125.

刘征驰，邹智力，马滔. 2020. 技术赋能、用户规模与共享经济社会福利[J]. 中国管理科学，28（1）：222-230.

龙静云. 2016. 论贫困的道德风险及其治理[J]. 哲学动态，（4）：17-23.

龙莺. 2000. 机会主义、信息不对称与道德风险[J]. 武汉金融，（11）：49-51.

卢现祥. 2016. 共享经济：交易成本最小化、制度变革与制度供给[J]. 社会科学战线，（9）：51-61.

鲁耀斌，徐红梅. 2006. 技术接受模型的实证研究综述[J]. 研究与发展管理，（3）：93-99.

罗江，迟英庆. 2016. 基于理性行为理论的消费者行为研究综述[J]. 商业经济研究，（6）：34-37.

马化腾. 2016. 分享经济：供给侧改革的新经济方案[J]. 中国商界，（7）：122.

马想斌. 2016-08-23. 不守公德，哪来共享经济[N]. 光明日报，（02）.

马长山. 2019. 智慧社会建设中的"众创"式制度变革——基于"网约车"合法化进程的法理学分析[J]. 中国社会科学，（4）：75-97，205-206.

莫林. 2019. 共享平台的信息规制义务[J]. 科技与法律，（5）：68-75.

倪国华，郑风田. 2014. 媒体监管的交易成本对食品安全监管效率的影响——一个制度体系模型及其均衡分析[J]. 经济学（季刊），13（2）：559-582.

裴长洪，倪江飞，李越. 2018. 数字经济的政治经济学分析[J]. 财贸经济，（9）：5-22.

戚聿东，李颖. 2018. 新经济与规制改革[J]. 中国工业经济，（3）：5-23.

钱茜，周宗放. 2019. 供应链上两类不同信用风险的关联及传染效应研究[J]. 运筹与管理，28（3）：78-86.

乔洪武，张江城. 2016. 共享经济：经济伦理的一种新常态[J]. 天津社会科学，（3）：93-98.

秦铮，王钦. 2017. 分享经济演绎的三方协同机制：例证共享单车[J]. 改革，（5）：124-134.

覃青必，叶文俊. 2017. 伦理学视野下的道德风险论析[J]. 学术交流，（7）：81-86.

覃青必. 2013. 论道德风险及其规避思路[J]. 道德与文明，（6）：29-33.

曲国华，杨柳，李巧梅，等. 2021. 第三方国际环境审计下考虑政府监管与公众监督策略选择的演化博弈研究[J]. 中国管理科学，29（4）：225-236.

荣朝和. 2018. 互联网共享出行的物信关系与时空经济分析[J]. 管理世界，（4）：101-112.

申洁，李心雨，邱孝高. 2018. 共享经济下城市规划中的公众参与行动框架[J]. 规划师，34（5）：18-23.

沈广明. 2018. 分享经济的规制策略——以辅助性原则为基点[J]. 当代法学，（3）：48-59.

石岿然，马胡杰. 2018. 供应链企业信任的演化分析与实证研究[M]. 北京：经济科学出版社.

石岿然，赵银龙，宋穗. 2020. 共享平台服务需求者信任演化的影响因素[J]. 中国流通经济，34（7）：68-78.

石岿然. 2019. 基于提供者视角的共享经济参与者动机[J]. 中国流通经济，33（10）：76-84.

史玉琳，陈富. 2019. 服务型企业共享经济商业模式价值创造研究——基于交易成本理论[J]. 商业经济研究，（6）：105-108.

苏敬勤，孙源远. 2010. 商业案例、教学案例和案例研究的关系[J]. 管理案例研究与评论，3（3）：255-259.

苏敬勤，单国栋. 2017. 本土企业的主导逻辑初探：博弈式差异化——基于装备制造业的探索性案例研究[J]. 管理评论，29（2）：255-272.

苏丽芳. 2017. 共享经济模式下政府监管角色的嬗变[J]. 法制与经济，（10）：79-80.

孙凯，王振飞，鄢章华. 2019. 共享经济商业模式的分类和理论模型——基于三个典型案例的研究[J]. 管理评论，31（7）：97-109.

孙凯. 2012. 跨组织信息共享的概念、特征与模式[J]. 系统科学学报，20（2）：28-33，61.

泰勒尔. 1997. 产业组织理论[M]. 张维迎译. 北京：中国人民大学出版社，166-169.

谭袁. 2017. 共享单车"底线竞争"问题探究及防治[J]. 价格理论与实践，（3）：36-40.

唐清利. 2015. "专车"类共享经济的规制路径[J]. 中国法学，（4）：286-302.

唐毅青，范春蓉，谭德庆. 2017. 共享经济下我国消费者参与协同消费的影响因素研究[J]. 软科学，31（10）：136-139.

唐忠民，张明. 2018. 共享经济的规制治理[J]. 哈尔滨工业大学学报（社会科学版），20（5）：8-14，2.

田帆. 2018. 共享经济分析框架的构建及应用研究[J]. 中国软科学，（12）：178-186.

田林，余航. 2020. 共享经济外部影响定量研究综述[J]. 管理科学学报，23（9）：1-18.

田森，雷震，翁祉泉. 2017. 专家服务市场的欺诈、信任与效率——基于社会偏好和空谈博弈的视角[J]. 经济研究，（3）：195-208.

涂科，杨学成. 2020. 共享经济到底是什么?——基于个体与组织的整合视角[J]. 经济管理，（4）：192-208.

汪旭晖，任晓雪. 2020. 基于演化博弈的平台电商信用监管机制研究[J]. 系统工程理论与实践，40（10）：2617-2630.

汪旭晖，王东明. 2018. 互补还是替代：事前控制与事后救济对平台型电商企业声誉的影响研究[J]. 南开管理评论，21（6）：67-82.

汪旭晖，张其林. 2017. 平台型网络市场中的"柠檬问题"形成机理与治理机制——基于阿里巴巴的案例研究[J]. 中国软科学，（10）：31-52.

王春英，陈宏民. 2021. 共享短租平台房东定价行为——基于小猪短租平台的数据分析[J]. 系统管理学报，30（2）：363-372，383.

王红丽，陈苗. 2017. 共享经济中信任对约车出行意愿的影响机制——基于案例研究的定量分析[J]. 管理案例研究与评论，10（6）：616-632.

王金秋. 2018. 共享经济的本质、资本逻辑与未来演进[J]. 天府新论，（5）：16-23.

王璟珉，刘常兰，窦晓铭. 2018. 共享经济理论演进、发展与前沿[J]. 经济与管理评论，（4）：68-81.

王静. 2018. 中国网约车新政的变革方向[J]. 行政法学研究，（4）：116-125.

王林，戴学锋. 2019. 共享单车行业押金问题与信用免押金分析[J]. 中国流通经济，33（5）：57-65.

王念，赵立昌. 2018. 共享经济的双边市场特征研究——来自网贷之家的经验证据[J]. 现代经济探讨，（3）：89-96.

王全胜，王永贵，陈传明. 2009. 第三方信任服务对在线购物意愿的作用机理[J]. 经济管理，（7）：102-109.

王水莲，李志刚，杜莹莹. 2019. 共享经济平台价值创造过程模型研究——以滴滴、爱彼迎和抖音为例[J]. 管理评论，31（7）：45-55.

王一粟，陈宏民. 2017. 基于双边市场理论的分享经济平台研究[J]. 管理现代化，（2）：48-50.

王勇，冯骅. 2017. 平台经济的双重监管：私人监管与公共监管[J]. 经济学家，（11）：73-80.

王勇，戎珂. 2018. 平台治理：在线市场的设计、运营与监管[M]. 北京：中信出版社.

王云，李延喜，马壮，等.2017. 媒体关注、环境规制与企业环保投资[J]. 南开管理评论，（6）：83-94.

王作功. 2019. 产权演进视角下共享经济治理特征研究[J]. 企业经济，（1）：5-12，2.

威布尔. 2006. 演化博弈论[M]. 王永钦译. 上海：上海人民出版社.

吴光菊. 2016. 基于共享经济与社交网络的 Airbnb 与 Uber 模式研究综述[J]. 产业经济评论，（2）：103-112.

吴晓隽，方越. 2016. 分享经济的挑战与政府管制变革的思考[J].上海经济研究，（9）：9-16.

吴晓隽，方越. 2017. 基于双边市场理论的分享经济平台定价策略剖析[J]. 南京财经大学学报，（5）：28-36.

吴晓隽，沈嘉斌.2015. 分享经济内涵及其引申[J]. 改革，（12）：52-60.

吴旭.2014. 基于增强稳定组模型的移动 P2P 网络信任评估方法[J]. 计算机学报，37（10）：2118-2127.

吴元元. 2012. 信息基础、声誉机制与执法优化——食品安全治理的新视野[J]. 中国社会科学，（6）：115-133，207-208.

习近平.2019-05-17. 习近平致第三届世界智能大会的贺信[N]. 光明日报，（01）.

相博，陈可可，田龙伟. 2018. 共享经济视角下新型绿色交通的个体需求影响因素分析——以共享单车为例[J]. 大连理工大学学报（社会科学版），39（2）：80-88.

肖红军，李平.2019. 平台型企业社会责任的生态化治理[J]. 管理世界，（4）：120-144，196.

肖红军，阳镇. 2020. 平台企业社会责任:逻辑起点与实践范式[J]. 经济管理，（4）：37-53.

解志勇，修青华. 2017. 互联网治理视域中的平台责任研究[J]. 国家行政学院学报，（5）：102-106，147.

谢康，谢永勤，肖静华. 2018. 共享经济情境下的技术信任——数字原生代与数字移民的差异分析[J]. 财经问题研究，（4）：99-107.

谢雪梅，石娇娇. 2016. 共享经济下消费者信任形成机制的实证研究[J]. 技术经济，（10）：122-127.

胥莉，陈宏民，潘小军. 2009. 具有双边市场特征的产业中厂商定价策略研究[J]. 管理科学学报，12（5）：10-17.

徐文. 2020. 论共享平台的发展偏差与分类矫治[J]. 广东财经大学学报，35（1）：67-79.

徐莹，张雪梅，曹东. 2018. 雾霾背景下政府监管与交通企业低碳行为演化博弈[J]. 系统管理学报，27（3）：462-469，477.

许荻迪. 2018. 共享经济政策目标、政策导向与体系优化[J]. 改革，（4）：92-101.

许荻迪. 2019. 共享经济与泛共享经济比较：基于双边市场视角[J]. 改革，（8）：48-60.

许国平，陆磊. 2001. 不完全合同与道德风险：90年代金融改革的回顾与反思[J]. 金融研究，（2）：28-41.

闫佳，章平，许志成，等. 2017. 信任的起源：一项基于公平认知与规则偏好的实验研究[J]. 经济学（季刊），17（1）：383-404.

阳镇，许英杰. 2019. 共享经济背景下的可持续性消费：范式变迁与推进路径[J]. 社会科学，（7）：43-54.

阳镇. 2018. 平台型企业社会责任：边界、治理与评价[J]. 经济学家，（5）：79-88.

杨超，杨天禹，陈秉正. 2018. P2P保险的道德风险问题研究[J]. 运筹与管理，27（12）：133-141.

杨学成，涂科. 2016. 共享经济背景下的动态价值共创研究——以出行平台为例[J]. 管理评论，28（12）：258-268.

杨学成，涂科. 2017. 出行共享中的用户价值共创机理——基于优步的案例研究[J]. 管理世界，（8）：154-169.

杨学成，涂科. 2018. 信任氛围对用户契合的影响——基于共享经济背景下的价值共创视角[J]. 管理评论，30（12）：164-174.

杨在军，马倩瑶. 2020. 共享单车用户机会主义行为的演化博弈分析[J]. 管理工程学报，34（3）：104-111.

易观. 2020. 2020中国共享两轮车市场专题报告[EB/R]. [2023-01-29]. https://new.qq.com/rain/a/20201123a087xm00.

于凤霞. 2018. 完善社会信用体系促进我国共享经济发展的思考与建议[J]. 电子政务，（8）：81-87.

余航，田林，蒋国银，等. 2018. 共享经济：理论建构与研究进展[J]. 南开管理评论，21（6）：37-52.

张夺. 2018-08-14. "小鸣单车"用户的"199元押金"能否收回[N]. 中国青年报，（06）.

张红彬，李孟刚. 2019. 共享经济的要素配置及其治理模式[J]. 贵州社会科学，（11）：109-115.

张劲松，郑攀，周林缝. 2020. 消费者对共享出行平台和服务方的信任机制研究[J]. 首都经济贸易大学学报，（2）：101-112.

张凯，李向阳. 2010. 双边市场中平台企业搭售行为分析[J]. 中国管理科学，18（3）：117-124.

张雷，陈东平. 2018. 生产合作声誉与信用合作道德风险控制[J]. 华南农业大学学报（社会科学版），17（2）：83-94.

张立章，徐顺治，纪雪洪，等. 2019. 汽车分时租赁行业发展政策研究[J]. 宏观经济管理，（7）：85-90.

张维迎. 2002. 法律制度的信誉基础[J]. 经济研究，（1）：3-13，92-93.

张效羽. 2016. 通过政府监管改革为互联网经济拓展空间——以网络约租车监管为例[J]. 行政管理改革，（2）：39-44.

张新红，于凤霞，高太山，等. 2017. 中国分享经济发展现状、问题及趋势[J]. 电子政务，（3）：2-15.

张新香，胡立君. 2010. 声誉机制、第三方契约服务与平台繁荣[J]. 经济管理，（5）：143-150.

张永安，伊茜卓玛. 2018. 各地网约车政策评价与比较分析[J]. 北京工业大学学报（社会科学版），18（3）：45-53.

张玉明，等. 2017. 共享经济学[M]. 北京：科学出版社.

张玉明，管航. 2017. 共享创新模式内涵、特征与模型构建[J]. 科技进步与对策，34（13）：10-16.

赵爱武，杜建国，关洪军. 2015. 基于计算实验的有限理性消费者绿色购买行为[J]. 系统工程理论与实践，35（1）：95-102.

赵博. 2018-03-29. 更好释放新时代共享经济的信用红利[N]. 光明日报,（15）.

赵晋，王继平，李晔. 2014. 基于声誉机制的服务外包道德风险控制[J]. 同济大学学报（自然科学版），42（8）：1280-1286.

赵景华，许鸣超，陈新明. 2017. 分享经济业态下政府监管的差异化策略研究[J]. 中国行政管理，（6）：75-79.

赵菊，邱菊，侯春波. 2021. 准公共产品：基于政府监管机制的共享单车投放管理研究[J]. 中国管理科学，29（1）：149-157.

甄珍，谢新水. 2018. "互联网+"背景下网约车政策的制定过程及其示范价值[J]. 电子政务，（5）：19-27.

郑联盛. 2017. 共享经济：本质、机制、模式与风险[J]. 国际经济评论，（6）：45-69，5.

郑志来. 2016. 共享经济的成因、内涵与商业模式研究[J]. 现代经济探讨，（3）：32-36.

周文辉，邓伟，陈凌子. 2018. 基于滴滴出行的平台企业数据赋能促进价值共创过程研究[J]. 管理学报，15（8）：1110-1119.

周向红，刘宸. 2016. 多重逻辑下的城市专车治理困境研究[J]. 公共管理学报，13（4）：139-150，160.

周雪梅. 2017. 以合作治理消解共享经济中的集体非理性[J]. 江苏大学学报（社会科学版），19（4）：9-16.

周业安，宋紫峰，连洪泉，等. 2017. 社会偏好理论与社会合作机制研究：基于公共品博弈实验的视角[M]. 北京：中国人民大学出版社.

朱晗. 2021. O2O 背景下的共享经济研究[J]. 系统工程理论与实践，41（2）：411-420.

卓越，王玉喜. 2019. 平台经济视野的网约车风险及其监管[J]. 改革，（9）：83-92.

Abhishek V，Guajardo J A，Zhang Z. 2021. Business models in the sharing economy：Manufacturing durable goods in the presence of peer-to-peer rental markets [J]. Information Systems Research，32（4）：1450-1469.

Abrate G，Viglia G. 2019. Personal or product reputation? Optimizing revenues in the sharing economy [J]. Journal of Travel Research，58（1）：136-148.

Acquier A, Daudigeos T, Pinkse J. 2017. Promises and paradoxes of the sharing economy: An organizing framework [J]. Technological Forecasting and Social Change, 125 (7): 1-10.

Ajzen I. 1991. The theory of planned behavior [J]. Organizational Behavior & Human Decision Processes, 50 (2): 179-211.

Ajzen I. 2006. Brief behavioral interventions based on the theory of planned behavior [D]. Amherst: University of Massachusetts Amherst.

Akbar Y H, Tracogna A. 2018. The sharing economy and the future of the hotel industry: Transaction cost theory and platform economics [J]. International Journal of Hospitality Management, 71: 91-101.

Akerlof G. 1970. The market for lemons: Quality uncertainty and the market mechanism [J]. Quarterly Journal of Economics, 84 (3): 488-500.

Akter S, Hani U, Dwivedi Y K, et al. 2022. The future of marketing analytics in the sharing economy [J]. Industrial Marketing Management, 104: 85-100.

Ala-Mantila S, Ottelin J, Heinonen J, et al. 2016. To each their own? The greenhouse gas impacts of intra-household sharing in different urban zones [J]. Journal of Cleaner Production, 135: 356-367.

Albinsson P A, Yasanthi P B. 2012. Alternative marketplaces in the 21st century: Building community through sharing events [J]. Journal of Consumer Behavior, 11 (4): 303-315.

Allon G, Bassamboo A, Cil E B. 2017. Skill management in large scale service marketplaces [J]. Production and Operations Management, 26 (11): 2050-2070.

Amirkiaee S Y, Evangelopoulos N. 2018. Why do people rideshare? An experimental study [J]. Transportation Research Part F: Traffic Psychology and Behaviour, 55: 9-24.

Anthony D, Smith S W, Williamson T. 2009. Reputation and reliability in collective goods the case of the online encyclopedia wikipedia [J]. Rationality and Society, 21 (3): 283-306.

Armstrong M, Wright J. 2007. Two-sided markets, competitive bottlenecks and exclusive contracts [J]. Economic Theory, 32 (2): 353-380.

Armstrong M. 2006. Competition in two-sided markets [J]. The Rand Journal of Economics, 37 (3): 668-691.

Arnott R, Stiglitz J E. 1991. Moral hazard and nonmarket institutions: Dysfunctional crowding out of peer monitoring? [J]. American Economic Review, 81 (1): 179-190.

Arrow K J, Frank H. 1971. General Competitive Analysis [M]. San Francisco: Holden-Day.

Arrow K J. 1968. The economics of moral hazard: Further comment [J]. American Economic Review, 58 (3): 537-539.

Arrow K. 1963. Uncertainty and the welfare economics of medical care [J]. American Economic Review, 53 (5): 941-973.

Arrow K. 1971. Essays in the Theory of Risk Bearing [M]. Amsterdam: North Holland.

Arrow K. 1972. Gifts and exchanges [J]. Philosophy & Public Affairs, (1): 343-362.

Barann B, Beverungen D, Müller O. 2017. An open-data approach for quantifying the potential of taxi ridesharing [J]. Decision Support Systems, 99 (1):

86-95.

Barbara L，Emberge G. 2020. Bike sharing：Regulatory options for conflicting interests—Case study Vienna [J]. Transport Policy，98：148-157.

Bardhi F，Eckhardt G M. 2012. Access-based consumption：The case of car sharing [J]. Journal of Consumer Research，39（4）：881-898.

Barnes S J，Mattsson J. 2016. Understanding current and future issues in collaborative consumption：A four-stage Delphi study [J]. Technological Forecasting and Social Change，104（3）：200-211.

Barnes S J，Mattsson J. 2017. Understanding collaborative consumption：Test of a theoretical model [J]. Technological Forecasting and Social Change，118（5）：281-292.

Battaglini M. 2017. Public protests and policy making [J]. The Quarterly Journal of Economics，132（1）：485-549.

Belk R. 2007. Why not share rather than own [J]. The Annals of the American Academy of Political and Social Science，611（1）：126-140.

Belk R. 2010. Sharing [J]. Journal of Consumer Research，36（5）：715-734.

Belk R. 2014. You are what you can access：Sharing and collaborative consumption online [J]. Journal of Business Research，67（8）：1595-1600.

Belleflamme P，Peitz M. 2015. Industrial Organization：Markets and Strategies [M]. Cambridge：Cambridge University Press.

Benjaafar S，Hu M. 2020. Operations Management in the age of the sharing economy：What is old and what is new? [J]. Manufacturing & Service Operations Management，22（1）：93-101.

Benjaafar S，Kong G W，Li X，et al. 2019. Peer-to-Peer product sharing：

Implications for ownership, usage, and social welfare in the sharing economy [J]. Management Science, 65 (2): 477-493.

Benkler Y. 2017. Peer production, the commons, and the future of the firm [J]. Strategic Organization, 15 (2): 264-274.

Benoit S, Baker T L, Bolton R N, et al. 2017. A triadic framework for collaborative consumption (CC): Motives, activities and resources & capabilities of actors [J]. Journal of Business Research, 79 (5): 219-227.

Berg J, Dickhaut J, McCabe K. 1995. Trust, reciprocity, and social history [J]. Games and Economic Behavior, 10 (1): 122-142.

Bernardi M, Diamantini D. 2018. Shaping the sharing city: An exploratory study on Seoul and Milan [J]. Journal of Cleaner Production, 203 (1): 30-42.

Bernstein F, DeCroix G A, Keskin N B. 2021. Competition between two-sided platforms under demand and supply congestion effects [J]. Manufacturing & Service Operations Management, 23 (5): 1043-1061.

Billows G, McNeill L. 2018. Consumer attitude and behavioral intention toward collaborative consumption of shared services [J]. Sustainability, 10 (12): 44-68.

Binmore K. 1994. Playing Fair: Game Theory and the Social Contract [M]. Cambridge: MIT Press.

Birinci H, Berezina K, Cobanoglu C. 2018. Comparing customer perceptions of hotel and peer-to-peer accommodation advantages and disadvantages [J]. International Journal of Contemporary Hospitality Management, 30 (2): 1190-1210.

Bock G W, Kim Y G. 2002. Breaking the myths of rewards: An exploratory study of attitudes about knowledge sharing [J]. Information Resource Management Journal, 15（2）: 14-21.

Böcker L, Meelen T. 2017. Sharing for people, planet or profit? Analysing motivations for intended sharing economy participation [J]. Environmental Innovation and Societal Transitions, 23: 28-39.

Böckmann M. 2013. The Shared Economy: It is time to start caring about sharing; value creating factors in the shared economy [D]. Enschede: University of Twente.

Bofylatos S, Telalbasic I. 2019. Service startups and creative communities: Two sides of the same coin? [J]. The Design Journal, 22（3）: 239-256.

Bolton G E, Greiner B, Ockenfels A. 2013. Engineering trust: Reciprocity in the production of reputation information [J]. Management Science, 59（2）: 265-285.

Botsman R, Rogers R. 2010. What's Mine is Yours: The Rise of Collaborative Consumption [M]. New York: Harper Business.

Botsman R. 2013. The sharing economy lacks a shared definition [J]. Fast Company, 21（11）: 1-8.

Boudreau K J, Hagiu A. 2009. Platforms Rules: Multi-sided Platforms as Regulators [M]// Platforms, Markets and Innovation. Gawer, A（eds）. Cheltenham: Edward Elgar Publishing, 163-191.

Breidbach C F, Brodie R J. 2017. Engagement platforms in the sharing economy: Conceptual foundations and research directions [J]. Journal of Service Theory & Practice, 27（4）: 761-777.

Bucher E, Fieseler C, Lutz C. 2016. What's mine is yours（for a nominal fee）—Exploring the spectrum of utilitarian to altruistic motives for Internet-mediated sharing [J]. Computers in Human Behavior, 62（9）: 316-326.

Buczynski B. 2013. Sharing is Good: How to Save Money, Time and Resources Through Collaborative Consumption [M]. British Columbia: New Society Publishers.

Cachon G P, Daniels K M, Lobel R. 2017. The role of surge pricing on a service platform with self-scheduling capacity [J]. Manufacturing & Service Operations Management, 19（3）: 368-384.

Caillaud B, Jullien B. 2003. Chicken and egg: Competition among intermediation service providers [J]. The RAND Journal of Economics, 34（2）: 309-328.

Camerer C F. 2003. Behavioral Game Theory: Experiments in Strategic Interaction [M]. New York: Princeton University Press.

Camerer C, Weigelt K. 1988. Experimental tests of a sequential equilibrium reputation model [J]. Econometrica, 56（1）: 1-36.

Camilleri J, Neuhofer B. 2017. Value co-creation and co-destruction in the Airbnb sharing economy [J]. International Journal of Contemporary Hospitality Management, 29（9）: 2322-2340.

Cannon S, Summers L H. 2014. How Uber and the sharing economy can win over regulators [J]. Harvard Business Review, 13（10）: 2-5.

Chang K C, Hsu C L, Chen M C. 2019. How a branded website creates customer purchase intentions [J]. Total Quality Management & Business Excellence, 30（3-4）: 422-446.

Chang M K. 1998. Predicting Unethical behavior: A comparison of the theory of reasoned action and the theory of planned behavior [J]. Journal of Business Ethics, 17（16）: 1825-1834.

Chase R. 2015. Peers Inc: How People and Platforms Are Inventing the Collaborative Economy and Reinventing Capitalism [M]. Melbourne: Public Affairs.

Chen Y J, Dai T L, Korpeoglu C G, et al. 2020. OM forum—Innovative online platforms: Research opportunities [J]. Manufacturing & Service Operations Management, 22（3）: 430-445.

Chen Y, Xie K. 2017. Consumer valuation of Airbnb listings: A hedonic pricing approach [J]. International Journal of Contemporary Hospitality Management, 29（9）: 2405-2424.

Chen Y. 2011. Perturbed communication games with honest senders and naive receivers [J]. Journal of Economic Theory, 146（2）: 401-424.

Cheng M. 2016a. Current sharing economy media discourse in tourism [J]. Annals of Tourism Research, 60（1）: 111-114.

Cheng M. 2016b. Sharing economy: A review and agenda for future research [J]. International Journal of Hospitality Management, 57（6）: 60-70.

Cho I-K, Kreps D M. 1987. Signaling games and stable equilibria [J]. Quarterly Journal of Economics, 102（2）: 179-221.

Cho J. 2006. The mechanism of trust and distrust formation and their relational outcomes [J]. Journal of Retailing, 82（1）: 25-35.

Choi T-M, He Y. 2019. Peer-to-peer collaborative consumption for fashion products in the sharing economy: Platform operations [J]. Transportation Research Part E: Logistics and Transportation Review, 126（3）: 49-65.

Cockayne D G. 2016. Sharing and neoliberal discourse: The economic function of sharing in the digital on-demand economy [J]. Geoforum, 77 (1): 73-82.

Cohen A, Siegelman P. 2010. Testing for adverse selection in insurance markets [J]. Journal of Risk and Insurance, 77 (1): 39-84.

Cohen B, Kietzmann J. 2014. Ride on! Mobility business models for the sharing economy [J]. Organization & Environment, 27 (3): 279-296.

Cohen B, Munoz P. 2016. Sharing cities and sustainable consumption and production: Towards an integrated framework [J]. Journal of Cleaner Production, 134 (Part A): 87-97.

Coles J L, Daniel N D, Naveen L. 2006. Managerial incentives and risk-taking [J]. Journal of Financial Economics, 79: 431-468.

Crawford V P, Sobel J. 1982. Strategic information transmission [J]. Econometrica, 50 (6): 1431-1451.

Crawford V P. 2003. Lying for strategic advantage: Rational and boundedly rational misrepresentation of intentions [J]. American Economic Review, 93 (1): 133-149.

Daignault M, Shepherd M, Marche S, et al. 2002. Enabling trust online [C]. Proceedings of the 3rd International Symposium on Electronic Commerce.

Damiano E, Li H. 2007. Price discrimination and efficient matching [J]. Economic Theory, 30 (2): 243-263.

Das T K, Teng B. 1998. Between trust and control: Developing confidence in partner cooperation in alliances [J]. Academy of Management Review, 23 (3): 491-512.

Daughety A F, Reinganum J F. 2005. Secrecy and safety [J]. American Economic

Review, 95（4）: 1074-1091.

Davidson A, Habibi M R, Laroche M. 2018. Materialism and the sharing economy: A cross-cultural study of American and Indian consumers [J]. Journal of Business Research, 82（12）: 364-372.

Davlembayeva D, Papagiannidis S, Alamanos E. 2020. Sharing economy: Studying the social and psychological factors and the outcomes of social exchange [J]. Technological Forecasting and Social Change, 158（3）: 120143.1-120143.14.

Dellarocas C, Wood C A. 2008. The sound of silence in online feedback: Estimating trading risks in the presence of reporting bias [J]. Management Science, 54（3）: 460-476.

Dembe A E, Boden L I. 2000. Moral hazard: A question of morality? [J]. New Solutions: A Journal of Environmental and Occupational Health Policy, 10（3）: 257-279.

Diamond D. 1989. Reputation acquisition in debt market [J]. Journal of Political Economy, 97（4）: 828-862.

Doganoglu T, Wright J. 2006. Multi-homing and compatibility [J]. International Journal of Industrial Organization, 24（1）: 45-67.

Doney P M, Cannon J P. 1997. An examination of the nature of trust in buyer-seller relationships [J]. Journal of Marketing, 61（2）: 35-51.

Dunning D, Anderson J E, Schlösser T, et al. 2014. Trust at zero acquaintance: More a matter of respect than expectation of reward [J]. Journal of Personality and Social Psychology, 107（1）: 122-141.

Eckhardt G M, Bardhi F. 2016. The relationship between access practices and economic systems [J]. Journal of the Association for Consumer Research, 1 (2): 210-225.

Edelman B G, Luca M, Svirsky D. 2017. Racial discrimination in the sharing economy: Evidence from a field experiment [J]. American Economic Journal: Applied Economics, 9 (2): 1-22.

Einav L, Farronato C, Levin J. 2016. Peer-to-peer markets [J]. Annual Review of Economics, 8 (1): 615-635.

Eisenhardt K M. 1989. Building theories from case study research [J]. The Academy of Management Review, 14 (4): 532-550.

Ert E, Fleischer A, Magen N. 2016. Trust and reputation in the sharing economy: The role of personal photos in Airbnb [J]. Tourism Management, (55): 62-73.

Ert E, Fleischer A. 2019. The evolution of trust in Airbnb: A case of home rental [J]. Annals of Tourism Research, 75 (1): 279-287.

Ertz M, Boily E. 2019. The rise of the digital economy: Thoughts on blockchain technology and cryptocurrencies for the collaborative economy [J]. International Journal of Innovation Studies, 3 (4): 84-93.

Felson M, Spaeth J L. 1978. Community structure and collaborative consumption: A routine activity approach [J]. American Behavior Scientist, 21(4): 614-624.

Fishbein M, Ajzen I. 1975. Belief, Attitude, Intention, and Behavior: An Introduction to Theory and Research [M]. Reading: Addison-Wesley.

Fitzmaurice C J, Ladegaard I, Attwood-Charles W. 2020. Domesticating the market: Moral exchange and the sharing economy [J]. Socio-Economic Review, 18 (1): 81-102.

Fornell C, Larcker D F. 1981. Evaluating structural equation models with unobservable variables and measurement error [J]. Journal of Marketing Research, 18（1）: 39-50.

Fouliras P. 2013. A novel reputation-based model for e-commerce [J]. Operations Research, 13（S1）: 113-138.

Francis J, Huang A H, Rajgopal S, et al. 2008. CEO reputation and earnings quality [J]. Contemporary Accounting Research, 25（1）: 109-147.

Franklin J. 2001. The Science of Conjecture: Evidence and Probability Before Pascal [M]. Baltimore: Johns Hopkins University Press.

Frenken K, Schor J. 2017. Putting the sharing economy into perspective [J]. Environmental Innovation and Societal Transitions,（23）: 3-10.

Frenken K. 2017. Political economies and environmental futures for the sharing economy [J]. Philosophical Transactions, 375（2095）: 1-15.

Friedman D. 1991. Evolutionary game in economics [J]. Econometrica, 59（3）: 637-666.

Fudenberg D, Levine D K. 1992. Maintaining a reputation when strategies are imperfectly observed [J]. Review of Economics Studies, 59（3）: 561-579.

Ganapati S, Reddick C G. 2018. Prospects and challenges of sharing economy for the public sector [J]. Government Information Quarterly, 35（1）: 77-87.

Gefen D, Straub D. 2005. A Practical guide to factorial validity using PLS-Graph: Tutorial and annotated example [J]. Communications of the Association for Information Systems, 16（1）: 91-109.

Gefen D. 2000. E-commerce: The role of familiarity and trust [J]. Omega, 28（6）: 725-737.

Geiger A, Horbel C, Germelmann C C. 2018. "Give and take": How notions of sharing and context determine free peer-to-peer accommodation decisions [J]. Journal of Travel & Tourism Marketing, 35（1）: 5-15.

Gibbs C, Guttentag D, Gretzel U, et al. 2018a. Pricing in the sharing economy: A hedonic pricing model applied to Airbnb listings [J]. Journal of Travel & Tourism Marketing, 35: 46-56.

Gibbs C, Guttentag D, Gretzel U, et al. 2018b. Use of dynamic pricing strategies by Airbnb hosts [J]. International Journal of Contemporary Hospitality Management, 30（1）: 2-20.

Giffin K. 1967. The Contribution of studies of source credibility to a theory of interpersonal trust in the communication process [J]. Psychological Bulletin, 68（2）: 104-120.

Goldfarb A, Tucker C. 2011. Privacy regulation and online advertising [J]. Management Science, 57（1）: 57-71.

Govindan K, Shankar K M, Kannan D. 2020. Achieving sustainable development goals through identifying and analyzing barriers to industrial sharing economy: A framework development [J]. International Journal of Production Economics, 227（3）: 1-13.

Grewal R, Chakravarty A, Saini A. 2010. Governance mechanisms in business-to-business electronic markets [J]. Journal of Marketing, 74（7）: 45-62.

Grossman S, Hart O. 1983. An analysis of the principal-agent problem [J]. Econometrica, 51（1）: 7-45.

Guillaume R F, Alessandro L, Tobias S. 2019. Frictions in a competitive, regulated market: Evidence from taxis [J]. American Economic Review, 109

（8）：2954-2992.

Guttentag D A，Smith S L. 2017. Assessing Airbnb as a disruptive innovation relative to hotels：Substitution and comparative performance expectations [J]. International Journal of Hospitality Management，64（7）：1-10.

Guttentag D A. 2015. Airbnb：Disruptive innovation and the rise of an informal tourism accommodation sector [J]. Current Issues in Tourism，18（12）：1192-1217.

Guttentag D，Smith S，Potwarka L，et al. 2016. Why tourists choose Airbnb：A motivation-based segmentation study [J]. Journal of Travel Research，57（3）：342-359.

Hagiu A，Wright J. 2015. Multi-sided platforms [J]. International Journal of Industrial Organization，43：162-174.

Hale B. 2009. What's so moral about the moral hazard [J]. Public Affairs Quarterly，23：1-25.

Hamari J，Sjöklint M，Ukkonen A. 2016. The sharing economy：Why people participate in collaborative consumption [J]. Journal of the Association for Information Science and Technology，67（9）：2047-2059.

Harvey J，Smith A，Golightly D. 2017. Giving and sharing in the computer-mediated economy [J]. Journal of Consumer Behaviour，16（4）：363-371.

Hawlitschek F，Notheisen B，Teubner T. 2018. The limit of trust-free systems：A literature review on blockchain technology and trust in the sharing economy [J]. Electronic Commerce Research and Applications，29：50-63.

Hawlitschek F，Teubner T，Weinhardt C. 2016. Trust in the sharing economy [J]. Die Unternehmung- Swiss Journal of Business Research and Practice，70

（1）：26-44.

Haynes J. 1895. Risk as an economic factor [J]. Quarterly Journal of Economics，
9（4）：409-449.

Heinrichs H. 2013. Sharing economy：A potential new pathway to sustainability [J].
GAIA-Ecological Perspectives for Science and Society，22（4）：228-231.

Hellwig K，Morhart F，Girardin F，et al. 2015. Exploring different types of
sharing：A proposed segmentation of the market for sharing businesses [J].
Psychology & Marketing，32（9）：891-906.

Heo Y. 2016. Sharing economy and prospects in tourism research [J]. Annals of
Tourism Research，58：166-170.

Hjorteset，M，Böcker L. 2020. Car sharing in Norwegian urban areas：Examining
interest，intention and the decision to enroll [J]. Transportation Research
Part D：Transport and Environment，84：102322.1-102322.15.

Hofmann E，Hoelzl E，Sabizer T，et al. 2022. Coercive and legitimate power in
the sharing economy：Examining consumers' cooperative behavior and trust [J].
Journal of Economic Psychology，93（1）：102565.1-102565.16.

Hofmann S，Sæbø Ø，Braccini A M. 2019. The public sector's roles in the sharing
economy and the implications for public values [J]. Government Information
Quarterly，36（4）：101399.1-101399.12.

Holmstrom B. 1979. Moral hazard and observability [J]. Bell Journal of
Economics，10（1）：74-91.

Holmstrom B. 1999. Managerial incentive problem：A dynamic perspective [J].
The Review of Economic Studies，66（1）：169-182.

Hong I B，Cho H. 2011. The impact of consumer trust on attitudinal loyalty and purchase intentions in B2C e-marketplaces: Intermediary trust vs. seller trust [J]. International Journal of Information Management, 31(5): 469-479.

Hong J H, Kim B C, Park K S. 2019. Optimal risk management for the sharing economy with stranger danger and service quality [J]. European Journal of Operational Research, 279 (3): 1024-1035.

Hossain M. 2018. Frugal innovation: A review and research agenda [J]. Journal of Cleaner Production, 182 (5): 926-936.

Hossain M. 2020. Sharing economy: A comprehensive literature review [J]. International Journal of Hospitality Management, 87(5): 102470.1-102470.11.

Hou L. 2018. Destructive sharing economy: A passage from status to contract [J]. Computer Law & Security Review, 34 (4): 965-976.

Hume D. 1739. Treatise of Human Nature [M]. Buffalo: Prometheus Books.

Hunt R C. 2000. Forager food sharing economy: Transfers and exchanges [J]. Senri Ethnological Studies, 53: 7-26.

Hüttel A, Ziesemer F, Peyer M, et al. 2018. To purchase or not? Why consumers make economically (non-) sustainable consumption choices [J]. Journal of Cleaner Production, 174 (10): 827-836.

Hwang J, Griffiths M A. 2017. Share more, drive less: Millennials value perception and behavioral intent in using collaborative consumption services [J]. Journal of Consumer Marketing, 34 (2): 132-146.

Innes R. 2004. Enforcement costs, optimal sanctions, and the choice between ex-post liability and ex-ante regulation [J]. International Review of Law and Economics, 24 (1): 29-48.

Japutra A, Ekinci Y, Simkin L. 2014. Exploring brand attachment, its determinants and outcomes [J]. Journal of Strategic Marketing, 22 (7): 616-630.

Jarvenpaa S L, Tractinsky N, Vitale M. 2000. Consumer trust in an internet store [J]. Information Technology and Management, 1 (1-2): 45-71.

Ji F X, Cao Q W, Li H, et al. 2023. An online reviews-driven large-scale group decision making approach forevaluating user satisfaction of sharing accommodation [J]. Expert Systems with Applications, 213 (1): 1-18.

Jiang B, Tian L. 2018. Collaborative consumption: Strategic and economic implications of product sharing [J]. Management Science, 64 (3): 1171-1188.

Jones G H, Jones B H, Little P. 2000. Reputation as a reservoir: Buffering against loss in times of economic crisis [J]. Corporate Reputation Review, 3 (1): 21-29.

Joo J H. 2017. Motives for participating in sharing economy: Intentions to use car sharing services [J]. Journal of Distribution Science, 15 (2): 21-26.

Kahneman D, Tversky A. 1979. Prospect theory: An analysis of decision under risk [J]. Econometrica, 47 (2): 263-291.

Kankanhalli A, Tan B C Y, Wei K K. 2005. Contributing knowledge to electronic knowledge repositories: An empirical investigation [J]. MIS Quarterly, 29 (1): 113-143.

Kartik N. 2009. Strategic communication with lying costs [J]. Review of Economic Studies, 76 (4): 1359-1395.

Kathan W, Matzler K, Veider V. 2016. The sharing economy: Your business model's friend or foe? [J]. Business Horizons, 59 (6): 663-672.

Kim D J, Ferrin D L, Rao H R. 2008. A trust-based consumer decision-making model in electronic commerce: The role of trust, perceived risk, and their antecedents [J]. Decision Support Systems, 44 (2): 544-564.

Kim S, Lee K Y, Koo C, et al. 2018. Examining the influencing factors of intention to share accommodations in online hospitality exchange networks [J]. Journal of Travel &Tourism Marketing, 35 (S1): 16-31.

Klein B, Murphy K M. 1997. Vertical integration as a self-enforcing contractual arrangement [J]. American Economic Review, 87 (2): 415-420.

Klein D B, Leffler K B. 1981. The role of market forces in assuring contractual performance [J]. Journal of Political Economy, 89 (4): 615-641.

Knight F H. 1921. Risk, Uncertainty and Profit [M]. Chicago: University of Chicago Press.

Kramer R M, Tyler T R. 1996. Trust in organizations: Frontiers of theory and research [M]. Thousand Oaks: Sage Publications.

Kreps D, Milgrom P, Roberts J, et al. 1982. Rational cooperation in the finitely repeated prisoners dilemma [J]. Journal of Economic Theory, 27 (2): 245-252.

Kulp H, Kool A L. 2015. You help me, he helps you: Dispute systems design in the sharing economy [J]. Washington University Journal of Law and Policy, 48 (1): 179-230.

Kultti K, Miettinen P. 2006. Herding with costly information [J]. International Game Theory Review, 8 (1): 21-31.

Kumar A, Sah B, Singh A R. 2017. A review of multi criteria decision making (MCDM) towards sustainable renewable energy development [J]. Renewable and Sustainable Energy Reviews, 69（1）: 596-609.

Kumar V, Lahiri A, Dogan O B. 2018. A strategic framework for a profitable business model in the sharing economy [J]. Industrial Marketing Management, 69（2）: 147-160.

Lamberton C P, Rose R L. 2012. When is ours better than mine? A framework for understanding and altering participation in commercial sharing systems [J]. Journal of Marketing, 76（4）: 109-125.

Laurell C, Sandström C. 2017. The sharing economy in social media: Analyzing tensions between market and non-market logics [J]. Technological Forecasting and Social Change, 125: 58-65.

Lawson S J, Gleim M R, Perren R, et al. 2016. Freedom from ownership: An exploration of access-based consumption [J]. Journal of Business Research, 69（8）: 2615-2623.

Lee S, Kim D-Y. 2018. Brand personality of Airbnb: Application of user involvement and gender differences [J]. Journal of Travel &Tourism Marketing, 35（S1）: 32-45.

Lewicki R J, Bunker B B. 1995. Trust in Relationships: A Model of Development and Decline [M]. San Francisco: Jossey-Bass.

Li L, Xiao E. 2014. Money talks: An experimental study of rebate in reputation system design [J]. Management Science, 60（8）: 2054-2072.

Mailath G J, Samuelson L. 2001. Who wants a good reputation [J]. Review of Economic Studies, 68: 415-441.

Mair J, Reischauer G. 2017. Capturing the dynamics of the sharing economy: Institutional research on the plural forms and practices of sharing economy organizations [J]. Technological Forecasting and Social Change，125（5）：11-20.

Mao Z，Lyu J. 2017. Why travelers use Airbnb again? An integrative approach to understanding travelers' repurchase intention [J]. International Journal of Contemporary Hospitality Management，29（9）：2464-2482.

Martin C J, Upham P, Budd L. 2015. Commercial orientation in grassroots social innovation：insights from the sharing economy [J]. Ecological Economics，118：240-251.

Martin C J. 2016. The sharing economy：A pathway to sustainability or a nightmarish form of neoliberal capitalism? [J]. Ecological Economics，121（1）：149-159.

Martinez M, Fearne A, Caswell J, et al. 2007. Co-regulation as a possible model for food safety governance：Opportunities for public-private partnerships [J]. Food Policy，32（3）：299-314.

Maskin E, Tirole J. 1988. A theory of dynamic oligopoly，II：Price competition，kinked demand curves，and Edgeworth cycles [J]. Econometrica，56（3）：571-599.

Mateo-Babiano I, Kunar S, Mejia A. 2017. Bicycle sharing in Asia：A stakeholder perception and possible futures [J]. Transportation Research Procedia，25：4966-4978.

Matzler K, Veider V, Kathan W. 2015. Adapting to the sharing economy [J]. MIT Sloan Management Review，56（2）：71-77.

Mauri A G，Minazzi R，Nieto-García M，et al. 2018. Humanize your business. The role of personal reputation in the sharing economy [J]. International

Journal of Hospitality Management, 73（1）: 36-43.

Mayer R C, Davis J H, Schoorman F D. 1995. An integration model of organizational trust [J]. Academy of Management Review, 20（3）: 709-734.

McKnight D H, Choudhury V, Kacmar C J. 2000. Trust in e-commerce vendors: A two-stage model[C]. Proceedings of the Twenty First International Conference on Information Systems.

McKnight D H, Choudhury V, Kacmar C. 2002. Developing and validating trust measures for e-commerce: An integrative typology [J]. Information Systems Research, 13（3）: 334-359.

McKnight D H, Cummings L L, Chervany N L. 1998. Initial trust formation in new organizational relationships [J]. Academy of Management Review, 23（3）: 473-490.

Mclure W M, Faraj S. 2005. Why should I share? Examining social capital and knowledge contribution in electronic networks of practice [J]. Mis Quarterly, 29（1）: 35-57.

Milanova V, Maas P. 2017. Sharing Intangibles: Uncovering individual motives for engagement in a sharing service setting [J]. Journal of Business Research, 75（6）: 159-171.

Milbourn T T. 2003. CEO reputation and stock-based compensation [J]. Journal of Financial Economics, 68（2）: 233-262.

Milgrom P, Roberts J. 1982. Predation, reputation, and entry deterrence [J]. Journal of Economic Theory, 27（2）: 280-312.

Mishkin F S. 2015. The Economics of Money, Banking and Financial Markets [M]. London: Pearson Education.

Möhlmann M. 2015. Collaborative consumption: Determinants of satisfaction and the likelihood of using a sharing economy option again [J]. Journal of Consumer Behaviour, 14（3）: 193-207.

Möhlmann M. 2016. Digital trust and peer-to-peer collaborative consumption platforms: A mediation analysis [DB/OL]. [2018-01-02]. https://dx.doi.org/10.2139/ssrn.2813367.

Möhlmann M. 2021. Unjustified trust beliefs: Trust conflation on sharing economy platforms [J]. Research Policy, 50（3）: 104173.1-104173.15.

Molz J G. 2013. Social networking technologies and the moral economy of alternative tourism: The case of couchsurfing [J]. Annals of Tourism Research, 43（10）: 210-230.

Mont O, Palgan Y V, Bradley K, et al. 2020. A decade of the sharing economy: Concepts, users, business and governance perspectives [J]. Journal of Cleaner Production, 269（10）: 122215.1-122215.9.

Moorthy K S, Png I P L. 1992. Market segmentation, cannibalization, and the timing of product introductions [J]. Management Science, 38（3）: 345-359.

Munoz P, Cohen B. 2017. Mapping out the sharing economy: A configurational approach to sharing business modeling [J]. Technological Forecasting and Social Change, 125（1）: 21-37.

Murillo D, Buckland H, Val E. 2017. When the sharing economy becomes neoliberalism on steroids: Unravelling the controversies [J]. Technological Forecasting and Social Change, 125: 66-76.

Myerson R. 1979. Incentive compatibility and the bargaining problem [J]. Econometrica, 47（1）: 61-73.

Nadeem W, Juntunen M, Shirazi F, et al. 2020. Consumers' value co-creation in sharing economy: The role of social support, consumers' ethical perceptions and relationship quality [J]. Technological Forecasting and Social Change, 151 (2): 119786.1-119786.13.

Nahapiet J, Ghoshal S. 1998. Social capital, intellectual capital, and the organizational advantage [J]. Academy of Management Review, 23 (2): 242-266.

Nudurupati S S, Bhattacharya A, Lascelles D, et al. 2015. Strategic sourcing with multi-stakeholders through value co-creation: An evidence from global health care company [J]. International Journal of Production Economics, 166: 248-257.

Nunnally J C, Bernstein I H. 1994. Psychometric Theory[M]. 3rd ed. New York: McGraw-Hill.

Ozanne L K, Ballantine P W. 2010. Sharing as a form of anti-consumption? An examination of toy library users [J]. Journal of Consumer Behavior, 9 (6): 485-498.

Ozanne L K, Ozanne J L. 2011. A child's right to play: The social construction of civic virtues in toy libraries [J]. Journal of Public Policy & Marketing, 30 (2): 264-278.

Özer Ö, Zheng Y, Chen K-Y. 2011. Trust in forecast information sharing [J]. Management Science, 57 (6): 1111-1137.

Özkan E, Ward A R. 2020. Dynamic matching for real-time ride sharing [J]. Stochastic Systems, 10 (1): 29-70.

Pappas N. 2017. The complexity of purchasing intentions in peer-to-peer accommodation [J]. International Journal of Contemporary Hospitality Management, 29（9）: 2302-2321.

Parente R C, Geleilate J-M G, Rong K. 2018. The sharing economy globalization phenomenon: A research agenda [J]. Journal of International Management, 24（1）: 52-64.

Pareto V. 1916. The Mind and Society [M]. New York: Harcout, Brace and Company.

Parguel B, Lunardo R, Benoit-Moreau F. 2017. Sustainability of the sharing economy in question: When second-hand peer-to-peer platforms stimulate indulgent consumption [J]. Technological Forecasting and Social Change, 125: 48-57.

Pauly M V. 1968. The economics of moral hazard: Comment [J]. American Economic Review, 58（3）: 531-537.

Paundra J, Rook L, van Dalen J, et al. 2017. Preferences for car sharing services: Effects of instrumental attributes and psychological ownership [J]. Journal of Environment Psychology, 53: 121-130.

Pavlou P A, Gefen D. 2004. Building effective online marketplaces with institution-based trust [J]. Information Systems Research, 15（1）: 37-59.

Pavlou P A. 2003. Consumer acceptance of electronic commerce: Integrating trust and risk with the technology acceptance model [J]. International Journal of Electronic Commerce, 7（3）: 101-134.

Pavlou P. 2002. Institution-based trust in interorganizational exchange relationships: The role of online B2B marketplace on trust formation [J]. Journal of Strategic Information Systems, 11: 215-243.

Pawlicz A. 2019. Pros and cons of sharing economy regulation. Implications for sustainable city logistics [J]. Transportation Research Procedia, 39: 398-404.

Pearson R. 2002. Moral hazard and the assessment of insurance risk in eighteenth and early-nineteenth-century Britain [J]. Business History Review, 76 (1): 1-35.

Peattie K. 2001. Towards sustainability: The third age of green marketing [J]. The Marketing Review, 2 (2): 129-146.

Piscicelli L, Ludden G D, Cooper T. 2018. What makes a sustainable business model successful? An empirical comparison of two peer-to-peer goods-sharing platforms [J]. Journal of Cleaner Production, 172 (1): 4580-4591.

Polinsky A M, Shavell S. 2012. Mandatory versus voluntary disclosure of product risks [J]. Journal of Law, Economics, and Organization, 28 (2): 360-379.

Prabhu J, Stewart D W. 2001. Signaling strategies in competitive interaction: Building reputations and hiding the truth [J]. Journal of Marketing Research, 38 (1): 62-72.

Prieto M, Baltas G, Stan V. 2017. Car sharing adoption intention in urban areas: What are the key sociodemographic drivers?[J]. Transportation Research Part A: Policy and Practice, 101 (3): 218-227.

Przepiorka W. 2013. Buyers pay for and sellers invest in a good reputation: More evidence from ebay [J]. The Journal of Socio Economics, 42: 31-42.

PWC. 2015. The sharing economy.pwc.com/CISsharing, Consumer Intelligence Series[R].

Ranjbari M, Morales-Alonso G, Carrasco-Gallego R. 2018. Conceptualizing the sharing economy through presenting a comprehensive framework [J].

Sustainability, 10（7）: 1-24.

Rice S C. 2012. Reputation and uncertainty in online markets: An experimental study [J]. Information Systems Research, 23（2）: 436-452.

Richardson L. 2015. Performing the sharing economy [J]. Geoforum, 67（1）: 121-129.

Rifkin J. 2014. The Zero Marginal Cost Society: The Internet of Things, the Collaborative Commons, and the Eclipse of Capitalism [M]. London: Palgrave Macmillan.

Rochet J C, Tirole J. 2010. Two-sided markets: A progress report [J]. Rand Journal of Economics, 37（3）: 645-667.

Rouviere E, Caswell J. 2012. From punishment to prevention: A French case study of the introduction of co-regulation in enforcing food safety [J]. Food Policy, 37（3）: 246-254.

Rysman M. 2009. The economics of two-sided markets [J]. Journal of Economic Perspectives, 23（3）: 125-143.

Schor J B, Fitzmaurice C J. 2015. Collaborating and connecting: The emergence of the sharing economy[M]//Reisch L, Thogersen J （eds.）. Handbook of Research on Sustainable Consumption. Cheltenham: Edward Elgar: 410-425.

Schor J B, Fitzmaurice C J. 2017. Complicating conventionalization [J]. Journal of Marketing Management, 33（7-8）: 644-651.

Schor J B, Fitzmaurice C, Carfagna L B, et al. 2016. Paradoxes of openness and distinction in the sharing economy [J]. Poetics, 2016, 54（12）: 66-81.

Schotter A. 1981. The Economic Theory of Social Institutions [M]. Cambridge: Cambridge University Press.

Simon H. 1961. Administrative Behavior [M]. New York: Macmillan.

Smith A. 1759. The Theory of Moral Sentiments [M]. Oxford: Oxford University Press.

Smith J M. 1982. Evolution and the Theory of Games [M]. Cambridge: Cambridge University Press.

Stern P C. 2000. Toward a coherent theory of environmentally significant behavior [J]. Journal of Social Issues, 56 (3): 407-424.

Suh B, Han I. 2003. The impact of customer trust and perception of security control on the acceptance of electronic commerce [J]. International Journal of Electronic Commerce, 7 (3): 135-161.

Sun Q Q, Chen H, Long R Y, et al. 2023. Who will pay for the "bicycle cemetery"? Evolutionary game analysis of recycling abandoned shared bicycles under dynamic reward and punishment [J]. European Journal of Operational Research, 305 (2): 917-929.

Sundararajan A. 2016. The Sharing Economy: The End of Employment and the Rise of Crowd-Based Capitalism [M]. Cambridge: MIT Press.

Szymczak H, Kücükbalaban P, Lemanski S, et al. 2016. Trusting Facebook in crisis situations: The role of general use and general trust toward Facebook [J]. Cyberpsychology Behavior and Social Networking, 19 (1): 23-27.

Tadelis S. 2002. The market for reputations as an incentive mechanism [J]. Journal of Political Economy, 110 (4): 854-882.

Tadelis S. 2016. Reputation and feedback systems in online platform markets [J]. Annual Reviews of Economics, 8 (1): 321-340.

Tadesse M A, Holden S T, Øygard R A, et al. 2016. Cattle sharing and rental contracts in an agrarian economy: Evidence from Ethiopia [J]. Agricultural Economics, 47（5）: 479-492.

Taylor T. 2018. On-demand service platforms [J]. Manufacturing & Service Operations Management, 20（4）: 704-720.

Ter Huurne M, Ronteltap A, Corten R, et al. 2017. Antecedents of trust in the sharing economy: A systematic review [J]. Journal of Consumer Behaviour, 16（6）: 485-498.

Teubner T, Hawlitschek F. 2018. The Economics of Peer-to-Peer Online Sharing[M]//Albinsson P A, Perera Y.（eds.）, The Rise of the Sharing Economy: Exploring the Challenges and Opportunities of Collaborative Consumption. Bloosmbury: ABC-CLIO: 129-156.

Thierer A, D Koopman C, Hobson A, et al. 2016. How the Internet, the sharing economy, and reputational feedback mechanisms solve the "lemons problem" [J]. University of Miami Law Review, 70（3）: 830-878.

Tirole J. 1996. A theory of collective reputations（with applications to the persistence of corruption and to firm quality）[J]. The Review of Economic Studies, 63（1）: 1-22.

Tiwana A, Konsynski B, Bush A A. 2010. Platform evolution: Coevolution of platform architecture , governance , and environmental dynamics [J]. Information Systems Research, 21（4）: 675-687.

Tiwana A. 2014. Platform Ecosystems: Aligning Architecture, Governance, and Strategy [M]. Burlington: Morgan Kaufmann.

Toni M, Renzi M F, Mattia G. 2018. Understanding the link between collaborative economy and sustainable behaviour: An empirical investigation [J]. Journal of

Cleaner Production，172（1）：4467-4477.

Tussyadiah I P，Pesonen J. 2016. Impacts of peer-to-peer accommodation use on travel patterns [J]. Journal of Travel Research，55（8）：1022-1040.

Tussyadiah I P. 2015. An exploratory study on drivers and deterrents of collaborative consumption in travel [C]. Information and Communication Technologies in Tourism 2015.

Tussyadiah I P. 2016. Factors of satisfaction and intention to use peer-to-peer accommodation [J]. International Journal of Hospitality Management，55（5）：70-80.

Tzieropoulos H. 2013. The trust game in neuroscience：A short review [J]. Social Neuroscience，8（5）：407-416.

Varian H R. 2010. Intermediate Microeconomics：A Modern Approach [M]. New York：W.W. Norton & Company.

Wang D，Nicolau J L. 2017. Price determinants of sharing economy based accommodation rental：A study of listings from 33 cities on Airbnb.com [J]. International Journal of Hospitality Management，62（4）：120-131.

Wang Y，Xiang D，Yang Z Y，et al. 2019. Unraveling customer sustainable consumption behaviors in sharing economy：A socio-economic approach based on social exchange theory [J]. Journal of Cleaner Production，208（10）：869-879.

Weber T A. 2014. Intermediation in a sharing economy：Insurance，moral hazard，and rent extraction [J]. Journal of Management Information Systems，31（3）：35-71.

Weber T A. 2016. Product pricing in a peer-to-peer economy [J]. Journal of

Management Information Systems，33（2）：573-596.

Weimer D L. 1995. Institutional Design [M]. Dordrecht：Springer.

Weitzman M L. 1986. The share economy：Conquering stagflation [J]. Industrial and Labor Relations Review，39（2）：285-290.

Wen X，Tana S Q. 2020. How do product quality uncertainties affect the sharing economy platforms with risk considerations? A mean-variance analysis [J]. International Journal of Product Economics，224（C）：1107544.

Weyl E G. 2010. A price theory of multi-sided platforms [J]. American Economic Review，100（4）：1642-1672.

Wilhelms M-P，Henkel S，Falk T. 2017. To earn is not enough：A means-end analysis to uncover peer-providers' participation motives in peer-to-peer carsharing [J]. Technological Forecasting and Social Change，125（1）：38-47.

Williamson O E. 1985. The Economic Insitutions of Capitalism [M]. New York：Free Press.

Williamson O E. 2002. The theory of the firm as governance structure：From choice to contract [J]. Journal of Economic Perspectives，16（3）：171-195.

Wu J，Ma P，Xie K L. 2017. In sharing economy we trust：The effects of host attributes on short-term rental purchases [J]. International Journal of Contemporary Hospitality Management，29（11）：2962-2976.

Yang C，Hsu Y C，Tan S. 2010. Predicting the determinants of users' Intentions for using YouTube to share video：Moderating gender effects [J]. Cyberpsychology，Behavior，and Social Networking，13（2）：141-152.

Yin R K. 2010. Case Study Research：Design and Methods [M]. London：Sage Publications，Inc.

Zamani B, Sandin G, Peters G M. 2017. Life cycle assessment of clothing libraries: Can collaborative consumption reduce the environmental impact of fast fashion? [J]. Journal of Cleaner Production, 162 (6): 1368-1375.

Zervas G, Proserpio D, Byers J W. 2017. The rise of the sharing economy: Estimating the impact of Airbnb on the hotel industry [J]. Journal of Marketing Research, 54 (5): 687-705.

Zhang S, Lee D, Singh P V, et al. 2018a. Demand interactions in sharing economies: Evidence from a natural experiment involving Airbnb and Uber/Lyft [R]. SSRN working Paper.

Zhang T C, Jahromi M F, Kizildag M. 2018b. Value co-creation in a sharing economy: The end of price wars?[J]. International Journal of Hospitality Management, 71 (4): 51-58.

Zhu G, Li H, Zhou L. 2018. Enhancing the development of sharing economy to mitigate the carbon emission : A case study of online ride-hailing development in China[J]. Natural Hazards, 91 (2): 611-633.

Zhu G, So K K F, Hudson S. 2017. Inside the sharing economy: Understanding consumer motivations behind the adoption of mobile applications [J]. International Journal of Contemporary Hospitality Management, 29 (9): 2218-2239.

Zucker L G. 1986. Production of trust: Institutional sources of economic structure [J]. Research in Organizational Behavior, 8 (1): 53-111.

Zvolska L, Voytenko Palgan Y, Mont O. 2019. How do sharing organisations create and disrupt institutions? Towards a framework for institutional work in the sharing economy [J]. Journal of Cleaner Production, 219: 667-676.

附　录

问卷编码信息

调查员：	问卷编码：
调查地区：	调查日期：

附件1：共享经济参与者（提供者）现状调查问卷

尊敬的先生/女士：

　　您好！

　　当前，以滴滴打车、小猪短租、摩拜单车等为代表的共享经济正在崛起。共享经济是指拥有闲置资源的机构或个人有偿让渡资源使用权，从而创造价值的一种商业模式。本调查旨在研究我国共享经济参与者（消费者）现状，该研究由南京审计大学金融学院石岿然教授主持，得到国家社会科学基金重点项目的资助。我们诚恳地希望得到您的支持。

　　请回答"问题调查"和"个人背景资料"两部分的所有问题，任何遗漏将导致问卷无效。

　　本次调查采用匿名方式，请填写您的真实意见，您的个人背景信息将严格保密，且所有调查资料仅用于课题研究。

感谢您的支持！

共享经济参与者现状调查组

2018 年 7 月

****

【填写说明】

请认真阅读各个题项，在"您的意见"栏相应的数字上打钩，具体说明如下：

[1]非常不同意；[2]不同意；[3]有些不同意；[4]普通；[5]有些同意；[6]同意；[7]非常同意。

****

第一部分 问 题 调 查

题项	您的意见
1.我认为在提供共享经济服务时，会与消费者彼此真诚相待	[1] [2] [3] [4] [5] [6] [7]
2.我认为在提供共享经济服务时，消费者是值得信任的	[1] [2] [3] [4] [5] [6] [7]
3.我认为在提供共享经济服务时，消费者是可靠的	[1] [2] [3] [4] [5] [6] [7]
4.我认为在提供共享经济服务时，共享经济平台会认真地处理交易过程	[1] [2] [3] [4] [5] [6] [7]
5.我认为在提供共享经济服务时，共享经济平台会提供正确的信息	[1] [2] [3] [4] [5] [6] [7]
6.我认为在提供共享经济服务时，共享经济平台是安全可靠的	[1] [2] [3] [4] [5] [6] [7]
7.我认为在提供共享经济服务时，平台企业和我签订的合约是公平的	[1] [2] [3] [4] [5] [6] [7]
8.共享经济服务的提供者和消费者之间有相互帮助的共识	[1] [2] [3] [4] [5] [6] [7]
9.共享经济平台对于提供者的合理意见会予以采纳	[1] [2] [3] [4] [5] [6] [7]
10.共享经济平台对于提供者和消费者之间的分歧会妥善解决	[1] [2] [3] [4] [5] [6] [7]
11.对于提供共享经济服务时遇到的纠纷，可以依靠法律得以解决	[1] [2] [3] [4] [5] [6] [7]
12.我认为在提供共享经济服务时，共享经济平台会对我的信息进行严格审核	[1] [2] [3] [4] [5] [6] [7]
13.作为共享经济服务的提供者，我会对共享经济平台有强烈的归属感	[1] [2] [3] [4] [5] [6] [7]

续表

题项	您的意见
14.我认为共享经济服务的提供者与共享经济平台具有共同的价值观	[1] [2] [3] [4] [5] [6] [7]
15.作为共享经济服务的提供者，我得到了别人的尊敬	[1] [2] [3] [4] [5] [6] [7]
16.作为共享经济服务的提供者，我在社会生活中得到了认可	[1] [2] [3] [4] [5] [6] [7]
17.提供共享经济服务越多，获得的社会声望也就越高	[1] [2] [3] [4] [5] [6] [7]
18.参与共享经济，能够改善我的经济状况	[1] [2] [3] [4] [5] [6] [7]
19.参与共享经济，在财务上对我有一定帮助	[1] [2] [3] [4] [5] [6] [7]
20.参与共享经济可以让我省钱	[1] [2] [3] [4] [5] [6] [7]
21.共享经济有助于节约自然资源	[1] [2] [3] [4] [5] [6] [7]
22.共享经济是一种可持续消费的模式	[1] [2] [3] [4] [5] [6] [7]
23.共享经济在使用能源方面是有效率的	[1] [2] [3] [4] [5] [6] [7]
24.共享经济为我们带来了方便	[1] [2] [3] [4] [5] [6] [7]
25.共享经济对环境是友善的	[1] [2] [3] [4] [5] [6] [7]
26.我认为共享经济是使人愉快的	[1] [2] [3] [4] [5] [6] [7]
27.我认为共享经济是令人兴奋的	[1] [2] [3] [4] [5] [6] [7]
28.我认为共享经济是有趣的	[1] [2] [3] [4] [5] [6] [7]
29.我认为提供共享经济服务是个明智的行为	[1] [2] [3] [4] [5] [6] [7]
30.我认为提供共享经济服务是正面、积极的事情	[1] [2] [3] [4] [5] [6] [7]
31.总体而言，提供共享经济服务是有意义的	[1] [2] [3] [4] [5] [6] [7]
32.我有意提供共享经济服务	[1] [2] [3] [4] [5] [6] [7]
33.我会经常地提供共享经济服务	[1] [2] [3] [4] [5] [6] [7]
34.我愿意长期提供共享经济服务	[1] [2] [3] [4] [5] [6] [7]
35.我会推荐他人提供共享经济服务	[1] [2] [3] [4] [5] [6] [7]

第二部分 个人背景资料

（请在相应数字上打钩或在"_____"上填写文字）

1. 性别：[1]男　　[2]女

2. 年龄：[1]20 岁以下　　[2]20—30 岁　　[3]31—40 岁　　[4]41—50 岁

[5]51—55 岁　[6]56 岁及以上

3. 婚姻状况：[1]未婚　[2]已婚

4. 所在地区：_____省（自治区/直辖市）_____市

5. 您所在单位属于：[1]机关事业单位　[2]国有企业　[3]民营企业
[4]社会团体　[5]其他

6. 您提供的共享经济服务范畴属于（多选题）：[1]交通　　[2]住宿
[3]餐饮　　[4]金融　　[5]旅游　　[6]医疗　　[7]教育　　[8]自媒体

7. 最高学历：[1]高中及以下　　[2] 大专　　[3] 本科　　[4] 硕士
[5] 博士

8. 专业技术职称：[1]无职称　　[2]初级职称　　[3]中级职称　　[4]高级职称

9. 月收入：[1]1000—3000 元　　[2]3001—5000 元　　[3]5001—7000 元
[4]7001—10 000 元　　[5]10 001 元及以上

10. 行政管理职务：[1]无管理职务　　[2]基层管理职务　　[3]中层管理职务
[4]高层管理职务

问卷编码信息

调查员：	问卷编码：
调查地区：	调查日期：

附件 2：共享经济参与者（消费者）现状调查问卷

尊敬的先生/女士：

　　您好！

　　当前，以滴滴打车、小猪短租、摩拜单车等为代表的共享经济正在崛起。共享经济是指拥有闲置资源的机构或个人有偿让渡资源使用权，从而创造价值的一种商业模式。本调查旨在研究我国共享经济参与者（消费者）现状，该研究由南京审计大学金融学院石岿然教授主持，得到国家社会科学基金重点项目的资助。我们诚恳地希望得到您的支持。

　　请回答"问题调查"和"个人背景资料"两部分的所有问题，任何遗漏将导致问卷无效。

　　本次调查采用匿名方式，请填写您的真实意见，您的个人背景信息将严格保密，且所有调查资料仅用于课题研究。

　　感谢您的支持！

共享经济参与者现状调查组

2018 年 7 月

****

【填写说明】

　　请认真阅读各个题项，在"您的意见"栏相应的数字上打钩，具体说明如下：

　　[1]非常不同意；[2]不同意；[3]有些不同意；[4]普通；[5]有些同意；[6]同意；[7]非常同意。

****

第一部分　问题调查

题项	您的意见
1.在使用共享经济服务时，我会与提供者彼此真诚相待	[1] [2] [3] [4] [5] [6] [7]
2.在使用共享经济服务时，我认为提供者是值得信任的	[1] [2] [3] [4] [5] [6] [7]
3.在使用共享经济服务时，我认为提供者是可靠的	[1] [2] [3] [4] [5] [6] [7]
4.我认为在使用共享经济服务时，共享经济平台会认真地处理交易过程	[1] [2] [3] [4] [5] [6] [7]
5.我认为在使用共享经济服务时，共享经济平台会提供正确的信息	[1] [2] [3] [4] [5] [6] [7]
6.我认为在使用共享经济服务时，共享经济平台是安全可靠的	[1] [2] [3] [4] [5] [6] [7]
7.我认为在使用共享经济服务时，平台企业和我签订的合约是公平的	[1] [2] [3] [4] [5] [6] [7]
8.我认为在共享经济服务中，我和提供者之间是互利共赢的	[1] [2] [3] [4] [5] [6] [7]
9.我认为共享经济平台对于我的合理意见会予以采纳	[1] [2] [3] [4] [5] [6] [7]
10.我认为共享经济平台能够妥善解决我和提供者之间的纠纷	[1] [2] [3] [4] [5] [6] [7]
11.我在使用共享经济服务时遇到的纠纷，可以依靠法律手段得以解决	[1] [2] [3] [4] [5] [6] [7]
12.我认为在使用共享经济服务时，共享经济平台会对我的信息进行严格审核	[1] [2] [3] [4] [5] [6] [7]
13.作为共享经济服务的消费者，我非常认可共享经济的作用	[1] [2] [3] [4] [5] [6] [7]
14.我认为我和共享经济平台对共享经济价值的看法是一致的	[1] [2] [3] [4] [5] [6] [7]
15.我认为参与共享经济有助于提升我的个人形象（如环保、低碳等）	[1] [2] [3] [4] [5] [6] [7]
16.我认为共享经济很流行，参与其中能让我显得更加合群	[1] [2] [3] [4] [5] [6] [7]
17.我认为参与共享经济能使我得到别人更多的尊敬（如被认为环保人士）	[1] [2] [3] [4] [5] [6] [7]
18.使用共享经济服务，能够改善我的经济状况	[1] [2] [3] [4] [5] [6] [7]
19.使用共享经济服务，在财务上对我有一定帮助	[1] [2] [3] [4] [5] [6] [7]
20.使用共享经济服务，可以让我省钱	[1] [2] [3] [4] [5] [6] [7]
21.使用共享经济服务，可以让我节省时间	[1] [2] [3] [4] [5] [6] [7]
22.共享经济有助于节约自然资源	[1] [2] [3] [4] [5] [6] [7]
23.共享经济是一种可持续消费的模式	[1] [2] [3] [4] [5] [6] [7]

续表

题项	您的意见
24.共享经济在使用能源方面是有效率的	[1] [2] [3] [4] [5] [6] [7]
25.共享经济为我们带来了方便	[1] [2] [3] [4] [5] [6] [7]
26.共享经济对环境是友善的	[1] [2] [3] [4] [5] [6] [7]
27.我认为参与共享经济是令人愉悦的	[1] [2] [3] [4] [5] [6] [7]
28.我认为参与共享经济是有趣的	[1] [2] [3] [4] [5] [6] [7]
29.我认为使用共享经济服务可以获得满足感	[1] [2] [3] [4] [5] [6] [7]
30.我认为使用共享经济服务是个明智的行为	[1] [2] [3] [4] [5] [6] [7]
31.我认为使用共享经济服务是正面、积极的事情	[1] [2] [3] [4] [5] [6] [7]
32.总体而言，使用共享经济服务是有意义的	[1] [2] [3] [4] [5] [6] [7]
33.我愿意使用共享经济平台提供的产品或服务	[1] [2] [3] [4] [5] [6] [7]
34.我认为购买共享经济平台的产品或服务是值得的	[1] [2] [3] [4] [5] [6] [7]
35.我会经常地使用共享经济服务	[1] [2] [3] [4] [5] [6] [7]
36.我会推荐他人使用共享经济服务	[1] [2] [3] [4] [5] [6] [7]
37.我会将共享经济平台视为交易产品或服务的首选	[1] [2] [3] [4] [5] [6] [7]

第二部分　个人背景资料

（请在相应数字上打钩或在"＿＿＿"上填写文字）

1. 性别：[1]男　　[2]女

2. 年龄：[1]18 岁以下　　[2]18—30 岁　　[3]31—40 岁　　[4]41—50 岁 [5]51—55 岁　　[6]56 岁及以上

3. 婚姻状况：[1]未婚　　[2]已婚

4. 所在地区：＿＿＿＿＿＿省（自治区/直辖市）＿＿＿＿＿市

5. 您目前是：[1]机关事业单位人员　　[2]企业人员　　[3]社会团体人士 [4]个体工商户　　[5]在校学生　　[6]其他

6. 您使用的共享经济服务范畴属于（多选题）：[1]交通　　[2]住宿 [3]餐饮　　[4]金融　　[5]旅游　　[6]医疗　　[7]教育　　[8]自媒体

7. 最高学历：[1]高中及以下 [2] 大专 [3] 本科 [4] 硕士
[5] 博士

8. 专业技术职称：[1]无职称 [2]初级职称 [3]中级职称 [4]高级职称

9. 月收入：[1]3000 元以下 [2]3001—5000 元 [3]5001—7000 元
[4]7001—10 000 元 [5]10 001 元及以上

10. 行政管理职务：[1]无管理职务 [2]基层管理职务 [3]中层管理职务
[4]高层管理职务

索 引

后　记

　　信用建设是社会主义市场经济体制和社会治理体制的重要组成部分，也是国家治理体系和治理能力现代化的基础性工程。随着我国数字经济的快速发展，信用建设的完善和推进面临着重大机遇与挑战。"共享经济"是近年来一个热门且极易牵动人们敏感神经的话题，一方面，各类共享经济平台雨后春笋般蓬勃发展，极大地提高了社会资源的配置效率；另一方面，共享经济在实际运营层面也乱象频生，各种"败德行为"严重干扰了市场秩序，造成严重的信任危机。共享经济具有主体多元化、交易跨地域超时空等特点，使得相应的管理体系也必然面临着巨大冲击、深刻解组和大量重建。这些新的特点，给研究者提出了艰巨的任务，需要认真对待，直面挑战，以更加深入的研究、多维度的综合思考予以应对。

　　近年来，围绕促进共享经济健康发展这一主题，国内外学者展开了广泛探讨，形成了良好的研究基础，但存在以下不足：一是共享经济的内涵与基础理论研究有待深入，二是促进共享经济治理的实现机制研究有待加强，三是关于共享经济治理的制度创新有待突破。在这种现实与理论背景下，本书基于共享经济在我国本土丰富的实践形式，着眼于微观行为动机与宏观制度环境，提炼共享经济的理论分析框架，力图对包括共享经济基本范畴、价值理念、理论基础、基本原则在内的知识谱系进行更新，以适应和推动共享经济的健康发展。

　　《左传》有云："信，国之宝也，民之所庇也。"人无信不立，业无信不兴，诚信既是社会文明的"晴雨表"，也是社会稳定的"生命线"。对于共享经济发展过程中所暴露出的种种问题，在大量文献研究和实地调研的基础上，本书逐步提炼出"道德风险"和"信任机制"两个核心关键词，将研究目标聚焦于"共享经济下道德风险控制与信任机制构建"，力图以此作为推进共享经济治理的重要黏合剂，并纠偏人们在共享经济领域各种可能对共享平台、服务提供者、需求者形成不当激励的行为选择。总体来说，本书较为系统深入地探索了共享经济参与者的博弈规则和社会结构，在研究过程中采用了多学科交叉的方法，强调规范研究与实证分析相结合，理论洞察与实地调研并重，社会科学各学科领域知识相互滋养，改变长期以来不同研究方法相互割裂的状态。特别的是，本书提出了一些新的、以本土数据和案例为样本的经验证据。

笔者对共享经济的思考始于 2017 年，本书是过去几年来这一领域研究工作的一个阶段性总结，本书针对以多主体、多场域为特征的治理情境，旨在揭示促进共享经济健康发展的基本要素及其科学机理。当然，共享经济研究是一个宏大而又复杂的课题，其理论研究是典型的多学科交叉问题，是自然科学与社会科学，特别是管理学、经济学、行为科学等学科的交集，是关于社会可持续发展的新兴学科，这也是对笔者自身的知识结构、思维惯性和认知能力的一次严峻挑战。

本书的撰写过程中，得到了许多帮助，对此笔者心存感激。感谢南京审计大学金融学院的领导和同事们，良好的科研氛围和工作环境，使笔者能够全身心投入到科研和教学工作中。此外，要特别感谢付淑换等老师及研究生王帆、赵银龙、姬严松、熊怡莹、方雨婷、孙婉霞等同学，他们积极参与了项目研究。感谢哈啰出行供应链策略负责人谢鹏，为研究提供了关于共享出行平台的宝贵数据资料。

本书得到了国家社会科学基金重点项目（18AGL001）的资助，并以"优秀"等级结项，有幸入选了 2022 年度《国家哲学社会科学成果文库》。本书在出版过程中，得到了科学出版社金蓉老师等的大力支持，在此一并致谢。尽管本书代表了笔者对共享经济的努力思考，但研究还存在诸多不足之处。目前本书的研究还只是一个初步的逻辑支点，构建关于共享经济研究的一个完整的逻辑大厦，还需要在未来付出大量艰辛的努力。

石肖然

2022 年 12 月 29 日